KB199042

이성계와 싸운
왜구의 소년 대장 아지발도의 정체

이성계와 싸운
왜구의 소년 대장 아지발도의 정체

이 영

도서출판 온샘

서 문

이 책은 2008년부터 2023년까지 약 15년간에 걸쳐 학술지에 발표한 10편의 논문을 수정 보완해 한 권의 연구서로 묶은 것이다. 필자는 이미 왜구와 관련해 다음 4권의 연구서와 1권의 개설서를 발간한 바 있다.

1. 『倭寇と日麗関係史』, 東京大學出版會, 1999.11(2011.11, 혜안에서 『왜구와 고려 - 일본 관계사』로 번역 출판).
2. 『잊혀진 전쟁, 왜구 - 그 역사의 현장을 찾아서』, 에피스테메, 2007.
3. 『팍스 몽골리카의 동요와 고려 말 왜구』(혜안, 2014).
4. 『황국사관과 고려 말 왜구』(에피스테메, 2015).
5. 『왜구, 고려에 벼진 일본의 내라』(보고사, 2020).

본서는 위 연구서에 수록되지 않은 논문 중 일부를 『이성계와 싸운 왜구의 소년 대장 아지발도의 정체』라는 제목으로 삼았다. 그 내용은 1부: 국내외의 왜구 인식, 2부: 왜구의 소년 대장 아지발도의 정체로 이루어져 있다.

'토착 왜구!' 21세기 현대 한국 사회의 언론이나 정치 논쟁 등에서도 흔히 사용되는 익숙한 단어다. 그 의미는 차치하고 '왜구'라는 단어가 '일본인으로 이루어진 해적 집단'이라고 하는 것에 이의를 제기할 한국 사람은 없을 것이다. 그런데 일본에서는 이 왜구의 의미가 한국과 전혀 다르게 사용되고 있다. 왜구의 구성원에는 일본인은 물론, 중국인과 고려(조선)인들도 다수 포함되어 있었다는 것이다. 더 나아가 일본 학계의 영향으로 서구 지식 사회에서도 정설로 받아들여지고 있다.

그렇다면 한국 역사학계에서의 왜구가 행한 역사적인 역할에 대한 평가는 어떨까? 필자의 견해로는 역사 현상으로서의 왜구가 제대로 평가되고 있지 못하다는 생각이다. 특히 14세기 후반에서 15세기 전반에 걸친 왜구의 활동은 한반도에서 고려-조선의 왕조 교체, 일본 열도에서는 남북조 내란의 종식과 밀접한 상관관계를 지니고 있었다. 그럼에도 불구하고 우리보다 앞서 근대화·서구화에 성공한 일본이 왜구에 관한 인식의 틀을 규정짓고 말았다. 그리고 다양한 왜구론을 제기해왔다. 여기서 주로 일본인들이 제기해 온 주요한 왜구론을 대략 열거하면 다음과 같다.

삼도(対馬·壱岐·松浦)의 해민(海民)설.
다민족(多民族) 복합적(複合的) 해적설.
경계인(境界人) 설.

본서는 이러한 일본인들에 의해 제기된 다양한 왜구론과 그 시대적 배경을 되짚어보며 또 최근에 새롭게 제기된 〈경계인〉설에 대해서 비판적으로 검토해보았다. 그리고 이러한 일본 측 학설에 대한 반론으로 우왕 6(경신·1380)년의 왜구의 실체와 당시 최고 사령관이었던 소년 대장 아지발도의 실체를 구체적으로 검토했다. 즉,『고려사』와『고려사절요』그리고『목은시고(牧隱詩藁)』등, 관련 문헌 사료를 토대로 하여 관련이 있는 신화(神話) 및 문화인류학, 역사지리학적인 관점에서 검토하고 또 한일 양국의 관련 사적지를 답사해 경신년 왜구와 아지발도의 실체를 밝히고자 했다.

필자가 이 경신년 왜구와 아지발도에 대하여 처음 알게 된 것은 지금으로부터 약 50여 년 전인 초등학교 5학년 때였다. 당시 계몽사라는 출판사에서 나온 초등학생을 대상으로 한 역사책을 재미있게 읽었는데, 그때 경신년 왜구들이 경상북도 상주에 들어가 어린 여자아이를 살해해 제사의 희생으로 삼았다, 고 하는 부분이 강하게 뇌리에 남았다.

이 책을 읽을 당시는 그저 '일본인들은 잔인하다.' 정도의 이미지였다. 그 뒤 도쿄대학에서 일본사를 공부하게 되었다. 박사학위 논문으로 고려 시대 일본과의 관계에 관한 연구를 했고, 50여 년이 지난 2022년에 마침 내 「아지발도의 정체와 이쿠라노미야 – 신화·제례·사료의 문화인류학적 해석을 통한 고찰」이라는 논문을 쓰게 되었다.

이 논문에서 필자는 당시 경신년 왜구의 실체가 규슈 남조의 핵심적 무력집단인 기쿠치씨였으며, 그 대장 아지발도는 정서부의 최고 사령관인 가네요시 왕자의 아들인 이쿠라노미야라고 했다. 한반도와 중국 대륙에서 살인과 약탈, 방화, 강간 등 온갖 만행을 저지른 집단인 왜구의 실체가, 남북조 내란기 천황을 위해 무조건적인 충성을 다했던 규슈 남조(정서부) 의 핵심 무장 집단인 기쿠치씨 휘하 수군이었으며, 또 소년 대장이 '이쿠 라노미야'라는 '황족(皇族)'이었다는 필자의 주장은 일본인의 입장에서 생 각하면 충격적이라고 할 수 있을 것이다.

생각해보면, 나카무라 히데다카(中村栄孝)에서부터 무라이 쇼스케(村井 章介)에 이르는 일본의 왜구 연구자들이 다양한, 애매모호한 왜구론을 제 기해 온 것도 어쩌면 왜구 연구가 이러한 결론으로 귀결되는 것을 피하고 자 한 때문이 아니었을까, 하는 생각도 든다.

방송통신대학 일본학과에 취직한 것은 왜구 연구에 큰 도움이 되었다. 필자의 연구 방법이 다른 사람들과 달리 약간의 창의성이 있다면, 그것은 현지 답사를 활용한 결과였다고 할 수 있다. 한반도 전국 방방곡곡, 왜구 들의 발길이 미치지 않은 곳이 없었을 정도로 고려 말 왜구들의 활동 범 위는 넓었다. 왜구의 침구 현장에 실제로 가본 것은 그렇지 않은 연구자 들은 이해하기 어려운 체험이라고 단언할 수 있다. 왜냐하면, 그 현장에서 필자는 문헌 사료에 기록되지 않은 구체적인 정보를 많이 얻을 수 있었기 때문이다. 필자는 이런 체험을 통해 왜구 사료로서의 『고려사』의 서술 내용이 아주 정확해서 충분히 신뢰할 수 있다는 확신을 갖게 되었다. 그리고 그 자신감을 가지고 일본인 연구자들이 제기한 여러 학설에 용기를 갖고 맞설 수 있었다.

이처럼 현장 답사를 통한 역사 연구 방법은 "역사학은 발로 하는 학문이다."라는 도쿄대학 유학에서 터득한 것이었다. 일반 대학이 아닌, 전국 각지에 학생이 있고 캠퍼스가 있는 방송통신대학이었기에 지방에 가서 대면(対面) 수업을 한 뒤, 학생들과 함께 고려군이 왜구와 싸운 전장을 답사할 수 있었다.

유학을 마치고 귀국, 연이어 발표한 왜구 연구가 거의 대부분 일본 측 왜구 연구 성과를 비판, 부정하는 것이어서 유학 시절 가깝게 지냈던 일본인 연구자들과는 자연히 불편한 관계가 되지 않을 수 없었다. 그래서 한때 "왜 나는 왜구 연구를 하게 됐을까? 일본 영화나 문화 정책 등 양쪽에서 모두 환영받을 연구 과제도 있는데..."라고 자문한 적도 있다.

일본 유학 시절, TV에서 우연히 내가 다니던 초등학교(당시 남일 초등학교. 현 광일 초등학교)가 나왔는데, 그 학교가 식민지 시절에 일본인 자녀들이 다니던 학교였다는 것이었다. 내가 재학할 때도 학교 벤치가 러일 전쟁 당시 사용하던 대포의 포신이었고, 학교 복도에는 일본군의 피문은 군복과 해골이 숨겨져 있다는 괴담을 들은 적도 있었다. 그런데 알고 보니 그 학교는 조선 시대 대마도 왜관을 관리하던 조선의 관청 터였다. 그래서 학교가 있는 동네 이름이 '큰 관청'이라는 뜻의, '대청동'이다. 내가 살던 집과 학교 사이에 있는 큰길을 경계로 왜관과 조선의 관청이 마주하고 있었으니, 나는 왜관 안에 살면서 관청(학교)을 6년 동안 다닌 셈이었다.

필자가 출생한 곳은 강원도 묵호(현 동해시)에 있던 해군 관사였다. 부친은 한국 전쟁 당시 해군으로 참전했다. 또 오랫동안 본적지 주소이며, 각종 서류에 기입하던 곳에 약 십여 년 전에 처음 가보았더니 진해 해군사령부 정문 바로 앞에 있던 옛 일본인 주택이었다.

　그리고 마지막으로 필자의 생일 4월 28일은 충무공 이순신 장군의 탄생일이기도 하다. 내가 왜구 연구를 평생 하게 된 것은 피할 수 없는 숙명이 아닐까, 라는 생각도 든다.

　최근 상영된 영화 '파묘(破墓)'가 인상적이었다. 친일파 인사의 관 아래, 일본 귀신의 관이 숨겨져 있었다, 는 내용은 '친일' 논란이 한창인 한국 사회를 상징적으로 표현하고 있는 것 같다. 해방 이후, 식민사관을 극복하기 위한 학계의 노력은 적지 않은 성과를 거두었다. 그러나 왜구와 같이 한일 양국의 사료와 역사 이해가 요구되는 연구는 여전히 식민사관, 더 나아가 황국사관의 영향에서 완전히 벗어나지 못하고 있다. 많은 인재들이 미진한 이 분야 연구에 뛰어들기를 희망한다.

2024년 9월 10일
이　영

차 례

차 례

제2부 왜구의 소년 대장 아지발도의 정체 ··· 119

차 례

제1부

국내외의 왜구 인식

영문판(英文版) 일본역사서 속의 한국사 및 한일관계사 관련 서술 조사 연구
-왜구 문제를 중심으로-

1. 서론

　광복 이후 한국 역사학계는 일제가 심어놓은 식민사관을 불식(拂拭)시키기 위해 다양한 노력을 기울여 왔다. 그러나 일본인들이 왜곡, 굴절시켜 온 한국 역사상(歷史像)은 이미 오래전부터 구미(歐美) 역사학계에 널리 확산되어 있는 것이 현실이다. 제1차 세계대전을 계기로 구미 열강들과 어깨를 나란히 하는 강대국이 된 일본은 자국의 역사와 문화를 널리 알리는 노력을 장기간에 걸쳐 지속해왔다. 그 과정에 일제(日帝)는 식민지 조선의 역사와 문화를 자기들의 이해관계에 맞춰서 마음대로 왜곡해왔다.

　이러한 왜곡은 영어 등 구미어로 출간된 일본 역사 서적을 통해서도 이루어져 왔다. 그렇지만 지금까지 이런 문제에 대한 실태 조사나 연구는 별로 없었던 것 같다. 더욱이 왜곡된 한국 역사상을 토대로 해 일본사에 종속시킨 한일관계사 서술에 관해서는 더 말할 나위도 없다.

　따라서 이러한 문제의식에 입각해 영문판 일본 역사책에 기재된 한국사 및 한일관계사 관련 서술의 실태를 조사, 분석하고 그러한 서술의 배경 및 문제점 등에 관하여 고찰할 필요가 있다.

　그렇지만 한국사 및 한일관계사 전반에 걸친 문제를 본고의 고찰 대상으로 삼는 것은 필자의 능력을 초월한다. 따라서 본고에서는 왜구 문제에 한정해 특히 〈왜구=고려(조선)인 실체〉설을 중심으로 살펴보기로 한다. 이러한 시도는 한국사 및 한일관계사가 서구의 지식사회에서 어떻게 수용되고 있는지 그 실태를 파악하고 또 이를 시정하기 위해 어떠한 구체적인 노력이 수반되어야 할 것인지를 모색하는 하나의 계기가 될 수 있을 것으로 생각한다.

2. 관련 문헌 및 문제의 소재

영문으로 출판된 일본 역사서에는 왜구의 실체에 관해 어떻게 서술되어 있는지 살펴보기로 하자.[1]

  1) 야마다 나카바(YAMADA NAKABA)의 *GHENKO, THE MONGOL INVASION OF JAPAN*(元寇, 몽골의 일본 침공)중의 REVENGE(복수)[2]

왜구에 관해 최초로 영어로 서술한 사람은 1916년의 야마다 나카바의 위의 책으로 생각된다.[3] 그 제목에서 보듯이, 서술하고자 한 주요 내용은 왜구가 아니라 '겐코(元寇)' 즉 몽골의 일본 침공이다. 그리고 그가 서술한 왜구의 침구(侵寇) 이유도 일본 침공에 대한 '복수(REVENGE)'이다. 따라서 서술의 주안점도 여기에 있다. 그 내용을 살펴보자.

---

1) 서구인들의 일본 역사에 관한 관심은 주로 문화사에 치우쳐 있어서 대부분의 영문판 일본 역사서는 왜구에 관한 서술이 없거나 그 비중이 크지 않다. 필자의 관견(管見)으로 볼 때 본고에서 소개하는 5권과 결론 부분에서 언급한 2권 정도가 왜구 관련 주요 자료라고 생각된다. 후자의 2권에 관해서는 별도의 기회를 빌어서 구체적으로 논하고자 한다.
2) 1916년에 영국 런던의 SMITH, ELDER & CO 출간.
3) 야마다 나카바의 한자명(漢字名) 이나 인적 상황 등은 알 수 없다.

갑자기 그러한 활동(왜구 : 역자 주)이 일어나게 된 것은 당시 서양을 지배하고 있던 드레이크(Drake)나 호킨스(Hawkins)와 같은, 일본인들의 모험정신에 의해 잘 설명될 것이다.[4]

야마다는 왜구를, 영국의 유명한 해적이며 군인·탐험가였던 프랜시스 드레이크(Francis Drake: 1540~1596)[5] 그리고 그와 사촌지간이며 역시 영국 해군으로 해적·상인이었던 존 호킨스(John Hawkins: 1532~1595)[6]에 빗대어 서술하고 있다. 당시 세계 최대의 해양 대국이자 패권국 영국의 국민적 영웅인 이들 두 명의 해적을 인용함으로써 영국인들에게 왜구 및 일본 역사에 대하여 긍정적인 이미지를 형성하고자 했다. 그는 또한 다음과 같이 언급하기도 했다.

'왜노(Wonu)의 기습'이라고 중국인들이 불렀듯이 그것은 진정 복수심과 용기 그리고 한 재산 만들려고 하는 마음을 참을 수 없었던, 수많은 일본인 해적들이 먼 바다로 나아가 대륙 연안으로 향해 갔던 원정(遠征)이었다.[7]

---

4) 228쪽.

5) 1567년에 호킨스의 스페인 정착지에 대한 세 번째 항해에 참가했던 드레이크는 당시 22살의 젊은 나이로, 여섯 척으로 이루어진 선단 중 한 척의 선장이었다. 이 항해에서 스페인 함대의 공격을 받고 겨우 귀환할 수 있었던 드레이크는 이후 복수심에 불타 스페인에 대한 전쟁을 개시한다. 영국 국민들로부터 '제독과 해적들의 왕자'라는 별칭으로 불리며 존경의 대상이 되었던 그는 마젤란에 이어 세계에서 두 번째로 세계일주 항해를 한 인물이기도 하다. 이상의 내용은 ROBERT I. NESMITH 『PIRATES OF THE SPANISH MAIN』(AMERICAN HERITAGE PUBLISHING CO. INC. NEW YORK. 1961년)의 25~26쪽에 의함.

6) 존 호킨스는 노예 밀수에 종사했다. 스페인 사람들은 그를 해적으로 불렀으며 실제로 그는 아프리카의 기네아 해안에서 포르투갈 인들로부터 흑인 노예를 약탈해 스페인 령 서인도 제도의 식민지에 되팔았다. 엘리자베스 여왕은 존 호킨스에게 재정 지원을 했으며 그를 귀족과 런던의 귀족 시장에 임명했다. 이상의 내용은 앞의 주(5)의 책, 24~25쪽에 의함.

7) 앞의 주(5) 228쪽.

야마다는 당시 일본인들에 의한 왜구 행위의 동기가 몽골의 침공에 대한 '복수(REVENGE)'에 있었다고 했다. 이는 호킨스와 드레이크가 스페인에 대한 복수심으로 신대륙의 스페인 정착지를 침구하고 스페인 본토를 왕래하는 선박들을 약탈했던 행동을 연상하게 하는 것이기도 했다.

그러나 야마다가 왜구 침구의 주된 동기가 '복수'에 있었다고 주장한 것은 몽골의 일본 침공(1274년과 1281년) 이전에 이미 왜구가 침공하고 있었던 것을 생각하면 설득력이 떨어진다. 야마다의 주장이 설득력을 가지려면 몽골의 일본 침공 이후 곧바로 왜구가 침공했어야 한다. 그런데 약 85년 동안 왜구의 침구가 없었다. 이를 '왜구의 공백기'라고 한다.[8] 몽골에 대한 복수심이 왜구의 일차적인 이유라고 하기에는 이 85년이라는 시간 간격은 너무 길다.

야마다는 왜구의 침구 동기를 복수심 이외에 무역과 연계하여 서술하기도 했다.[9] 그러나 『고려사』 등 관련 사료를 보면 몽골의 일본 침공 이후, 고려가 일본은 물론 왜구와 무역을 했다고 하는 기사는 일체 찾아볼 수 없다. 무역이 성립하기 위해서는 거래 상대가 있어야 한다. 그런데 불시에 침입해와 살인·방화·약탈·강간·납치를 자행하는 집단인 왜구들과 어떻게 정상적인 교역이 가능했겠는가? 그리고 고려 말 왜구는 무장 상태나 그 수준, 전략 및 전술 등으로 볼 때, 무역업자들과는 전혀 무관한, 전문적인 전투 집단이었다.[10]

그런데 야마다가 왜구의 침구 목적 중 하나로 '무역'을 들었던 배경도 영국의 해적을 참고로 한 것 같다. 다음 서술을 보자.

8) '왜구의 공백기'에 관해서는 이영, 「内亂期の日本社會と倭寇」 『倭寇と日麗関係史』, 東京大學出版會, 1999(『왜구와 고려 - 일본 관계사』, 혜안, 2011 번역 출판)을 참조.
9) 제7장 '몽골 침공 이후의 일본인(The Japanese after the Mongol invasion)' 230~231쪽.
10) 이에 관해서는 이영, 「경신년 왜구의 이동과 전투」 : 「손자병법을 통해 살펴본 왜구사 최대의 격전(황산전투)」 『잊혀진 전쟁, 왜구 - 그 역사의 현장을 찾아서』, 에피스테메, 2007을 참조.

'왜노'라는 단어 자체는 중국인과 일본인 무역업자들이 연안 무역을 하는 과정에 발생한 대립에서 유래된 것이라고 한다. 그러므로 소위 '왜노'라는 말은 '왜인들의 땅에서 온 해적들과 상인들'이라는 두 가지 의미가 포함되어 있다. 그리고 엄격한 의미에서 그들이 침구한 동기는 아시아 지역 해안가 원주민들과의 무역을 하려고 했던 일본인 모험가 집단들에 의해 야기된 '불협화음' 때문이었다.[11]

즉 호킨스가 신대륙의 스페인 식민지에 아프리카의 흑인 노예를 팔려고 했던 것을 스페인이 본국 이외의 다른 국가와 무역을 해서는 안 된다,며 방해했고 이에 분노한 호킨스가 해적 행위를 했던 사실을 그대로 왜구에 적용시킨 것이다.[12]

이처럼 야마다의 왜구론은 『고려사』 등 왜구 관련 사료에 근거해 분석고찰한 학문적 성과물이 아니다. 야마다는 영국 해적과 왜구를 대비시켜 영국인들이 이해하기 쉽게끔 서술한 것이다.

그런데 여기서 이 책이 출판된 시점이 1916년이며 장소가 영국이라는 사실에 주목할 필요가 있다. 1914년에 시작된 제1차 세계대전이 2년여가 지난 1916년 당시, 세계 최강대국이었던 영국에서 이 책을 출간한 데는 정치적인 의도가 그 배경에 있는 것으로 보인다.[13] 즉 스페인과 영국의

---

11) 231쪽.
12) 1564년에 호킨스가 서인도 제도에 두 번째 항해했을 때, 흑인 노예의 매각을 금지당했고 이에 격노한 그는 무장한 부하 백 명을 상륙시켜 Barbarotta 마을(현재 베네주엘라의 Puerto Carbello 근방)로 진격하게 해 스페인 인 지사에게 전투를 벌일 생각이 없으면 거래를 허락할 것을 요구했다. 호킨스는 자신의 노예를 전부 팔고 영국으로 돌아오자 영웅 대접을 받았다. 그는 여왕에 의해 기사로 책봉되었다. 스페인 국왕은 신교도인 영국인들로부터 노예를 구매하는 자신의 신민(臣民)들은 누구라도 가장 엄격한 처벌을 가할 것이라고 위협했다. 스페인의 땅 아메리카는 자신의 사유지이며 허가받은 스페인 인이 아니면 아무도 거기에서 무역을 할 수 없다고 그는 선언했다. 25쪽.
13) 미국이 제1차 세계대전에 참전 결정을 한 것은 1917년 4월이었다.

대결 구도를 몽골(원 제국)과 일본의 관계에 대입했으며 또 스페인 본국이 신대륙의 식민지 사회로 하여금 영국과의 무역을 금지했지만, 이를 어기고 호킨스와 드레이크가 무역을 강행한다. 그러자 호킨스와 드레이크에게 위해를 가했으며, 그들이 이에 대해 복수한 역사적 사실을, 일본의 왜구에 대입한 것이다.[14]

이러한 공통 요소를 이끌어내 유럽에 영국이 있다면 아시아에는 일본이 있다고 하면서 제1차 세계대전 참전을 계기로 아시아에서 일본의 국익과 지위 확보를 위한 명분 구축의 의도가 엿보인다. 이를 위해 유럽에도 널리 알려진 몽골이, 일본을 침공한 것을 격퇴할 정도로 강한 무력을 지니고 있었음을 영국에 홍보하고자 한 것이다.

'Revenge(복수)'라는 제목 역시 일본인의 용맹성을 과시하기 위한 것이었다.[15] 그의 왜구 서술도 이미 자국의 식민지가 되어버린 한반도에 대한 침구가 아니라 중국 대륙에 대한 침구에 한정했다. 또 침구 동기도 세계 역사상 최대의 제국을 이룩한 몽골족의 침공에 대한 복수에 초전이 맞추었다.

이러한 정치적인 의도를 배경으로 한 주장이었기에 용맹무쌍한 해적인 왜구는 당연히 일본인이었으며, 따라서 야마다의 왜구 구성원에 관해서도 고려(조선)인이 포함되어 있다고 하는 식의 서술은 일체 보이지 않는다.

2) 다케코시 요사부로(竹越與三郎)의 *THE STORY OF THE WAKO*(和寇記) — *JAPANESE PIRATES IN THE SOUTHERN REGIONS*(和寇記 — 동남 아시아 지역에 있어서의 왜구)

이 책은 일본에서 가장 최초로 영어로 출판된 왜구 관련 서적이다. 1339년 2월에 동경의 하쿠요샤(白揚社)가 초판을 발행한 다케코시 요사부

---

14) 이후 왜구는 '일본 국내 상황'과 무관한, '무역'의 관점에서 서술되어왔다.
15) 본서 6장 제목이 '스페인 무적함대와 몽골 무적함대의 비교'인 것에도 알 수 있다.

로(竹越與三郞)의 『왜구기(倭寇記)』[16]를 다음 해인 1940년 12월 30일에 겐큐사(研究社)에서 영어로 번역 발간했다.[17] 저자는 어떤 인물이었을까?

다케코시 요사부로(1865~1950)는 역사학자·사상사가(思想史家)·식민학자·정치가 등 다양한 경력을 지닌 인물이다.[18] 이처럼 다채로운 그의 경력 중에서 관심을 끄는 것은 그가 소위 '남진론(南進論)'을 주장했다는 것이다. 이 책에서 그는 원래 '남인(南人)'인 일본인의 남진(南進)은 일본 민족의 사명이며 일본의 역사적 약속"이라고 주장한다. 그리고 전 아시아를 지배하고 있던 "야마토(大和) 민족은 아시아 대륙 회복의 유전성을 지녀왔다"고 강조했다.[19] 이처럼 그는 일본의 동남 아시아 침략이 역사적 당위성을 지니고 있다고 주장한 인물이었다.

저자의 정치적 성향과 함께 이 책이 일본의 진주만 기습과 거의 동시에 동남아시아 지역에 대한 군사 침공이 시작되었던 1940년 12월로부터, 불과 약 1년 전인 1939년 12월에 번역 출판되었다는 사실에 주목할 필요가 있다. 이 책을 번역한 와타나베 히데오는 이 책의 모두(冒頭)에서 다음과 같이 언급하고 있다.

> 일본의 남진 정책이 전국적으로 널리 언급되어지고 있는 이 시점에, 다름 아닌 태국과 네덜란드 동인도 회사를 포함한 남쪽 지역에서 활동한 '일본인 해적'인 '왜구의 업적'을 되돌아보고 소개하는 것이 완전히 무의미하지는 않을 것이다.

이처럼 『왜구기』의 영어 번역은 태국과 네덜란드 동인도 회사(현재의

---

16) Yosaburo Takekoshi. Translated by Hideo Watanabe. Tokyo The Kenkyusha(研究社) LTD. Hujimicho. Kojimachi.
17) 竹越與三郞, 白揚社. 昭和14년 2월. 영문판에는 '倭寇記'가 아닌 '和寇記'로 기재.
18) 이하, 다케코시의 경력에 관한 서술은 '위키피디어' 일본어판에 의거하였다.
19) 앞의 주(16) 참조.

인도네시아 지역) 등 동남아지역에 대한 군사적 침공에 대비해 역사적 당
위성을 영미(英美)에 주장하기 위한 것으로 보인다. 즉 출간 호 약 1년이
지난 1941년 12월 8일의 진주만 기습으로 시작되는 일본군의 동남아지역
에 대한 침략 명분을 과거 이 지역에서의 왜구 활동에서 찾으려 하는 의
도가 드러나 있다.

그러면 이 책의 학문적 가치는 어떠할까? 다음 서술을 보자.

> <u>918년에 시작되어 474년 동안 한국을 통치해온 고구려 왕조의 시작 이래</u>
> 로 왜구의 침구로 고통을 당해온 한국의 국가적 과제는 왜구의 침구를 저지
> 하기 위한 대책에 집중되어 있었다. 그러므로 고구려 왕조의 역사는 왜구의
> 침구에 관한 기록으로 가득하다.[20]

여기서 다케코시는 '고려'를 '고구려'와 혼동하고 있다. 왜구에 관해 서
술하면서 한국사의 기초적인 지식조차 알지 못하는 것을 볼 수 있다. 뒤
에 언급할 예정이지만, 이와 유사한 오류가 2001년도에 출간된 다나카 다
케오의 글을 로버트 사카이가 번역한 책에서도 반복되고 있다. 역사 현상
인 왜구를 정치적인 목적에 이용하고자 했던 다케코시의 한계는 다음 서
술에서 선명하게 드러난다.

> 『해동제국기』는 조선에 사절을 파견했던 (6) 마쓰우라의 단고 모토모리
> 영주에게, 조선 국왕이 매년 한 척의 무역선을 조공으로 바치기로 했다고 쓰
> 고 있다. 그 당시 왜구로 인해 크게 고민하던 (7) 조선은 일본에 무역선을 조
> 공으로 바침으로써 조선은 왜구의 침구에서 벗어나기를 열망했다. 그러므로
> (8) 언급한 바 조선 국왕의 약속은 왜구에 대해 매년 조공을 바치기로 동의한
> 것이라고 번역되어져야 한다.[21]

---

20) 앞의 주(16) 책 『왜구의 고려 침구(Wako Invasion on Korea)』, 32쪽.

왜구의 실체 중 하나로 여겨지고 있던 마쓰우라의 영주가, 매년 조공 명목의 무역선을 보내는 것을 조선이 허락했다고 하는 『해동제국기』의 기사를, 오히려 왜구를 두려워한 조선 조정이 (왜구의 두목들에게) 조공을 바쳤'고 해석해야 한다고 다케코시는 주장했다.[22]

이처럼 이 책은 학술서라기보다 일본 제국주의의 동남아 침략에 대한 명분을 국제적으로 홍보하기 위한 정치적인 목적에서 출간한 책이라 할 수 있다. 따라서 다케코시의 책에서도 고려(조선)인이 왜구의 실체였다고 하는 식의 서술은 보이지 않는다.

3) 조지 샌섬(GEORGE SANSOM)의 *A HISTORY OF JAPAN*, 1334-1615(일본의 역사, 1334-1615)

조지 샌섬(George Sansom)은 일본의 사회사 및 문화사를 주로 연구한 인물이다.[23] 1961년에 미국의 일본학 연구의 한 중심인 스탠포드 대학에서 출판된 그의 *A history of Japan, 1334-1615* (Stanford University Press. 1961년)의 179쪽에 다음과 같은 문장이 보인다.

한국인 자신들도 중국인들과 마찬가지로 해적행위와 무관하지 않다고 해야 할 것이다. 실제로 소위 왜구라 불리는 집단의 대부분의 선박과 선원들 중

---

21) 앞의 주(16) 책 「매년 왜구에게 조공을 바치다(Annual payment of tribute to Wako)」, 38~39쪽.

22) 다케코시는 조선 세종 대의 대마도 정벌에 대하여 "1413년 대마도의 영주 소 요리시게는 성공적으로 조선 수군을 격퇴했다. 소씨(宗氏)와의 전투에서 패한 조선은 왜구와 싸워서 이길 수 없다는 것을 깨닫고 왜구와 무역 관계를 개선하기로 결론을 내림으로써 왜구를 모면하려고 했다."고 세종 대의 대마도 정벌을 조선의 패배라고 서술하고 있다.

23) 조지 베일리 샌섬(George Bailey Sansom: 1883~1965)은 영국 외교관이며 일본 전근대 사회사 및 문화사 연구자로 널리 알려진 인물이다.

<u>반이 넘는 숫자가 중국인이 아니면 한국인들이었다고 일컬어져 왔다.</u>

1961년에 이미 미국의 일본학계에서는 고려(조선)인들이 왜구의 실체였다는 주장들이 기술되고 있었음을 알 수 있다. 그런데 일본 사회사 및 문화사 전공자인 조지 샌섬의 왜구에 관한 서술이 그 자신의 연구에 근거한 것은 아니었다. 일본인 연구자의 학설을 반영한 것이다. 이는 오늘날 소위 〈왜구=고려(조선)인 주체〉설, 〈왜구=고려, 일본인 연합〉설, 〈왜구=제주도인〉설, 〈왜구=다민족 복합적 해적〉설[24] 또는 〈왜구=경계인(境界人)〉설[25] 등과 유사하다.

1961년에 출판된 이 책은 일본 측 왜구 주장을 최초로, 그리고 그대로 전재(轉載)하고 있다. 이는 소위 〈왜구=고려(조선)인 주체〉설 또는 〈왜구=고려, 일본인 연합〉설이라고 할 수 있는 일본의 왜구 학설이 이미 1961년 이전에 미국의 일본 역사학계에 소개되고 있었음을 의미한다.

4) 다나카 다케오 글, 로버트 사카이 번역(TANAKA TAKEO WITH ROBERT SAKAI)의 「JAPAN'S RELATIONS WITH OVERSEAS COUNTRIES(일본의 대외 관계)」

이 글은 미국 코넬 대학이 2001년에 출간한 『JAPAN IN THE MUROMACHI AGE』라는 책에 포함되어 있는 내용이다.[26] 다나카 다케오(1923~2009)는

---

24) 이에 관해서는 이영, 「고려 말 왜구 = 다민족·복합적 해적 설에 관한 재검토 – 후지타 아키요시(藤田明良)의 〈난수산의 난과 동아시아 해역세계〉를 중심으로」『팍스 몽골리카의 동요와 고려 말 왜구』, 혜안, 2013 참조.

25) 이러한 학설은 무라이 쇼스케(村井章介)가 주장한 것으로 그 내용을 요약하자면 "왜구의 실상은 한반도와 중국 대륙, 그리고 일본 열도의 도서해안지역에 거주하던 주민들이었다"고 하는 것으로 소위 〈왜구=다국적, 복합적 해적〉설과 다를 바 없다. 한편 이영, 「고려 말 왜구의 실상」『잊혀진 전쟁, 왜구 – 그 역사의 현장을 찾아서』, 에피스테메, 2007에서 무라이 쇼스케의 왜구 관련 『고려사』 사료 해석 상의 오류에 관해 상세히 지적한 바 있다.

동경제국대학 국사학과(=일본사학과)를 졸업한 대표적인 왜구 연구자다.
그는 제2차 세계대전 이후 일본의 대외관계사 연구를 대표하는 연구자라
고 할 수 있다. 번역자 로버트 사카이는 역사학자로 하와이 대학 교수 및
학장, 하와이 일본-미국 협회 회장을 역임했다.[27]

　이 책에서 사카이는 중국을 중심으로 하는 전근대 동아시아 국제 관계
를 다음과 같이 서술하고 있다.

> 　일본은 언제나 한반도의 국가를 자기 나라보다 한 계급 낮은 나라로 여겼
> 고 조공국으로 취급했다. (a) 이러한 자세는, 일본인들이 한반도 남부에 있었
> 던 미마나(任那)에 살면서 일본과 삼국 즉 고려·백제·신라와 문화적·정치적
> 으로 극도로 밀접한 관계를 유지하고 있던 고대의 유산이었다. 서기 799년에
> 견신라사(遣新羅使) 파견이 중지되면서 일본과 이웃하는 한반도 국가와의 관
> 계는 산발적인 것으로 변했으며 (b) 918년에 시작하는 고구려와는 완전히 관
> 계가 단절되었다.[28]

　(a)에서 로버트 사카이는 현재 일본 학계에서 허구임이 드러난 '임나일
본부설'에 의거해 고대 한일 관계를 왜곡 서술하고 있다. 또한 (b)에서는
'고구려'를 '고려'와 혼동하고 있다. 삼국시대의 '삼국'이 '고려·백제·신라'
로 이루어져 있었고 통일 신라가 쇠퇴하고 후삼국을 통일한 것이 '고구려'
라는, 앞에서 본 다케코시의 사례처럼, 한국사의 기본적인 사실조차 인지

---

26) Edited by John. W. Hall, Toyoda Takeshi. East Asia Program. Cornell University Ithaca. New York 2001년.
27) 1919년, 캘리포니아에서 출생한 사카이는 캘리포니아 주립대학 버클리 캠퍼스에서 1941년 역사학을 전공한 뒤, 태평양 전쟁이 끝난 뒤 하바드 대학에서 석사와 박사를 마쳤다. 일본사 전공자인 그는 1951년부터 1966년까지 네브라스카 대학에서 교수를 역임한 뒤 1966년부터 하와이 대학의 역사학과의 교수로 부임한 뒤 2004년에 85세의 나이로 사망했다. 이상의 내용은 '야후 재팬'에 의함.
28) 『The East Asian Trading Community(동 아시아 무역 공동체)』, 160쪽.

하지 못하고 있다.[29]

이 외에도 로버트 사카이의 왜구 서술은 많은 문제점이 있다.

> 비록 무로마치 시대 초기의 일본의 대외 관계는 폭넓은 것이 아니었지만, (c) 몽골의 침공은 조선(造船)을 자극하였고 (d) 일본의 수부(水夫)들과 무역업자들은 점점 더 과감하게 서부 일본의 해안 밖으로 나아가 비공식적이며 자주 폭력을 사용하는 무역에 종사하게 되었다. 이런 환경 하에서 무역과 해적은 구별하기 어렵게 되었다.[30]

(c)와 (d)는 모두 다케코시 요사부로의 책 내용과 일치한다.[31] 특히 (d)는 왜구를 남북조 내란과 그 이후의 규슈 지역의 내전의 연장선상에서가 아니라, 무역의 관점에서 보았던 야마다의 왜구 서술과 그대로 일치한다. 그리고 그냥 '약탈'이라고 하면 될 것을, '폭력을 사용하는 무역'이라 표현한 것도 어색하다. '폭력을 사용한 무역'이란 것이 있을 수 있을까?

그러면 다나카 다케오의 견해는 어떻게 반영되어 있을까? 이에 관해 로버트 사카이는 다음과 같이 서술하고 있다.

---

29) 이와 유사한 사례가 몇몇 확인되는 것으로 볼 때, 사카이의 왜구 서술은 다나카의 글을 번역했다기보다는 다케코시와 다나카의 왜구 관련 서술을 짜깁기(編譯)한 것이라 할 수 있다.

30) 앞의 주(16) 책 『The Wako of the fourteenth and fifteenth centuries (14-15세기의 왜구)』.

31) 『몽골침공이 일본인들에게 준 교훈(Mongolian Attack gave to Japanese)』에 다음 언급이 있다.
"몽골군의 일본 침공은 일본인들의 정신을 크게 진작시켜 두 가지 점에서 중요한 교훈을 주었다. 하나는 몽골군의 해로를 통한 일본 침공이 해전에 익숙하지 않았던 일본인들에게 해군력이 없으면 자신들의 영토를 지킬 수 없을 것이라는 사실을 일깨웠다고 하는 점이다. 다른 하나는 몽골군의 일본 침공에 참가한 고려 선박들의 뛰어난 성능이 왜구들의 마음을 흥분시켜 그들로 하여금 더 강력한 배를 만들어 한반도만이 아니라 중국 연안지방까지도 침구할 수 있게 했다는 점이다." 앞의 주(16) 책, 30쪽.

더욱이 <u>한반도의 소외자들</u>과 다른 비(非) 일본인들도 왜구의 침구에 참가
했으며 또 일본인 해적들의 공격을 도왔던 것 같다. 아마도 한반도의 사람들
이 일본인으로 꾸며서 변장하고 약탈을 자행한 것과 같은 예도 있으며 그래
서 소위 '<u>왜구</u>'의 침투 범위는 더 확장되었으며 또 참가자들의 파괴도 더 늘
<u>어났다</u>.[32]

　여기에서 '한반도의 소외자들'이란 화척(禾尺)·재인(才人) 등 이동생활
을 영위하는 특수 집단의 '가왜(假倭)' 활동을 의미하는 것으로 〈왜구=고
려·일본인 연합〉설 내지 〈왜구=고려(조선)인 주체〉설을 가리킨다. 또 '다
른 비 일본인들'이란 제주도인을 지칭하는 것으로 다카하시의 〈왜구=제주
도인〉설을 옮기고 있다. 밑줄 친 "소위 - 더 늘어났다"에서 알 수 있듯이,
우왕 대에 들어와 왜구의 침구 빈도와 그 규모가 예전에 비해 대폭 증가
한 이유를 1375년도부터 격렬해지기 시작한 규슈 지역에서의 내전 상황
이 아니라 가왜 활동에서 구하고 있다.[33]
　이와 같은 주장은 다나카 다케오·다카하시 기미아키(高橋公明)·무라이
쇼스케로 이어지는 일본 중세 대외관계사 연구자들의 한결같은 주장이다.
사카이의 왜구 서술은 이처럼 〈왜구=고려(조선)인 실체〉설에 의존하고 있다.

---

32) 162쪽. 반면 왜구의 침구 배경을 남북조 내란 당시 규슈의 내전 상황과 관련지어
　고찰하는 서술은 일체 찾아볼 수 없다.
33) 가왜 활동에 관한 사료가 『고려사』에 보이는 것은 단 3건으로, 『고려사』 권134,
　열전47, 우왕 8년 4월. 『고려사』 권135, 열전48, 우왕 9년 6월. 『고려사』 권118,
　열전31, 조준 등이다. 이상의 사료는 모두 우왕 6년(1380)의 소위 '경신년 왜구'
　이후의 일이다. 이에 관해서는 이영, 「고려 말기 왜구의 실상과 전개 -『고려사』
　의 재검토를 통한 기존 학설의 비판 - 」 『왜구와 고려-일본 관계사』, 215~ 236쪽
　참조.

5) 피에르 프랑스와 수이리(PIERRE FRAN OIS SOUYRI)의 *THE WORLD TURNED UPSIDE DOWN-MEDIEVAL JAPANESE SOCIETY*(거꾸로 뒤집힌 세계-중세 일본 사회)의 「THE GROWTH OF INTERNATIONAL PIRACY (국제 해적의 발전)」

피에르 프랑스와 수이리(이하, 수이리)는 프랑스 이날코(Inalco)[34]와 프랑스-일본 협회(La maison de Franco - Japon) 소장, 그리고 스위스 제네바 대학의 일본사 교수를 역임한 인물로, 주로 일본 고대사와 현대사를 연구해왔다.[35] 이 책은 1998년에 프랑스 Maisonneuve et Larose 사에서 출판한 책을 2001년에 미국 컬럼비아 대학 출판국에서 번역해 출간한 것이다. 그는 이 책의 「THE GROWTH OF INTERNATIONAL PIRACY(국제 해적의 발전)」[36]에서 다음과 같이 서술하고 있다.

> 많은 사료에서 알려주듯이 일본 연해에서는 고대에서부터 에도 시대가 시작될 무렵까지 해적들이 들끓었다. 14세기에 내란과 공권력의 결여로 인해 해적들은 전례 없이 증가했다. 일본인 해적, 왜구들은 먼 바다를 건너 한국과 중국 해안을 기습하기도 했다.[37]

수이리는 14세기를 왜구 활동의 중요한 시기로 주목했다. 그리고 왜구의 실체가 일본인이며 14세기 왜구들의 활발한 활동의 배경으로, 일본의 내란과 그로 인한 공권력의 결여라고 서술했다. 또 지금까지 살펴본 책들과 달리 왜구의 침구 원인을 일본사 내부 문제로 인식하고 있다. 그러면

---

34) Institut National des Langues et civilisations Orientales의 약자로 프랑스 국립 동양 언어 문명연구소의 줄임말이다.
35) 수이리의 경력에 관해서는 Google에 의함.
36) 책의 126~128쪽.
37) 126쪽.

왜구의 사회적 실체에 대해서는 어떻게 서술하고 있을지 살펴보자.

> 해적 활동의 범위는 14세기 중엽에 들어서면서 갑자기 확장되었다. 아마
> 도 내전과 불안한 시대, 또 경계 지역에 거주하는 사람들, 그리고 오랫동안
> 살고 있던 근거지를 떠나 유랑하는 사람들의 숫자가 늘어난 것과 대응하는
> 것으로 생각된다.[38]

14세기 후반, 왜구의 활동 범위가 갑자기 확장되었던 이유로 내전을
들면서도 왜구의 실체에 관해서는 '경계 지역에 거주하는 사람들' '유랑하
는 사람들'이라고 하는 애매모호하게 표현하고 있다.[39] 즉 수이리는 남북
조 내란을 왜구 발생의 배경으로 인식하면서도, 왜구의 사회적 실체가 내
전에 참가하고 있었던 무장 집단이라는 생각에는 미치지 못하고 있다. 수
이리는 〈왜구=고려(조선)인 실체〉설에 대해서는 어떻게 서술했을까?[40]

> 그러나 고려는 곤경에 처해 있었다. (1) 어떤 고려인들은 왜구에 합류해
> 구성원이 되기도 했으며 또 자기들 스스로 해적 집단을 이루기도 했었다.[41]
> (2) 1392년에 왜구들을 격퇴할 수 없게 되자 고려 왕조는 멸망하였다. (3) 15
> 세기에 한국 남해안에 있는 제주도의 주민들이 "일본인들처럼 옷을 입고" 마
> 치 쓰시마 섬에 있는 일본인 상대방들처럼 해적 행위를 했다. (4) "1446년도

---

38) 127쪽.
39) 이러한 주장은 무라이 쇼스케의 소위 〈왜구=경계인(境界人) 설〉에 의한 것으로 생
　　각된다. 이러한 견해를 최초로 제기한 것은 『중세왜인전(中世倭人傳)』(岩波新書,
　　1993년. 1998년에 이영의 번역으로 소학사에서 『중세 왜인의 세계』로 번역 출판)
　　에서였다. 무라이의 〈경계인 설〉에 관해서는 그의 책, 『日本中世境界史論』, 岩波
　　書店, 2013에 수록된 「倭寇とはだれか-一四-一五世紀の朝鮮半島を中心に-」와 「倭
　　寇の多民族性をめぐって」을 참조.
40) 128쪽.
41) 128쪽.

의 한국 사료에 의하면 왜구 중 10-20%는 조선인이었다"고 한다.

　(1)은 다나카 다케오의 〈왜구=고려·일본인 연합〉설로 화척과 재인의 가왜 행위를 가리킨다. (2)는 전(前) 미국 캘리포니아 대학 교수 헤저드 Jr 해리슨 벤자민(1919~2011)에 의하면, 이런 주장이 최초로 제기된 것은 아리마 세이호(有馬成甫)의 저서『朝鮮役水軍史』(うみとそら. 1942년의 34쪽)라고 한다.[42] 벤자민 역시 "분명히 왜구의 침구가 고려 왕조의 멸망에 기여한 것은 맞지만, 그것이 유일한 원인은 아니었다."[43] 라고 평가했다. 그러나 우왕 9(1383)년이 되면 왜구는 현격하게 감소해 더이상 예전처럼 고려에 위협이 되지 않게 된다.[44]

　그리고 (3)은 무라이 쇼스케의 〈왜구=경계인설〉의 근거로 내세우는 것으로 한국 측 연구자들로부터 많은 문제점이 제기되고 비판되고 있다.[45]

　사료를 해석할 때, 그것이 어떠한 맥락 속에서 기술되었는지, 전후 문맥을 파악하고 읽어야한다. 그러나 무라이는 사료를 자의적으로 왜곡 또는 확대 해석하는 사례가 다수 발견된다.

　그리고 (4)의 '한국 사료'란 세종 28년(1446)의『세종실록』의 기사이며[46]

---

42) 1967년에 캘리포니아 대학(University of California, Berkeley) 제출한 박사학위 논문『JAPANESE MARAUDING IN MEDIEVAL KOREA - THE WAKO IMPACT ON LATE KORYO)』(『중세 한국에 있어서의 일본인들의 약탈 - 고려 말 왜구의 충격』).

43) "Certainly the raids were contributory factors, but the Wako were not the sole cause of the overthrow of Koryo." 앞의 주(42) 벤자민 논문 328쪽.

44) 이에 관해서는 이영, 「왜구 최극성기의 시기(始期) 및 특징에 관한 한 고찰」『한일관계사 연구』, 81, 2023.

45) 이러한 주장에 대하여 비판적인 검토를 행한 최근의 연구로 송종호, 「무라이 쇼스케(村井章介)의 '境界人論' 및 그 연구 체계에 대한 비판적 검토」『한국중세사연구』46, 2016 ; 이영, 「무라이 쇼스케(村井章介)의 境界人說에 관한 비판적 고찰 - 「倭寇とはだれか」를 중심으로 -」『한국중세사연구』58, 2019 ; 이영, 「무라이 쇼스케(村井章介)의 왜구=비영주(非領主)·주민(住民)설에 관한 한 고찰」『역사교육논집』72, 2019 참조.

46)『세종실록』권114, 28년 10월 28일조.

이 기사가 사료로서의 신빙성이 낮다고 하는 것은 이미 밝혀진 바와 같다.[47]

이상 살펴본 것처럼, 수이리 역시 앞의 다른 책에서와 마찬가지로 고려인을 왜구의 또 다른 실체로 인식하거나 또는 일본인들과 연합해서 왜구 행위를 자행했다고 하는, 일본 측 연구를 그대로 옮기고 있음을 확인할 수 있다.

3. 영문판 일본 역사서에 보이는
〈왜구=고려(조선)인 실체〉설의 원점(原點)

여기서는 지금까지 고찰한 5건의 사례를 통해 왜구 서술의 시대적 추이(推移)를 다시 정리하고, 〈왜구=고려(조선)인 실체〉설이 언제, 누구에 의해 시작되었는지에 대해 생각해보기로 한다.

우선 야마다(1916)와 다케코시(1940) 두 일본인의 왜구 서술은 제1차 세계대전 중에, 그리고 제2차 세계대전을 앞 둔 시점에, 각각 영국과 미국이라는 당시 세계 최강대국을 의식한 출판이었다고 하는 정치적 배경을 지적할 수 있다.

다나카는 과거 왜구 활동을 '빛나는 일본인의 대륙 발전'으로 파악한 것은, 일본이 (명치) 유신 이후의 대륙 경영에 착수한 시기와 (왜구 연구의 시기가) 비슷하게 맞물렸으며 그래서 (왜구 연구가) 국력발전시대를 배경으로 하여 국책을 추진하는 입장에서 진행되었던 것[48]이라고 서술한 바 있다.

야마다와 다케코시 서술의 공통점 중 하나는 과거 일본인들의 무력·무위(武威)를 강조하고 있다는 것이다. 따라서 왜구의 실체는 당연히 용맹무

---

47) 앞의 주(8) 책, 237~241쪽의 '왜구=고려인 주체론의 근거가 된 이순몽'을 참조.
48) 「倭寇の變質と日鮮貿易の展開」『中世海外交渉史の硏究』, 東京大學出版會, 1959, 1쪽.

쌍한 일본인이었으며 고려(조선)인도 왜구의 일원이었다고 하는 식의 주장은 일체 볼 수 없었다.

이와 달리, 조지 샌섬(1961) 이후, 다나카 다케오·로버트 사카이(2001), 프랑스와 수이리(2001) 등의 왜구 서술은 야마다와 다케코시처럼 표면적으로는 정치적인 목적과는 무관한, 순수한 학문적인 서술로 보여진다.[49] 그런데 이들의 왜구 서술은 야마다·다케코시의 서술에서는 볼 수 없었던 〈고려(조선)인=왜구의 실체설〉이 새로 제기되고 있다.

조지 샌섬의 서술이 영문판 일본사 책에 보이는 최초의 사례이므로, 아마도 1961년 이전에 이러한 일본 측 주장이 미국에 소개되었음을 짐작할 수 있다. 이러한 구미 학자들의 왜구 인식에 영향을 미쳤던 것은 누구의, 어떤 연구였을까? 조지의 책에서는 〈고려(조선)인=왜구의 실체설〉이 어떤 일본의 연구에 입각하고 있는지 밝히지 않고 있다. 따라서 1961년이라는 시점에 주목할 필요가 있다. 우선 전후 일본의 대표적인 대외관계사 및 왜구 연구자인 다나카 다케오의 영향을 받은 것으로 생각할 수 있다. 1945년에 대학을 졸업한 다나카는 1959년에 『중세 해외교섭사 연구』[50]를, 그리고 이어서 1961년도에 『왜구와 감합무역』[51]를 각각 출간했다. 그리고 『중세 해외교섭사 연구』에 실린 「왜구의 변질과 일선 무역의 전개」에서 그는 왜구에 관해 다음과 같이 서술했다.

왜구라고 하는 말은 오늘날 보통의 역사적 명사로서 사용되고 있지만, 그 내용을 생각하면 실로 다양한 것으로 무장 상인·해적과 같은 상인 또 일본인 해적·중국인 해적·조선인 해적·포르투갈인 해적, 나아가서는 그들의 혼성 단체를 의미하는 경우가 많으며 그것은 시대의 추이와 사회 정세의 변화에 수

---

49) 물론 로버트 사카이의 경우 2001년도에 출판되었음에도 불구하고 그의 왜구 및 한일관계사 관련 서술은 1940년도의 다케코시의 서술이 또 다시 재현되고 있다.
50) 『中世海外交渉史の硏究』, 東京大學出版會, 1959.
51) 『倭寇と勘合貿易』, 東京: 至文堂, 1961.

반되어 복잡하게 변모하는 것이다. 이런 점에서 왜구는 곧바로 일본인 해적
이라고 하는 개념 파악은 우선 수정되어져야만 한다.[52]

여기서 우리는 다나카가 이미 왜구가 '다국적·다민족적인 구성체'였다
고 주장하고 있는 것을 볼 수 있다. 이 논문은 1950년에 발표한 「14~15세
기의 왜구의 활동과 구성」[53]과 「왜구의 변질과 초기 일선 무역」[54]이라는
두 논문의 내용을 재구성한 것이다. 다나카의 왜구 구성원에 관한 생각은
이미 1951년 이전에 확립되어 있었음을 알 수 있다. 그러므로 조지의 왜구
서술 역시 다나카의 1951년에 발표된 논문 아니면 1959년에 출간한『중세
해외교섭사 연구』의 영향을 받았을 가능성이 크다.[55]

그렇다면 이러한 다나카의 주장은 그가 최초로 제기한 것이었을까? 태
평양 전쟁이 한창이던 때 학부생이었다. 그리고 1945년에 졸업한 그가 위
두 논문을 발표한 1951년 당시의 일본 사회는 패전으로 정치·사회·경제
적으로 극도로 혼란한 때였다. 또 1945년 광복 이후 1965년에 한일 간에
국교(國交)가 수립될 때까지, 그리고 그 이후에도 오랫동안 양국 관계는
오랫동안 대립과 반목이 이어졌다. 1923년 군마(群馬)현에서 출생한 다나
카는 식민지 시기에 조선에서 생활하거나 한국에서 한국사를 유학하지도
않았다. 또 그는 한글로 작성된 한국사 관련 논문을 독해할 수 있는 능력
도 없다. 그의 한국사에 관한 지식은 대부분 한문으로 작성된 한국사 사
료 내지는 일본어 문헌에 의한 것이었다.[56]

그렇다면 그는 『고려사』나 『조선왕조실록』을 비롯한 한국사 사료의

---

52) 『中世海外交涉史の硏究』, 東京大學出版會, 1959, 1쪽.
53) 『日本歷史』 26, 昭和25년 7월.
54) 『國史學』 53, 昭和25년 10월.
55) 일본 학계에서의 동경대학이 지닌 위상과 해외에서의 높은 평가 등을 고려할 때,
   동경대학 출판회에서 간행된 이 책의 영향이 결정적이었을 것으로 생각된다.
56) 그의 연구를 보면 한국인 연구자가 한글로 작성된 논문이나 연구서를 인용한 경
   우를 볼 수 없다.

해독 능력을 어떻게 습득했을까? 1951년도에 발표한 위의 두 논문은 제목에서 알 수 있듯이, 모두 고려 말-조선 초의 왜구에 관한 내용이다. 그런 그가 왜구 연구를 하면서 한국사 및 한일관계사와 관련된 지식에 있어서 가장 큰 영향을 받았던 것은, 나카무라 히데다카가 1966년부터 출간하기 시작한 『일선관계사의 연구(日鮮關係史の硏究)』 3권이었다.[57] 특히 그 중에서도 1935년에 발표한 「무로마치 시대의 일선관계(室町時代の日鮮關係)」는 다나카의 왜구 연구에 결정적인 영향을 미쳤다.[58] 예를 들어, 앞에서 검토한 사카이의 왜구 서술 중 다나카의 주장을 번역한 것처럼 되어 있는 서술이 있다. 그런데 사실 이러한 주장을 가장 먼저 제기한 사람은 조선 총독부 산하 조선사 편수회의 편수관이었으며 다나카의 동경제국대학의 선배 나카무라 히데다카(中村栄孝)였다.[59] 사카이가 번역한 다음 문장의 내용을 살펴보자.

> 정치적 경제적으로 약해진 고려 정부는, 1231년부터 1356년까지의 몽골의 지배를 받아 군사력도 무력해져 있었다. 그 결과 왜구의 발호를 막을 능력이 없다는 것이 입증되었다. 고려 정부는 외교적 수단에 의존하기로 하고 일

---

57) 다나카는 나카무라의 『日鮮関係史の硏究』에 대하여 "본서를 손에 넣고 나는 기쁨을 금할 수 없다. 이 책이 나 자신에게 있어서 귀중한 지표가 되는 것은 물론 아마 이 책을 나침반으로 삼아 목표로 하여 같은 연구를 지향하는 사람들이 배출될 것이 기대되기 때문이다"고 했다(『對外關係史硏究のあゆみ』, 吉川弘文館, 2003, 136~37쪽).

58) 다나카는 나카무라의 왜구론을 서술한 「室町時代の日鮮関係」에 대하여 "전전(戰前)의 『岩波講座 日本歷史』에 수록되어 있었던 다섯 번째 논문(五, 室町時代の日鮮関係)이 가장 신뢰할 수 있는 일조관계사(日朝關係史)의 개설(槪說)로서 연구자들로부터 30년 동안이나 의거되어져 오늘날에는 고전적인 가치를 지니고 있다."고 평가하고 있다. 앞의 주(57) 책, 135쪽.

59) 이에 관해서는 이영, 「일본의 조선사 연구의 권위 나카무라 히데다카의 왜구 서술의 논리적 전개와 문제점 - 『일본과 조선(日本と朝鮮)』을 중심으로 - 」 『역사교육논집』 56, 역사교육학회, 2015 참조.

본에 왜구 금압을 요구하는 사절들을 파견했다. 그러나 외교는 거의 효과를 보지 못했다. 그 당시 일본 국내에서 왜구를 금압할 수 있는 어떤 권력도 찾기 어려웠기 때문이다.[60]

여기서 "(왜구 금압을 위한 고려의) 외교는 거의 효과를 보지 못했다"고 하는 견해를 가장 최초로 서술한 사람은 나카무라였다.[61] 나카무라는 고려 말 특히 가장 왜구가 심해지는 우왕 대에 들어서면 왜구의 실체는 일본인이라기보다도 고려인이었다고 주장한다.[62] 그리고 자기 주장을 뒷받침하기 위해 당시 고려가 일본의 무로마치 막부에 대하여 빈번하게 파견했던 외교 사절들이 왜구 금압에 별다른 효과를 거두지 못했다, 고 평가했다. 이는 만약 고려의 외교적 노력으로 왜구가 쇠퇴했다고 하면 당시 왜구의 실체가 일본인들이었음을 인정하는 결과가 되며 또 아울러 고려의 외교적 압력에 일본이 굴복한 셈이 되기 때문이다.[63]

이처럼 사카이의 왜구 서술은 나카무라의 왜구 패러다임에서 발원(發源)하는 〈왜구=고려(조선)인 실체〉설을 그대로 옮기고 있음이 확인된다. 즉 전후 일본의 왜구 연구를 규정한 것은 나카무라의 왜구 패러다임이었으며 다나카의 왜구 연구는 나카무라의 왜곡된 한국사 및 한일관계사 서술에 전적으로 의존하고 있다.[64] 그런데 나카무라는 황국사관론자였으며,

---

60) 162쪽.
61) 나카무라는 다음과 같이 서술하고 있다.
 "고려에서는 공민왕의 원에 대한 반항운동과 원말 쟁란의 여파로 인해 (나라) 안 팎으로 사변이 이어져 도저히 왜구의 예봉을 꺾을 수 있는 병력을 동원할 수 없었다. 그래서 외교수단을 통해 일본 정부의 힘을 빌어서 금제시키려고 생각했던 것이다." 『일본과 조선(日本と朝鮮)』 日本歷史新書, 至文堂, 昭和41(1966), 66쪽.
62) 앞의 주(58) 책, 75쪽.
63) 이에 관해서는 앞의 주(59) 이영, 2015년 논문 참조.
64) 나카무라의 한국사 서술 및 왜구 패러다임의 문제점에 관해서는 이영, 「조선사 편수관(朝鮮史編修官) 나카무라 히데다카(中村栄孝)의 왜구 패러다임과 일본의 왜구 연구」 『일본학』, 38, 2014.

식민사관은 황국사관의 하부 개념이었다.[65] 나카무라의 한국사 및 한일관계사 서술은 한국의 전근대 지배층의 무능함과 부패를 일관되게 강조함으로써 일제의 식민지 지배를 합리화하고 그 당위성을 강조하는 데 초점이 맞춰져 있었다.[66]

4. 결론

영어로 출간된 일본 역사서 안의 왜구 관련 서술은 1945년, 제2차 세계대전에서의 일본의 패전을 계기로 서술 내용이 크게 변한다. 패전 이전의 왜구 관련 서술은 학문적인 연구 성과에 기초한 것이 아니었다. 그것은 제국주의 일본의 해외 팽창을 당연시하고 명분화하기 위한 정치 목적에서 비롯된 것으로 일본의 무위(武威)를 과시하는 것이었다. 따라서 이 무렵에는 아직 〈왜구=고려(조선)인 실체설〉과 같은 주장은 나타나지 않았다.

반면, 2차 세계대전에서 괴멸적인 패배를 당한 일본은 새롭게 평화국가의 수립을 지향한다. 그러면서 왜구에 관한 서술 내용도 크게 바뀌고 수준도 완전히 달라진다.

조선사 편수관이었던 나카무라 히데다카의 실증주의를 표방한 한국사 및 한일관계사 연구에 의거해, 표면적으로는 탄탄한 학문적 모양새를 갖춘 형태를 띠게 되었다. 그 일환으로 1959년 이후 일본 학계에 새로이 등장하는 것이 〈왜구=고려(조선)인 실체〉설이었다. 그리고 구미의 일본 역사학계는 이 설의 배후에 깔려있는 정치논리를 간파하지 못하고 그대로 수용해 오고 있다.

이처럼 2차 세계대전의 패배를 계기로 전쟁을 영원히 포기하는 평화국가로서 새로운 출발을 알렸던 일본은 전전(戰前)의 '왜구=일본인 해외발전

---

65) 이에 관해서는 앞의 주(64) 이영 2014년 논문 참조.
66) 이에 관해서는 앞의 주(64) 이영 2015년 논문 참조.

의 상징' 내지는 '일본인의 무용(武勇)의 상징'이라는 이미지를 내던지고
〈왜구=고려(조선)인 실체〉설을 내세웠다.

〈왜구=고려(조선)인 실체〉설은 2015년에 출간된 피터 샤핀스키(PETER
SHAPINSKY)의 LORDS OF THE SEA, PIRATES, VIOLENCE AND COMMERCE
IN LATE MEDIEVAL JAPAN(바다의 영주들, 중세 일본의 해적, 폭력과 무
역)의 「PUTTING THE JAPANESE IN 'JAPANESE PIRATES' (일본인을 왜구
로 만들기)」[67]에서 또 다시 재현되고 있듯이, 구미의 일본역사학계에서
여전히 강하게 뿌리를 내리고 있다. 그의 견해는 무라이 쇼스케의 왜구=
경계인〉설에 주로 의거하고 있다. 이에 대한 구체적인 고찰이 다음 과제
가 되어야 할 것이다.

---

67) The center for Japanese Studies, The University of Michigan. 2014년

국사편찬위원회 간행 『한국사』 및
『신편 한국사』의 고려 말 왜구 서술 고찰

1. 서론

왜구는 13세기~16세기 말에 걸쳐 동 아시아 국제 질서를 규정했던 핵심적인 역사 현상이었다. 특히 14세기 후반 고려 말 왜구는 당시 중국 대륙에서 진행되고 있던 원명(元明) 교체라는 대변동과 시기적으로 때를 같이해 발생했다. 그 결과, 왜구는 고려에 이중 삼중의 고통과 부담을 안겨주었다.

왜구는 또한 한반도, 일본 열도와 중국 대륙의 역사 전개는 물론 더 나아가 세 나라의 국제관계까지 큰 영향을 미쳤던 역사 현상이다. 따라서 왜구 인식에 오류가 있다면 그것은 한·중·일 각국의 역사는 물론 동 아시아 전체 역사상을 오도(誤導)하게 된다. 이처럼 왜구 연구는 전근대 동아시아 국제 질서 및 교류의 역사를 이해하는 데 있어서 핵심적인 주제이다.[1]

---

1) 예를 들어 '원명(元明)의 교체'라고 하는 대륙 정세의 변동과 동시에 진행된 14세기 후반의 왜구 침구는 홍건적의 난(1349년), 공민왕의 반원자주개혁의 실시(1356년), 명의 대도(大都, 北京) 탈환(1368년), 나하추(納哈出)의 항복(1388년) 등 대륙 정세의 변동과 밀접한 관련을 지니고 있다. 그리고 이러한 왜구 문제 해결을 둘러싸고 고려와 일본의 무로마치 막부, 그리고 명나라는 다각적인 외교적인 교섭을 전개하였다(이에 관해서는 이영, 「동아시아 국제질서의 변동과 왜구: 14세기 후반에서 15세기 초를 중심으로」 『황국사관과 고려 말 왜구』, 에피스테메, 2015 참조). 그리고 이후 명의 해금(解禁) 정책의 실시 및 그 후퇴는 16세기 중엽 이후의 왜구 발생과 밀접한 상관관계를 지니고 있다.

그러면 한국 역사학계는 고려 말 왜구에 관하여 어떻게 인식하고 있을까? 이에 관해 학계의 공식적인 견해와 인식을 대변하는 것이 국사편찬위원회의 간행물이라고 할 수 있다. 국사편찬위원회는 "우리나라의 역사 연구에 필요한 각종 사료를 체계적으로 조사·수집·보존·편찬 보급함으로써 한국사 연구의 발전에 기여하기 위해 설립, 운영되는 국가 기구"[2]이기 때문이다. 따라서 국사편찬위원회의 홈페이지에 올라와있는『한국사』와『신편 한국사』시리즈는 각각 출판 당시 역사학계의 공식적인 역사 인식을 반영한다.[3] 국사편찬위원회의 고려 말 왜구에 관한 견해는 중고등학교 역사 교과서는 물론 그 외의 한국사 관련 책자에서도 반영되고 있으므로[4] 더욱 그 검증이 요구된다.

본고에서는『한국사 8』(고려 후기의 사회와 문화)[5] 중의 「대외 관계의 진전」과『신편 한국사 20』(고려 후기의 사회와 대외관계)중의 「대외관계의 전개」의 고려 말 왜구에 관한 서술에 관하여 구체적으로 고찰한다.

2. 장절(章節) 구성의 문제

1)『한국사 8』(고려 후기의 사회와 문화)의 왜구 서술

소위 '북노남왜(北奴南倭)'라고 일컬어지는 고려 말, 이민족의 침구 상

---

2) 『한국민족문화대백과사전』.

3) 『한국사』는 1974년 12월 30일부터 1981년 7월 15일까지 약 6년 7개월에 걸쳐, 그리고『신편 한국사』는 2002년 12월 30일에 각각 간행되었다. 그리고 현재 국사편찬위원회 홈페이지에서 PDF 파일로 검색할 수 있다.

4) 예를 들어 국사편찬위원회와 국정도서편찬위원회에서 간행한『고등학교 국사』교과서(2009년도 간행)에는 고려 말 왜구에 대하여 "주로 쓰시마 섬 및 규슈 서북부 지역에 근거를 둔 왜구는 부족한 식량을 고려에서 약탈하고자 자주 고려 해안에 침입하였고 식량뿐 아니라 사람까지도 약탈해갔다."(210쪽)라고 해 남북조 동란과의 상관성에 대한 서술은 전혀 찾아볼 수 없다.

5) 1981년 7월 15일 간행.

황에 대하여 『한국사 8』은 어떻게 서술하고 있는지 우선 그 구성에 대하여 검토해보자.

    II. 대외 관계의 진전

     1. 고려와 원명 관계

       (1) 원의 쇠미와 명의 흥기 (2) 공민왕의 반원 친명 정책

       (3) 친원파와 친명파의 대립

     2. 왜구

       (1) 왜구의 발생과 그 성격

       a. 왜구 발생의 원인 b. 왜구의 구성 규모와 성격

       (2) 왜구의 침입

       a. 왜구 침입과 약탈 대상물 b. 왜구의 회유와 토벌 c. 금구(禁寇) 교섭

       (3) 왜구의 피해

       a. 정치 경제적인 피해 b. 사회 문화적인 피해

이 책은 「대외 관계의 진전」이라는 장(章)속에 〈고려와 원명 관계〉과 〈왜구〉라는 두 개의 절로 나눠서 전자는 김성준, 후자는 이현종이 각각 서술하고 있다. 장절의 구성 방식에서 두 사람의 차이가 드러나고 있다. 즉 〈1. 고려와 원명 관계〉와 〈2. 왜구〉가 균형을 이루지 못하고 있다. 〈1. 고려와 원명 관계〉와 균형을 이루기 위해서는 〈2. 고려와 일본 관계〉가 더 적합하지 않을까? 즉, 왜구가 려일 양국 관계에 미친 영향을 내용으로 구성해야 〈II. 대외 관계의 진전〉이라는 장의 제목에 부합할 것 같다.

물론 〈C. 금구 교섭〉이라 하여 려일 양국의 외교적 교섭에 관한 항목이 있지만,『고려사』의 왜구 관련 사료들을 정리 해놓은 정도에 그치고 있다.

한편, 김성준은 홍건적을 〈원명의 교체〉라고 하는 중국대륙 정세와의 관련 속에서 서술하고 있다. 반면에 이현종은 왜구 침구를 같은 시기의 일본의 국내 정세, 즉 남북조 내란과 관련지어 서술하지 않고 있다. 물론

이현종도 왜구와 남북조 내란과의 관련에 대하여 전혀 언급하지 않은 것
은 아니었다. 다음의 서술A를 보자.

> A. "왜구의 발생 요인은 먼저 일본 측의 국내 사정을 들 수가 있다. 이 무렵
> 일본 국내는 남북조 쟁란으로 인해 정치적, 사회적으로 혼란한 때였다. 따
> 라서 중앙통치권력이 지방에까지 제대로 위력을 발휘할 수 없었다. 그 사
> 이에 서부 일본 지방의 연해민(沿海民)들이 집단화하여 해적군(海賊群)으
> 로, 또는 무력적 상인으로 화(化)해 인접지역이나 국가에 침입하여 약탈과
> 파괴행위를 자행했던 것이다." (205쪽)

  이현종은, 남북조 내란을 왜구가 한반도로 침구해오는 시대적 배경으
로 지적했지만, 왜구의 실체가 남북조 내란의 일방(一方)인 남조의 무사들
이라고 하지 않았다. 이러한 평가는 뒤에 구체적으로 논할 예정이지만, 일
본의 대외관계사 연구자들의 주장을 그대로 옮겨놓은 것이다.
  반면에 김성준은 홍건적의 고려 침입을 〈(1) 원의 쇠미와 명의 흥기〉속
에서 서술하고 있다. 중국 강남 지방의 대다수 한인군웅(漢人群雄)들이 홍
건적의 일원으로 반원(反元) 활동에 참가하였던 것, 또 명을 세운 주원장
역시 홍건적의 일원으로 활동해 명나라를 세웠던 것을 고려한다면 김성
준의 서술 방식은 타당하다고 생각한다.
  따라서 〈1. 고려와 원명 관계〉와 균형을 맞추고 〈Ⅱ. 대외 관계의 진전〉
이라는 장의 제목과도 부합하려면 〈2. 왜구〉 대신에 대략 다음과 같은 장
절 구성이 바람직한 것으로 생각된다.

  2. 고려와 일본의 관계
    (1) 일본의 국내 정세와 왜구의 발생
    (2) 고려와 일본의 왜구 대책
    (3) 왜구의 진정과 규슈(九州) 지역의 정세

그런데 공민왕 5년(1356)의 반원자주(反元自主) 정책의 추진에서 기인한 원나라와의 갈등과 대립, 홍건적의 침입, 중원을 통일한 명의 대(対) 고려 압박, 나하추(納哈出)와 같은 의 북원(北元)의 잔존 세력과의 군사적 대치(對峙) 등 북방 정세와 왜구 침구는 거의 동시적으로 진행되고 있었다. 그러므로 왜구와 고려의 군사 및 외교적 대응은 북방 정세와 상호 유기적인 관련 속에서 고찰해야 한다. 예를 들어, 경인년(1350)의 왜구 재침 이후, 고려가 최초의 금왜(禁倭) 요구 사절을 일본에 파견한 것은 16년이 지난, 공민왕 15년(1366)이었다.[6] 이 16년여 동안 고려의 주된 위협은 원나라였기때문이었다. 그런데 이 무렵이 되면 원의 쇠퇴는 거의 확실해졌다.[7] 이때를 기다려 공민왕 조정은 비로소 일본에 사절을 파견해 항의한 것이었다.

이처럼 고려의 왜구 대응은 북방 정세와 긴밀하게 연동되어 있었다. 따라서 〈II. 대외관계의 진전〉에서 〈1. 고려와 원명관계〉와 〈2. 왜구〉를 따로 분리할 것이 아니라 하나의 장 안에서 상호 밀접한 연관성을 지닌 형태로 구성, 서술해야 한다.

2) 『신편 한국사 20. 고려 후기의 사회와 대외관계』의 왜구 서술

국사편찬위원회가 『한국사』를 간행한지, 약 13년이 지난 1994년도에 출간한 『신편 한국사 20』 「고려 후기의 사회와 대외관계」 중 'II. 대외관계의 전개'는 어떻게 구성되어 있는지 살펴보자.[8] (이하, 『한국사』는 '81년 책', 『신편 한국사』는 '94년 책'으로 한다.)

---

6) 『고려사』 권41, 세가, 공민왕 15년 11월 14일 임진일 조.
7) 이영, 「14세기 동 아시아 국제 정세와 왜구: 공민왕 15년(1366)의 금왜 사절을 중심으로」 『황국사관과 고려 말 왜구』, 에피스테메, 2015, 265쪽.
8) 이 내용은 2002년 12월 30일에 국사편찬위원회에서 『신편 한국사』라는 타이틀 중, 제20권의 『고려 후기의 사회와 대외관계』로 재발간되었다.

3. 고려 말의 정국과 원명 관계

　(1) 원의 쇠퇴와 공민왕의 반원 정책

　(2) 공민왕의 개혁 정치 실패와 명의 흥기

　(3) 친원파와 친명파의 대립과 요동 정벌

4. 홍건적과 왜구

　(1) 홍건적

　　① 원의 쇠퇴와 홍건적의 대두 ② 홍건적의 침입

　(2) 왜구

　　① 왜구의 성격과 규모 ② 왜구의 침구 목적 ③ 왜구의 침입

　　　가. 창궐기 이전의 왜구

　　　나. 창궐기의 왜구

　　　　가) 제1기(충정왕 2년 - 공민왕 22년)

　　　　나) 제2기(공민왕 23년 - 우왕 4년)

　　④ 왜구에 대한 대책

　　　가. 군사 체제의 변동과 강화　나. 토벌　다. 회유책

　　　라. 사절의 내왕

　　81년 책의 〈3. 고려 말의 정국과 원명 관계〉에 서술되었던 홍건적 침공에 관한 내용이, 94년 책에서는 〈4. 홍건적과 왜구〉라는 별도의 장으로 구성되어 있다. 그리고 〈3. 고려 말의 정국과 원명 관계〉는 김성준이, 〈4. 홍건적과 왜구〉는 나종우가 각각 집필하고 있다.[9] 홍건적과 왜구를 하나의 장 안에 묶어 놓은 것은 고려 말 이민족 침공에 대하여 좀 더 구체적으로 서술하려고 하는 의도로 보인다. 그러나 81년 책에서와 마찬가지로 94년 책에서도 왜구를 일본의 국내 정세와 연관지어 구체적으로 서술하지 못하고 있다.

---

9) 한편, 2002년 12월 30일에 작성된 것으로 되어 있는 국사편찬위원회 홈페이지의 〈한국사 데이터베이스〉에는 3과 4 모두 나종우의 서술로 되어 있다.

그러면 내용적인 면에서 두 책은 어떠한 차이가 있는지 살펴보자. 우선 위의 구성을 81년 책과 비교해보자. 81년 책의 〈왜구의 구성 규모와 성격〉, 〈왜구의 회유와 토벌〉은 94년 책의 〈왜구의 성격과 규모〉, 〈토벌〉, 〈회유책〉과 제목이 동일하다. 그러면 나머지 내용은 어떠할까? 다음의 〈표 1〉을 보자.

〈표 1〉 장절 제목의 상이(相異) 및 내용의 일치(一致)

	왜구 대책		피해 내용	침구 시기 구분	발생 원인
81	금구 교섭	회유와 토벌	왜구의 피해	침입과 약탈 대상물	발생의 원인
94	사절의 내왕	군사 체제의 변동과 강화	침구 목적	왜구의 침입	성격과 규모

〈표 1〉을 보면 〈금구(禁寇) 교섭〉과 〈사절의 내왕〉은 제목은 다르지만 내용은 거의 차이가 없다. 그 외에도 81년 책의 〈회유와 토벌〉 등에서 서술한 내용은 94년 책의 〈군사 체제의 변동과 강화〉 등에서 다루고 있다. 이처럼 장절의 제목은 달라도 서술된 내용에 있어서는 큰 차이점을 발견할 수 없다. 물론 장절의 제목과 구성에서 차이가 있는 것은 두 책의 저자가 고려 말의 왜구에 관해서도 강조하고자 하는 부분이 다르기 때문일 것이다.

한편, 위 두 책의 내용은 〈왜구의 발생원인〉〈왜구의 실체〉〈왜구의 침구 목적〉〈왜구의 침구 시기 구분(규모 및 빈도)〉〈왜구에 의한 피해〉〈고려의 왜구 대책〉 등으로 분류할 수 있다. 그런데 여기서 앞의 세 내용은 일본사의 영역에 속하며 뒤의 두 내용은 한국사(고려시대사)의 범주에 속한다.[10] 즉, 전자는 일본사 연구자들이, 후자는 주로『고려사』등의 사료에 밝은 고려시대사 연구자들이 강점을 지니고 있는 연구 테마다. 다시 말하

---

10) 〈왜구의 침구 시기 구분(규모 및 빈도)〉는 일본사와 한국사 양쪽에서 고찰할 문제라고 할 수 있다.

면 왜구 연구는 일국사(一國史)가 아닌, 한일 양국의 중세사 연구 성과와 양국의 사료를 토대로 하여 이루어져야 한다는 것이다.

그런데 위 여러 가지 항목들은 결국은 〈왜구의 실체〉를 규명하는 한 가지 문제로 귀결된다고 할 수 있다. 왜냐하면 〈왜구의 실체〉를 정확하게 규명한다면 〈왜구 발생의 원인〉은 물론 기타 사안에 대해서도 유추(類推) 가 가능하기 때문이다. 다음 장에서는 이 문제에 대하여 살펴보자.

3. 일본의 왜구 연구에 대한 의존

앞에서 검토한 것처럼 〈왜구의 발생원인〉과 〈왜구의 실체〉에 관하여 81년 책과 94년 책은 어떻게 서술하고 있는지 살펴보자.

1)『한국사 8. 고려 후기의 사회와 문화』의 왜구 서술

앞의 이현종의 서술A를 토대로 그가 언급한 〈왜구의 발생원인〉과 〈왜구의 실체〉에 대하여 정리하면 다음과 같다.

〈표 2〉 81년 책에 보이는 왜구의 발생원인 및 그 실체

발생원인	일본	남북조동란 일본정벌의실패	a. 남북조 동란으로 인해 정치적, 사회적으로 혼란한 때였다. 따라서 중앙 통치 권력이 지방에까지 제대로 위력을 발휘할 수 없었다.(p.205)
			b. 이 같은 혼란기를 맞이하여 현지의 무사들은 내란에 편승하여 소유 영지를 확대시키고자 획책하였다. 그러는 사이, 남군 세력은 사실상 소멸하여 足利幕府의 제3대 장군 足利義滿 때 남군측은 굴복하고 말았다.(p.206)
			c. 여몽 연합군의 일본 정벌의 실패는 도리어 서부 일본 지방민들의 자만심을 북돋아 주게 되어 인접 국가에 대한 약탈 행위로 나타났다.(p.205)
	고려	통교의부재	d. (고려와) 통교 관계가 성립되어 있지 않았으므로 생활필수품인 미곡 등을 얻기 위해 비정상적인 방법으로 약탈행위를 감행한 것이다.(p.205)

왜구의 실체	지역적 실체	서부 지방 연해민	e. 그 사이에[11] 서부 일본 지방의 연해민들이 집단화하여 海賊群으로, 또는 무력적 상인으로 化해 인접 지역이나 국가에 침입하여 약탈과 파괴행위를 자행했던 것이다.(p.205)
	사회적 실체	무역적 상인	f. 일본의 국내 혼란[12]때문에 그 방법이 단절되자, 무역 왜인들까지도 왜구로 전환하게 되었다. 즉 원활한 통교관계가 수립되어 있지 않았으므로 고려로부터 미곡 등 主副食物의 수입과 문물 수입이 단절된 때문이었다.(p.205)
		산적과 해적	g. 이렇게 국내가 전국적으로 소란에 빠지자[13] 산적 해적이 창궐하고 賊黨들은 고려와 원 지방에까지 침입하여 財寶를 탈취하고 官舍 寺院을 소각 파괴하였으며, 浦所附近은 황폐화하였다.(p.206)

여기서 이현종은 남북조 동란과 여몽연합군의 일본 원정의 실패, 그리고 고려와 일본 사이의 통교 관계의 부재를 왜구의 발생 원인으로 제시하고 있다. 그리고 왜구의 실체는 서부 일본 지방의 연해민이 해적이 되거나 또는 연해민들 중 무역적 상인들이 침구한 것이라고 했다. 주목해야 할 점은, 왜구의 발생 원인이 일본 측에만 있는 것이 아니라 고려가 일본 측과 통교(=무역)를 하지 않았기 때문이라고 고려 측에도 왜구 발생의 책임을 일부 전가하고 있다.

이처럼 왜구 발생의 원인 중 하나로 일본과 고려의 통교(=무역) 부재를 주장했으니 이현종이 왜구의 사회적 실체 중 하나로 '무역적 상인'[14]을 주장한 것은 당연하다. 그런데 위와 같은 왜구의 발생원인 및 그 실체에 관한 이현종의 서술은 모두 다 일본인 연구자들의 주장에 따른 것이다. 예를 들어 〈표 2〉의 d는 다무라 히로유키(田村洋幸)의 〈왜구 발생=고려 측의 무역 제한〉설이며,[15] c는 아오야마 고료(青山公亮)의 〈왜구=몽골의 일본

11) 여기서 '그 사이'란 남북조 동란기를 의미한다.
12) 여기서 '국내 혼란'이란 남북조 동란을 의미한다.
13) "국내가 전국적으로 소란에 빠지자"는 남북조 동란으로 인한 소란을 의미한다.
14) '무역상인'이 아니라 '무역적 상인'이라는 애매모호한 표현을 사용한 것은 아마도 '무역상인'이라고 단정할 만한 근거를 제시하기 어려웠기 때문이 아닐까 생각된다.

침공에 대한 복수〉설에 따른 것이다.[16]

그런데 b에서 남북조 동란기의 현지 무사들의 내전 참여에 대하여 언급하고 또 e의 '그 사이에' 즉 '남북조 동란기 동안에'를, 그리고 f의 '일본의 국내 혼란 때문에', 또 g의 '이렇게 국내가 전국적으로 소란에 빠지자'와 같이 여러 곳에서 왜구의 발생 배경으로 남북조 동란을 들고 있다. 그런데도 이현종, 즉 일본의 왜구 연구자들은 남북조 동란기의 현지 무사들(특히 남조 무사들)이 왜구의 실체라고는 주장하지 않았다.

홍건적의 반란이 원명(元明) 교체의 원동력이 되었으며 또 실제로 명 태조 주원장(朱元璋)이 홍건적의 일원으로 반란에 가담해 명을 건국했다. 그렇다면 왜구 역시 단순한 해적이 아니라 일본 국내의 정치적 변동, 즉 남북조 동란과 직접적인 관련을 지닌 내란의 주체였을 가능성도 충분히 상정할 수 있었을 것이다.

실제로 1915년에 남북조 동란 당시 규슈의 남조에 대하여 연구한 후지타 아키라(藤田明),[17] 일본의 남북조 동란의 최고 권위자인 사토 신이치(佐藤進一),[18] 일본 중세 무가 사회에 대한 전공자로 중세 해적에 관한 연구서를 발간한 가와이 마사하루(河合正治),[19] 심지어 일본 민속학의 대가인 미야모토 쓰네이치(宮本常一)[20]조차도 남조의 해적들이 왜구의 실체였다

---

15) 田村洋幸,『中世日朝貿易の研究』, 三和書房, 1967. 상세한 내용은 이영, 「왜구 왜곡의 정치적 배경과 14-15세기 동아시아 국제 관계 인식」 앞의 주(7) 책, 2015, 49쪽〈표 2-1, 일본의 역사학계 및 대외관계사 학계, 민속학계가 제시한 왜구 주체 및 발생 배경에 관한 기존 학설〉을 참조.

16) 青山公亮,『日麗交渉史の研究』, 明治大学文学部文学研究所, 1955 ; 이영, 「왜구 왜곡의 정치적 배경과 14-15세기 동아시아 국제 관계 인식」, 앞의 주(7) 책, 2015, 49쪽〈표 2-1, 일본의 역사학계 및 대외관계사 학계, 민속학계가 제시한 왜구 주체 및 발생 배경에 관한 기존 학설〉을 참조.

17) 藤田明,『征西將軍宮』, 東京宝文館, 1915.

18) 佐藤進一,『南北朝の動亂』, 中央公論社, 1965.

19) 河合正治,『瀬戸内海の歴史』, 至文堂 1967 ; 河合正治,『国民の歴史 南朝と北朝』, 文英堂, 1972.

고 하는 견해를 제시한 바 있다.[21)]

이처럼 고려(조선)의 문헌 사료를 연구에 전혀 활용하지 않았던 순수 일본 사학자 내지 민속학자들도 〈왜구의 실체〉 및 〈발생원인〉에 대해 공통적으로 "남북조 내란기 당시의 남조 수군이 병량미를 획득하기 위해 침구해간 것"이라고 추정하고 있었다. 그런데 일본의 대외관계사 연구자들은 "남조 수군와 왜구와의 직접적인 관련"에 관해 단 한 명도 언급한 사람이 없었던 것은 어떻게 해석해야 할까? 이를 단순한 우연의 일치라고 생각할 수 있을까?[22)]

이현종은 〈왜구의 발생과 그 성격〉에서 왜구의 발생 원인을 서술함에 있어서 주로 나카무라 히데다카(中村榮孝), 다무라 히로유키, 다나카 다케오(田中健夫), 아오야마 고료 등 일본 대외관계사 연구자의 연구에 의존하고 있다고 스스로 밝힌 바 있다.[23)] 이들 일본인 연구자들의 활동 시기를 순서대로 나열하면 〈나카무라 – 다나카 – 아오야마 – 다무라〉의 순이 된다.

이들 중에서도 특별히 왜구 문제에 관한 논문을 발표한 것은 나카무라와 다나카, 다무라 정도인데 그중에서도 나카무라는 두 사람과 달리 조선총독부 산하 조선사 편수회의 편수관으로서 20년 동안 조선에 체재하면서 한국사의 사료 수집 및 편찬과 전근대 한일관계사 연구 그리고 식민지 조선에서의 역사 교육에 관계해왔던 인물이었다. 또 그는 일본의 소위 황국사관론자(皇國史觀論者) 중 한 명이었다.[24)]

---

20) 宮本常一, 『旅の民俗と歴史7. 海と日本人』, 八坂書房, 1987. 물론 이들은 확실한 사료적 근거를 제시한 것이 아니었기에 추정(推定)의 수준이었다고 할 수 있다.

21) 이에 관해서는 이영, 「왜구 왜곡의 정치적 배경과 14-15세기 동아시아 국제 관계 인식」 앞의 주(7) 책, 2015 참조.

22) 이영, 「왜구 왜곡의 정치적 배경과 14-15세기 동아시아 국제관계 인식」, 앞의 주(7) 책, 1915, 53쪽.

23) 『한국사 8』 국사편찬위원회, 204쪽.

24) 이영, 「조선사 편수관 나카무라 히데다카의 왜구 패러다임과 일본의 왜구 연구」, 앞의 주(7) 책, 2015, 24~31쪽 참조.

나카무라의 왜구를 비롯한 전근대 한일관계사 연구는 일본의 연구자들
에게는 물론 한국 연구자들에게도 큰 영향을 미쳐왔다. 특히 나카무라의
연구 중, 1945년 이후 다나카 다케오 등 일본인 연구자들의 왜구 연구에
지대한 영향을 미친 논문이 「무로마치 시대의 일선 관계(室町時代の日鮮
関係)」다.[25] 이현종도 81년 책에서 왜구의 발생 원인에 대하여 서술하면
서 자신이 주로 의지한 연구로, 『일선관계사 연구(日鮮関係史の研究)』(51
쪽)[26]라고 하면서 특히 그 중에서도 위의 논문을 지목했다.

이처럼 이현종의 〈왜구의 발생원인〉 및 〈왜구의 실체〉에 관한 서술은
나카무라에서 발원(發源)한 일본의 대외관계사 연구자들의 학설에 의존한
결과였음을 알 수 있다.

2) 『신편 한국사 20. 고려 후기의 사회와 대외 관계』의 왜구 서술

94년 책에서는 〈왜구의 발생 원인〉과 〈왜구의 실체〉에 관해서 어떻게
서술하고 있을까? 나종우는 〈① 왜구의 성격과 규모〉에서 사회경제학자
사사키 긴야(佐々木銀弥)의 설[27]에 의거해 서술하고 있다. 이를 정리하면
〈표 3〉과 같다.

앞에서 두 책의 내용은 전반적으로 큰 차이가 없다고 했는데, 〈표 2〉와
〈표 3〉을 비교해보면 〈왜구의 발생원인〉과 〈왜구의 실체〉에 있어서는 상
이함을 알 수 있다.

---

25) 다나카는 이 논문의 학술적 의의에 대하여 다음과 같이 언급하고 있다. "전전(戰前)
의 『이와나미 강좌 일본역사(岩波講座 日本歷史)』에 수록되어 있었던 다섯 번째 논
문(五. 室町時代の日鮮関係)은 가장 신뢰할 수 있는 일조관계사(日朝関係史)의 개
설로서 연구자들로부터 30년 동안이나 의거되어 오늘날에는 고전적인 가치를 지
니고 있다."(田中健夫, 『対外関係史研究にあゆみ』, 吉川弘文館, 2003, 136~137쪽).
26) 204쪽. 여기에서 이 책의 51쪽이란 「무로마치 시대의 일선관계」를 의미한다.
27) 佐々木銀弥, 「海外貿易と国内経済」 『講座日本史』, 東京大学出版会, 1970, 164쪽.

〈표 3〉 94년 책에 보이는 왜구의 발생원인 및 그 실체

발생 원인	남북조 동란	(가). 왜구가 발생하게 된 원인은 당시 일본이 남북조의 쟁란기였던 사실에서 찾을 수 있다. 곧 정권이 양분되어 중앙통치권이 지방 에까지 미치지 못하는 57년이란 긴 기간 동안 사회적 불안은 증 대되었다.(891쪽)
		(나). 또 혼란기를 맞이하여 무사들은 쟁란에 편승하여 소유 영지를 확대시키고자 획책하였다.(891쪽)
		(다). 이러한 사회 정세 속에서 농지를 잃은 농민과, 전쟁에 동원되었 으나 보상을 받지 못해 경제적으로 무력해진 하급 무사 그리고 여기에 토지가 적었을 뿐 아니라 그것도 비옥하지 못해 기근을 면키 어려웠던 對馬 壹岐 松浦 3島 지방의 열악한 입지 조건과 아울러 鎌倉 중기 이후 변경지방까지 침투해왔던 상품 화폐 경 제의 압박 등의 여러 조건들(891쪽)
왜구 의 실체	서쪽 연안 일대	(라). 여러 조건들[28]이 일본의 서쪽 연안 일대의 중소 영주층과 영세 농어민을 자극하여 해적이 되게끔 하였고 바로 이들이 고려의 연안에 침입하였던 것이다."(891쪽)
	중소 영주층	(마). 3도가 왜구들의 중심지일뿐, 우리나라와 가까운 북 규슈의 섬들 과 연안 지역은 모두가 그들의 근거지이기 때문이다.(892쪽)
	영세 농어민	(바). 이것으로 미루어 볼 때 왜구의 근거지는 한두 곳이 아니라 우리 나라와 가까운 북 구주의 섬들과 연안 지역 대부분이었음을 알 수 있다.(892쪽)

즉, 〈표 3〉과 〈표 2〉와의 차이점은 우선 왜구 발생 원인으로 들었던 '여
몽연합군의 일본 원정 실패, 고려와 일본 사이의 통교 관계의 부재'와 같
은 것들이 보이지 않는다는 점이다. 나종우가 이현종의 주장에 비판적이
었음을 알 수 있다. 그 대신에 나종우, 즉 사사키 긴야는 남북조 동란과
'삼도(三島) 지방의 열악한 입지 조건과 상품 화폐 경제의 압박 등'을 왜구
발생의 원인으로 새로이 제시하고 있다.

이러한 왜구 발생의 원인에 관한 주장에 대응해 왜구의 실체에 관해서
나종우가 일본 서쪽 지방의 연해민이라며 지역적 근거를 제시한 것은 81

---

28) 여기서 "여러 조건들'이란 위의 (가). (나). (다). 의 내용을 가리킨다.

년 책과 동일하다. 그렇지만 '무역적 상인'과 '산적과 해적'을 대신해서 왜구의 사회적 실체로 '중소 영주층과 영세 농어민'을 들고 있다. 그러나 이러한 주장 역시 일본이나 고려(조선) 측의 구체적인 문헌 사료에 근거한 것이 아니다.

그런데 나종우 역시 위의 (가) (나) (다)에서 보듯이 남북조 동란을 왜구 발생의 원인으로 들고 있으면서도 정작 왜구의 실체에 관해서는 남조 무사들과는 직접 관련이 없는 '중소 영주층과 영세 농어민'이라고 했다. 이현종의 주장에 비판적이었던 나종우였지만 남북조 동란과 고려 말 왜구와의 관련을 차단하고자 했던 나카무라의 영향에서 자유롭지 못했던 것이다.[29]

그러나 일본 연구자들의 주장과 달리, 『고려사』 등 왜구 관련 문헌 사료에 묘사되어 있는 왜구 집단은 이러한 영세 농어민들과는 거리가 먼, '철기(鐵騎)'라고 하는 중장갑 기병을 지니고 있었다.[30] 또 경신년(1380)에 침구한 왜구의 소년 대장 아지발도(阿只拔都)는 견고한 갑옷을 입고 얼굴에는 구리로 만든 가면을 쓰고 있어서 화살을 쏠 틈이 조금도 없는 무장을 갖춘[31], 남북조 시대의 무장(武將)의 면모를 보이고 있었다. 그리고 그는 "불과 15~16세 정도 밖에 되지 않는 소년이었음에도 500척이나 되는 대규모 선단을 이끌고 있었다. 왜구의 여러 두목들이 매번 그의 앞에 나갈 때에는 반드시 빠른 걸음으로 나가서 무릎을 꿇고 앉았으며 또 군중의 지휘명령을 모두 장악하고 있었다."[32] 이러한 모습에서 아지발도가 중소 영주층을 뛰어넘는, 고귀한 신분(이를 일본사에서는 貴種이라고 한다) 출

---

29) 이영 「왜구 왜곡의 정치적 배경과 14-15세기 동아시아 국제관계 인식」 『황국사관과 고려 말 왜구』, 에피스테메, 1915 ; 이영, 「조선사 편수관 나카무라 히데다카의 왜구 패러다임과 일본의 왜구 연구」, 앞의 주(7) 책, 2015 참조.

30) 『고려사』 권126, 열전39, 변안열. 이영, 「손자병법을 통해 살펴본 왜구사(倭寇史) 최대의 격전(황산 전투)」 『잊혀진 전쟁 왜구』 에피스테메, 2007, 294~295쪽 참조.

31) 『고려사』 권126, 열전39, 변안열. 이영, 위의 논문, 2007, 294~295쪽 참조.

32) 『고려사』 권126, 열전39, 변안열.

신이었음을 연상하게 한다.

그리고 강주원수(江州元帥) 배극렴(裵克廉)과 싸운 왜구의 괴수(魁帥) 패가대(覇家臺) 만호(萬戶)는 큰 쇠 투구를 쓰고 손발까지 모두 덮은 갑옷으로 무장하고는 보병을 좌·우익에 따르도록 하면서 말을 달려 전진하게 했다.[33] 이러한 왜구 괴수의 무장(武裝)은 남북조 내란기의 무장(武將)의 모습과 완전히 일치한다.

그리고 패가대 만호의 '만호'라는 명칭에서 당시 왜구의 괴수가 중소 영주층이 아닌, 북 규슈 지방의 핵심적인 군사 지휘관이었음을 보여준다.[34] 다시 말해 고려 말 왜구는 나종우가 서술한 것처럼 남북조 동란과 무관한, 중소 영주층이나 영세한 농어민들이 아닌, 오랜 내전 경험을 축적한 숙련된 전문 전투 집단의 모습을, 그 괴수들은 남북조 내란기의 무장의 면모를 보이고 있다. 왜구들이 적지인 고려 땅에서 고려의 정규군으로 구성된 토벌대를 상대로 하여 번번이 승리할 수 있었던 것도 그들이 영세한 농어민들로 이루어진 아마추어 무장 집단이 아니라 게릴라 전술을 구사하는 베테랑 전투 집단[35]이었기 때문에 가능했던 것이다.

4. 내용상의 문제

1) 『한국사 8』(고려 후기의 사회와 문화)

본장에서는 81년 책의 고려 말 왜구에 관한 서술의 내용상 문제에 대

---

33) 『고려사』 권116, 열전29, 박위.
34) 패가대(覇家臺), 즉 하카타(博多)는 당시 일본 최대의 국제 무역항이었으며 '만호'라고 하는 고려의 지방 고위 무관직이었다. 따라서 패가대 만호란 하카타 지방의 군사 지휘권을 지닌 무장으로 생각할 수 있다.
35) 왜구의 전술 및 전략을 게릴라의 그것과 비교한 연구로 이영, 「게릴라전 이론을 통해서 본 왜구: 조선 왕조의 대마도 영유권 주장을 중심으로」 『일본연구』 31, 2011이 있다.

하여 살펴보기로 하자. 이현종은 고려 사회 내부에서도 왜구를 제대로 통제하지 못한 이유를 찾고 있다.

> "이와 같이 <u>계속되는 내란과 몽고 침입 등 외침으로 인한 전토(田土)의 황폐, 게다가 두 차례의 일본 정벌에 따르는 국력 소모</u> 등 14세기 전후의 사회 경제는 왜구 침입의 직전에 해당하는 시기로서 어수선하였다. 이러한 때에 고려의 국력이나 국방력은 약화될 수밖에 없었으며, 왜구에 대비해서 방비나 토벌이 제대로 실시될 수 없는 상태였다." (207쪽)

위에서 들고 있는 (밑줄 친) 이유는 '왜구 침입의 직전'이 아니라, 경인년(1350)의 왜구 재침으로부터 무려 80여 년 전의 상황이다. 따라서 위와 같은 이유로 고려의 국력이나 국방력이 약화되었다고 하는 것은 수긍하기 어렵다. 오히려 고려가 원의 정치적 간섭을 받으면서 국방을 원나라에 의존한 것이 군사력 약화를 초래한 원인이라고 하는 것이 타당할 것이다. 그러나 이러한 군사력 문제도 공민왕의 반원자주 개혁의 추진 이후, 지속적인 개혁을 통해 극복되어갔다.[36] 왜구에 대한 방비나 토벌이 제대로 실시되지 못했던 것은 다른 이유, 북방 국경 문제 때문이었다. 예를 들면 당시 고려는 약탈을 마치면 돌아가는 왜구보다, 국가의 존속을 위태롭게 할 수 있는 북방 문제를 더 심각하게 인식하고 있었다.[37]

---

[36] 이에 관해서는 이현종도 다음과 같이 언급하고 있다. "당시의 高麗軍制를 본다면, 제도상으로 볼 때 왜구를 방비 토벌할만한 군사적인 방어태세가 없는 것은 아니었다. 倭寇가 가장 심하였던 禑王 2년(1376) 8월에 실시된 點兵數를 보면 다음과 같다." 고 한 뒤, 고려가 당시 총 94,500명의 병력을 지니고 있었다고 하면서 "특히 慶尙·全羅道 등 南海地方과 西海地方 등 왜구 침입이 쉬운 지방에는 더 많은 군대가 배치되었다. 그 중에서도 楊廣·全羅·慶尙道 등 3도는 總兵力의 6割强을 배치하였는데 北方의 紅巾賊 관계와 大陸 형세 변동에 따른 위협이 다가 오는 데에도, 불구하고 倭寇 방비와 토벌을 위하여 三南地方에 많이 배치한 것을 볼 때에 高麗가 받은 倭寇 위협은 가히 짐작할 수가 있다."고 했다. 219~220쪽.

이현종은 또 "침입 왜구에 대하여 방비와 토벌, 수군 확장과 전함 건조, 화약과 화포의 제조 등 주로 수동적인 입장에서 대처하고 있었다. 그러나 왜구 근절의 기미는 없었으므로 한걸음 나아가 드디어는 대마도 정벌이라는 적극책까지 취하였다."고 했다.[38] 이현종은 전함 건조와 화약과 화포의 제조 등까지도 '수동적인'것으로 평가한 것이다. 그러나 이러한 대책이 대마도 정벌과 무관하다고 생각되지 않으며 오히려 전함 건조와 화약 화포 제조 등은 대마도 정벌의 전제조건이 되었다고 해야한다.[39]

그리고 중요한 것은 다음과 같은 문제들이다. 즉, 고려는 전함 건조와 화약 화포 제조 등과 같은 적극적인 군사 대책을 왜 공민왕 말년에 와서야 비로소 착수하기 시작했는가? 고려는 왜 창왕 원년(1389)에 와서야 비로소 대마도 정벌에 착수했는가?[40]등이다.

이현종은 또 고려의 왜구 금압을 위한 대일(対日) 외교 노력에 대해 다음과 같이 언급하고 있다.

---

37) 전 대사성(大司成) 정몽주(鄭夢周)를 답례 차 일본에 파견하고 또한 해적을 단속해달라고 요청하게 했는데 그 글에 이르기를, "삼가 생각하건대 <u>우리나라는 북쪽으로는 원(元)과 잇닿아 있고, 서쪽으로 명[大明]과 접해 있으므로 항상 군관(軍官)을 훈련시켜 방어하는 데 충당하고 있습니다. 이에 해적들의 침구에 대해서는 오로지 연해의 주군(州郡)들에게 방어를 일임하고 있습니다.</u> 그 때문에 적도들이 틈을 엿보다가 갑자기 침략하여 민가를 불태우고 사람들을 약탈하다가 우리 관군을 보기만 하면 바로 배를 타고 도망쳐 숨어버리니 그 피해가 적지 않습니다." 라고 하였다. 『고려사』 권133, 열전46, 우왕 3년 9월. 위에서 보듯이 고려는 원과 명과의 국경 방어 때문에 왜구에 대하여는 소극적으로 임하고 있었음을 알 수 있다.
38) 225쪽.
39) 이영, 「고려 말 수군의 재건과 해양 지배권의 장악」『동북아 문화연구』48, 2016을 참조.
40) 당시의 대마도 정벌은 위화도 회군으로 권력을 장악한 이성계가 대마도 정벌을 시도함으로써 자신의 친명(親明)적인 자세를 드러내기 위한 것으로 생각된다. 이영, 「동 아시아 삼국 간 연쇄관계 속의 고려 말 왜구와 대마도」『동북아 문화연구』 34, 2013, 16~20쪽을 참조.

　　"그렇지만 그 사이에도 평화적으로 왜구 금지를 위하여 노력하면서 일본
에 사절을 파견하여 왜구 금지를 요청하였다." … "이와 같이 왜구 종식을 위
하여 오랫동안의 외교적인 절충과 사절파견, 일본국사, 막부장군사, 구주탐제
사, 대마도사 등의 래빙사도 상당하였으며 우리나라 피로인의 송환도 10여차
나 있었지만 결국 왜구 토벌과 외교의 정상화를 가져오지 못한 채 조선시대
로 넘어갔다." (228쪽)

　　위에서 고려의 대일 외교적 노력은 왜구 토벌에 효과적이지 못했으며
또 일본과의 외교 정상화에도 실패했으며 (외교 정상화는) 조선 시대에 들
어와서야 비로소 가능했다고 서술하고 있다.[41] 물론 고려 말에 왜구의 침
구가 완전히 종식된 것은 아니었다. 그렇지만 이미 1380년대 중반에 들어
서면서 왜구의 대규모, 그리고 빈번한 침구는 진정되기 시작한다.[42] 이는
규슈탄다이(九州探題) 이마가와 료슌(今川了俊)이 1381년에 규슈의 반란
세력(남조)의 군사적 거점인 정서부(征西府)의 본거지 기쿠치(菊池) 분지
일대를 점령[43]하면서 군사적으로 제압하기 시작했기 때문이다.[44]

---

41) 나카무라는 고려 말의 왜구는 조선시대 초까지 이어지다가 태조와 태종, 그리고
　　세종의 왜구 회유책 등이 주효해서 마침내 왜구가 진정되었다고 주장했다. 이는
　　고려의 대책에 문제가 있어서 왜구가 진정되지 않았다는 자기 주장에 근거한 논
　　리 전개라고 할 수 있다. 즉 고려는 사회 내부에 많은 문제들이 있어서 멸망한
　　것이다. 왜구가 횡행한 것도 그러한 내부 요인 때문이었다. 그런데 조선이 건국되
　　고 이러한 여러 가지 문제를 시정되고 왜구도 회유책이 성공하는 등의 이유로 진
　　정되었던 것이다, 라고 하는 것은 왜구 문제의 핵심은 일본이 아니라 고려 사회
　　내부에 있었다, 고 하는 논리의 표출이다. 中村榮孝,「室町時代の日鮮関係」『日鮮
　　関係史の研究』, 吉川弘文館, 1964, 164~165쪽.
42) 이에 관해서는 이영,「왜구 왜곡의 정치적 배경과 14-15세기 동아시아 국제 관계
　　인식」앞의 주(7) 책, 2015,〈표 2-6 왜구 침구표(1371-1391)〉를 참조.
43) 이에 관해서는 杉本尚雄,『菊池氏三代』, 吉川弘文館, 1966을 참조.
44) 물론 1380년대 중반 이후, 왜구의 침구가 진정되기 시작한 데에는 1377년의 화통
　　도감 설치 이후 고려 수군의 전력이 강화되자, 왜구들, 즉 남조의 무장 세력들이
　　고려에서 전쟁 수행에 필요한 물자를 예전처럼 용이하게 입수하지 못하게 된 것

도 중요한 이유 중 하나로 생각할 수 있을 것이다. 예를 들어 경인년(1350) 이후 고려 멸망(1392)까지 고려 수군이 왜구의 기습을 받은 상황을 (1) 경인년 이후 수군 재건 이전 시기, (2) 수군 재건 이후 화통도감 설치 이전 시기, (3) 화통도감의 설치 이후 고려 멸망까지의 3시기로 분류해 분석한 최근의 연구에 실린 다음의 〈표 4〉를 보자. 이하의 내용은 이영, 「고려 말 수군의 재건과 해양 지배권의 장악」 『동북아문화연구』 48, 2016에 의함.

이 〈표 4〉를 보면 고려가 왜구와의 해전에서 약 69%, 75%, 93%의 승률을 거두고 있었음을 알 수 있다. 그러나 해전에서 고려가 약 70%에 가까운 승률을 올린 제(1)기의 내용을 살펴보면, 침구한 66척 중에 겨우 1척을 노획한 것을 위시해 대개 1척-2척의 포획에 그치고 있으며 많아야 적선 5척의 나포와 30여 명을 포로로 잡은 것 정도이다. 반면에 패한 경우를 보면, "사상자가 대단히 많았다." "병졸의 전사자가 10의 8~9명이었다." "절반 이상의 군사가 전사했다." "대패하였다." 등 압도적인 패배가 대부분이었음을 알 수 있다.

반면에 제(3)기에는 고려 수군이 약 93%의 승률을 올리고 있을 뿐 아니라, 그 내용을 보더라도 "왜적을 추격하여" "왜적을 만나서 공격하여 쫓고" "왜적을 수색하여 잡았다." 등 이전 시기에는 볼 수 없었던 고려 수군의 공격적인 자세가 두드러지고 있다. 이러한 상황 변화는 제(1)시기 때처럼 해상에서 왜구의 선박과 조우해 제대로 싸워보지도 않고 도주하는 사례가 단 1건도 없었다고 하는 점에서도 확인된다. 이러한 사실은 왜구의 총 15회에 걸친 기습에 고려가 전패를 기록했다고 하는 것을 통해서도 알 수 있다. 특히 제(1)기에는 무려 10차례 기습을 받았는데 반해, 제(3)기에는 기습 공격이 제(1)기에 비해 10분의 1수준으로 대폭 감소한 것이다. 이는 해전 상황에서 고려 수군에 대한 자신감을 상실한 왜구들이 더 이상 고려의 수군 기지에 예전처럼 마음대로 접근하지 못하게 되었음을 의미하는 것이라고 할 수 있다.

〈표 4〉 경인년(1350) 이후 왜구와 고려 수군의 해상 충돌 상황

시기	기간	분류	건수	결과	승률(%)
(1)	23년	해전	16	고려의 11승 5패	68.75
		적의 기습	10	고려의 0승 10패	0
		해상 조우	3	고려의 0승 3패	0
(2)	4년	해전	4	고려의 3승 1패	75
		적의 기습	4	고려의 0승 4패	25
(3)	15년	해전	15	고려의 14승 1패	93
		적의 기습	1	고려의 0승 1패	0

그런데 이러한 막부의 규슈 남조에 대한 적극적인 군사 공세를 이끌어
낸 것도 공민왕 15년(1366)의 최초의 금왜요구 사절 파견이었다.[45]

이처럼 고려의 외교적 노력은 명의 대일 금왜(禁倭) 압력과 함께, 결국
1372년부터 무로마치 막부의 규슈 지역에 대한 적극적인 군사 개입을 이
끌어냈다. 그리고 이후 10여 년의 시간이 소요되었지만 1381년에 남조 세
력의 본거지 기쿠치(菊池) 분지를 장악해, 규슈 지역에서의 군사적 우위를
확립하는 데 성공한다. 그러자, 왜구의 침구 상황 역시 1383년 이후 규모
와 빈도에 있어서 확연하게 변화가 나타나게 된다. 따라서 고려의 금왜
사절파견이 즉각적인 왜구의 금압으로 표출되지 않았다고 해서 고려의
대일 외교가 효과가 없었다거나 의미가 없었다고 단정해서는 안 된다.[46]

또한 이현종이 일본과의 외교 정상화에도 실패했다고 한 것 역시 나카
무라 등 일본 연구자들의 영향을 받은 것이다.[47] 고려가 사신을 파견한
것은 어디까지나 왜구 금압을 위한 것으로 일본과의 외교 정상화를 목적
으로 한 것이 아니었다. 그리고 실제로 고려와의 관계 개선에 더 적극적
이었던 것은 일본의 무로마치 막부 측이었다.[48]

그 배경을 간단히 정리하면 다음과 같다. 홍무(洪武) 5년(1372) 5월 말
에 명나라 사신이 하카타에 도착했는데 이미 그전에 규슈탄다이 이마가
와 료슌이 하카타를 장악하고 있었다. 그 결과, 료슌은 규슈 남조(정서부)

---

45) 이영, 「14세기 동 아시아 국제 정세와 왜구: 공민왕 15년(1366)의 금왜 사절을 중
심으로」 앞의 주(7) 책, 2015, 265쪽.

46) 이에 관해서는 이영, 「고려 우왕 원년(1375)의 나흥유 일본 사행의 외교적 성과」
『한국중세사연구』 47, 2016 참조.

47) 이영, 「왜구 왜곡의 정치적 배경과 14-15세기 동아시아 국제 관계 인식」 앞의 주
(7) 책, 1915, 36~37쪽 참조.

48) 우왕 6년(1380)부터 13년(1386)까지 고려가 사절을 파견하지 않았던 데 비해 일본
은 6차례나 걸쳐 연속적으로 고려의 피로인들을 송환하고 있다. 이영, 「동아시아
국제 질서의 변동과 왜구: 14세기 후반에서 15세기 초를 중심으로」 앞의 주(7)
책, 2015, 〈표 9-3. 고려-일본 간 사절 왕래(1375~1391)〉를 참조.

가 명으로부터 '일본 국왕'에 책봉된 사실을 알게 되었다.[49] 이런 상황 속에서 막부는 외교적 고립에서 벗어나기 위해서 고려와의 관계 강화에 주력한다.

　이현종의 왜구 인식은 고려의 왜구 대책에 관한 서술에도 다음과 같은 문제점을 드러내고 있다. 즉, 그는 고려 조정이 왜구에 대한 회유책을 우선 추진했지만, 이것이 실패하자 토벌을 강화할 수밖에 없었다고 했다.[50] 그 사료적 근거로 이현종은 공민왕 13년(1364) 6월에 경상, 전라에 왜인만호부(倭人萬戶府)를 두고 왜노를 초유하여 금부(金符)를 주는 것과 같은 조치를 취했다고 하면서,[51] 이러한 회유책은 공민왕 18년에 거제도와 남해도에 있던 투화왜인들이 배반해 일본으로 돌아감으로써 실패했다고 평가했다.[52] 그러나 고려는 '왜인만호부'라고 하는 기관을 설치한 적이 없으

---

49) 村井章介,「日明交渉史の序幕」『アジアのなかの中世日本』, 校倉書房, 1988, 242쪽을 참조.

50) 이현종이 왜구에 대한 '회유책'을 언급한 것은 아마도 일본의 왜구 연구자들이 조선 시대에 들어와 왜구가 진정된 이유로 조선시대 초기의 회유책을 중시했기 때문으로 생각된다. 그런데 이러한 회유책이 왜구 문제를 해결하게 된 중요 원인이었다고 하는 주장은 나카무라 히데다카의 논문「무로마치 시대의 일선관계」에 영향을 받은 것이라 할 수 있다.
　아울러 최근에 조선 초기의 왜구에 대한 회유책이 왜구의 침입을 진정시킨 주요 원인이었다고 하는 주장에 대하여 다음과 같은 비판적인 연구가 발표되었다. 송종호,「조선초 왜구의 퇴조와 조선 조정의 '회유책'에 대한 비판적 검토 - 1396년(태조5년)나가온 왜구 집단의 투항과 김사형의 이키·대마도 정벌군 출진 건의 인과관계를 중심으로 -」『한일관계사연구』78, 2022 ;「조선 조정의 왜구 회유책'론에 대한 비판적 검토 - 태조 6년(1397) 항왜 도주와 군관 처벌의 배경을 중심으로 -」『한일관계사연구』80, 2023 ;「정종 원년(1399) 등시라로(藤時羅老) 왜구 집단의 투항과 오에이(応永)의 난 - 왜구 투항에 관한 조선 조정의 회유책론에 대한 비판적 검토 -」『한일관계사연구』84, 2024.

51) 216쪽.

52) "고려에서는 우선 침입 왜구에 대하여 양면으로 대처하였다. 하나는 가능한 한 그들을 회유하여 寇盜行脚을 중지시키는 일이고, 다른 하나는 무력으로써 직접 그들을 토벌하는 것이었다. 그러나 회유방법을 통한 구도행각의 중지계획은 실질적인

며 이는 이현종이 『동국통감』의 내용을 잘 못 해석한 것이다.[53) 왜인만호
부 설치에 관해 박용운도 "부원배인 최유 등이 본국을 해치고자 꾀하면서
원 황제에게 이를 세워 원나라의 후원 세력으로 삼으면 좋을 것이라고 건
의한 제안이며, 또 그나마 이 안은 실제로 시행된 일도 없으므로 그와 같
이 보기는 어려울 것 같다."[54)고 했다.

또한 이현종은 고려의 왜구 회유책이 실패하자, 토벌 강화책을 취했다
고 하면서, 충정왕 2년(1350)에 왜구 3백 명을 잡아 죽인 사례와 공민왕
7년(1358)에 최영을 양광전라도 왜구 체찰사에 임명해 대대적으로 왜구를
소탕케 한 사례, 공민왕 13년 5월에 경상도순문사 김속명이 왜구 3천명을
진해에서 격파한 사례 등을 들고 있다.[55)

그런데 이상과 같은 사례들은 이현종이 제기한 바, 소위 왜구에 대한
회유책이 실패한 사례인 공민왕 18년의 상황이 일어나기 전에 발생한 것
이다. 즉 고려는 왜구에 대한 회유책이 실패했다고 판단했기에 왜구 토벌
을 강화한 것이 아니라, 경인년(1350) 2월에 왜구가 재침해오기 시작한 시

면에서 볼 때 일본 국내사정의 혼란된 영향으로 어려운 일이었으며 또 고려 측의
노력이 곧바로 실시될 수도 없었다. 따라서 하루 속히 양국 사정이나 관계가 호전
되어 무역상왜로서 전환되기 전까지는 어려운 일이었으므로 부득이 직접적인 대
응책으로서의 토벌에 중점을 둘 수밖에 없었다."〈왜구의 회유와 토벌〉 216쪽.

53) 이현종이 언급한 왜인만호부 관련 기사는 『고려사』나 『고려사절요』에는 보이지
않고 『동국통감』에서 확인되는 데 그 내용을 살펴보면, 고려 조정의 왜인에 대한
회유책이 아니라 원의 세력을 배경으로 공민왕을 왕위에서 몰아내고 덕흥군을
새로운 국왕으로 추대하고자 했던 최유가 황제에게 "만약 고려로 돌아가게 되면
정장(丁壯)들을 전부 징발하여 천자(天子)의 위병(衛兵)에 보충할 것이고, 해마다
양향(糧餉)을 바칠 것이며, 또 경상도와 전라도에 왜인 만호부를 두어서 왜노(倭
奴)를 불러와 금부를 주어 상국(上國)의 후원이 되도록 하겠습니다"(『동국통감』
공민왕 13년 6월)라고 말 한 내용이었다. 다시 말해 고려 조정의 입장에서 볼 때
반역자라 할 수 있는 최유가, 덕흥군이 왕위에 오르면 '왜인 만호부'를 설치하겠
다고 한 것이었다. 고려 조정은 왜인만호부를 설치한 적이 없었다.

54) 『고려시대사』 下, 626쪽.

55) 216쪽.

점부터 일관되게 왜구 토벌이라고 하는 자세를 유지해온 것이었다. 고려 조정의 왜구 토벌에 관한 자세가 경인년 왜구 침구 이후는 물론, 공민왕 18년 이후에도 일관성을 유지하고 있었던 것은 아니다. 공민왕 5년(1356) 의 반원 자주 개혁 이후, 고려의 최우선 국가적 과제가 왜구 대책에서 북방 문제로 옮겨갔기 때문이다.

이현종이 이처럼 왜구의 회유책을 중시한 것은 조선시대에 들어와 본격적으로 실시한 회유책이 왜구 금압에 주효했다고 하는 일본 연구자들의 주장에 따랐기 때문이다. 즉, 나카무라 히데다카는 왜구가 완전히 금압된 것은 조선 시대에 들어와서부터이며 왜구 금압에 있어서 가장 효과적인 대책은 회유책이었던 것처럼 서술하고 있다.[56] 다나카 다케오 역시, 고려 시대에는 본격적으로 왜구에 대한 회유책이 시도되지 않았던 것에 반해, 조선시대에 들어와 다양한 왜구 회유책이 실시되었고 이 정책이 결정적으로 유효하게 작용해 결국 왜구가 발생하지 않게 되었다고 했다.[57] 반면, 이 두 사람은 세종 원년에 이루어진 대마도 정벌이 왜구 금압에 미친 효과에 대해서는 중요하게 평가하지 않았다.[58]

---

56) 앞의 주(41) 참조.
57) 田中健夫, 『倭寇 - 海の歴史』, 敎育社, 1982. 예를 들어 다나카는 「왜구의 변질분해」라는 장을 '(1) 왜구 금지를 요구하기 위해 고려의 사절이 오다.' '(2) 조선 왕조로 계승된 외교 절충' '(3) 토지제도의 정비와 군비의 확충' '(4) 회유된 투화 왜인' '(5) 사송 왜인과 흥리 왜인' '(6) 왜구의 전신(轉身) 분해'등과 같은 절을 설정해 (1)-(5)의 노력 결과, 왜구들이 변신하고 분해되어 갔다고 주장하고 있다. 38~50쪽.
58) 예를 들어 나카무라는 세종 원년의 대마도 정벌에 대하여 다음과 같이 서술하고 있다. "처음 조선에서 대마도 정벌 계획이 논의되기 시작했을 때부터 예조판서 허조는 우의정 이원과 함께 온화론(穩和論)을 주장하며 오히려 제도적인 한계를 설정해 왜인들의 교통 무역을 통제하는 것이 더 낫다고 주장하며 세종을 움직이고 있었다. 세종도 또한 왜인들에 대한 접대를 새롭게 해야할 때가 되었다고 여기고 개혁할 필요가 있음을 인정하고 있었지만 부(父) 태종의 강경한 무단적 조치에 양보해야 했었다. 그 때문에 태종이 사망한 것은 일선 관계에 있어서 아주 중요한 의의를 지닌 일이었다. 이로써 비로소 총명한 세종이 기해(己亥, 応永26년) 동정(東征)을 계기로 하여 확실해진 일본의 국정을 파악하고 내적으로는 변방의

고려 말 왜구 발생의 근본적인 원인은 일차적으로 남북조 동란과 같은 일본의 내란 상태가 60여 년 동안 지속되었던 것에서 찾아야 한다. 그런데 1392년에 내란이 종식된 뒤, 왜구의 규모가 축소되고 또 그 빈도도 고려 말에 비해 대폭 줄어들었지만 여전히 침구가 이어진다. 그 배경에는 규슈 지역의 쇼니씨(少弐氏)와 기쿠치씨(菊池氏) 등 토착 호족 세력들에 대하여 이마가와 료슌과 함께 북 규슈 지역에 새로 진출하기 시작한 츄고쿠(中国) 지방의 호족 오우치씨(大内氏)가 충돌하는 등, 규슈 지역에서 내란은 단속적(斷續的)으로 이어졌던 데 있었다. 다시 말해 남북조 내란이 종식된 이후에도 여전히 규슈 지역에 무로마치 막부의 공권력이 확립되지 못했던 것에 그 이유를 찾아야 하는 것이다. 이는 일본 전국을 통일하고 강력한 중앙 권력을 확립한 토요토미 히데요시(豊臣秀吉)가 해적단속령을 발포한 1588년 이후, 비로소 4세기 이상 지속되었던 왜구가 완전히 사라지게 되었다고 하는 사실에서도 잘 알 수 있다.

2) 『신편 한국사 20』(고려 후기의 사회와 대외관계)

94년 책 중, 고려 말 왜구에 관한 서술에는 어떠한 문제가 있을까? 나종우는 '가. 창궐기 이전의 왜구'에서 삼국시대의 왜구에 관하여 다음과 같이 언급하고 있다.

   "왜적이 우리나라에 침입하기 시작한 것은 삼국시대부터이다. 『삼국사기』

무비를 충실히 하며 외적으로는 교린의 실을 거두게 되었다."고 하여 태종 이방원이 주도한 대마도 정벌에 대해서는 '강경한 무단적 조치'라고 하며 이후 '총명한 세종'이 '일본의 국정을 파악하고'라고 해, 태종은 일본의 내정을 제대로 이해하지 못해 대마도 정벌을 추진한 '무단'의 '강경론자'라는 식으로 서술하고 있음을 알 수 있다(앞의 주(41) 책, 174~175쪽). 그리고 다나카 다케오(田中健夫)는 대마도 정벌과 왜구 금압의 상관관계에 대해서는 아예 언급조차 하지 않았다(앞의 주(57) 책 참조).

와 〈광개토대왕 비문〉은 당시 왜구 침입과 피해가 적지 않음을 말하고 있다."
(397쪽)

그러나 광개토대왕 비문에 보이는 한반도에서 왜인들의 군사적인 활동
은 고구려와 대치 상태에 있던 백제가 정치 군사적인 목적으로 이용하고
자 끌어들였다고 하는 것이 학계의 일반적인 견해이다.[59] 즉 정치적인 목
적을 띤 군사작전 차원의 파병이었다.

왜구는 "영토 야욕이나 정치적 목적 달성을 위해서가 아니라, 단순히
경제적인 재원의 약탈·납치를 목적으로 한, 일본인으로 구성된 무장 집단
내지는 그 행위"라고 정의해야한다. 따라서 삼국시대 한반도에서의 왜의
활동은 왜구의 정의에서 제외되어야 한다.[60] 이는 임진왜란을 '왜구'의 범
주에 포함시킬 수 없는 것과 같다. 한국사에 있어서 왜구는 "고려 시대부
터 조선 시대 전기에 걸쳐서 행하여진, 일본인으로 구성된 집단에 의한
약탈 및 납치 행위"라고 정의해야 한다.[61]

또한 '창궐기 이전의 왜구'와 '창궐기의 왜구'라는 나종우의 분류 방식
에도 문제가 있다. 이 방식대로 삼국시대에서부터 고려 충렬왕 6년(1280)
까지를 '창궐기 이전의 왜구'라는 시기로 설정했을 경우, 〈삼국사기〉와
〈광개토 대왕 비문〉 그리고 신라 문무왕(626~681)과 신문왕(?~692) 당시
의 감은사 창건 때까지 문헌상에 나타나는 왜구와 고려 고종 10년(1223)
에 『고려사』에 최초로 보이는 왜구와의 사이에는 무려 5세기가 넘는 왜구
의 '공백기'가 존재한다. 이 점에서도 삼국시대의 '왜'를 『고려사』의 왜구
와 같은 레벨에서 생각하기는 어렵다.

그리고 고려 고종 10년부터 충렬왕 6년까지의 왜구를 '창궐기 이전의

59) 예를 들어 平野邦雄, 「古墳とヤマト政権」『日本歴史大系』, 山川出版社, 1984, 284~
286쪽.
60) 이영, 「고려 말 왜구의 실상」 앞의 주(30) 책, 2007, 8쪽.
61) 이영, 「고려 말 왜구의 실상」 앞의 주(30) 책, 2007, 8~9쪽.

왜구'라고 규정하는 것도 수긍하기 어렵다. '창궐기'란 용어를 사용하려면 '창궐의 기준'이 명확해야 한다. 실제로 나종우가 '창궐기'로 분류한 고려 말에도 왜구의 침구 빈도 및 규모는 침구 시기에 따라 큰 편차가 존재한다.[62]

또 나종우는 창궐기의 왜구를 1기(충정왕 2년~공민왕 22년)과 2기(공민왕 23년~우왕 4년)으로 각각 분류했다.[63] 그러나 우왕 4년(1378) 이후에도 왜구는 대규모로 그리고 높은 빈도로 침구해왔다. 나종우도 우왕 6년과 8년 그리고 14년의 왜구에 대하여 특별히 언급하고 있다.[64] 특히 우왕 6년(1380, 경신년) 7월, 금강 하구에 500척의 대선단으로 침구한 왜구 집단은 이후 내륙 지방을 전전하면서 약탈과 살인, 방화와 전투를 반복해 경인년에 왜구가 또 다시 침구해오기 시작한 이후 고려에 최대의 피해와 충격을 안겨다 주었다.[65] 그런데 이 경신년의 왜구가 '창궐기'에 포함되지 않는 것을 어떻게 설명할 것인가, 의문이다. 따라서 우왕 4년까지를 왜구의 창궐기라고 하는 설정은 적당하지 않다.[66]

나종우는 창궐 1기 당시 고려의 국내 상황에 대하여 "당시 고려는 왜구 침입에 대비하여 연해의 방비에 힘을 기울여 왔으나 충정, 공민왕 때에 이르러서는 원의 국내 사정으로 고려에까지 원군을 요청하고 고려는 이에 응하여 원군을 파견하여 남쪽의 방비가 소홀해졌다."고 했다. (402~403쪽) 그러나 고려가 원나라에 원군을 파견한 것은 공민왕 3년(1354)년

---

62) 고려 말 왜구는 시종일관 많은 집단이 연속적으로 침구해 왔을 것이라고 생각하기 쉽지만, 실제로는 ①활발하게 침구－② 소강상태－③ 다시 활발하게 침구－④ 소강 상태－⑤ 또 다시 활발하게 침구－⑥ 최극성기－⑦ 소강상태, 로 그 침구 양상이 시기에 따라 다양한 변화를 보이고 있다. 이에 관해서는 이영, 「고려 말 왜구의 단계별 침구 양상과 고려의 대응」앞의 주(7) 책, 2015, 200~201쪽을 참조.
63) 400쪽.
64) 406쪽.
65) 이영, 「경신년(1380) 왜구의 이동과 전투」앞의 주(30) 책, 2007 참조.
66) 나종우의 분류에 의하면, 우왕 4년 이후의 왜구는 어떻게 분류해야 할 것인가라는 문제가 발생한다.

의 일로 고려 국내에서 원군에 차출된 병력은 불과 2000여 명에 불과했
다. 또 파견 기간도 2년이 채 되지 않는 기간이었다.[67] 따라서 고려가 원
나라에 원군을 파견하느라고 남쪽의 방비가 소홀해졌다, 고 하는 나종우
의 주장은 수긍하기 어렵다.

오히려 그가 "이처럼 왜구의 침입이 계속되던 당시 고려의 사정은 원
과의 우호 관계 속에서도 보다 독립성을 찾으려 애쓰던 시기였다. … <u>이
와 같이 공민왕은 북방의 실지 회복에 주력하였고 이때까지만 하여도 왜
에 대하여 그다지 큰 신경을 쓰지 않은 듯하다.</u>"(402~403쪽)라고 한 것이
당시 고려 조정의 왜구 인식을 더 적확하게 표현하는 것으로 생각된다.

또 나종우는 다음과 같이 언급하고 있다.

> "창궐기 초기의 왜구를 그 이전의 왜구와 비교하여 보면, 그 특징으로 침
> 입 지역이 금주 (김해) 관내의 연해에서 전국의 연해 지역으로 확대되었다는
> 것과 수도인 개경 근해에 자주 출몰하였다는 것을 들 수 있다. 남해의 일부분
> 에서 모든 해안으로 침입이 확대되었다는 것은 <u>계속되는 내란과 외적의 침입
> 으로 국내 질서가 문란해진 사실</u>과 한편으로는 원이 약해지는 기회를 이용하
> 여 북방의 국경선에도 함께 관심을 쏟았기 때문이라고도 할 수 있다."

위에서 나종우는 왜구들의 침구가 남해 지역에서 전국 해안 지역으로
확대된 이유 중 하나로, (고려의) 국내 질서가 문란해진 것을 들었다. 그러
나 이 같은 인식은 고려 말 왜구 발호(跋扈)의 원인을 일본의 국내 정세가
아닌, 내란과 외침으로 피폐해진 고려 사회 자체의 문제로 보는 일본 연
구자들의 발상과 다르지 않다.[68] 왜구의 침구가 일본의 국내 정세, 특히

---

67) 공민왕 3년(1354) 7월에 남정군의 일원으로 최영이 출정해(『고려사절요』권26,
공민왕 3년 7월), 공민왕 5년(1356) 5월에 고려가 압록강 서쪽에 위치한 8참을 공
격하고 쌍성 등지를 수복하는 전투에 최영 장군이 참전하고 있는 것으로 볼 때,
그 전에 고려로 귀국했음을 알 수 있다. 『고려사』권39, 공민왕 5년 5월.

규슈 지역의 군사 정세에서 비롯된 것[68]인 이상, 왜구 집단이 언제, 어떤 장소를, 어느 정도의 규모로, 얼마나 빈번하게 침구하는가?를 결정하는 것은 어디까지나 왜구 측 사정에 달려있는 것이다.[70]

즉, 당시 고려가 내란과 외침이라고 하는 상황하에 있지 않았다고 하더라도 왜구들이 언제, 어디를, 어느 정도의 규모로 어떻게 침구해올 지에 관한 정확한 정보 없이, 고려가 수천 킬로미터에 달하는 해안 지역 전체에 철통같은 방어선을 형성하는 것은 불가능에 가까운 것이었다.

이어서 ④ 왜구에 대한 대책 중 '가. 군사 체제의 변동과 강화'에 대하여 살펴보자.

　　가. 군사 체제의 변동과 강화
　　　　① 진수군(鎭戍軍)의 증설　　② 기선군(騎船軍)의 재건
　　　　③ 익군(翼軍)의 조직　　　　④ 신병기(화약과 화기)의 사용

나종우는 '① 진수군(鎭戍軍)의 증설'에서 "이러한 진수 체제는 제도화되지는 못하였으나 국방선으로 된 연해 지역을 중심으로 군사력이 분할

---

68) 中村榮孝,「室町時代の日鮮関係」『日鮮関係史の研究』, 吉川弘文館, 1964 참조.

69) 이영,「여말 선초 왜구의 배후세력으로서의 쇼니씨」『팍스 몽골리카의 동요와 고려 말 왜구』, 혜안, 2013, 75~81쪽 참조.

70) 실제로 나종우도 왜구의 창궐 2기에 대한 서술에서 "이처럼 당시 왜구의 창궐이 극에 달하고 잔폭해진 원인은 당시 일본 사정에서 비롯되었다고 할 수 있다. 당시의 일본은 남북조 쟁란기의 후반기(1372: 고려 공민왕 21~1391: 공양왕2)가 시작되어 회량(懷良: 皇子親王)이 구주에서 활동을 개시하기 시작한 때이다."(405쪽)라고 언급하고 있다. 그러나 구체적으로 언급하자면 회량, 즉 가네요시 왕자가 구주에서 활동을 개시한 것은 1349년부터이며, 1372년부터 왜구의 침구가 다시 빈번해진다. 이는 이 해 초에 규슈 현지에 부임한 무로마치 막부의 규슈탄다이 이마가와 료슌이 10년 동안 규슈 남조(征西府)가 장악하고 있던 규슈 지역의 행정과 군사, 외교를 관장하던 기구인 다자이후(大宰府)를 탈환하고자 공격을 개시했기 때문이었다.

배치된 것은 지방 중심의 방어에서 왜구에 대한 방어로 바뀌었음을 보여
주는 것으로 주목할 만하다."고 했다.(408쪽) 그런데 지방 중심의 방어와
왜구에 대한 방어가 어떻게 다른지 밝히지 않아서 그가 진수군의 증설이
왜구의 금압에 유효했다고 생각하는지 아닌지를 판단하기 어렵다.

'② 기선군(騎船軍)의 재건'에서 선군의 재건이 왜구 토벌에 어느 정도
실효성이 있었는지에 대해 특별히 언급하지 않고 있다. 또 '③ 익군(翼軍)
의 조직'에서 나종우는 "왜구가 창궐하게 되자 우왕 4년(1378) 서북면의
익군체제를 전국에 확대시키자는 도당의 의견에 따라 전국에 군익 조직
이 만들어지기도 했으나 반년 만에 폐지되었다."(409쪽)고 했다. 따라서
그는 익군 조직이 왜구 토벌에 별다른 역할을 하지 못한 것으로 평가하고
있음을 알 수 있다.

그리고 '④ 신병기(화약과 화기)의 사용'에서 "고려 말에 이르러 왜구에
대비한 군사 조직의 정비, 강화와 아울러 신병기로서의 화약, 화기의 사용
은 극성기의 왜구를 진압하는 데에 획기적인 전환점을 마련하였다."(409
쪽)라고 했다. 그러나 화약과 화기 사용 이후, 이전과 비교해서 고려군이
왜구와의 해전에서 실제로 어느 정도로 승리하고 있었는지 구체적인 분
석은 하지 않았다.[71]

나종우의 서술은, 진수군의 증설이나 기선군의 재건, 그리고 익군의 조
직 등은 왜구 금압과 별다른 상관관계가 없는 것이라는 평가를 내리고 있
다. 이상과 같은 군사 체제의 변동이 실제로 왜구 금압에 특별한 효과도
없었으며 또 이후의 사회 체제 변화에도 영향을 미치지 못했다면 구태여
언급할 필요가 있었을까?

이어서 '나. 토벌'에서 나종우는 최영 장군의 홍산 전투를 '대첩'으로
서술하고 있다. 그러나 당시 토벌대 대장이었던 최영 조차도 홍산에 있었
던 왜구의 수를 "정확히 모른다. 그리 많지 않았다."[72]고 대답할 정도였으

---

71) 이에 관해서는 앞의 주(44) 논문 참조.

며 실제로 홍산 전투의 현장은 약 150평 정도의 면적으로 수백 명은 커녕 수십 명 정도밖에 수용하지 못했을 것으로 생각된다.[73] 따라서 '대첩'이라는 표현은 적당하지 않다.

이상과 같이, 이현종과 나종우 두 사람의 왜구 서술의 내용에 있어서도 적지 않은 문제점이 확인되었다. 물론, 위와 같은 주장이 현재 학계의 고려 말 왜구에 대한 인식을 그대로 반영하는 것이라고는 할 수 없다. 1990년대 이후 한국 역사학계는 일본사 관점에서 고려 말 왜구 문제를 본격적으로 재검토하기 시작해 많은 연구 성과를 축적해왔다. 그러나 국사편찬위원회는 한국 역사와 관련된 역사서를 간행하는 한국 정부의 공적 기관이다. 그러한 기관이 고려 말 왜구에 관하여 서술하면서 일본 연구자들의 편향된 연구 결과에 의존하는 내용을 공식 홈페이지에 기재하고 있는 동안, 미국을 비롯한 서구의 선진국의 대학 강의나 출판물을 통해, "한국인들 역시 왜구의 실체였다"고 하는 일본의 주장이 역사적 사실인양 공공연하게 유포 확산되고 있음을 한국 역사학계는 심각하게 여겨야 할 것이다.[74]

---

72) 『고려사』 권113, 열전26, 최영.

73) 이영, 「왜구와 부여 홍산 전투」 앞의 주(30) 책, 2007, 121~129쪽 참조.

74) 예를 들어, 영국의 외교관이며 일본 전근대 사회사 및 문화사 전공자로 알려진 조지 베일리 샌섬(George Baily Sansom: 1883~1965)는 1961년에 미국 스탠포드 대학에서 『A History of Japan, 1334~1615』를 출판했는데 그 책의 179쪽에 다음과 같은 문장이 보인다.
<u>"한국인 자신들도 중국인들과 마찬가지로 해적 행위와 무관하지 않다고 해야 할 것이다.</u> 실제로 소위 왜구라 불리는 집단의 대부분의 선박과 선원들 중 반이 넘는 숫자가 중국인이 아니면 한국인들이었다고 일컬어져 왔다."
또한 프랑스의 국립 동양 언어 문명 연구소(Inalco)와 '프랑스-일본 협회'의 소장을 지냈으며 스위스 제네바 대학의 일본사 교수로 재직 중인 피에르 프랑스와 수이리(Pierre François Souyri)는 2001년에 미국 콜럼비아 대학에서 출판한 『거꾸로 뒤집힌 세계: 중세 일본 사회(Upside Down: Medieval Japanese Society)』에서 다음과 같이 서술하고 있다.
"어떤 고려인들은 왜구에 합류해 구성원이 되기도 했으며 또 자기들 스스로 해적

5. 결론

본 고에서는 한국 역사학계가 고려 말 왜구에 관하여 어떻게 평가하고 있는지를, 국사편찬위원회가 1981년과 1994년에 간행한 『한국사』와 『신편 한국사』를 통해서 살펴보았다. 그 결과, 이 두 책의 고려 말 왜구에 관한 구성과 내용에서 많은 부분 일본의 대외관계사 연구에 의존하고 있음을 알 수 있었다. 그중에서도 조선총독부 산하 기관인 조선사 편수회의 편수관으로 20년 동안 조선에 체재한 뒤, 패전 이후 일본으로 귀국해 『일선관계사의 연구』(상·중·하) 세 권을 출간해 일본 천황으로부터 특별상인 은사상(恩賜賞)을 받은[75] 나카무라 히데다카의 연구, 특히 그중에서도 (상)에 수록된 「무로마치 시대의 일선관계」라는 논문이 이후 왜구 연구에 미친 영향은 절대적이었다. 이 논문에 의해 일본의 중세사학계는 물론, 한국의 역사학계도 고려 말 왜구를 남북조 동란과 연관지어 고찰하고자 하는 노력이 원천적으로 차단되었다.

일본의 왜구 연구에 의존하고 있었던 이현종과 나종우는 『고려사』 등 왜구 관련 일차 사료에서 왜구의 실체에 대하여 "일본 규슈 지방의 반란 세력들이 대마도와 일기도(壹岐島) 등에 거점을 두고 고려를 침구해오는 것"[76]이라고 구체적으로 기록하고 있었음에도 불구하고 그 사료가 지닌

집단을 이루기도 했었다. 1392년에 왜구들을 격퇴할 수 없게 되자 고려 왕조는 멸망하였다. 15세기에 한국 남해안에 있는 제주도 주민들이 일본인들처럼 옷을 입고 마치 쓰시마 섬에 있는 일본인 상대방들처럼 해적 행위를 했다. 1446년도의 한국 사료에 의하면 왜구 중 10~20%는 조선인이었다고 한다."
이에 관한 상세한 내용은 이영, 「영문판(英文版) 일본 역사서 속의 한국사 및 한일관계사 관련 서술에 관한 조사 연구: 왜구 문제를 중심으로」 『한림 일본학』 27, 한림대학교 일본학연구소, 2015, 298~304쪽 참조.

75) 이영, 「왜구 왜곡의 정치적 배경과 14-15세기 동아시아 국제 관계 인식」 앞의 주 (7) 책, 2015, 55쪽 참조.

76) 『고려사』 권133, 열전47 ; 우왕 3년(1377) 6월 을유조 ; 『고려사』 권113, 열전26, 정지 ; 『고려사절요』 권32 ; 우왕 13년 가을 8월의 사료들과 이영, 「여말 선초 왜

의미를 이해하지 못했다.

특히 이현종은 〈왜구의 발생원인〉과 〈왜구의 실체〉에 관한 나카무라를 비롯한 일본의 대외관계사 연구자들의 왜곡된 주장을 무비판적으로 수용함으로써 왜구에 관한 많은 오해를 초래했다.

나종우는 이현종의 왜구 서술에 비판적이었지만 그 역시 나카무라의 영향에서 자유롭지 못했다. 그리고 내용상에 있어서도 이현종과 함께 적지 않은 오류를 범하고 있었다. 그러나 일본학자들의 학설을 무비판적인 수용이나 단순한 오류를 지적하는 것 이상으로 중요한 것은, 한국의 왜구 연구가 고려 조정의 왜구 대책에 있어서 당시 고려가 직면하고 있었던 북방 정세와 왜구 문제를 상호 유기적인 인과 관계 속에서 파악하지 못해왔다는 점이다. 앞으로 이러한 문제의식에 입각해 고려 말 왜구 문제를 원점에서 재검토하는 작업이 이루어져야 할 것이다.

구의 배후 세력으로서의 쇼니씨」 앞의 주(69) 책, 2013, 48~49쪽 참조.

무라이 쇼스케의 경계인설에 관한 비판적 고찰
-「왜구는 누구인가(倭寇とはだれか)」를 중심으로-

1. 서론

1980년대 중반 고려 말-조선 초 왜구의 실체에 관하여 다나카 다케오 (田中健夫)와 다카하시 기미아키(高橋公明)는 〈왜구=고려(조선)인 주체설〉· 〈왜구=고려·일본인 연합설〉을 제기하였다.[1] 이에 대한 반론이 한국과 일 본에서 제기되었고[2] 이후 일본의 대외관계사 학계는 이 반론을 수용하는 입장을 취했다.[3] 그런데 곧이어 이 두 사람과 별반 다르지 않는 주장이

---

1) 다나카 논문은 「倭寇と東アジア通交圈」『日本の社会史(1) - 列島内外の交通と国家』, 岩波書店, 1987에, 다카하시 논문은 「中世東アジア海域における海民と交流」『名古屋大学文学部研究論集』 33, 1987에 수록되어 있음.

2) 한국에서는 이영, 「고려 말기 왜구 구성원에 관한 고찰 - '고려, 일본인 연합론' 또 는 '고려, 조선인 주체론의 비판적 검토 - 」『한일관계사연구』 5, 1996. 일본에서 는 하마나카 노보루(浜中昇), 「高麗末期倭寇集團の民族構成 - 近年の倭寇研究に寄 せて」『歷史学研究』 685, 1996에 수록되어 있음.

3) 예를 들어 하시모토 유(橋本雄)는 "다나카(田中)·다카하시(高橋) 설에 대해서는 1990년대 중엽 이후 연이어서 반론이 제기되었다. 위에서 언급한 첫째 문제점은 이순몽의 발언은 왜구의 최전성기부터 반세기 이상이나 경과한 것이며 호패법(신 분증명서 휴대제도)의 재시행을 주장하기 위해 제기한 것으로 어디까지 사실(史 實)을 반영하고 있는지 의심스럽다. 두 번째 문제점은 당시 조선에서는 제주도를 포함하는 각 지방의 반란 활동을 왜구와 라고 명확하게 구별하고 있었다. 그뿐 아니라 관련 사료를 잘 읽으면 화척(禾尺)·재인(才人) 등의 피차별민(被差別民)은 "거짓으로 왜(구)가 된다."라고 하고 있을 뿐 왜적과 연합했다고까지는 말할 수 없다."고 했다. 「東アジア世界の変動と日本」『岩波講座, 日本の歴史』 8 - 중세3 -,

새로 제기되었다. 무라이 쇼스케의 〈왜구=경계인설〉이 그것이다. (이하 '경계인설') 하시모토 유는 〈경계인 설〉에 대하여 다음과 같이 평가하고 있다.

> A. "ⓐ근년에 관계 자료를 꼼꼼히 다시 읽어 '왜'가 일본과는 상대적으로 구별되는 관념이었다. 고 하는 점을 중시해 그 경계인으로서의 성질을 강조한 것이 무라이 쇼스케이다. ⓑ'평시에는 국가와 국가 사이의 공간(はざま)을 생활공간으로 삼고 서로 다른 국가 영역을 매개함으로써 살아가는 사람들이 ⓒ전란·기근·정변·무역의 단절 등의 특정한 상황 하에서 해적 행위를 할 때에 조선(고려)과 중국 관헌은 그 주체를 '왜구'라는 이름으로 불렀다.' 그리고 ⓓ여기에서 전란과 기근, 정변이라고 기록되는 것은 전기왜구가 시작한 1350년에 일본 국내에서 아시카가 다카우지(足利尊氏)·타다요시(直義) 형제가 충돌하는 간노노조란(観応の擾乱)이 일어나 병량미 획득의 왜구 활동으로 이어졌다고 생각하기 때문이다."[4]

위의 ⓐ에서 무라이는 '왜'가 '일본'과 구별되는 개념이었다고 했다. 또 ⓑ에서 무라이는 왜구의 실체를 일본인이 아닌, '국가와 국가 사이의 공간(즉, 국가의 경계)에서 생활하며 서로 다른 국가 영역을 매개하는 사람들'이라고 했다. 다시 말하자면 왜구는 일본과 고려(조선), 일본과 중국이라는 국가와 국가 사이의 공간을 생활의 장으로 삼고 있는 사람들이라는 것이다. 이는 당시 이 세 나라의 공권력이 미치지 않는 지역이 세 나라에 각각 존재했으며 이를 무라이는 '왜'라고 정의하고 이 '왜'라는 공간에 사는 사람들이 '왜인'이며 '왜구'라는 것이다. 따라서 오늘날의 국적이나 민족 개념에 입각해서 보면 일본인만이 아니라 한국인과 중국인도 왜구의 실

2014, 43~45쪽 참조.
4) 앞의 주(3) 하시모토 논문 참조.

체였다, 고 하는 주장이다. 과연 그럴까?

그리고 ⓒ에서는 이들 국가와 국가의 경계('왜')에서 생활하는 사람들이 전란·기근·정변·무역 단절 등 특정한 상황에서 자행한 해적행위를 당시 고려(조선)와 중국 관헌들이 '왜구'라 불렀다는 것이다.

ⓓ에서는 경인년(1350년) 왜구의 침구 배경을 당시 일본 국내의 정변(간노노조란)으로 인해 시급하게 병량미를 조달해야 했던 쇼니 요리히사(少弐頼尚)가 휘하의 대마도 세력을 동원해 대안(対岸) 지역인 경상도 남해안 일대를 침구한 것이라는 필자의 주장[5]을 원용(援用)하고 있다.

그러나 ⓒ를 바탕으로 생각하면, ⓓ 경인년 왜구의 실체도 필자가 주장한 바 쇼니 요리히사(少弐頼尚) 휘하의 대마도 세력이 아니라, '왜'라는 공간에 거주하던 경계인들이었다고 하는 것이다. 이러한 〈경계인설〉은 일본의 대표적인 해적사(海賊史) 연구자인 야마우치 유즈루(山内譲)[6]의 왜구서술에도 그대로 반영되고 있다.[7]

〈왜구=일본인 해적〉으로 이해하고 있는 한국과 중국에서 보면, 이러한 무라이의 주장이 무엇을 근거로 하는 것인가, 의문이 들지 않을 수 없다.

만약 〈경계인설〉이 타당하다면 지금까지의 한중 양국의 왜구 인식은

---

5) 이에 관해서는 이영, 「庚寅年以降の倭寇と内乱期の日本社会」『倭寇と日麗関係史』, 東京大学出版会, 1999(이후 혜안에서 2009년 『왜구와 고려·일본 관계사』로 번역 출간)의 165~180쪽 참조.

6) (1948년~). 일본사 연구자로 마쓰야마(松山) 대학 교수를 역임하였으며 다음과 같은 저서가 있다. 『弓削島荘の歴史』, 弓削町, 1985 ; 『中世伊予の領主と城郭』, 青葉図書, 1989 ; 『海賊と海城 瀬戸内の戦国史』, 平凡社選書, 1997 ; 『中世瀬戸内海地域史の研究』, 法政大学出版局, 1998 ; 『伊予の地域史を歩く』, 青葉図書, 2000 ; 『中世瀬戸内海の旅人たち』-歴史文化ライブラリ-, 吉川弘文館 2004 ; 『瀬戸内の海賊 村上武吉の戦い』, 講談社選書メチエ, 2005 ; 『中世の港と海賊』, 法政大学出版局, 2011 ; 『瀬戸内の海賊村上武吉の戦い』, 増補改訂版新潮選書, 2015 ; 『豊臣水軍興亡史』, 吉川弘文館, 2016. 일본판 위키피디아.

7) 『海賊の日本史』, 講談社現代新書, 2018. 93~94쪽. 야마우치는 무라이 쇼스케(村井章介)의 「倭寇とはだれか」 『日本中世境界史論』, 岩波書店, 2013의 142쪽 결론 부분을 그대로 전재(轉載)하고 있다.

완전히 잘못된 것이다. 그리고 고려 말-조선 초, 왜구에 대비해 한반도 연안(沿岸) 지역에 축조된 수많은 읍성들을 비롯한 방어시설 그리고 4만 명이 넘었던 조선 초의 수군 병력도 바다를 건너오는 일본인 해적보다도 실제로는 자국민의 해적 행위를 막기 위한 것이었다고 수정해야 할 것이다.

또 만약 무라이 주장이 옳다면, 고려와 조선의 위정자들은 자국민들이 왜구의 주요 구성원이었다는 사실을 전혀 알지 못할 정도로 무능한 통치자였다고 해야 한다.

이러한 무라이의 〈경계인설〉에 대하여 비판적으로 고찰한 연구가 있다.[8] 그럼에도 〈경계인설〉은 현재 일본 역사학계에서 기존의 왜구 인식을 대체하는 새로운 정설로 자리잡아가고 있다.[9]

본고에서는 이상과 같은 문제 의식에 입각해 〈경계인설〉의 출발점이자 전제가 되고 있는 「왜구는 누구인가?(倭寇とはだれか)」[10]를 검토해보고자

---

8) 송종호, 「무라이 쇼스케(村井章介)의 '境界人論' 및 그 倭寇연구 체계에 대한 비판적 검토」『한국중세사연구』 46, 2016을 참조. 그러나 송종호의 연구는 본고에서 시도하는 것처럼, 무라이 쇼스케가 자신의 논문에서 근거로 내세운 사료를 본격적으로 검토해 그 타당성 여부를 검토한 것이라기보다는 주로 무라이의 주장의 논리적 모순을 중심으로 비판하는 내용으로 이루어져 있다고 할 수 있다.
   필자는 다음과 같은 점에서 무라이의 주장에 의문을 제기하고자 한다. 즉, 왜구들이 만약 14세기 후반-15세기 전반의 왜구의 실체가 고려(조선)인과 일본인, 그리고 중국인들로 구성된 연합조직이었다고 한다면 그들이 침구해서 획득한 경제적인 재화는 어떤 비율로 배분되었으며 또 왜구들이 고려(조선)나 명나라의 토벌대와 조우해 전투를 벌일 경우, 누가 지휘를 하고 전투를 수행하는가, 또 구성원들 사이의 의사소통은 어떻게 이루어졌는가, 또 왜 고려(조선)와 중국의 관리들은 그들을 구분하지 않고 무슨 이유로 일괄적으로 '왜구'라고 불렀는가? 등등이다. 이와 같은 문제에 대한 해명이 없이는 '경계인'설은 학문적인 주장으로 성립되기 어렵다고 생각한다.
9) 도쿄 대학의 교수 및 명예 교수를 역임하고 현재 릿쇼(立正) 대학 교수로 재직 중인 무라이는 2014년에 〈경계인설〉에 입각한 연구서 『日本中世境界史論』으로 일본의 권위 있는 역사 부분의 학술상인 제36회 가도카와 겐요시 상(角川源義賞)을 수상한 바 있다.
10) 「倭寇とはだれか-一四~一五世紀の朝鮮半島を中心に」『日本中世境界史論』, 岩波

한다. 우선 무라이가 주장의 근거로 제시한 『고려사』와 『조선왕조실록』
등의 사료를 검토한다.

　이와 같은 고찰은 〈왜구=경계인설〉이 지닌 문제점을 극명하게 드러나
게 할 것이다. 그리고 일본인 연구자들이 구축해온 왜곡된 왜구상(倭寇像)
을 바로 잡음으로써 한국사는 물론, 일본사와 이 시기 동아시아 국제관계
사에 대한 이해를 새롭게 할 수 있는 계기가 될 것이다.

2. 경계의 정의 문제

　〈경계인설〉이 학설로서 입론(立論) 가능한지 여부를 확인하기 위해서는
우선 그가 주장한 '왜'의 개념이 타당한지를 검토할 필요가 있다. 무라이
의 주장에 따르면, '왜'는 '경계' 지역에 해당하므로, 우선적으로 '경계' 및
'경계인'에 대한 무라이의 정의가 타당한지 여부를 검토할 필요가 있다.

　그는 「마지날맨(경계인), 〈지역〉을 만드는 자」에서 다음과 같이 언급하
고 있다.

> B. "나 자신은 왜구 그 자체보다도 서로 다른 국가와 민족의 사이에 있으면서
> 매개자 역할을 행한 인간집단에 관심이 있다. 특히 일본과 조선 사이의 경
> 계 공간에 있어서 왜인의 활동을 『조선왕조실록』이라고 하는 매력적인 사
> 료에서 재현해 『중세 왜인전(中世倭人傳)』[11]이라는 작은 책으로 정리하였
> 다. ⓒ이러한 인간 활동을 이해함에 있어서 「왜구는 일본인인가 조선인인
> 가」라고 하는 것과 같은 물음은 거의 의미가 없다. 그들의 생활과 인생은,
> 일본에도 조선에도 100퍼센트 속하지 않는 공간을 거점으로 해서 쌍방을

　　書店, 2013에 수록되어 있음.
11) 이책은 한국에서 『중세왜인의 세계』(소화사, 1998)라는 제목으로 이영의 번역으
　　로 출간.

정(正)과 부(負)[12], 다양한 형태로 매개하는 (어민·교역자·외교사절·해적 등등) 것이었기 때문이다. 이렇게 말하면 '왜'란 일본의 별명이니까 '왜인'은 일본인과 같은 의미가 아닌가, 라는 반문이 예상된다. 그래서 왜인이 등장하는 짧은 사료를 하나 살펴보기로 하자."[13]

우선 ⓔ에서 무라이는 왜구들이 일본에도 조선에도 100 퍼센트 속하지 않는 공간을 거점으로 활동하고 있다고 했다. 이러한 주장은 세종 23 (1441)년의 다음 사료에 근거를 두고 있다.

> 1. "경상도 관찰사가 보고하기를, "왜인 사이문구라(사에몬구로) 스스로 자기 부모가 원래 우리나라 사람이었다고 하는 것을 들어서 <u>머물러 백성이 되기를 원한다</u>. 고 한다. 이를 허락하였다."[14]

이 사료를 가지고 무라이는 다음과 같이 언급하였다

> C. "사에몬구로라고 하는 참으로 일본풍 이름을 지닌 왜인은 양친 모두 다 조선인이었으며 그것을 이유로 <u>ⓕ조선에 귀화를 신청</u>해 왕이 이를 허가했다. <u>ⓖ이러한 사례는 더 많이 발견되어서</u> 나는 그들을 '조선계 왜인'이라고 부르고 있다."[15]

무라이는 위의 사료를 가지고 왜인 중에는 부모가 조선인인 경우도 있

---

12) 무라이는 이 표현을 '긍정적인 의미로도 부정적인 의미로도'라는 뜻으로 사용한 것으로 보인다.

13) 앞의 주(10) 논문, 125쪽.

14) 「慶尙道觀察使啓: "倭人 沙伊文仇羅自以其父母本我國人, 願留爲氓." 許之. (『세종실록』 23년 6월 기축 조).

15) 앞의 주(10) 논문, 125쪽.

었다 고 하면서 '왜인'이라고 해도 다 원래 일본인이었던 것은 아니다, 라고 주장하고 있다. 위의 ⓔ에서 '「왜구는 일본인인가 조선인인가」라고 하는 것과 같은 물음은 거의 의미가 없다.' 고 한 것은 바로 이 사료에 근거하고 있다. 그런데 무라이는 위 사료를 근거로 '왜구'가 다 일본인들로만 이루어져 있었던 것이 아니며 고려(조선)인도 포함되어 있었다, 라고 주장한다. 그런데 위 사료에서 사에몬구로는 '왜구'가 아니라 '왜인'으로 소개되고 있다. '왜구'와 '왜인'은 의미가 전혀 다르다. 그것은 마치 '조선인 해적'과 '조선인'의 차이와 같다.

그리고 ⑧의 '<u>이러한 사례는 더 많이 발견되어서</u>'라고 했지만 그가 제시한 사례는 〈사료 1〉을 포함해 단 3건에 불과하다.[16] 그리고 〈사료 1〉 역시 다음과 같은 의문이 제기된다.

첫째, 부모가 조선인인데 그는 왜 사에몬구로라ㄱ 하는 일본인의 이름을 지니고 있었는가? 둘째, 왜인 사에몬구로는 정확하게 어느 지역에서 살고 있었는가?

첫째 의문에 대한 답은 다음과 같다. 즉, 경상도 관찰사가 '<u>머물러 백성이 되기를 원한다</u>.'고 보고한 것, 그리고 무라이 자신도 사에몬구로가 ⓕ 조선에 귀화를 신청했다고 한 것에서 알 수 있듯이, 사에몬구로가 조선의 영토 밖에서 거주하고 있었음을 알 수 있다. 그리고 그가 어떤 이유때문에 경상도 지역(예를 들면, 삼포 왜관 중 한 곳)에 와서 귀화 신청을 한 것으로 생각된다. 또 사에몬구로 이외에 조선식 이름이 없는 것으로 볼

---

16) 또 한 사례는 뒤에서 고찰할 이키(壱岐)의 마쓰라토(松浦党) 시오즈루 기쿠(塩津留聞)의 사자인 '이와미(石見) 출신의 삼보라쇄모(三郎左衛門)의 사례이다. 그리고 나머지 하나는 우왕 2년 금왜사절로 일본에 갔던 나흥유가 귀국할 때에 수행했던 진주 출신의 일본 승려 양유의 사례이다. 양유의 경우, 사료가 없어서 확실하지 않지만 당시 동아시아 사회에서 일반적으로 승려와 같은 종교인은 국내에서는 물론 국외로의 이동도 일반인에 비해 비교적 자유로웠던 것으로 생각된다.

때 출생지는 알 수 없지만 일본에서 성장하고 생활해왔었던 같다. 양친이
모두 조선인이었다고 하는 것을 볼 때, 적어도 그가 어느 정도 성장했을
때까지 양친 또는 부모 한 사람과는 함께 생활하고 있었음을 짐작할 수
있다.

그런데 무라이는 위의 ⓔ에서 "왜인은 조선에도 일본에도 100퍼센트
속하지 않는 소위 경계 지역에서 살고 있다."고 했다. 그러나 사에몬구로
가 적어도 지금까지 조선의 영역 밖에서 생활해왔던 것은 분명하다. 또한
그가 조선식 이름이 없고 오직 일본식 이름만 가지고 있는 것으로 봐서
그가 지금까지 살아온 곳이 조선 국내가 아닌, '왜' 또는 '일본'에서 생활
하고 있었음은 분명하다. 사료에서 그를 가리켜 '왜인'이라고 했으므로 그
가 살던 곳은 '왜'일 것이다.

그러면 왜인 사에몬구로가 살고 있던 '왜'는 어디를 가리킬까? 무라이
는 "왜구가 활동하던 시대로 거슬러 올라가면 현재의 상식이라 할 수 있
는 '왜=일본'이라고 하는 등식은 성립하기 어렵게 된다. 그것은 조선 국왕
자신이 사용한, '왜인'이라고 하는 말의 사용법에도 명료하다."[17] 고 하면
서 『세조실록』 5년 4월 기미일 조를 인용해 다음과 같이 서술하고 있다.

> D. "ⓗ'왜인'이란 대마, 이키, 하카타의 삼도(三島)를 중심으로 사는 사람들로,
> '서로 떨어져있기를 아주 먼' 일본국과는 명료하게 구별하고 있다. 그것은
> 유학자인 박시형의 '혹은 야인, 혹은 일본, 혹은 삼도, 혹은 유구국의 사이
> (四夷)가 모두 와서'라고 하는 표현이나 성종(成宗)의 '삼도에서 일본에 이
> 르는 대개 며칠 걸리는 여정(旅程)인가?'라고 하는 질문에서도 확인할 수
> 있다. 또 ⓘ두 지역은 언어도 다르다고 인식하고 있어서 1479년, 왕은 외
> 교관청인 예조에 '왜 통사가 심처(深處: 규슈 섬보다 더 먼 곳을 가리킴)의
> 왜어를 잘 알지 못한 것은 문제이므로 교습할 교과목을 작성하여 바치라,

---

17) 앞의 주(10) 논문, 128쪽.

라고 지시하고 있다."[18]

ⓗ에서 무라이는, 왜인을 삼도를 중심으로 거주하는 사람들이라고 했다. 따라서 그가 '삼도=왜의 핵심 지역'이라고 하고 있음을 알 수 있다. 그런데 무라이가 해석한 D의 원 사료인 세조 5년 4월 8일조 『세조실록』을 살펴보자.

> 2. "임금이 대답하기를, '마땅히 대인(大人)의 지시와 같이 하나하나 갖추어
> 주문(奏聞)하겠다. 또 우리나라는 서북(西北)쪽은 야인(野人)과 연해 있고,
> 동남(東南)쪽은 왜인(倭人)과 가깝게 있다. 일본국(日本國)은 서로 거리가
> 멀어서 왕래가 드물지만, 대마도(對馬島)·일기도(一岐島)·패가대도(覇家臺
> 島)등 3섬의 왜인(倭人)이 자주 변방의 흔단(釁端)을 일으키므로, 우리나라
> 에서는 부득이하여 그들의 토색(討索: 억지로 구함)에 따라 쌀과 베[布]를
> 주니 번거로운 비용이 적지 않은데, 중국 조정에서 우리나라의 세세한 일
> 을 어찌 알겠는가? 지금 야인(野人)을 응접(應接)하는 것도 또한 부득이한
> 데서 나온 것뿐이다."[19]

이 〈사료 2〉를 보면, 무라이의 주장대로 당시 조선의 세조 조정은 오늘날의 일본을 '왜'와 '일본국'을 구분하여 부르고 있었다. '왜'는 왜인들이 거주하는 공간이며 그곳은 달리 '삼도'라고도 불리고 있었다. 그리고 삼도는 대마도와 일기도, 그리고 패가대(博多: 하카타)를 가리키며 이 지역 사람들이 자주 조선의 변방에서 문제를 일으키고 있다, 고 하고 있다.

다시 말하면 위의 〈사료 2〉에서는 명백하게 '왜'는 '삼도'를 가리키며 '삼도'는 바로 대마도·일기도·하카타인 것이다. 무라이 주장대로 '왜'는

---

18) 앞의 주(10) 논문, 129쪽.
19) 『세조실록』 16권, 세조 5년 4월 8일 기미 1번째 기사.

'조선과 일본 어느 쪽에도 100퍼센트 속하지 않는 경계 지역'이 아니라, 오늘날 일본의 영역에 포함되는 지역이었다. 단지 당시 조선 조정에서 대마도와 일기도 그리고 하카타를 일본과 구별해 '왜' 또는 '삼도'라고 불렀을 뿐이다. 따라서 '왜인'도 대마도·일기도·하카타 등 소위 삼도 지역에 거주하는 사람들이었다. 무라이도 위 세 곳이 오늘날 '일본'의 영역에 속하지 않는 지역이라고 말하지는 않을 것이다.

그리고 ⓘ는 다음 사료에 근거하고 있다.

> 3. "예조(禮曹)에 전지(傳旨)하기를, '왜 통사(倭通事) 등이 심처왜어(深處倭語)를 잘 알지 못하니 이는 아주 옳지 못하다. 전습할 절목(節目)을 상의하여 아뢰라.' 하였다."[20]

위 〈사료 3〉에서 왜어 통역관이 심처 왜어를 잘 모른다, 고 하였는데 무라이는 ⓘ에서 '심처'를 '규슈 섬보다 더 먼 곳을 가리킨다.'고 했다. 여기에서 '멀다'라고 하는 것은 조선을 기준으로 하는 것이기에 조선에서 규슈 섬보다도 더 일본의 내륙 쪽 지역임을 의미한다. 즉 무라이 스스로도 '왜=삼도를 중심으로 하는 지역'이라고 했을 뿐 아니라 더 넓게 '왜는 규슈 지역은 물론, 규슈보다 더 먼 곳을 포함하는 곳'으로 인식하고 있음을 알 수 있다. 다시 말해 왜는 대마도·일기도와 하카타는 물론, 규슈 섬을 의미하며 더 나아가 규슈보다 더 먼 '일본' 쪽의 지역이라고 무라이 스스로도 잘 알고 있었다. 그리고 이러한 '왜'의 정의에 관한 무라이의 인식은 필자의 그것과 크게 다르지 않다.[21]

---

20) "傳旨禮曹: 倭通事等深處倭語不能通曉, 甚不可. 傳習節目, 商議以啓." 『성종실록』 109권, 성종 10년 10월 26일 戊申 4번째 기사.

21) 이에 관해서는 이영, 「여말선초 왜구=삼도(쓰시마, 이키, 마쓰우라) 지역 해민'설의 비판적 검토」 『팍스 몽골리카의 동요와 고려 말 왜구』, 혜안, 2013을 참조.

3. 사료 해석의 문제

지금까지 살펴본 것처럼 무라이의 〈경계인설〉은 왜구 관련 한국사 사료에 대한 무리한 해석 내지 오역(誤譯)에서 시작되고 있음을 확인할 수 있었다. 그런데 이러한 사료 해석상의 문제는 단순한 실수가 아니라 의도적인 것으로 생각된다. 왜냐하면 그의 논문 〈왜구는 누구인가〉의 도처에서 다수가 확인되기 때문이다. 구체적인 사례를 몇 가지 살펴보자.

> E. "이런 복잡한 경우도 있다. 1455년, 이키(壱岐)의 마쓰라토(松浦党) 시오즈루 기쿠(塩津留聞)의 사자가 조선에 가지고 온 서면(書面)에 다음과 같은 기록되어 있다. '이와미(石見) 출신의 삼보라쇄모(三郎左衛門)는 예전에 시오즈르의 사자로서 조선에 파견되었는데 대마도까지 와서 환속해 조선에 도착해 양친 모두 조선인이라고 칭했다(朝鮮に至って両親とも朝鮮人だと称した). 또 조선이 시오즈르에게 준 사송물(使送物)을 빼앗고(押領) 넘겨주지 않아서 시오즈르가 벌주려고 하자, 또 조선으로 도주했다. 송환을 원한다.' 민족적으로는 일본인인 것 같지만 조선인이라고 말해도 통할 것 같은 인물이었기에 양친 모두 조선인이라고 칭하거나 조선으로 도망하거나 한 것일 것이다."[22]

고 주장했다. 위의 사례는 앞의 C의 ⑧에서 '이러한 사례는 더 많이 발견되어서'라며 들었던 3건의 사례 중 하나이기도 하다. 인용 사료의 원문을 살펴보자.

> 5. "의정부(議政府)에서 예조(禮曹)의 정문(呈文)에 의거하여 아뢰기를, 「일기주(一岐州) 원문(源聞)의 사자(使者) 우계사야문(于界沙也文)이 전한 글에

---

22) 앞의 주(10) 논문, 125쪽.

이르기를, '삼보라쇄모(三甫羅灑毛)가 일찍이 중(僧)으로서 사명(使命)을 받들고 대마도(對馬島)에 이르렀다가 환속하여 귀국(貴國)에 이르러 부모가 원래 귀국 사람이라고 사칭(詐稱)하나, 그러나 본래는 석견주(石見州) 사람입니다. 또 귀국에서 보내 주시는 물건을 모두 도적질하여 훔쳐내고 전(傳)해 주지 않았기 때문에 장차 죄를 가하고자 합니다. 지금 또 몰래 도망하여 귀국에 이르렀으니, 빌건대 송환(送還)시켜 주소서.' 하였습니다. 청컨대 경상도 관찰사(慶尙道觀察使)로 하여금 비밀리에 포치(布置)하여서 삼보라쇄모로 하여금 놀라고 두려워 자살(自殺)하거나 혹은 도망하여 숨지 말게 하였다가, 우계사야문의 돌아갈 때를 기다려서 부쳐 보내소서.」하니, 그대로 따랐다."[23]

원래 사료의 정확한 내용을 보면 삼보라쇄모(사부로사에몬)는 석견주 사람, 즉 왜인임이 분명하다. 그런 그가 조선으로 도주해 자기 부모가 조선 사람이라고 한 것은 조선에서 일기주(壱岐州) 원문(源聞)에게 보내는 물건을 모두 훔친 뒤 전하지 않아서 그 벌을 받게 될 것으로 두려워했기 때문이었다. 그런데 그가 자기 부모가 원래 조선 사람이라고 한 것도 '사칭(詐稱)', 즉 '거짓말'이었다. 그런데 무라이는 사부로사에몬이 어떤 이유로 조선에 가서 자신의 부모가 조선인이라고 했는지 서술하지 않았으며 또 분명히 '사칭'이라고 표기되어 있는데 '속이다'의 '詐'를 서술에서 제외하고 있다.

그뿐 아니라 원 사료에서 분명하게 "본래는 석견주(石見州) 사람입니다."라고 하고 있음에도 불구하고 무라이는 "민족적으로는 일본인인 것 같지만 조선인이라고 말해도 통할 것 같은 인물이었기에 양친 모두 조선인이라고 칭하거나 조선으로 도망하거나 한 것일 것이다."라고 서술하고 있다. 명백한 사료의 왜곡 내지는 자의적인 해석이라 하지 않을 수 없다.

---

23) 『단종실록』 3년 2월 병인조.

다른 사례를 살펴보자.

> F. "왜구의 최성기, 제주도의 말은 목호(牧胡)를 중심으로 하는 반정부 세력에
> 제압되는 경우가 많았다. 여기에서 1372년에 홍무제(洪武帝)가 고려의 사
> 자에게 제시한 친유(親諭)에 "내가 이를 들으니 그 곳에 왜적이 종횡으로
> 나타나 약탈을 일삼고 해변의 인민들은 도망하였는데 이를 진압하지 못하
> 고. … <u>탐라 목자와 같이 항상 이들 도적의 무리(賊徒)와 한 곳에서 모여</u>
> <u>있다. 아 이를 붙잡기가 어렵다.</u>"라고 하는 것이 주목된다. (『고려사』 공민
> 왕 21년 9월 임술.[24])

위에서 제주도의 말이 반정부 세력에 의해 제압되고 있었으며 탐라 목
자가 이들 도적의 무리, 즉 왜구와 한 곳에 모여 있다. 고 무라이는 해석
하고 있다. 원 사료를 확인해보자.

> 6. "임인 장자온(張子溫)·오계남(吳季南) 등이 돌아왔다. … 내가 듣기에 그대
> 들 나라에서는 왜구들이 마음대로 연해를 약탈하여 인민들이 멀리 도피하
> 려고 하는데도 진압하지 못한다고 한다. 그 왜구가 바다를 건너 와서 소란
> 을 일으키니 우리의 연해 수어관(守禦官)에게 명하여 적선 13척을 사로잡
> 았다. <u>만약 탐라 목자가 이 도적과 함께 서로 합하여 한 곳에 있으면 죽이</u>
> <u>고 사로잡기 어려울 것이다.</u>'(후략)"[25]

이 사료의 밑줄 친 부분을 무라이는 "<u>탐라 목자와 같이 항상 이들 적도</u>
<u>(賊盜)와 한 곳에서 모여 있다. 아 이를 붙잡기가 어렵다.</u>"라고 해석했지만
원문을 보면 다음과 같다.

---

24) 앞의 주(10) 논문, 136쪽.
25) 『고려사』 권3, 세가43, 공민왕 21년 9월.

若耽羅牧子每, 與此等賊徒, 相合一處呵, 勦捕的較難有.

무라이는 여기에서 '만약(若)'이라는 단어를 빼고 본문을 해석하고 있
다. 위 문장에서 보듯이, '만약'이라는 단어가 있느냐 없느냐에 따라 사료
의 내용은 크게 달라진다.

세 번째 사례를 보자. 무라이는 조선 왕조의 왜구에 관해서도 다음과
같이 서술하고 있다.

> G. "14세기 단계에서 왜구와의 연합이 확인된 것은 제주도의 '목호'=몽골계
> 주민에 한정되어 있으며 화척과 재인에 대하여는 왜구 흉내를 내는, 또는
> 왜구라고 자칭한다고 하는 단계에 머물러 있었다. 그러나 15세기 전반이
> 되자, 한 걸음 더 진전된 상황이 나타난다."[26]

고 하면서 세종 3(1421)년 1월 10일에 있었던 한 무고(誣告) 사건과 관련
된 사료를 제시한 뒤, 다음과 같이 해석하고 있다.

> H. "정부에 대한 반역을 꾸민 충청도 홍주 사람 이재는 우선 화척과 재인을
> 이끌고 홍주에서 초적(草賊)으로 봉기해 이어서 삼도 왜구와 공모하여 침
> 략하면 성을 함락시키고 토지를 빼앗을 수 있다, 고 하는 전략을 아들에게
> 말했다. **화척과 재인이 왜구와 직접 연결되어있는 것은 아니지만 이재를**
> **매개자로 하여 연합이 성립할 가능성을 보여주는 예이다.** 또 '회안의 난'
> 이라고 하는 것은 1400년, 태조 이성계의 아들 중 한명인 회안군(懷安君)
> 이방간의 모반 사건을 가리킨다. 그것을 능가하는 큰일을 일으킬 수 있다,
> 고 하는 것이다."[27]

---

26) 앞의 주(10) 논문, 137쪽.
27) 앞의 주(10) 논문, 137쪽.

무라이의 서술을 정리하면 다음과 같다.

첫째, 홍주 사람 이재가 정부에 대한 반역을 꾸몄다. 둘째, 이재는 화척과 재인을 이끌고 홍주에서 초적으로 봉기해 왜구와 공모해 침략한다고 하는 전략을 아들에게 말했다. 셋째, 이재를 매개로 하여 화척과 재인이 왜구와 연합할 가능성을 보여주는 것이다.

이상과 같은 무라이의 서술은 사료를 정확하게 해석한 것일까? 원 사료를 살펴보자.

> 7. "홍주(洪州) 사람 이성(李成)이 회안군(懷安君)의 아들 이맹종(李孟宗)의 집
> 종에게 말하기를, "고을 사람 이재(李才)가 가만히 그 아들 이을생(李乙生)
> 에게 말하기를, '내가 화척과 재인을 데리고 홍주(洪州) 지경에서 도적질을
> 하면 뜻을 얻게 될 수 있을 것이요, 만약 뜻대로 되지 아니하면 삼도왜(三
> 島倭)와 합모(合謀)하여 본국을 침략하면 성(城)을 함락시키고 땅을 노략질
> 할 수 있을 것이니, 그렇다면 전날의 회안군의 난리는 저 아랫길이 될 것
> 이다.' 하였다." 하므로, 맹종이 이 말을 듣고 목사 조완(趙琓)에게 고하여,
> 조완이 이성을 데리고 역마를 타고 서울로 올라와서 바로 아뢰니, 임금이
> 의금부에 명하여 국문하고, 이성은 무고죄로 장 1백 대에 3천 리 유형(流
> 刑)에 처하였다."[28]

〈사료 7〉에 근거해 사건의 실상을 정리하면 다음과 같다.

홍주 사람 이성(李成)이 회안군의 아들 이맹종의 집종에게 "이재가 아들

28)『세종실록』 11권, 세종 3년 1월 10일 계유 3번째 기사.「洪州人李成言於懷安君子孟宗家奴曰: "州人李才密語其子乙生曰: '吾率禾尺才人, 草竊洪州界, 則可以得志矣。如不得志, 與三島倭合謀, 寇本國, 則可以屠城略地, 而前日懷安之亂, 斯爲下矣." 孟宗聞之, 告牧使趙琓。琓率李成, 騎馹赴京直啓, 上命義禁府鞫之。成以誣告, 杖一百, 流三千里。」

이을생에게 자신이 화척, 재인과 도적질을 하면 성공할 것이며 만약 뜻대로 되지 않으면 삼도 왜구와 합모하여 본국을 침략해 노략질하겠다고 하였다는 것이다. 그래서 이맹종이 목사 조완에게 이르자, 조완이 이성을 데리고 서울로 가서 국문한 결과, 근거 없는 거짓이었다는 것이다. 즉 이재가 아들 이을생에게 한 이야기 자체가 사실이 아니었다는 것이다. 그래서 이런 이야기를 한 이성이 무고죄, 즉 "없는 사실(事實)을 거짓으로 꾸며 고소하거나 고발하는 것으로 처벌 받은 것"이다.

이성이 무슨 이유로 이런 거짓말을 했는지는 알 수 없지만, 이성이 한 말은 당시 조선의 치안을 어지럽힐 수 있는 요소가 화척과 재인, 그리고 왜구임을 보여주고 있다. 원 사료의 내용을 정리하면 대략 다음과 같다.

	무라이의 서술	원 사료의 확인
1	홍수 사람 이새가 성부에 내한 반역을 꾸몄다.	거짓(誣告)으로 판명됨.
2	이재는 화척과 재인을 이끌고 홍주에서 초적으로 봉기해 왜구와 공모해 침략한다고 하는 전략을 아들에게 말했다.	거짓(誣告)으로 판명됨.
3	이재를 매개로 하여 화척과 재인이 왜구와 연합할 가능성을 보여주는 것이다.	〈만약 뜻대로 되지 않으면〉이라는 자의적으로 구절을 생략.

첫째, 이재가 했다고 하는 말은 거짓이었다.

둘째, 이성이 꾸민 거짓말도 무라이는 그 내용을 자의적으로 바꾸었다. 그것은 화척, 재인과 도적질을 하면 성공할 것인데 만약 뜻대로 되지 않으면 삼도 왜구와 합모하여 본국을 침략해 노략질하겠다고 하는 것이다. 그런데 무라이는 〈만약 뜻대로 되지 않으면〉을 삭제했다.

셋째, 또 하나 주목해야 할 점은 이성이 무고죄로 처벌받고 있다는 점이다. 만약 그가 한 말이 거짓이라고 하더라도 그것이 어느 정도 실현 가능성이 있었다면 역모죄(逆謀罪) 내지는 내란 선동죄로 처벌될 수도 있었을 것이다. 그런데 그렇지 않고 무고죄로 처벌받은 것은 이성의 언행이 실현될 가능성이 거의 없다는 사실을 반증한다고 할 수 있다.

무라이의 사료에 대한 무리한 해석과 의도적인 오역은 이 외에도 도처에 보인다. 그는 한국 및 중국의 왜구 연구자들과 자신의 견해의 차이에 대하여 다음과 같이 언급한 바 있다.

> I. "이 깊은 간극을 조금이라도 메우는 것은 상대의 입장을 이해하는 노력도 필요하지만 공통의 인식원(認識源)인 사료로 되돌아가는 것이 필요하고 또 유효할 것이다."[29]

자신의 사료 해석이 정확한 지 확인해봐야 하지 않을까, 한다.

4. 왜(삼도)와 일본

지금까지의 고찰을 통해 〈경계인〉설은 그 전제가 되는 '왜'와 '경계'의 정의에서부터 잘못되었음을 확인할 수 있었다. 즉 무라이는 '왜'가 "조선과 일본에 100% 속하지 않는 경계 지역"으로 "삼도를 중심으로 하는 지역"이라고 했다. 그런데 그가 삼도의 사례로 들은 대마도·일기도·하카타는 '기타큐슈(北九州)' 지역으로 오늘날 나가사키 현과 후쿠오카 현의, 두말할 나위 없는 일본 영토이다. 왜구 문제로 고심하던 조선 조정이 이들 지역을 '일본'과 구별하고 있었을 뿐이다. 따라서 당시 사료에서 언급한 '왜(삼도)'가 정확하게 무엇을 의미하는지 분명히 해야 할 필요가 있다. 그리고 당시 사료에서 왜와 일본을 어떻게 서술하고 있는지 구체적으로 검토해볼 필요가 있다. 우선 『고려사』에서 '왜'와 '일본'이 어떻게 다른지 살펴보자.[30]

---

29) 앞의 주(10) 논문, 128쪽.
30) 이하의 내용은 이영, 「高麗末期倭寇の実像と展開」 앞의 주(5)책, 247~250쪽의 내

8. 신해, 일본인 열아홉 명이 왔다.[31]

9. 왜가 영주·온수·예산·면주의 조운선을 약탈했다. 처음에 왜인들이 거제도
   에서 살기를 원하며 영원히 화친을 맺고자 해서 국가가 이를 믿고 허락했
   는데 이때 이르러 침구해온 것이다.[32]

위의 〈사료 8〉에서는 '일본인'이라고 한 것에 대하여 〈사료 9〉에서는
'왜인'이라고 표기하고 있다. 〈사료 9〉의 '왜인'은 영주와 온수, 예산, 면주
의 조선을 약탈한 왜구의 주체임을 알 수 있다. 특별히 왜구와 같이 고려
에 대하여 피해를 입히지 않은 경우에는 '일본인'을, 조운선을 약탈한 경
우에는 '왜구'라고 기재하고 있음을 알 수 있다.

또 한 문장 안에 '왜'와 '일본'이 함께 기재된 사료들도 있다.

10. 일본 구주절도사(九州節度使) 원료준(源了浚)이 승려 신홍(信弘)을 시켜 자기
    휘하의 군사 69인을 거느리고 우리나라로 와서 왜적(倭賊)을 체포하였다.[33]

여기에서 한 문장의 사료 안에 '일본'과 '왜'가 공존하고 있다. 규슈절
도사, 즉 규슈탄다이 미나모토(=이마가와) 료슌에게는 '일본'을, '적(賊)'에
게는 '왜'를 사용하고 있다. 왜적을 토벌하기 위해 병사들을 파견하는 등
시종일관 고려에 우호적인 태도를 보이고 있었던 이마가와 료슌은 '일본'
을, 고려를 침범해 토벌의 대상이 되었던 일본의 도적들에게는 '왜'라고
하는 관형어를 사용했던 것이다.[34] 이러한 구별 사례는 다른 여러 곳에서

용을 전재함.

31) 「辛亥, 日本人十九名來.」『고려사』 권30, 세가30, 충렬왕 12년 8월 신해조.

32) 「倭掠寧州·溫水·禮山·沔州漕船. 初倭人, 願居巨濟, 永結和親, 國家信而許之, 至是
    入寇.」『고려사』 권41, 세가41, 공민왕 18년 11월.

33) 『고려사』 권133, 열전46, 우왕 4년 6월.

34) 앞의 주(5) 책, 249쪽 참조.

도 확인된다.[35] 이처럼 『고려사』에서는 '일본인'과 '왜인(=해적)'을 구별하여 표기했다.

이러한 왜와 일본의 구별은 조선 시대에 들어와서도 변하지 않았다. 앞의 〈사료 2〉에서 보았듯이, 조선 조정은 오늘날의 일본을 공권력인 막부의 지배력이 미치고 있는 영역인 '일본국'과 조선의 변방에서 문제를 일으키는 왜인들이 거주하는 지역인 '왜'로 구별해 호칭하고 있었다.

그러면 '왜'와 '일본'은 단순히 고려(조선)의 입장에서 본 적대관계(왜)와 우호 관계(일본)의 구별이었을까? '왜'와 '일본'의 양자(兩者) 사이의 관계는 어떠했을까?

앞의 〈사료 2〉에서 "동남(東南)쪽은 왜인(倭人)과 가깝게 있다. 일본국(日本國)은 서로 거리가 멀어서 왕래가 드물지만, 대마도(對馬島)·일기도(一岐島)·패가대도(霸家臺島)등 3섬의 왜인(倭人)이 자주 변방의 흔단(釁端)을 일으키므로."라고 한 것처럼 '왜'는 곧 '삼도'를 의미한다. 그런데 삼도는 결코 '세 곳의 섬'이라든가 어떤 '특정 지역'을 지칭하는 것이 아니라, 야인(여진족)·일본·유구국과 어깨를 나란히 할 정도로 '별도의 정치적 주체'로 취급되고 있었다.[36] 그러면서도 또 "일본의 삼도에 들어가서"[37]라고 기술하고 있는 것으로 봐서 지리적으로 일본의 영역 안에 위치하고 있음을 알 수 있다. 다시 말해서 '일본에 속하면서 일본과 구별되는 정치적 주체가 지배하는 영역'을 삼도로 표현한 것이다.[38]

그리고 주의해야 할 점은 사료에 따라, 그리고 시대에 따라서 삼도의 의미는 동일하지 않았다고 하는 점이다. 『조선왕조실록』에 보이는 삼도의

---

35) 앞의 주(5) 책, 248쪽의 사료와 서술 참조.
36) 앞의 주(21), 이영 논문 183쪽 참조. 그리고 이 점에 관해서는 무라이 쇼스케도 앞의 D에서 언급한 바 있다.
37) 「隨回禮使尹銘入日本三島覓母, 家搜戶索」『세종실록』107권, 세종 27년 2월 23일 (정묘) 두 번째 기사.
38) 앞의 주(21), 이영 논문, 183쪽.

용례에 대하여 살펴보자.

사료에 따라 대마도와 조선이 양호하고 안정적인 관계를 유지하게 되는 세종 28(1446)년에는 대마도가 삼도에서 제외되었다가(용례3) 세조 5(1459)년에는 다시 포함되기도 하고 이어서 성종 3(1472)년이 되면 '대마, 삼도'라고 해서 대마도를 삼도와 분리해서 표현하는 경우도 있다.

『조선왕조실록』에 보이는 삼도의 용례(用例)[39]

	용 례	출전 사료
1	대마도와 규슈	『정종실록』 권2, 정종 원년 7월(1399) 10일조.
2	대마도와 일기도	『세종실록』 권107, 세종 27년(1400) 2월 23일조.
3	이키, 가미마쓰라, 시모마쓰라	『세종실록』 권113, 세종 28년(1446) 9월 9일조.
4	대마도, 일기도, 하카타	『세조실록』 16권, 세조 5년(1459) 4월 8일조.
5	대마, 삼도	『성종실록』 권23, 성종 3년(1472) 10월 24일조.
6	일기도에서 25일 거리 내 지역	『선조실록』 권121, 선조 33년(1600) 2월 23일조.

특히 용례4의 세조 5(1459)년에는 대마도, 일기도, 하카타를 삼도로 규정하고 있는데, 십여 년이 지난 성종 3(1472)년에는 "대마, 삼도가 소이전(小二殿)이 (세력을) 회복함으로써 하카타(博多)와의 사이에서 싸우게 되어 오지 않는 것인지 …"[40]라고 해, 하카타가 삼도에서 제외되고 있을 뿐 아니라 오히려 삼도와 적대관계에 있음을 알 수 있다.

이처럼 삼도는 규슈 지역의 정세 변화에 따라, 그리고 대마도와 조선과의 관계에 따라 그 용례에 변화가 있음을 알 수 있다. 또 반드시 삼도라고 해서 '세 곳의 섬'이라는 의미로 사용된 것이 아니다.

그런데 이 '삼도'가 최초로 사료에 등장하는 정종 원(1399)년에는 '대마

---

39) 삼도의 용례에 관해서는 앞의 주(21), 이영 논문 참조.
40) 『성종실록』 권23, 성종 3년 10월 24일조.

도와 규슈'라는 의미로 사용되었다.[41] 여기에서 규슈는 일본 공권력(막부)
의 지휘를 받고 있던 오우치 요시히로(大內義弘)와 이에 대항해 싸우는 쇼
니씨(小二殿)를 중심으로 하는 규슈의 토착 세력, 예를 들면 기쿠치씨(菊
池氏), 우쓰노미야씨(宇都宮氏), 마쓰라토(松浦党) 등이 지배하는 영역이다.
지금의 후쿠오카 현(福岡県)과 사가 현(佐賀県) 그리고 나가사키 현(長崎県)
에 해당하는 북 규슈의 대부분 지역이었다.[42]

조선 측은 오우치씨(규슈탄다이와 막부 측)에 대항하는 규슈의 토착 호
족세력들과 그들의 근거 지역을 '삼도'라고 불렀으며 오우치씨와의 전투
에서 패해 약탈하러 오는 병력을 가리켜 '왜구'라고 불렀다.[43] 따라서 삼
도를 최종적으로 정의하자면, 막부의 대장군의 통치와 지배에 저항하는
(규슈) 토착 호족들의 근거지이면서 동시에 왜구로 침구해 올 위험이 있는
지역이라고 할 수 있다.[44]

무라이는 "왜인은 조선에도 일본에도 100퍼센트 속하지 않는 소위 경
계 지역에서 살고 있다."고 했다. 그리고 그 경계 지역은 '왜'임과 동시에
'삼도'이며 구체적으로 '대마도, 일기도, 하카타'라고 했다. 그러나 그가
인용한 〈사료 2〉에서의 '일본'은 오늘날의 근대 이후의 국가 개념으로서
의 일본이 아니었다. 그것은 무라이 자신도 D에서 "그것은 유학자 박시형
의 '혹은 야인, 혹은 일본, 혹은 삼도, 혹은 유구국의 사이(四夷)가 모두 와

---

41) '삼도'라는 용어가 최초로 보이는 것은 『고려사』 권제117. 열전 30. 정몽주 전이
   다. 그러나 『고려사』에는 오직 이 사료만 확인되며 '삼도'는 주로 조선시대에 들
   어와 사용되기 시작한다. 조선 정종 원년(1399) 5월이 최초이고 이후 몇몇 사례가
   확인된다. 따라서 고려 시대 당시에는 아직 '삼도'라는 용어가 일반적으로 사용되
   지 않았던 것으로 생각된다. 어쩌면 세종 때 『고려사』를 편찬하는 과정에 추가
   사용된 표현으로도 생각할 수 있다. 어쨌든 이 정몽주의 기사 내용만으로는 '삼
   도'가 정확히 어디를 지칭하는지 알 수 없다. 앞의 주(21) 논문, 175쪽.
42) 앞의 주(21), 이영 논문, 189쪽.
43) 앞의 주(21) 이영 논문, 190쪽.
44) 앞의 주(21) 이영 논문, 190쪽.

서'라고 하는 표현이나 …"라고 서술하고 있듯이, 근대에 들어와서 일본의 국가 영역에 포함되게 되는 유구국 역시 일본과 별도의 개념으로 설명하고 있다.

고려와 조선의 위정자들이 '왜' 즉 '삼도'를 일본과 분리해서 별도의 공간으로 파악하고자 한 것은 당시 고려와 조선의 위정자들의, 왜구 문제와 관련된 일본의 국내 정치에 대한 인식을 반영하는 것이었다. 당시 조선 조정은 왜구의 침구 원인은 규슈 토착 세력과 외부 유입 세력의 충돌, 즉 왜를 구성하는 쇼니씨(少弍氏), 소씨(宗氏), 기쿠치씨(菊池氏), 마쓰라토(松浦党) 등의 규슈 토착 세력과 일본 즉 막부 쇼군·규슈탄다이(九州探題)·규슈에서 세력 확장을 꾀하는 오우치씨(大内氏)와 같은 외부 유입 세력의 충돌과 밀접한 인과 관계가 있다고 인식하고 있었다.[45] 따라서 조선 시대 초의 대일 외교는 이들 '일본'은 물론 '왜'까지도 포함한 다원통교체제(多元通交體制)의 형식을 취했던 것이었다.

5. 결론

현재 일본 학계에서 정설의 위치를 점하고 있는 무라이 쇼스케의 〈왜구=경계인〉설에 대하여 구체적으로 살펴본 결과, 적지 않은 문제점들이 발견되었다. 우선 사료의 무리한 해석 내지는 오역(誤譯)으로 『고려사』와 『조선왕조실록』속의 '왜'의 개념을 왜곡한 점을 지적할 수 있다.

'경계'의 개념이 왜곡된 '왜'의 정의를 기반으로 하고 있기에 〈경계인설〉은 학문적으로 성립하기 어려운 공론(空論)에 지나지 않는다는 것을 확인할 수 있었다.

더욱이 이러한 사료 해석상의 문제점들은 논문의 도처에서 반복되고

---

45) 이에 관해서는 이영, 「고려 말 왜구의 실상」『잊혀진 전쟁, 왜구』, 에피스테메. 2007의 38~51쪽 내용 참조.

있어서 단순한 오류라기보다 의도적인 왜곡(歪曲)으로 여겨진다.

고려와 조선 조정의 왜와 일본에 대한 인식은 왜구 문제 해결을 위한 대일 외교에서도 극명하게 나타났다. 일본, 즉 공권력인 막부와는 외교적 협조 관계를 구축, 막부로 하여금 규슈의 반 막부 세력을 공격하게 했다. 그 결과, 그들 세력 중 일부가 대마도와 일기도 등 한반도 인근의 섬으로 도주해 거기를 근거로 삼아 왜구를 자행하면 고려(조선) 조정도 대마도 정벌을 단행하는 등, 한 군사적 공격을 가했다.

또 한편으로 조선은 왜(삼도)에 대하여 군사 강경책은 물론 유화책을 취하는 것도 잊지 않았다. 삼포를 개항한 것이라든지 왜구의 배후 세력인 일본 서부 변경 지역의 중소 호족들에게 교역의 혜택을 베푼 것 등이다. 이러한 조선 초의 다원통교체제는 일본, 즉 공권력인 막부의 힘이 왜(삼도)까지 미치지 못한다고 하는 일본 국내 정치에 대한 현실 인식에 토대를 둔 것이었다.

본 고에서는 일본의 대외관계사 학계에서 정설로 자리 잡은 〈경계인〉설을, 관련 사료 검토라는 비교적 단순한 작업을 통해 그 허구성을 확인할 수 있었다. 무라이는 '왜'를 일본이 아닌 경계 지역으로, 그리고 '왜구'는 일본인이 아닌 '경계인'이라고 규정하여 '왜구=일본인'이라는 이미지 희석을 의도한 것으로 보인다. 그런데 이러한 시도는 이미 서론에서 살펴본 것처럼 〈왜구=고려인과 일본인 연합설〉 또는 〈고려(조선)인 주체설〉과 그 맥락을 같이 하고 있는데, 그 연원(淵源)을 따지자면 황국사관론자이며 조선사편수회의 편수관이었던 나카무라 히데다카(中村榮孝)의 「무로마치 시대의 일선관계(室町時代の日鮮関係)」까지 거슬러 올라간다.[46]

〈경계인〉 설 또한 나카무라의 한국사 조작과 이를 토대로 한 한일관계사의 왜곡이라는 이중(二重)의 허구와 그 맥락이 닿아있다. 앞으로 〈경계

---

46) 이에 관해서는 이영, 「조선사 편수관 나카무라 히데다카의 왜구 패러다임과 일본의 왜구 연구」 『황국사관과 고려 말 왜구』, 에피스테메, 2015를 참조.

인)설과 나카무라의 연구가 구체적으로 어떠한 관련성이 있는지에 관해서는 별도의 기회를 빌려 구체적으로 검토하고자 한다.

무라이 쇼스케의 〈왜구=비영주·주민〉설 고찰

1. 서론

전(前) 동경대학 교수였던 무라이 쇼스케의 〈왜구=경계인〉설[1]은 현재 일본의 13~16세기 전근대(前近代) 동아시아 국제 관계사 및 교류사에서 정설(定說)의 위치를 점하고 있다.[2] 무라이는 2014년에 〈경계인〉설을 바탕으로 작성한 여러 편의 논문을 모아 펴낸 『일본 중세 경계사론(日本中世境界史論)』으로 제36회 가도카와 겐요시 상(角川源義賞)을 받기도 했다.[3]

---

1) 그 내용을 간단히 개관하면 다음과 같다. 무라이는 왜구의 실체가 일본인만이 아닌, '국가와 국가 사이의 공간(즉, 국가의 경계)에서 생활하며 서로 다른 국가 영역을 매개하는 사람들'이었다고 정의한다. 즉, 그는 당시 고려(조선)·명(明)·일본 세 나라의 공권력이 미치지 않는 지역이 세 나라에 각각 존재했으며 이런 지역을 '왜'라고 정의했다. 그리고 이 '왜'라는 공간에 사는 사람들이 '왜인'이며, 이들 국가와 국가의 경계에서 생활하는 사람들이 전란·기근·정변·무역 단절 등 특정한 상황에서 해적 행위를 한 것을 당시 고려(조선)와 중국의 관헌들이 '왜구'라고 불렀다는 것이다. 따라서 오늘날의 국적이나 민족 개념에서 보면 일본인만이 아니라 한국인과 중국인도 왜구의 실체였다, 고 하는 주장이다. 이에 관해서는 무라이 쇼스케, 「왜구는 누구인가?(倭寇はだれか?)」 『일본 중세 경계사론(日本中世境界史論)』, 岩波書店, 2013.

2) 이에 관해서는 하시모토 유(橋本雄), 「東アジア世界の変動と日本」 桜井英治ほか 編, 『岩波講座, 日本の歴史』 제8권 중세3, 岩波書店, 2014, 41~76쪽. 참고로 『岩波講座, 日本の歴史』는 10년을 주기로 하여 연구사를 정리하는 형태로 학계의 통설(通說)을 소개하는 역사책 시리즈이다.

3) 이 상은 가도가와 서점(角川書店)의 창시자로 민속학자, 일본 문학자, 시인이기도

이에 대하여 필자는 이미 〈경계인〉설의 출발점이 되는 논문 「왜구는 누구인가?」를 구체적으로 검토한 뒤, 학문적인 가치가 있는 학설이라고 평가하기 어렵다, 고 비판한 바 있다.[4] 그렇지만 〈경계인〉설을 뒷받침하고 있는 여러 가설, 즉 그가 논문에서 제기한 문제점들은 충분히 검토해볼 가치가 있다고 생각한다. 지금까지의 왜구 연구가 간과해왔던 문제들을 포함하고 있어서 이를 검토하면 보다 정확한 왜구상을 제시할 수 있을 것이다.

그러한 〈경계인〉설을 지탱하고있는 가설 중 하나가 '〈여말 - 선초 왜구의 실체=비영주 계층·주민 계층〉설'(줄여서 〈비영주·주민〉설)이라 할 수 있다. 그것은 고려 말 조선 초 왜구의 실체는 일본의 영주층, 즉 무사들이 아니며, 보다 하위의 신분 계층인 일반 주민들이었다는 주장이다.

무라이의 이와 같은 주장은 고려 말 왜구의 침구 배경 및 상황을, 같은 시기에 전개되고 있던 일본의 남북조 내란과 연계해서 고찰해온 필자의 연구와도 배치된다. 그런데 일본 중세사 연구자 가이즈 이치로(海津一朗)는 1999년 동경대 출판회에서 출간된 필자의 연구서에 실린 필자의 주장에 대하여, '바다를 건넌 남북조 내란'[5]이라고 표현한 바 있다. 이는 대외관계사 학계와는 달리, 일본 중세사학계는 필자의 연구를 긍정적으로 평가한 것이라고 생각한다.

본 고에서는 무라이가 〈비영주·주민〉설의 근거로 제시한 바, 사료 해석상의 문제에 대하여 검토한다. 그리고 이어서 그의 이러한 주장이 어떠

했던 가도가와 겐요시를 기리고자 제정한 학술상이다. 일본 문학과 역사 두 부문이 있으며 주로 중견 이상의 연구자에게 수여된다. 참고로 무라이 쇼스케는 2014년에 이 상을 받았다. 일본어판 '위키피디아'를 참조.

4) 이에 관해서는 이영, 「무라이 쇼스케의 〈경계인〉설에 관한 비판적 고찰」『한국중세연구』 58, 2019를 참조.

5) 이 같은 표현을 써서 필자의 연구가 지닌 의미를 부각한 것은 가이즈 이치로(海津一朗), 「元寇·倭寇·日本国王」『日本史講座 第4巻 - 中世社会の構造』, 歷史学研究会, 日本史研究会, 東京大学出版会, 2004였다.

한 문제점들을 내포하고 있으며 아울러 일본의 선행연구와 어떠한 맥락을 지니고 있는지 고찰한다.

2. 〈비 영주(非領主)·주민(住民)〉설의 검토

본 장에서는 우선 〈비 영주·주민〉설이 어떤 사료를 근거로 하고 있는지, 그 사료 해석이 타당한지 여부에 대하여 살펴보자. 무라이는 「왜구의 실상에 다가가다. - 중핵(中核)으로서의 삼도 왜인」[6]에서 왜구의 실체가 '이주위가(以舟爲家)' 즉 '배를 집으로 삼아 바다를 떠돌아다니는 생활을 영위하는 사람들'이었기 때문에 육상(陸上)의 정치 세력인 영주(무사)들이 통제하기 어려운 존재들이었다, 고 하는 점을 강조하고 있다. 다음을 보자.

> A. "고려의 군인 정지(鄭地)의 제언(提言)은 상서(上書)한 지 2년 뒤에 실행되어 전과를 올렸다. 일본의 규슈탄다이(九州探題) 이마가와 료슌(今川了俊)은 남조가 강했던 규슈를 거의 평정해 교토 막부의 위령(威令) 하에 두었다. ⓐ쌍방을 대표하는 두 사람의 인식은 거의 일치한다. ⓑ왜구의 근거지는 대마도와 이키 등 삼도 지역으로 그 주체는 국가의 명령 계통에 따르지 않는 반민(叛民), ⓒ구적(寇賊), ⓓ완민(頑民)이며, ⓔ'배를 가지고 집으로 삼는' 것과 같은 생활 실태로 거주지도 정해져 있지 않았다. 왜구라고 하는 이름으로 불린 사람들의 중심에 이러한 실체를 지닌 삼도 왜인이 자리하고 있는 것은 의심할 여지가 없다. 그것은 왜구 활동이 진정되어가는 조선 시대에 들어와서도 변하지 않았다."[7]

우선 위의 ⓐ에서 왜구 문제와 관련해 '쌍방(雙方)' 즉 고려와 일본을

대표하는 무장(武將)인 정지와 이마가와 료슌의 왜구의 실체에 관한 인식
이 거의 일치한다고 한다. 그리고 그 근거로 무라이는 ⓑ-ⓔ를 들고 있다.
이에 관해 생각해보자. 우선 정지의 왜구 인식을 엿볼 수 있는 관련 사료
를 검토해보기로 하자. 무라이의 주장은 우왕 13(1387)년의 정지가 올린
상소문에 근거하고 있으며 그 내용은 다음과 같다.

1. "〈신우〉 13년(1387)에 정지가 글을 올려 동쪽의 정벌(東征)을 자청하기를,
   "근래 중국에서 왜적을 정벌한다고 공언하고 있는데, 만약 우리 국경에도
   함께 전함을 분산하여 정박시킨다면 물자를 지원하기가 어려울 뿐만 아니
   라 또한 우리의 허실을 엿볼까 두렵습니다. ⓕ왜적은 온 나라가 도적질을
   하는 것이 아니라 그 반민(叛民)들이 대마도(對馬島)와 일기도(一岐島)에
   웅거하고 있는데 (그곳은) 우리나라의 동쪽 변방과 가까워서 시도 때도 없
   이 들어와 노략질하는 것입니다. 만약 ⓖ죄를 성토하고 대군을 일으켜 먼
   저 여러 섬들을 공격하여 그들의 소굴을 전복시키고, 또 일본에 글을 부내
   어 체포하지 못한(도망한) 적을 (붙잡아 고려가) 모두 쇄환하여 귀순하게
   한다면(又移書日本, 盡刷漏賊, 使之歸順,) 왜적의 근심을 영원히 제거할 수
   있을 것입니다.[8]

수군 재건을 건의하고 또 고려 수군의 총사령관이기도 했던 정지[9]가
왜구의 실체에 관하여 언급한 것으로 확인되는 것은 이 사료밖에 없다.
이 사료에서 보이는 정지의 왜구 인식은 다음과 같다.

   ⓕ 모든 일본인이 다 왜구 짓을 하는 것은 아니다. '반란을 일으킨 백성들이

---

8) "倭非擧國爲盜, 其叛民據對馬·一歧諸島, 近我東鄙, 入寇無時, 若聲罪, 大擧先攻諸
   島, 覆其巢穴, 又移書日本, 盡刷漏賊, 使之歸順, 則倭患可以永除."(『고려사』 권113,
   열전 26, 정지)
9) 위의 주(8) 사료.

고려의 동쪽 변방과 가까운 대마도와 일기도에 웅거하고 있으면서 수시로
침구해오는 것이다.

ⓖ 대마도와 일기도는 일본의 영토이므로 당연히 먼저 일본 측에 알리고 이
들 섬의 왜구 소굴을 공격해야 하지만 (그럴 경우에는 비밀이 새어나갈 수
있기 때문에)[10] 먼저 공격을 가해 그들의 소굴을 전복시킨 뒤에 일본에 알
리고 그 뒤에 '놓친 도적들(漏賊)'을 고려가 모두 붙잡아 귀순하게 한다면
왜적의 근심을 영원히 제거할 수 있을 것이다.

정지의 왜구의 실체에 관해 언급한 것은 '반민'과 '누적(구적)'이다. 무라
이가 언급한 ⓓ (완민)은 우왕 2(1376)년에 일본에서 귀국한 나흥유가 가지
고 온 쇼군의 편지에서 확인된다.[11] 그리고 ⓔ의 '이주위가(以舟爲家)' 역시
이마가와 료슌의 언급이다.[12] 그런데 무라이는 마치 정지도 왜구의 실체를
'완민'과 '이주위가'라고 언급한 것처럼 서술하고 있다. 무엇 때문일까?

무라이는 단순하게 정지가 왜구의 실체를 '반민' 즉 '나라를 배반한 백
성'이라고 표현한 사실만 지적하고 있으며 '반민'이 무엇을 의미하는지에
대해서는 구체적인 분석을 하지도 언급하지도 않았다. 고려 수군의 핵심
적인 인물로 수군 장수로서 직접 왜적을 최전방인 바다 위에서 맞이하여
싸워 여러 차례 공을 세운[13] 사람이 정지였다. 당시 고려에서 누구보다도

---

10) 이와 유사한 조치를 세종 원(1419)년의 대마도 정벌 때에도 취하고 있다. 『세종실
    록』 4권. 세종 1년 5월 14일 무오 4번째 기사와 동 23일 정묘 6번째 기사에 "규슈
    에서 온 사람들이 놀라서 행동하지 않도록 하라."고 한다든지 또는 "조선에서 대
    마도를 토벌할 뜻을 말하되 너무 놀라게 하지는 말라고 하라."는 등 관련 기사가
    보인다.
11) 뒤의 〈사료 2)의 ⓘ 참조.
12) 뒤의 〈사료 3〉 참조.
13) 정지는 왜인추포만호로서 여러 차례 왜구를 막기 위해 수군의 재건을 건의해 이
    를 실현했다. 그리고 우왕 3(1377)년에 예의판서로 순천도병마사가 되어 순천과
    낙안 등지에 침입한 왜구를 연파하고 이듬해에는 영광, 광주, 담양, 화순 등지를
    침구한 왜구를 격파했다. 도 1381년에는 밀직(密職)으로 해도원수가 되어 남해에

왜구의 실체에 관하여 정확하게 인식하고 있었던 인물이었다.

　그런데 위 사료에서 정지가 왜구의 실체로서 언급한 것은 '반민' 이외에도 '누적(漏賊)' 즉, '토벌에서 벗어난(토벌을 면한) 도적'이 있다. 이 사료에서는 ⓕ-반민, ⓖ-귀순이 지니는 의미에 대하여 특별히 주목해야 한다. 즉, 반란을 일으킨 백성들을 고려가 붙잡아서 귀순시켜야 한다는 뜻이다. 귀순이란 "반역이나 저항을 중지하고 복종한다. 귀복(歸服). 무기를 버리고 귀순한다."[14]라는 의미로 앞에서 이미 나온 '반민'과 대구(對句)를 이루며, 반민이라는 용어가 지니는 정치적 의미를 보완해주고 있다. 왜구가 단순히 경제적인 가치가 있는 재화를 약탈하는 도적에 불과하다면 그들을 '반민'이나 '귀순'이라는 용어로 표현하지 않았을 것이다. 즉 정지가 인식하고 있던 왜구의 실체는 일본의 공권력의 입장에서 보면 '반란을 일으킨 백성'이었고 고려의 입장에서 보면, 그들은 약탈을 일삼는 '도적'에 불과했다. 이는 고려 말 왜구가 지닌 양면성(兩面性)이라고 할 수 있다.[15]

서 여러 차례에 걸쳐 왜구를 소탕하여 많은 전공을 세웠고 이듬해 지문하부사 겸 해도도원수(海道都元帥), 양광·전라·경상·강릉도도지휘처치사가 되었다. 해도도원수는 지금으로 생각하면 해군참모총장에 해당한다. 정지는 특히 1383년 5월에 왜선 120척을 남해 관음포에서 화포를 사용한 최초의 해전에서 격파하였다. 이후에도 남원에서 왜구를 격파하는 등 고려 말 왜구를 바다 위에서 싸워 물리친 고려 수군의 최고 지휘관이었다. 앞의 주(8) 사료.

14) "反逆や抵抗をやめて服従すること. 帰服. 武器を捨てて帰順する." 精選版『日本国語大辞典』의 해설에 의하면 반역심을 고쳐먹고 복종하는 것(反逆の心をあらためて服従すること)의 의미이다.

15) 왜구 연구를 주도해온 일본의 연구자들은 이러한 왜구가 지니는 정치적 성격은 외면했다. 그리고 단순히 경제적인 재화를 노린 해적이라는 측면만 강조해왔다. 그런데 오랜 해적 연구를 축적해온 서구에서는 해적을 크게 '파이렛츠(Pirates)'와 '코르세어(Corsair)'로 분류하고 있다. 파이렛츠는 단순히 경제적인 재화를 노리는 약탈행위를 하는 해적이며, 코르세어는 해적들의 배후에 종교나 공권력이 존재하는 경우다. 이 개념을 왜구에 도입하면, 즉 그들이 고려에 침구해 저질은 약탈 등의 행위는 그야말로 경제적 재화를 노린 해적으로 서구의 해적 개념으로 말하자면 '파이렛츠(Pirates)'에 해당한다. 그렇지만 남북조 내란기, 공권력의 일방인 북조(막부)에 대항해서 싸운 반란 세력(남조의 군사력)이라는 점에서 '코르세어

그러면 무라이가 언급한 규슈탄다이 이마가와 료슌[16]은 왜구의 실체에 관해 어떻게 인식하고 있었을까 다음 〈사료 2〉를 살펴보자.

> 2. "10월 나흥유가 일본으로부터 돌아왔는데, 일본이 승려 양유(良柔)를 답방으로 보내 채단(彩段)·화병(畫屛)·장검(長劍)과 금룡(金龍) 머리를 새긴 술 그릇 등의 물품을 바쳤다. 그 나라의 승려 주좌(周佐)가 부친 글에 이르기를, '생각하건대 ⓗ우리나라 서해도(西海道)의 한 지역인 구주(九州)는 난신(亂臣)들이 할거하고 있으면서 공물과 세금을 바치지 않은 지가 또한 20여 년이 되었습니다. ⓘ서쪽바닷가 지역의 완악한 백성들이 틈을 엿보아 〈귀국을〉 노략질한 것이지, 저희들이 한 일이 아닙니다. 이 때문에 우리 조정에서도 장수를 보내 토벌하고자 그 지역 깊숙이 들어가 서로 대치하며 날마다 전투를 벌이고 있습니다. 바라건대 구주를 수복하게 된다면 천지신명에 맹세코 해적질을 금지시키겠습니다.'라고 하였다."[17]

이 〈사료 2〉는 〈사료 1〉보다 약 11년 전인 우왕 2(1376)년 10월에 금왜(禁倭) 요구 사절로서 일본에 파견되었다가 귀국한 나흥유가 전한, 왜구의

(Corsair)'였다. 그런데 서구의 경우 이 두 해적을 엄밀하게 구별하기 어려운 경우가 많았다. 즉 해적들이 전투에 참전했다가 근거지로 돌아가던 도중에 약탈을 자행하는 사례가 많았다. 왜구 역시 규슈 지역에서의 북조와의 전투를 앞두고 또는 전투가 끝난 뒤에 한반도를 침구하였다. 이에 관해서는 이영, 「경인년 이후의 왜구와 마쓰라토 - 우왕 2-3(1376-77)년의 왜구를 중심으로」『일본역사연구』24, 2006(『황국사관과 고려 말 왜구』, 에피스테메, 2015 재수록)을 참조.

16) 이마가와 료슌이 규슈탄다이에 임명되게 된 경위와 그가 현지에 부임한 이후의 역할 등에 관해서는 가와조에 쇼지(川添昭二), 「今川了俊の対外交渉」『九州史学』75, 1982 참조.

17) "十月 羅興儒還自日本, 日本遣僧良柔來報聘, 獻彩段·畫屛·長劍·鏤金龍頭酒器等物. 其國僧周佐寄書曰, "惟我西海道一路九州, 亂臣割據, 不納貢賦, 且二十餘年矣. 西邊海道頑民, 觀釁出寇, 非我所爲, 是故, 朝廷遣將征討, 深入其地, 兩陣交鋒, 日以相戰, 庶幾, 克復九州, 則誓天指日, 禁約海寇."(『고려사』권133, 열전46, 우왕 2년 10월)

발생 배경과 그 실체에 관한 일본 측의 해명, 승려 주좌(실제로는 쇼군)의 편지 내용이 담겨있다.[18] 우왕 2년 이후 13년 사이, 고려와 일본 양국 간에는 왜구 문제를 둘러싸고 많은 왕래가 있었다.[19] 고려는 그 결과, 왜구의 실체와 발생 배경에 관하여 보다 정확하고 많은 정보를 축적하게 되었을 것이다. 따라서 왜구의 실체에 관한 사료로서의 구체성과 정확성을 기준으로 볼 때, 〈사료 1〉이 〈사료 2〉보다 훨씬 더 신뢰할 수 있다.

그뿐 아니라, 〈사료 2〉에서는 왜구 발생의 배경(규슈 신하들의 반란)과 왜구 행위의 실체(서쪽 바닷가 지역의 완악한 백성)가 분리되어 있는데, 〈사료 1〉에서는 규슈의 반란을 일으킨 백성들이 대마도와 일기도 등 서쪽 섬에 웅거하여 침구해오고 있다, 고 하여 〈사료 2〉의 '규슈의 난신'과 '완민(완악한 백성)'이 동일한 존재라고 서술하고 있다. 아마도 〈사료 2〉가 작성된 1376년 이후 약 13년 동안의 양국 간의 교류 결과, 보다 정확한 정보를 확보할 수 있게 되었기 때문일 것이다. 그러한 사례로 주목되는 것이 우왕 3(1377)년 8월의 다음 〈사료 3〉이다

3. "일본국에서 승려 신홍(信弘)을 답례로 보냈는데 그 글에 이르기를, "그 도적떼들은 우리에게서 도망쳐간 무리들로 우리 명령을 따르지 않기 때문에 금하기가 쉽지 않습니다."라고 하였다."[20]

여기서 '우리에게서 도망쳐간 무리'는 원문에 '포도(逋逃)'라고 쓰여있다.[21] 즉 '자기들(北朝)의 체포(토벌)을 피해 도주한 무리'라는 의미로 이는

---

18) 나흥유의 일본 사행의 경과와 성과 그리고 그 의의에 관해서는 이영, 「고려 우왕 원년(1375)의 나흥유 일본 사행의 외교적 성과」 『한국 중세사 연구』 47, 2016 참조.
19) 이에 관해서는 이영, 「동아시아 국제정세 변동과 고려 말 왜구」 『황국사관과 고려 말 왜구』, 에피스테메, 2015, 261쪽 참조.
20) 『고려사』 권133, 열전46, 우왕 3년 8월조.
21) 이후 이 '포도'라는 용어는 무로마치 막부의 왜구에 대한 공식적인 해명이 된다. 이에 관해서는 이영, 「여말-선초 왜구 발생의 메커니즘 - 왜구의 실체에 관한 용

북조(막부)에 반항하는 세력, 즉 규슈 남조(정서부)의 휘하 세력으로 간주
하고 있다. 승려 신홍은 료슌의 부하이므로 일본국은 규슈탄다이 료슌을
가리키며, 따라서 '포도'는 료슌의 왜구 인식을 보여준다.

  이처럼 당시 고려를 침범하던 왜구의 실체에 관한 정보는 이후 고려와
료슌의 빈번한 사절 파견으로 인해 더욱 확실해졌다. 특히 우왕 4(1378)년
6월에 료슌이 신홍에게 병사 69명을 딸려 고려에 파견해 고려군과 함께
왜구와 맞서 싸우게 했다.[22] 이들은 실제로 조양포에서 싸워 왜구의 배 1
척을 노획하고 잡혀가던 부녀자 20여 명을 돌려보내기도 했다.[23] 신홍의
일본군 부대는 같은 해 11월에 경남 고성군 적전포에서 왜구와 두 번째
전투를 벌이지만 패전한다. 그리고 일본으로 돌아갈 때[24]까지 약 6개월간
고려에 체재하면서 전투를 벌였다. 또한 다음 해 우왕 5(1379)년 5월에는
오우치 요시히로(大內義弘)가 박거사(朴居士)에게 병사 169명을 딸려 고려
에 파견한다.[25] 윤5월에 일본해도포착군관(日本海道捕捉軍官) 박거사의 군
대는 왜구와 전투를 벌였지만, 고려 장수 하을지가 구원하지 않아 크게 패
하여 50여명만 겨우 살아남기도 했다.[26]고려군과 막부(북조)군이 연합해 남
조군과 싸운 것이다. 그야말로 '바다를 건넌 남북조 내란'이었다.

  이처럼 료슌과 오우치 요시히로의 부하 장수들이 고려군과 연합해 왜
구와 전투를 벌임으로써 고려에 침구해오는 왜구의 실상에 관한 정확한
정보를 얻을 수 있었던 것으로 생각한다. 따라서 왜구의 실체에 관한 정
보의 정확성도 신홍(1378년)과 박거사(1379년)이 고려에 와서 고려군과
함께 왜구와 싸우기 이전과 이후는 확실한 차이가 있었을 것이다.

  어 분석을 중심으로」『한국중세사연구』34, 2012.12를 참조.
22) 『고려사』 권133, 열전46, 우왕 4년 6월조.
23) 『고려사』 권133, 열전46, 우왕 4년 7월조.
24) 『고려사』 권133, 열전46, 우왕 4년 11월조.
25) 『고려사』 권134, 열전47, 우왕 5년 5월조.
26) 『고려사절요』 권31, 우왕 5년 윤5월조.

어쨌든 이 〈사료 2〉를 보면, 왜구의 발생 배경과 그 실체에 관한 언급은 승려 주좌, 즉 교토에 있는 덴류지(天竜寺)의 주지승인 도쿠소 슈사(德叟周佐)[27]가 작성한 것으로 되어있지만 실제로는 무로마치 막부의 2대 쇼군 아시카가 요시아키라(足利義詮)의 뜻을 반영한 것으로 보고있다.[28]

그런데 이러한 왜구의 발생 배경과 실체에 관한 정보를 담은 쇼군의 편지는 1372년에 규슈 현지에 부임해 이 사료가 작성된 1376년까지 약 4년여 동안 규슈탄다이로 체재하고 있던 이마가와 료슌의 보고를 바탕으로 한 것이다. 다시 말하면 왜구의 실체에 관한 주좌의 편지 내용은 료슌이 규슈탄다이로서 현지에서 활동하면서 얻은 정보와 인식을 토대로 하고 있다. 그리고 정지의 왜구 인식 역시 료슌과 고려의 사절 파견을 통한 교섭의 결과, 즉 다시 말해 료슌이 제공한 왜구에 관한 정보가 반영되어 있다고 해야 한다.

그리고 무라이가 '포도' 그리고 '완민'과 더불어 왜구의 실체를 반영하는 사료 용어로 제시한 것이 '이주위가(以舟爲家)', '배를 집으로 삼는다'이다. 이 '이주위가'가 보이는 사료는 뒤에 구체적으로 검토할 〈사료 4〉의 『태조실록』 태조 4(1395)년 7월 신축일 기사이다.

지금까지 정지와 료슌의 왜구 인식을 정리하면 다음과 같다.

〈표〉 사료에 보이는 정지와 이마가와 료슌의 왜구 실체에 관한 표현

발언자	왜구의 실체에 관한 표현			
정지	① 대마도와 일기도에 웅거하는 반란 세력	② 누적·귀순		
료슌		③ 포도	④ 완민	⑤ 이주위가

---

27) 1324~1400. 남북조 시대의 임제종(臨濟宗) 승려. 교토의 덴류지(天竜寺)와 난젠지(南禪寺)의 주지승.
28) 앞의 주(18) 논문 참조.

여기서 ① - ④는 모두 남북조 내란기의 왜구를 표현한 것인데 반면에 ⑤는 내란이 끝나고 난 직후의 사료다. 이 〈표〉에서 알 수 있듯이, 무라이가 "ⓐ쌍방을 대표하는 두 사람의 인식은 거의 일치한다."라고 한 것과는 달리, 정지는 왜구의 실체를 '완민'이나 '이주위가'라고 언급한 적이 없다. 반면에 료슌은 왜구의 실체가 '포도', '완민', '이주위가'라고 했지만 반민, 특히 대마도와 일기도에 웅거하고 있는 반란 세력이며 또 누적(漏賊)이나 귀순과 같은 용어로 표현하지 않았다.

그렇지만 '포도'는 정지가 언급한 '대마도와 일기도에 웅거하는 반란 세력'과 '누적(토벌에서 벗어난 도적들)'과 같은 의미라고 할 수 있다.[29)]

정지의 왜구에 관한 인식은 당연히 일본국, 즉 료슌과 고려와의 빈번한 사절 왕래의 결과물이다. 규슈탄다이로 왜구 금압의 일차적인 책임을 지고 있었던[30)] 료슌은 왜구 문제 해결에 대하여 고려 측의 이해를 구하기 위해 성의를 다해왔다. 그러나 그럼에도 불구하고 왜구를 완전히 근절하는 것은 쉽지 않았다. 뒤에서 구체적으로 검토할 예정이지만, '이주위가'라는 표현은 왜구 침구의 최극성기가 지난, 조선 초의 왜구 상황을 전제로 이해해야 한다.

---

29) 그러나 이 〈사료 2〉가 작성된 우왕 2(1376)년에서 약 11년이 지난 우왕 13(1387)년의 〈사료 1〉을 보면 일본의 서쪽 섬(西島, 대마도와 일기도)에 웅거하고 있는 누적들이 한 차례 막부의 공격을 받고 도주한 도적들이며 반민들이었다고 하고 있다. 즉 우왕 13년의 시점에서는 〈사료 2〉에서 왜구의 실체로 거론한 바, '서변 해도의 완민들'이 〈사료 2〉의 규슈의 난신과 동일한 세력이었음을 알 수 있다. 다시 말해 〈사료 2〉에서는 규슈 난신과 서변 해도의 완민들이 분리되어 있지만 〈사료1〉을 통해 그들이 동일한 세력이었음이 확인된 것이다.

30) 이마가와 료슌이 규슈탄다이에 임명되게 된 계기는 공민왕 15(1366)년에 금왜 사절의 일본 파견이다. 경인년(1350)에 왜구가 시작된 이래로 무려 17년째가 되어서야 비로소 최초로 왜구의 침구에 항의하는 사절을 일본에 보냈고 이에 대응해 막부는 규슈탄다이로 예정되어있던 사람 대신에 당시 막부의 특급 인물이라고 할 수 있는 료슌으로 대체한 뒤, 규슈탄다이로서의 원활한 활동을 위해 여러 가지 특별 지원책을 마련한다.

무라이는, 정지와 료슌 둘 다 왜구의 실체가 일본에서 반란을 일으킨 무리, 즉 '본토에서 공권력의 토벌을 피해 대마도와 일기도로 도피한 무리'라는 '정치성을 띤 집단'이라고 지적했음에도 제대로 검토하지 않았다. 그리고 그는 왜구의 실체가 '(정치 세력과는 무관한) 서해도의 완고한 백성들이며 배를 집으로 삼고 바다를 떠돌아다니는 사람들'이라는 의미가 강한 '이주위가'라는 표현에 주목했다. 이하, 이 점에 대하여 구체적으로 살펴보자.

3. 〈비 영주 계층·주민 계층〉설의 근거 '이주위가(以舟爲家)'의 검토

여기서는 〈비 영주 계층, 주민 계층〉설의 근거로 무라이가 제시하고 있는 사료를 검토해보자. 무라이는 앞의 〈사료 2〉에 대하여 다음과 같이 언급하고 있다.

> B. "당시 규슈에서는 막부에 반항해 납세를 하지 않는 '난신'이 뿌리 깊게 잔존해 그 틈(항쟁)을 타서 '서변 해도'의 '완고한 백성'이 고려에서 해적 행위를 하고 있다, 고 하는 것이 막부의 인식이었다. ⓛ'난신'은 '영주층' '완고한 백성'은 '주민층'에 비정된다.[31] ⓜ전자의 동향은 후자에 의한 왜구 활동의 방아쇠가 되고 있지만 '난신' 자체가 왜구의 주체는 아니다. 이 관계는 다음 해 일본에 보내어진 사자 안길상이 지니고 있던 서면(書面)에 주좌(周佐)의 편지를 인용해 '이 도둑은 우리 서해 일로 규슈에 난신이 할거(割據)하고 있는 이유로 서쪽 섬에서 완고하게 도적질하는 자로서 실로

---

31) 이에 관해서 필자는 '난신'은 쇼니씨(少弍氏)와 기쿠치씨(菊池氏)를 가리키며 '서해안 지역의 완악한 백성'으로 마쓰라토(松浦党) 무사들을 지칭한다고 한 바 있다. 이영, 「여말-선초 왜구(倭寇)의 배후 세력으로서의 쇼니씨(少弍氏)」『팍스 몽골리카의 동요와 고려 말 왜구』, 에피스테메, 2013.

우리의 소행이 아니다'라고 언급하고 있는 것을 보더라도 명료하다."[32]

〈비 영주, 주민〉설은 바로 이 〈사료 2〉에 대한 해석 B를 출발점으로 하고 있다. 적어도 〈사료 2〉에서 보는 한 무라이의 해석 ⓜ은 틀린 것이라고 할 수 없다.[33] 그러나 ⓘ에서 '완고한 백성'을 '주민 계층'으로 비정 하는 것에는 수긍하기 어렵다. 그것은 주민의 정의에 관한 문제이다. 한글 사전에서는 '주민'을 '일정한 지역에 거주하는 사람'[34]으로, 일본의 소학관(小學館) 사전에도 '어떠한 일정 지역 내에 거주하고 있는 사람.'이라고 정의하고 있다. 그런데 '이주위가'란 '배를 집으로 삼아 일정한 곳에 정착하지 않고 떠돌아다니는 사람들이어서 정치 권력이 이들을 조직해 군사력으로 활용하기 어렵다.'라는 의미를 포함하고 있다. 그러므로 '이주위가'의 의미를 주민의 정의, 즉 '일정한 지역 내에 거주하는 사람'으로 해석한다면 상호 모순이다.

만약 무라이가 주민을 위와 같이 '사전적인 의미'로 해석했다면 용어 선택이 적절하지 않았다고 해야 한다. 그런데 〈비 영주, 주민〉설의 내용을 보면 무라이가 이 '주민'이라는 단어를 위의 사전적인 의미로 해석해서 사용한 것 같지는 않다. 그가 '주민층'이라고 한 것은 일정한 지역에 거주하는 사람이라는 의미보다는 '영주층'과 상대적인 개념, 즉, '비(非) 영주층'이라는 의미로 사용한 것으로 생각된다.

이는 「주민층과 영주층」[35]이라는 장의 서술에서 잘 나타나고 있다. 즉, 그는 15세기 중엽인 세종 25(1443)년 6월에 전라남도의 여서도(餘鼠島)에

---

32) 앞의 주(1) 논문, 131쪽.
33) 물론 앞에서 이미 살펴본 것처럼, 〈사료2〉보다 〈사료1〉이 왜구의 실체에 관한 보다 구체적인 사실을 보여주는 사료이므로 이 문제에 대하여 더 구체적으로 논증할 필요는 없지만 본고는 어디까지나 〈비영주·주민〉설의 입론 여부에 대한 검토이므로 일단 무라이의 주장에 따라 그 타당성을 따져보기로 한다.
34) 『표준국어대사전』.
35) 앞의 주(1) 논문.

침구한 왜구의 사례를 들어[36] 다음과 같이 언급하고 있다.

> C. "왜구 행위의 주체는 분명히 주민층이며 별도로 논한 것처럼 한반도와 규
> 슈를 연결하는 해역을 유동하는 경계인이었다.[37] 다른 한편 ⓝ영주층은
> 상대적으로 정주성(定住性)이 강하고 주민층에 대한 통제력과 상호 의존관
> 계를 지니고 있기 때문에 어떤 때에는 해적 행위를 금압하고 어떤 때에는
> 사주하는 태도를 취했지만 왜구 그 자체라고는 말할 수 없다."[38]

ⓝ에서 보듯이, 무라이는 '왜구의 주체=주민층'이라고 하면서 그들은
유동성(流動性)이 강한 사람들이라고 했다. 이렇게 볼 때, 영주층=정주성
이 강한 존재, 주민층은 영주층과 상대적인 개념으로 파악하고 있음을 알
수 있다. 즉 영주층은 소령(所領) 즉 토지를 가지고 있기에 정주성이 강한
반면, 주민층, 즉 비 영주층은 토지를 소유하고 있지 않기 때문에 정주성
이 야하고 유동성이 강하다는 것이다. 이러한 지적에 대해서는 어떻게 평
가할 수 있을까?

일반적으로 남북조 내란기는 토지에 대한 소유권이 아주 유동적인 시
대로 평가되고 있다. 따라서 영주층이라고 해도 결코 정주성이 강하지 않

---

36) 무라이가 왜구가 거의 침구해오지 않던 시기인 세종 25(1443)년의 사료를 인용해
   고려 말 왜구까지 포함해 모든 시대의 왜구의 실체에 관하여 논하는 것은 설득력
   이 떨어진다. 이는 무라이 자신이 소위 〈제주도인=왜구의 주체설〉의 주창자인 다
   카하시 기미아키(高橋公明)의 주장에 대하여 "다카하시 설은 제주도와 대마도를
   왜구 활동의 '楽屋(무대 뒤의 분장실)'라고 하는 다나카(田中) 설과도 호응하면서
   제주도라고 하는 공간의 경계성을 분명하게 밝혔지만, 15세기 후반의 상황을 그
   대로 14세기에 적용한 것에는 불안감이 있다."라고 한 것과도 모순된다. 앞의 주
   (1) 논문, 124쪽.
37) 당시 왜구와 관련된 사료를 보면 범인들을 '대마도 왜선 2척과 일기주 왜선 3척'
   이라고 분명하게 언급하고 있다. 『세종실록』 100권, 세종 25(1443)년 6월 25일 무
   신 2번째 기사.
38) 앞의 주(1) 논문, 130쪽.

았다. [39] 그런데 무라이가 영주층이 'ⓝ의 주민층에 대한 통제력을 지니고 있었으며 또 상호 의존관계를 지니고 있었다.' 라고 언급하고 있는 것에 주목할 필요가 있다. 그는 ⓜ에서 영주층은 왜구의 배후 세력이었던 적은 있지만 실제로 왜구 행위를 한 것은 아니었다, 고 한다. 무라이의 주장을 알기 쉽게 표현하자면, 조직 폭력배의 구성원을 행동대원과 두목으로 구별하고, 전자만 조폭의 구성원이고 두목은 직접 행동하지 않고 '사주'만 하기 때문에 조폭 집단의 구성원이 아니다고 하는 것과 별로 차이가 없게 들린다.

무라이가 이처럼 주장한 것은 실제로 왜구 조직 내부에 실제 일본인의 구성 비율은 높지 않았다. 고 주장하기 위한 것으로 생각된다.

그리고 무엇보다도 앞의 〈사료 2〉의 ⓗ와 ⓘ만을 근거로 해서, 당시의 왜구를 비 영주층으로 한정 짓고, 당시의 영주층, 즉 무사들은 왜구와 직접 관련이 없었다고 주장하는 것에는 수긍하기 어렵다. 왜냐하면 뒤에서 구체적으로 검토할 예정이지만, 남북조 내란기 당시 군대의 구성과 조직을 생각할 때, 영주층과 비 영주층은 불가분한 관계를 지니고 있었기 때문이다.

그리고 무라이가 왜구의 실체를 표현하는 사료 용어로 제시한 바, '이주위가'에 대한 해석에도 문제가 확인된다. 관련 사료를 살펴보자.

---

39) 실례로 이 시대 영주 층인 무사들의 경우, 자기 근거지에서 멀리 떨어진 지역까지 가서 싸우는 원정(遠征)이 일반적으로 행하여졌다. 따라서 당시 영주층이 토지에 대한 정주성이 강하였으며 주민층은 유동성이 강했다고 하는 것은 적절하지 못하다. 예를 들어 왜구의 핵심 구성원 중 하나인 북 규슈 지역 일대를 근거지로 하는 마쓰라토(松浦党) 무사단의 일원이었던 아오가타 다카타다(青方高直)는 겐무(建武) 원(1334)년부터 간노(観応) 원(1350)년에 은퇴할 때까지 약 16년 동안, 교토(京都) ‐ 사가미(相模: 현재의 神奈川県) ‐ 히고(肥後: 熊本県) ‐ 치쿠젠(筑前: 福岡県) ‐ 야마시로(山城: 京都府) ‐ 에치젠(越前: 福井県) ‐ 치쿠젠(筑前: 福岡県)으로 숨가쁘게 전전하며 군공을 세웠다고 한다. 外山幹夫, 『肥前松浦一族』, 新人物往來社, 2008, 85쪽. 이 외에도 유사한 사례가 다수 확인된다.

4. "일본국 진서 절도사(鎮西節度使) 원요준(源了俊)은 조선국 두 시중상공합
하(侍中相公閣下)에게 글월을 올립니다. … 도적을 금하라는 유서(諭書)를
받자와 일기도(一岐島)와 대마도에 대하여 힘을 다한 지 이미 오래 되었으나,
ⓙ바다 가운데의 도둑이라 배로 집을 삼기 때문에, 바람이 부는 대로 따라
정착하여 일정한 곳이 없습니다. ⓚ그러나 오늘날은 옛날과 비교하여 도
둑들이 10분의 8, 9는 감소되으니, 만약에 또 관군의 장수들에게 다른 방
도를 내게 한다면 통호하는 길이 끊어질까 염려됩니다." …
바라옵건대 ⓘ우리들이 생각하고 있는 졸한 계책이나마 그대로 맡겨두면
반드시 지저귀는 무리들이 없어져 두 나라의 정이 마땅히 좋아질 것이니
헤아리소서.[40] (후략)

무라이가 A에서 ⓔ'배를 가지고 집으로 삼는' 것과 같은 생활 실태로
거주지도 정해져 있지 않았다.라고 서술의 사료적 근거는 위의 ⓙ의 '海中
寇賊, 以舟爲家, 從風便無著落之處, 今比干舊日, 賊輩十之八九減少焉'이다.
그러면 이 부분을 어떻게 해석해야 할지를 생각해보자. 사료 해석은 전후
문맥을 정확하게 파악하면서 이루어져야 한다. 여기서 료슌은 대마도와
일기도를 거점으로 하는 왜구들을 토벌하기 위해 노력했지만 왜구들을 완
전히 소탕하지는 못했다고 하였다. 다시 말해 왜구를 완전히 금압하기가
쉽지 않음을 토로(吐露)하면서 그 이유로 왜구들이 배를 집으로 삼고 이동
생활을 하기 때문이며, (ⓙ) 그렇지만 예전과 비교하면 왜구의 침구가 10분
의 1 또는 2 정도로 줄어들었다고 했다.(ⓚ) 실제로 우왕 9(1383)년 이후가
되면, 왜구의 침구가 피크(peak) 때의 약 10~20%로 대폭 줄어들었다.

---

40) "蒙諭禁賊之事, 罄力於一岐, 對馬, 已久矣. 海中寇賊, 以舟爲家, 從風便無著落之處,
今比于舊日, 賊輩十之八九減少焉. 若又以官軍將帥, 別開異途, 恐絶通好之路. 諺云:
"賊是小人, 智過君子." 彼所計謀之智略, 雖云聖賢, 或有未及之處. 仰願放寬, 等我做
拙計, 必無嗺類, 方宜陪兩國之款懷哉! 被虜男女, 嚴加推刷, 隨得可伴送, 不敢拘留
也."(『태조실록』 태조 4년 7월 신축)

또한, '이주위가'라는 표현을, 료슌이 조선에 대하여 왜구를 완벽하게
단속하지 못한 것에 대한 일종의 '변명'으로 사용하고 있는 점에 주의할
필요가 있다.

이는 또 료슌이 ⓘ"우리가 생각하고 있는 좋한 계책이나마 그대로 맡
겨두면 반드시 지저귀는 무리가 없어져 …"라고 한 부분과도 관련이 있다.
그 뜻은 "이 얼마 남지 않은 왜구들은 우리에게 맡겨두시면 반드시 해결
되도록 하겠다."라는 의미이다. 이 사료가 작성된 조선 태조 4(1395)년은
남북조 내란이 끝난 지 3년째 되는 해이다. 료슌의 활약으로 1381년에 규
슈 남조 세력이 큰 타격을 입었고 이와 비례해서 왜구의 침구도 1383년
이후 크게 줄어들었다.[41] 그러나 왜구의 침구를 완전히 없애지는 못했다.
이에 대한 료슌의 조선에 대한 미안한 마음의 표현 내지는 변명 정도로
해석할 수 있다.

그리고 설사 ⓙ의 서술대로 왜구 중 일부가 '以舟爲家'를 생활 실태로
하는 사람들이라 할지라도 그것이 전체 왜구의 실태를 대변하는 것이라
고 보기는 어렵다. 왜냐하면 실제로 조선 태조 초, 왜구는 남북조 내란기
의 왜구 최극성기에 비해 80~90 정도 감소했기 때문이다. 즉 다시 말해
료슌이 규슈의 반란을 통제할 수 있게 되면서 왜구의 한반도 침구가 많이
감소했다는 것은 당시 전체 왜구의 실체가 이들 반란 세력과 무관한 존재
가 아니었음을 보여준다. 그리고 실제로 〈사료 1〉에서 보듯이, 왜구의 실
체는 남북조 내란기 대마도와 일기도에 웅거하고 있던 '반민'들이었다.

그런데 무라이가 모든 왜구의 실체가 마치 '이주위가'로 대변되는 유동

41) 이에 관해서는 이영, 「경인년(1350) 왜구=쇼니씨 배후설의 재검토」 중의 〈표 2. 경
인년 이후의 왜구 침구 표〉(『팍스 몽골리카의 동요와 고려 말 왜구』, 혜안, 2013)
을 참조. 만약 왜구들 전원이 '이주위가'를 생활 실태로 하는 집단이며 토지에 대
한 정주성이 약하고 유동성이 강한 비 영주층이었다고 한다면, 또 그들이 영주층
과 관련이 없는 존재였다고 한다면, 왜구들의 활동 상황은 료슌 측의 공격에 의
한 규슈 남조 세력의 약화와 관계없이 여전히 활발하게 진행되었어야 할 것이다.

적인 생활을 영위하는 집단이었던 것처럼 서술한 것은 "왜구가 결코 조직
적인 행동을 하는 집단이 아니며 또 어떠한 정치적 세력 또는 논리에 의
해 통제되는 집단이 아니었음."을 주장하기 위한 것으로 보인다.

무라이가 '반민'을 '구적' '완민'이라는 용어와 함께 서술한 것도 위와
같은 이유, 즉 왜구가 지니는 정치적 성격을 희석시키고 그들이 단순히
경제적 가치가 있는 재화와 인간을 약탈하고 납치하는 집단이었음을 강
조하기 위한 의도로 생각된다. 그리고 이러한 의도는 ⓙ의 '배를 가지고
집으로 삼는' 것과 같은 생활 실태로 거주지도 정해져 있지 않았다.'라고
하는 서술에서도 엿볼 수 있다.

그는 왜구의 실체=이주위가의 다른 사례로 평도전[42]을 들면서 다음과
같이 서술하고 있다.

> D. "1407년에 조선에 투화한 대마도의 평도전(平道全)은 언젠가 병문안을 온
> 왕의 사자에게 '나는 바다 한가운데서 태어나 성장해 산을 다니고 물에서
> 잠을 잤다. 지금은 베개를 베고 편안하게 쉬고 있으며 한참 동안 운동을
> 하지 않아 병이 생긴 것이다. 지금 만약 명령을 받고 (동북면의 여진족 반
> 란군과의 전투에) 가면 바로 병이 나을 것이다.'라고 말했다. (태종10년 5
> 월 무자일 조).[43]

여기서 보는 것처럼, 무라이는 '나는 바다 한가운데서 태어나 성장해'
를 '이주위가'의 의미로 해석하고 있다.[44] 그런데 원 사료를 보면, 무라이

---

42) 평도전은 대마도 도주 소 사다시게(宗貞茂)의 부하로 태종 7(1407)년에 조선에 귀
   화해 조선 조정과 대마도와의 연락 업무를 담당한 인물이다. 조정은 그에게 사재
   감(司宰監) 소감(少監)이라는 관직을 주었다. 이는 당시 3품관에 해당한다. 그는
   조선의 병선 제조에도 관여하는 등 조선의 수군 강화에도 기여했다. 그러나 그는
   어디까지나 대마도의 입장을 대변하는 역할에 충실한 인물이었다.
43) 앞의 주(1) 논문, 주(15), 145쪽.
44) 앞의 주(1) 논문.

의 해석과는 그 의미가 완전히 다르다. 원 사료의 내용은 다음과 같다.

> 5. "평도전이 이때에 작은 병이 있었는데, 지신사(知申事) 안등(安騰)이 묻기를, "네 병을 어찌할 것인가?" 하니, 도전이 말하기를, "<u>내가 바다 가운데서 생장(生長)하여, 산(山)에서 다니고 물(水)에서 잠을 잤는데,</u> 지금은 편안히 잠을 자고 마음을 놓아 잠시도 운동을 하지 않기 때문에, 기운이 원활하지 못하여 병이 생긴 것입니다. 지금 만약 명령(命令)을 받아 발행(發行)하면, 병은 저절로 나을 것입니다."[45]

즉, 밑줄 친 부분은 바다에서 태어나 성장하였으며 산을 다니고 물에서 잠을 잤다, 고 하는 것은 '잠시도 운동을 하지 않는 지금의 상태'를 강조하기 위한 수식어이지 실지로 그가 '배를 집으로 삼고 생활했다.(以舟爲家)'라는 의미로 쓴 것이 아니다. 여기서 바다 가운데서 태어나 성장했다고 하는 것은 바다 한가운데에 있는 섬인 대마도에서 출생하여 성장했다, 고 하는 뜻이다. 그리고 '산을 다니고'라는 표현도 쓰고 있는 것으로 보아, 평도전이 산과 바다에서의 활동에 익숙하다는 것, 다시 말해 평상시에 몸을 많이 움직이는 생활을 해왔다, 고 하는 것을 강조하기 위한 것이다.

흔히 '이주위가'라고 하면 동남아시아 지역의 해민처럼 일년 사계절 동안 배 위에서 생활하는 사람들을 떠올리기 쉽다. 그러나 〈사료 4〉는 보다시피 왜구의 실체가 이들 '이주위가'를 생활 방식으로 하는 동남아시아 지역의 해민과는 전혀 무관한 내용이다.

---

45) 앞의 주(1) 논문, 주(15), 145쪽. "吾生長海中, 山行水宿, 今安枕肆志, 暫不運動, 故致氣澁而疾作."으로 되어 있으며 어디에도 '以舟爲家'라는 말은 보이지 않는다.

4. 〈비 영주 계층·주민 계층〉설과
〈병량미 확보를 위한 침구〉설

지금까지 〈비 영주 계층, 주민 계층〉설이 근거로 삼고 있는 왜구의 실체와 관련된 용어인 '이주위가'를 무라이가 어떻게 해석했는지 검토해보았다. 그 결과, 왜구의 실체를 보여주는 사료 표현으로 무라이가 제시한 '이주위가'는 남북조 내란기 왜구의 실상을 적확하게 표현하는 용어가 아님을 알 수 있었다.

그럼에도 무라이가 이 표현을 마치 왜구의 실상을 보여주는 용어로서 제시한 것은 무엇 때문일까? 그것은 이 표현이 왜구의 부동성 즉, 왜구들이 평상시 떠도는 유랑 생활을 하고 있어서 영주 계층이 그들을 상시로 파악하거나 통제하기 어려웠으며 그들을 조직해 군사적·정치적으로 활용하기가 어려웠다고 주장하기 위한 것으로 보인다.

다시 말하면 왜구의 '코르세어'적인 실상을 부정하고 오로지 '파이렛츠'로서의 측면만 강조하기 위함이다. 그리고 이러한 왜구의 부동성 내지는 유랑민같은 성격 규정은 〈경계인〉설, 즉 주민 계층으로 이루어진 왜구들이 한반도와 중국 대륙의 연해 주민들과 결탁해서 해적 활동을 한 것이 왜구의 실체였다고 하는 주장의 전개와도 관련이 있다.

그러면 실제로 왜구는 무라이의 주장대로 영주 계층과는 무관한 주민 계층 사람들이었을까? 『고려사』 등 왜구 관련 사료에서는 왜구 중에 영주 계층에 속하는 사례가 보이지 않을까? 다음 사료를 보자.

> 6. "적의 괴수 하카타(覇家臺) 만호(萬戶)가 큰 쇠 투구를 쓰고 손발까지 모두 덮은 갑옷으로 무장하고는 보병을 좌·우익에 따르도록 하면서 말을 달려 전진해 왔다. 말이 진흙탕 속에서 머뭇대는 틈을 타 아군이 맞받아 공격하여 그의 목을 베었다. 보고가 올라가자 박위와 배극렴은 매우 후한 포상을 받았다."[46]

여기서 '패가대 만호'의 '만호'라고 하는 직책명[47]과 그의 무장 상태, 그리고 보병을 자신의 좌우에 배치하여 따르도록 했다는 것 등을 보면 그가 영주 계층, 그것도 상층 무사였음을 짐작하게 한다. 그리고 우왕 6(1380)년 7월에 500척의 대 선단을 이끌고 금강 하구의 진포구(鎭浦口)에 정박했다가 고려군의 화포 공격을 받고 타고 온 배가 전소(全燒)되어 내륙을 전전하면서 약탈과 방화 살인, 고려군과의 전투를 반복했던 경신년(1380) 왜구의 소년 대장 아지발도(阿只拔都)[48]의 사례도 대표적인 왜구=영주 계층을 보여주는 사례라고 할 수 있다.

그런데 여기서 생각해야 할 점은 무라이의 주장대로 여말선초의 왜구를 무사(=영주 계층)와 주민 계층(=비 영주 계층)으로 구분하는 것이 가능할 것인가, 라고 하는 것이다. 이와 관련해서 무라이가 남북조 내란기의 전투 집단의 구성원에 대하여 언급한 다음 문장을 살펴보자.

> E. "이 시대의 민중을 전투를 직업으로 삼는 무사들에 의해 극심한 피해를 입은 불쌍한 사람들이라고 하는 것만으로 이해한다면 시대의 전체적인 상(像)을 파악할 수 없다. 『태평기(太平記)』의 묘사로 돌아가면 아키이에(顕家)군은 「부끄러워할 줄 모르는 불량배들(無慚無愧の夷共)」로 구성되어 있었다. 50만이라고도 일컬어지는 대군 전체가 전업(專業) 무사들로만 이루어졌을 리가 없을 뿐 아니라, 「불량배들」이라고 하는 표현은 무쓰노구니(陸奥国)의

---

46) 『고려사』 권116, 열전29, 박위.
47) 고려와 조선 시대의 '만호'는 외침, 즉 이민족의 침입을 막기 위해 설치된 만호부의 관직으로 무관직이다. 조선 시대 초기에는 3품관에 해당하는 고위 무관직이었다. 하카타 만호라고 했을 때는 하카타 지역의 군사 및 치안 업무를 맡아보는 고위 무사였음을 의미하고 있다고 할 수 있다. 따라서 이 하카타 만호가 영주가 아니었다고 보기 어렵다. 실례로 『고려사』 권41, 공민왕 17년 11월 병오(9)일조에 대마도만호 숭종경(崇宗經)이라는 인물이 나오는데 그는 대마도 도주(島主) 소 쓰네시게(宗経茂)였다.
48) 『고려사』 권126, 열전39, 변안열.

에조(蝦夷)들까지 아키이에 군에 포함되어 있었음을 암시하고 있다."[49]

여기서 무라이는 '이 시대(남북조 시대) 당시 남조의 젊은 장군으로 아시카가 다카우지(足利尊氏)를 규슈로 도주하게 했던 기타바타케 아키이에(北畠顕家) 군의 무력 구성을 '전업 무사들과 불량한 무리들'로 구성되어 있었다고 쓰고 있다. 물론 50만이라는 숫자는 과장이며 위의 글에서도 당시 무사들과 불량배들의 인원 구성 비율도 알 수 없다. 어쨌든 전업 무사들은 영주 계층, 불량배들은 비 영주 계층(주민 계층)이라 할 수 있다.

앞의 〈사료 1〉에서 확인한 것처럼 왜구의 실체는 대마도와 일기도에 웅거하고 있던 규슈 난신 세력의 일부였다. 무라이의 주장대로 난신이 영주 계층을 의미한다면, 왜구의 구성원도 당연히 지배계층인 영주 계층과 피지배계층인 비 영주 계층으로 이루어져 있었다고 봐야 한다.

원래 영주 층은 자신들이 소유하는 토지에 속박되어 이를 경작하는 주민 계층의 존재를 전제로 성립하며 이들 양자 관계는 상호 분리할 수 없는 것이었다. 무라이 자신도 앞의 ⓝ에서 이점에 관하여 언급하고 있다.

지금까지 살펴본 바, 무라이의 〈비 영주 계층, 주민 계층〉 설의 논리 전개 과정을 정리하면 다음과 같다.

첫째, 왜구의 실체는 '이주위가(以舟爲家)' 하는 해민 집단으로 육상의 정치 세력에 의해 파악되거나 통제되기 어려운 존재였다.
둘째, 일본 전국의 무사들이 남조와 북조로 나뉘어 치열하게 싸웠던 남북조 내란기에 정치적인 성향을 지니게 마련인 영주 계층은 왜구와 무관하며 오직 주민 계층들만이 왜구의 실체였다.
셋째, 따라서 당시 왜구들의 침구 행위의 배경에 영주, 즉 규슈의 반란을 일으킨 신하들의 정치적인 의도가 개재되어있다고 볼 수 없다.

49) 무라이 쇼스케, 『日本の中世 10. 分裂する王権と社会』, 中央公論社, 2003, 131쪽.

이상과 같은 무라이의 논리 전개는 〈고려 말 왜구=내란기 무사들의 병량미 확보를 위한 침구〉설이라고 할 수 있는 필자의 주장과 정면으로 배치된다. 그런데 무라이는 남북조 내란기의 군대 병사들의 행동 목적에 대해서도 다음과 같이 서술한 바 있다.

> F. "그리고 그들이 전투에 참가한 주요 목적은 적과 싸워 이기기보다는 패주한 사람들의 소지품을 빼앗는 것, 바꿔 말하자면 전리품의 획득에 있었다. … 노부시와 아후레모노들에게 있어서 죽이고 살리는 전장은 생활에 필요한 양식(生活の糧)을 얻는 일터였다."[50]

노부시(野伏)와 아후레모노(溢者) 들은 앞에서 언급한 바, 남북조 내란기 남조군의 주요 구성원들이었던 '부끄러워할 줄 모르는 불량배'들이었다. 이들 불량배가 병력의 일원이었기에 그들이 필요로 하고 구하고자 한, 식량은 병량(兵糧)이 된다. 그리고 이러한 부대를 구성하고 지휘하던 영주들이 한반도에 침구해 일차적으로 노렸던 것이 식량이었던 것은 당연하다.

또 무라이는 전국시대 연구자인 후지키 히사시(藤木久志)의 『잡병들의 전장(雑兵たちの戦場)』을 인용한 뒤 다음과 같이 언급하고 있다.

> G. "「서로 상대방을 살상하는 전쟁을 『먹기 위한 전쟁(食うための戦争)』『살아남기 위한 전쟁(生きるための戦争)』이라고 본 (藤木의) 역발상(逆發想)에 나는 의표를 찔렸다. 그리고 거기에서 전개된 중세말~근세 초기의 전쟁론을 『잡병들의 전장』이라는 책으로 정리했다. 그러나 이러한 정경(情景)이 나타난 것은 전국시대까지 내려갈 필요 없이, 오히려 아쿠토(悪党)가 발호(跋扈)하던 가마쿠라 시대 말 - 남북조 시대에 그 획기(劃期)를 구해야 할 것이다."[51]

---

50) 위의 주(49) 책, 133~13쪽.

위에서 무라이는 왜구가 발호(跋扈)하던 남북조 시대의 전쟁이 전국시대와 다름없이 '먹기 위한 전쟁', '살아남기 위한 전쟁'이었다고 했다. 이상과 같이 남북조 내란기의 남조의 구성원은 전업 무사들과 불량한 무리들(산적, 아쿠토, 아후레모노 등)으로 구성되어 있었으며 그들 불량한 무리들이 참전한 동기는 생존에 필요한 식량을 구하기 위한 것이었다. 따라서 이들에게 필요한 식량은 곧 병량이었다. 이처럼 남북조 내란기의 남조 군대의 구성원과 그들의 병량을 구하기 위한 약탈은 같은 시기 한반도를 침구한 왜구의 그것과 완전히 일치하고 있다.

무라이 자신도 남북조 내란기 남조 군사력의 구성이 영주 계층과 주민 계층으로 이루어져 있었으며 또 소위 주민 계층에게 있어서 식량, 즉 병량의 확보는 참전의 동기이자 목표였다고 했다. 따라서 지금까지 본 것처럼 규슈의 난신 즉 남조의 군사가 전투에 필요한 병량을 확보하기 위해 대마도와 일기도를 거점으로 하여 한반도로 침구해온 것이 고려 말 왜구의 신체였다고 하는 필자의 주장은 남북조 내란기의 남조 군사력의 구성 원리와 참전 동기와도 모순되지 않으며 완전히 일치한다.

더욱이 앞의 〈사료 1〉에서 대마도, 일기도의 왜구들이 '반민(叛民)'들이라고 했다. 그런데 무라이는 '반민'이 무엇을 의미하는가에 관하여 구체적으로 고찰하지도 않은 채, 왜구가 '남조의 군대'가 아님은 물론, '일본인으로만 구성된 것이 아니다.'라고 주장한다. 그 논리적 근거는 무엇일까? 다음 언급을 보자.

> H. "⑩이리하여 시작된 왜구는 그러나 아주 급속하게 활동 범위를 확대해 서로 다른 구성 요소를 더해간다. 우선 1351년 8월, ⑪그때까지의 반도 연안에서 갑자기 개경과 가까운 자연도와 삼목도(지금 인천국제공항의 부지가 되고 있다) 및 남양부와 쌍부현으로 점프한다. ⑫1357년에는 바다에서 개

경으로 가는 입구에 해당하는 승천부 흥천사에 침입하여 충정왕의 조부 충선왕과 그 정실 한국공주(원나라의 황족 출신)의 진영(초상화)을 가지고 갔다."[52]

위의 ⓞ에서 왜구 집단에 다른 구성 요소가 더해진다고 하면서 그 근거로 ⓟ의 반도 연안(남해안 일대?)에서 한반도 중부 서해안 해역에 왜구들이 침구하는 것을 들고 있다. 그러나 일본 선박이 중부 서해안 일대에 나타난 것은 이미 1093년 7월에 연평도 순검군이 송나라 사람 12명과 왜인 19명이 탄 배를 나포하고 있는 것을 필두로 하여[53] 고려 말 왜구가 활동하기 이전인 13세기 중엽에 이미 중국을 왕래하는 일본의 무역선이 한반도 서해안 일대에 표착하는 사례가 빈번하게 사료에 나타나고 있다.[54]

---

52) 132쪽. 왜구로 인해 경성이 크게 놀랐다고 한 1366년에는 "영전(왕가의 초상화를 안치)과 능묘의 대토목 공사 추진으로 인해 군정(軍政)이 이루어지지 않고 병사의 조련도 없다" (후략)' 고 하는 상황이었다(『고려사절요』 공민왕 15년 5월). 초상화를 가지고 간 것은 이 토목사업에 대한 비판이라는 의미도 있었던 것이 아닐까? 라고 했다. 이는 무라이가 당시 왜구의 실체를 고려인으로 생각하고 있었음을 반증하는 것이다. 무라이가 왜구의 실체를 일본인이라고 생각했으면 그들이 고려의 토목 사업에 비판적이었을 이유가 없다.

53) 『고려사』 권10, 세가10, 성종 10년 가을 7월. 이에 관한 연구로는 이영, 「院政期の日本·高麗交流に関する一考察」 『倭寇と日麗関係史』, 東京大學出版會, 1999 참조.

54) 널리 알려진 것으로 신안 앞바다에 침몰한 무역선의 사례를 들 수 있다. 그 예외도 『고려사』 권25, 세가25, 원종 4(1262)년 6월의 다음 기사를 들 수 있다. "이 달에 일본의 관선대사(官船大使) 여진(如眞) 등이 불법을 배우려고 송(宋)으로 가다가 풍랑을 만나 승려와 속인(俗人) 도합 230인이 개야소도(開也召島)에 닿았으며, 265인은 군산도(群山島)와 추자도(楸子島)에 도달하였다. 한편 태재부(大宰府) 소경전(少卿殿)의 보통 상선(白商船)에 탔던 78인은 송에서 본국으로 돌아가다가 풍랑을 만나 배를 잃고 작은 배로 선주(宣州) 가차도(加次島)에 표류하여 왔으므로, 전라도안찰사에게 명령하여 양식과 선박을 지급하여 그 나라로 호송하였다." 여기에서 개야소도와 군산도는 전라북도 군산시에, 추자도는 행정적으로 제주도에 속한다. 그리고 태재부 소경전이란 다자이후(大宰府)의 쇼니씨(少弐氏)를 가리키며 그 배가 선주, 즉 평안북도 선천군의 가차도에 표류하였다. 이처럼 한반도

또 대표적인 사례로 신안(新安) 앞바다에 침몰한 해저 침몰 선박을 들 수 있다. 이러한 표착과 일본으로의 귀환을 통해 일본인들은 한반도 서해안 일대 해역에 대한 경험과 정보를 축적했고 같은 시기에 왜구도 총 11차례의 고려에 대한 침구가 사료에서 확인된다. 이처럼 14세기 후반의 왜구들은 일송(日宋) 및 일원(日元) 무역과 13세기 왜구의 연장선에 있었다.

남해안을 침구한 왜구들이 서해안까지 항해하지 못할 이유가 있었을까? 고려 말 왜구보다도 무려 3세기 이상이나 이른 시기인 11세기 초에 여진족으로 구성된 해적인 도이(刀伊)가 동해안 연안을 따라 남하해 물살이 빠르기로 알려진 현해탄을 건너 규슈의 하카타(博多)까지 침범해왔다. 유목민족으로 알려진 여진족도 이러한데 해양민족인 일본인들로 구성된 왜구들이 한반도의 중부 서해안 해역까지 항해하지 못했을 것이라고 단정할 수 있을까?

또 무라이는 ⓞ의 "왜구 집단 속에 다른 구성 요소가 더해졌다."고 하면서 그 근거로 ⓟ의 1357년이 왜구가 충선왕과 한국 공주의 영정(影幀)을 가져간 것을 들고 있다. 그리고 그 행위를 정치적인 의지를 갖추고 행한 행동으로 해석한다.

여기서 의문으로 여겨지는 것은 우선 왜구들이 걸려 있던 초상화를 충선왕과 왕비의 영정으로 알고 가져갔을까, 라고 하는 점이다. 그리고 설사 왜구들이 국왕과 왕비의 영정으로 알고 가져갔다고 하더라도 그것을 반드시 정치적인 행동으로 해석할 수 있을까, 라고 하는 점이다.

당시 왜구들의 행동을 무라이의 주장대로 정치적인 것으로 해석하기 위해서는 적어도 다음과 같이 네 단계의 전제 조건이 모두 사실로 확인돼야 한다.

서해안과 남해안 일대 해역은 중국과 일본을 오가는 일본 무역선들이 자주 표착하는 지역이었다.

첫째, 당시 왜구들은 순수한 일본인들로 구성된 해적이 아니었을 것이다.

둘째, 그들 중에는 고려인들도 포함되어 있었을 것이다. 아니면 오로지 고려 인들로만 구성된 왜구였을지도 모른다.

셋째, 고려인들로 구성되어있었을 것으로 추정되는 당시 해적(왜구)들은 충선 왕과 왕비로 대변되는 고려 왕실에 대하여 강한 불만을 품고 있었을 것 이다.

넷째, 그들이 영정을 약탈해간 것은 고려 왕실에 반감을 표시한다고 하는 정 치적인 의사가 반영되어 있었을 것이다.

물론 위의 어느 추정에 대해서도 이를 뒷받침할 수 있는 사료는 물론 정황 증거조차도 무라이가 제시하지 않았다. 만약 고려인들로 구성된 왜 구들이었다고 한다면 그들이 무엇 때문에 고려 왕실에 불만을 품고 있었 느지에 대한 언급도 일절 없다. 따라서 위의 네 단계의 추정이 모두 다 사 실로 확인될 확률은 $0.5 \times 0.5 \times 0.5 \times 0.5 = 0.0625$ 즉 6.25%에 불과하다.

그리고 위의 추정 출발점이 되는 첫째 추정의 시작 또한 아주 단순한 논리에서 출발한다. 그것은 한반도 남해안을 침구하던 왜구들이 갑자기 한반도 중부 서해안 지역에도 출몰하기 시작했으니 여기에는 아마도 왜 구의 다른 구성 요소, 즉 고려인들이 포함되어 있었거나 아니면 고려인들 로 구성된 왜구였을 것이다. 라는 것이다.

만약 무라이의 생각처럼 한반도 남해안과 서해안에서의 항행의 난이도 (難易度)가 그렇게 큰 차이가 있었다면, 고려 문종 당시의 일본 상인들은 어떻게 개경까지 올 수 있었을까?[55] 고려 시대 당시, 실제로 전라남도 강 진 일대에서 개경으로 향하였던 고려의 조운선(漕運船)은 어떻게 항해가 가능했을까? 그리고 송나라의 사신 서긍(徐兢) 일행은 어떻게 동 중국해를 건너 서해안을 북상해 예성항까지 무사히 올 수 있었을까?

---

55) 이에 관해서는 앞의 주(53) 이영 논문 참조.

물론 당시 항해가 지금처럼 안전하고 편안하지는 않았을 것이다. 이는 당시 왜구의 선박들이 한반도의 연안에서 좌초한 기록들이 확인되며 그 중 일부는 고려의 궁궐로 운반되어 연못에 띄워서 국왕이 봤다고 하는 기록도 있을 정도이다. 그렇지만 서해안 일대 해역이 왜구들에게 있어서 항행불능(航行不能) 지역이었다고는 할 수 없다. 때로는 암초에 좌초되기도 하고 또는 폭풍우를 만나서 침몰하는 경우도 있었을 것이다. 그러나 일본 국내와 달리 한반도의 연안 지역, 특히 중부 서해안 해역에는 중앙으로의 수송을 위해 설치한 조창(漕倉)을 비롯해 많은 창고가 있었고 또 이러한 창고들이나 예성항을 향해 이동 중인 조운선을 비롯한 여러 선박이 있었다. 또 인구의 대부분이 농경지가 밀집해있는 서해안 일대에 거주하고 있었기에, 쌀과 같은 곡물 이외에도 경제적 가치가 있는 재화나 사람을 납치할 수 있는 확률도 높았다. 실례로 강화도의 사찰에서 4만석의 쌀을 약탈할 수 있었을 정도[56]로 왜구들에게 있어서 중부 서해안 해역에 대한 침구는 매려저이었다.

필자는 왜구들이 충선왕과 왕비의 영정을 가지고 갔다고 하는 위의 사료를 다음과 같이 해석한다. 일반적으로 왜구들이 주로 침구한 곳을 보면 사찰이 많다. 이는 당시 민간의 부(富)가 사찰에 집중되어있었기 때문이다. 이는 서양 중세의 해적들의 주된 약탈 대상 역시 수도원(修道院)이나 성당 등 종교시설이었다는 것과 유사하다.

우선『고려사』등 왜구 관련 기사를 보면 왜구에 의한 피해 내용을 구체적으로 상세하게 기록한 사례가 거의 없다. 따라서 흥천사에 들어온 왜구들이 약탈한 것이 비단 충선왕과 한국 공주의 영정만은 아니었을 것이다. 고려 국왕과 왕비의 영정을 모신 사찰이었으니 당연히 많은 경제적

---

56)『고려사절요』권27, 1360년 윤5월. "윤5월. 왜구가 강화(江華)를 노략질하고, 선원사(禪源寺)와 용장사(龍藏寺) 두 절에 들어가서 300여 인을 죽이고 쌀 40,000여 석을 약탈하였다." 이하 생략.

재화를 지니고 있었을 것이다. 왜구들은 영정 이외에도 경제적인 가치가
큰 물자들도 약탈해갔을 것이다. 그러나 고려 왕실이 가장 중요하게 그래
서 안타깝게 여긴 것은 충선왕과 왕비의 영정이었고 그래서 그것만 기록
된 것이라고 생각한다.

　그런데 무라이는 왜구들이 왕실의 영정을 가지고 간 것을 다음과 같이
추정한다.

> I. "1377년에는 '경성(京城) 연해의 왜구'의 위협으로 내륙부의 철원으로 천도
> 가 제안되어 왜구 토벌을 지휘한 군인 최영 등은 고려의 태조 왕건의 '진전
> (眞殿)'에 참배하여 그 가부를 물어 '지(止)'자를 얻었다. 우왕 3년 5월. ⓡ왕
> <u>실의 선조의 초상화가 지니는 종교적 권위와 그것을 가지고 가는 행위에서</u>
> <u>반국가성을 엿볼 수 있다.</u>"57)

　위의 ⓡ에서 왕실의 선조의 초상화가 종교적 권위를 지니고 있다고 하
는 지적은 틀리지 않다. 그런데 일본인 해적들인 왜구들이 그것을 가지고
가는 행위에서 '반국가성을 엿볼 수 있다.'고 하는 무라이의 지적은 어떻
게 이해해야할까? 만약 당시 왜구들이 일본인이라면, 그들이 왕실 선조의
초상화를 가지고 가는 것을 가지고 '반국가성' 운운(云云)하지는 않을 것
이다. 따라서 무라이는 당시 왜구들이 일본인들이 아니라 고려인들이었다
고 전제하고 있음을 보여준다.

　그런데 앞에서 언급한 것처럼, 왕실의 영정을 가지고 간 왜구들의 행
위를 '반국가성' 또는 '정치적인 행위'로 규정하기 위해서는 네 단계의 추
정이 모두 다 사실로 확인되어야 하며 그 가능성은 0에 가깝다. 무라이의
주장은 사료적 근거를 제시할 수 없는 추정에서 출발해 여러 차례의 추정
을 더한 가설 위에 서 있다.

---

57) 앞의 주(1) 논문, 133쪽.

　그러면 국왕과 왕비의 초상화를 약탈한 왜구들의 행동을 어떻게 해석해야 할까? 그들은 왜 병량(兵糧)과는 직접 관련이 없어 보이는 초상화, 그것도 고려 왕실이 소중하게 생각하는 왕실의 영정을 가져갔을까? 무라이는 이 사료를 특별히 들어서 왜구들의 행동을 정치적인 것으로 해석했는데 그것은 아마도 필자의 〈고려 말 왜구=쇼니씨와 정서부 등 반(反) 막부 세력의 병량(미) 확보를 위한 침구〉설을 비판하기 위한 것으로 생각된다. 다시 말해 왜구가 고려의 전(前) 국왕과 왕비의 초상화를 약탈해간 것은 누가 보더라도 병량(미)의 확보와는 관련이 없는 것으로 보이기 때문이다.

　그러나 일본 중세사 연구자들의 성과에 의하면, 남북조 내란기 당시 '병량'은 여러 가지 기능과 의미를 지니고 있었다. 현 동경대학의 중세사, 특히 가마쿠라 남북조 시대 연구자인 다카하시 노리유키(高橋典幸)는 "가마쿠라 시대 후기의 장관(莊官)과 사타닌(沙汰人) 층이 독자적으로 외부 병력과 병량을 조달하는 실력을 비축하고 있으며 그 병량은 문자 그대로의 병량으로 이해할 필요는 없으며 중요한 것은 외부 병력을 조달하기 위해 제공되는 부(富)와 다르지 않다고 하며, '병량=부(富)'이다."라고 했다.[58] 다시 말하면 병량을 반드시 쌀을 포함한 곡물에만 한정하지 않고 경제적 재화로 해석하고 있는 것이다.

　또한 센고쿠(戰國) 시대 연구자인 구보 겐이치로(久保健一郎)는 병량이 교환수단, 이자 증식(利殖) 수단으로서의 측면을 지니고 있었다고 했다. 그리고 이를 '돈으로서의 병량'과 '식량으로서의 병량(=물자로서의 병량)'이라고 표현했다. 그는 "원래 병량은 '물자로서의 병량'이었을 것이지만 '돈으로서의 병량'의 측면도 처음부터 지니고 있었던 것은 충분히 예상된다. 이것이 가마쿠라 시대 후반 - 남북조 시대에 있어서 지역사회의 변동에 따라 '돈으로서의 병량'의 측면을 보다 강화했다."[59]고 했다. 이렇게 본

58) 高橋, 「武家政権と戦争·軍役」 『歴史学研究』 755号, 2001(뒤에 가필하여 『鎌倉幕府軍制と御家人制』, 吉川弘文館 所收, 2008)

다면 위의 사료에서 왜구들이 충선왕의 초상화를 가져간 행위를 정치적
인 의미로 해석할 것이 아니라, 오히려 '재화' 즉 '돈으로서의 병량'을 가
져간 것으로 봐야 할 것이다.

　구보는 또 전국시대의 병량과 전쟁의 상호 관계를 구체적으로 고찰해
"평화야말로 식량 문제를 해결하는 길이었다."[60]고 강조했다. 그의 주장을
남북조 시대에 적응시키면, 남북조 내란의 종식은 병량 확보의 필요성을
감소시켰으며 동시에 이는 왜구의 발생을 격감시키게 했던 셈이 된다. 이
렇게 생각하면, 앞의 〈사료 3〉에서 "구주(九州)를 수복하게 된다면 천지신

---

59) 구보 겐이치로(久保健一郎), 「戦国時代の兵糧と軍隊」『戦国時代戦争経済論』, 校倉
　　書房, 2015, 165쪽.

60) "심각한 식량 문제 속에서 전쟁은 잡병들에게 있어서 후지키 히사시씨가 강조한
　　것처럼 확실히 '먹기 위한 전쟁'이었을 것이다. 전쟁은 대량으로 병량을 소비한
　　다. 전장은 기근으로 허덕이고 있었지만 지급되는 병량과 약탈하는 병량 등 '먹기
　　위한' 기회도 또한 많이 존재하고 있었다. 그러나 여기서 부분적으로 잡병들의 식
　　량 문제가 해소되어도 대량의 병량 소비는 더 많은 식량 문제를 초래했다. '먹을
　　수 없는' 사람들이 '먹기 위한' 길을 모색했다. 그래도 어느 정도 돈이 있는 사람
　　은 다이묘가 '병량'이니까 팔지 말라, 고 말해 유출을 막으려고 하는 식량을 사들
　　이려고 했지만, 돈이 없는 사람들은 병량을 꿔주는 사람에게 쌀을 빌릴 수밖에
　　없었다. 식량 문제의 악순환은 전쟁 경제의 악순환이기도 했던 것이다. 또 돈이
　　없는 사람들 중 일부는 '먹기 위한 전쟁'에 몸을 던졌다. '먹기 위한 전쟁' 자체가
　　식량문제의 악순환을 체현하고 있었던 것이다.
　　전쟁은 또 전쟁 기근을 초래했다. 남의 농작물을 함부로 베거나(作薙き), 방화 등
　　으로 인해 수확이 감소하고 병사들이 토지를 유린해 황폐해지기도 하고 진부(陣
　　夫)에 동원됨으로써 현지의 노동력 부족 등이 인위적으로 기근을 야기하였고 자
　　연조건에 의한 기근과 더불어 식량문제를 더욱 심각하게 했다. … 거대한 병량
　　수송체제는 무한하게 많은 대량의 병량 소비를 드러내 식량문제의 심각화를 초
　　래하기 때문이다. (豊臣秀吉의: 역자) 조선 침략 당시에 현지 사회가 황폐해진 이
　　유 중 하나로 거대한 병량수송체제에 기인하는 아주 심각한 식량문제가 있었던
　　것도 상정할 수 있을지 모른다. 전쟁과 전장(戰場)은 병량이라고 하는 형태로 부
　　분적, 일시적인 '먹기 위한' 길을 열었지만, 그것은 더욱 병량이라고 하는 형태로
　　'먹을 수 없는' 사람들을 증가시켜갔다. 결국 '평화'야말로 식량 문제를 해결하는
　　길이었던 것이다." 위의 논문, 151~152쪽.

명에 맹세코 해적질을 금지시키겠습니다." 라고 한 것은 남북조 내란과
왜구의 침구가 병량을 매개로 하여 연결되어 있었음을 보여주는 것이었
음을 재차 확인할 수 있다.

　지금까지 검토한 것처럼, 무라이는 왜구의 실체에 일본의 영주층(무사)
은 포함시키지 않고 비영주층(주민)으로 한정했다. 그리고 왜구의 실체에
고려인들을 포함시켰다. 그런데 이러한 유사한 논리 전개는 이미 지금으
로부터 약 80여 년 전인 1934년에 탈고한 나카무라 히데다카(中村榮孝)의
논문 「무로마치 시대의 일선관계(室町時代の日鮮関係)」에서도 보인다.[61]
다음 서술을 보자.

　　　"고려를 대신해 새 왕조를 연 조선 태조 이단(李旦)은, 민심을 안도(安堵)하
　　게 하고 내정(內政)의 충실을 기함에 있어서 왜구가 국가의 중대한 우환(憂患)
　　이 되고 있는 것을 잘 알고 있었다. 그가 ⓢ그러한 대(対) 일본 정책으로서 교
　　린(交隣)을 본령(本領)으로 삼고 아시카가(足利) 정권 및 규슈탄다이(九州探題)
　　를 위시해 변경의 여러 다이묘(大名)들과 친선관계를 맺고 서로 협력하여 해
　　구(海寇)의 진정(鎭靜)을 완성하려고 시도했다. 그래서 피로인(被擄人)들을 송
　　환하기도 하고 또는 금적(禁賊)할 뜻이 있음을 알리는 평화로운 통호자(通好
　　者)들이 속출(續出)한 것에 대해서는 이미 언급하였지만, ⓣ안으로는 전 왕조
　　말기 이래 이제 겨우 정비되고 있었던 군비(軍備)를 더욱 확장하고 특히 해변
　　의 요충에는 수군영을 배치하여 불우(不虞)의 변에 대비하고 이러한 무장을
　　배경으로 하여 혹은 ⓤ해구의 근거지로 생각했던 이키(壱岐)·대마도의 두 섬
　　과 히젠 마쓰우라 지방에 특사를 파견해 금적(禁賊)에 대하여 교섭하고 혹은
　　이를 위한 원정(遠征)도 계획하고 혹은 다양한 회유책을 꾀하여 착착 그 소기
　　의 목적을 달성하기 위해 나아갔던 것이다."[62]

---

61) 『日鮮関係史の研究』上, 吉川弘文館, 1969. 나카무라는 이 논문의 말미에 1934년,
　　1944년, 1965년의 세 차례에 걸쳐서 보완하고 수정하였음을 밝히고 있다.

위에서 나카무라는 조선의 왜구 대책을 ⓢ의 대외책(対外策, 일본에 대한 대책)과 ⓣ의 대내책(對內策)으로 나누어 서술하고 있는데 주의를 끄는 것은 ⓤ의 이키와 대마도, 히젠 마쓰우라 지방에 특사를 파견한 것과 같은 대책을 일본에 대한 대책과 분리하고 있을 뿐 아니라, 조선의 대내책의 일환으로 서술하고 있다는 점이다. 대마도 등지에 대한 대책이 대외책이 아니라, 어떻게 조선의 대내책이 될 수 있는지 수긍하기 어렵지만, 흥미로운 것은 나카무라가 ⓢ의 대외책의 대상으로 막부와 규슈탄다이, 여러 다이묘들 즉 영주층 그것도 상급 영주층을 들고 있는데, ⓤ의 이키, 대마도, 마쓰우라 지방은 해구(해적)의 근거지라고 하면서 (상급) 영주층과 해적의 근거지를 분리시키고 있다. 그런데 이러한 발상은 무라이의 〈왜구=비영주·주민〉설과 동일하다고 할 수 있다.

물론 여기에서 나카무라가 이 해적들의 실체가 영주층인지 아닌지에 대해서 직접적으로 언급한 것은 아니지만, 적어도 그가 이들 해적과 상층 영주층을 분리시키고 있는 것은 무라이의 발상과 동일 내지는 유사하다고 할 수 있다. 그리고 ⓤ의 '해구의 근거지로 생각했던'이라고 하는 표현도 흥미롭다. 이는 조선이 자기 마음대로 대마도 등지가 해구의 근거지로 생각했던 것이지 반드시 그것이 사실이라고는 할 수 없다, 라고 하는 뉘앙스가 깔려있다.

위의 나카무라의 서술은 다음과 같이 해석할 수 있다.

"왜구는 일본의 상층 영주층과는 무관하며 오히려 그들은 조선에 협력해 왜구를 금압하려고 했다. 조선은 왜구의 근거지를 대마도 등지로 여겼는데 이는 어디까지나 조선 조정의 생각이며 반드시 사실을 의미하는 것이라고 할 수 없다."

다시 말해 나카무라는 왜구를 일본의 (상층) 영주층과 원천적으로 분리

---

62) 앞의 주(61) 책, 163쪽.

시켰다. 그리고 이를 대마도와 이키 섬 등 도서 변경지역의 문제로 축소시킨 뒤, 왜구의 실체는 이키·대마도·마쓰우라 지역의 일본인들만이 아니라 다수의 고려인들이었다고 하는 식으로 논리를 전개해나갔다.

이처럼 무라이의 〈왜구=비영주·주민〉설은 이러한 나카무라의 논리 전개를 그대로 답습하고 있다. 다시 말해 황국사관론자(皇國史觀論者) 나카무라 히데다카의 망령(亡靈)이 80여 년의 시간적 간격을 두고 부활(復活)한 것이다.[63] 그리고 이러한 나카무라의 주장은 오늘날의 서구 지식계에 아무런 여과 과정도 그치지 않고 그대로 재현되고 있다. 다음을 보자.

"한국인 자신들도 중국인들과 마찬가지로 해적행위와 무관하지 않다고 해야 할 것이다. 실제로 소위 왜구라 불리는 집단의 대부분의 선박과 선원들 중 반이 넘는 숫자가 중국인이 아니면 한국인들이었다고 일컬어져 왔다."[64]

또한 무라이이 〈경계인〉설도

"해적 활동의 범위는 14세기 중엽에 들어서면서 갑자기 확장되었다. 아마도 내전과 불안한 시대, 그리고 경계 지역에 거주하는 사람들, 그리고 오랫동안 살고 있던 근거지를 떠나 유랑하는 사람들의 숫자가 늘어난 것과 대응하는 것으로 생각된다."[65]

---

63) 이에 관해서는 이영, 「황국사관과 왜구 왜곡 - 조선사 편수관 나카무라 히데타카의 왜구 왜곡의 배경에 관한 한 고찰 - 」 『한국 중세사 연구』 40, 2014(뒤에 『황국사관과 고려 말 왜구』, 에피스테메, 2015 수록)를 참고.

64) 조지 샌섬(GEORGE SANSOM), 『A HISTORY OF JAPAN, 1334-1615』, STANFORD UNIVERSITY PRESS. 1961, p.179. 이에 관한 것은 이영, 「영문판 일본 역사서 속의 한국사 및 한일관계사 관련 서술에 관한 조사 연구: 왜구 문제를 중심으로」 『한림 일본학』 27, 2015, 한림대학교 일본학 연구소 참조.

65) 피에르 프랑스와 수이리(PIERRE FRANCOIS SOUYRI) 「THE GROWTH OF INTERNATIONAL PIRACY」 『THE WORLD TURNED UPSIDE DDOWN - MEDIVAL

으로 재현되고 있다.

5. 결론

지금까지 무라이 쇼스케의 〈왜구=경계인〉설의 한 축(軸)을 이루고 있는 〈왜구의 실체=비영주·주민〉설이 그 근거로 삼고 있는 원 사료와 해석에 대하여 검토한 결과, 다음과 같은 결론에 이르렀다.

우선 무라이의 주장은 사료 해석과 논리 전개에 있어서 많은 문제점이 발견된다. 그것은 고려 말 왜구를 '이주위가(以舟爲家)', 즉 '배를 집으로 삼고 바다를 떠돌아다니는 유동적인 해민'으로 규정한 뒤, 육상(陸上)의 정치 세력(영주층)이 그들을 쉽게 파악하고 통제하지 못했다고 하는 주장이다. 이는 다시 고려 말 왜구 중에 무사들(영주층)은 없었고 주민층(비영주층)만 있었다, 고 하는 것으로 발전한다.

그러나 이 '이주위가'는 료슌이 왜구를 완벽하게 단속하는 것은 쉽지 않다는 것을 강조하기 위한 일종의 '변명'과 같이 사용하고 있는 것으로, 고려 말 왜구의 본질을 보여주는 것이라고 하기 어렵다.

아울러 무라이의 '이주위가'라는 표현에 입각한 논리 전개는 왜구들이 일본의 국내 정세 즉 남북조 내란기에 반란 세력(=막부에 반항하는 무사들, 남조)이 전쟁 수행에 필요한 병량을 확보하기 위해 침구해왔다고 하는 필자의 〈고려 말 왜구=병량미 확보를 위한 침구〉설을 반박하기 위한 것으로 생각한다.

그러나 무라이 스스로 남북조 내란기 남조 군사력의 구성과 병사들의 참전 목적을 전국시대(戰国時代)의 그것과 동일한 것, 즉 '먹기 위한 전쟁' '병량 확보를 위한 전쟁'으로 서술했던 것처럼, 남조의 군사 즉 왜구의 병력 구성과 침구 동기도 그것과 다르지 않았다.

JAPANESE SOCIETY』 1Maisonneuve et Larose. 1998, p.126. 앞의 주(64) 논문 참조.

14세기 후반, 주로 한반도를 침구한 왜구는 거시적으로 보면 원명(元明)의 교체라고 하는 중원 정세의 변동에 기인하는 동아시아 국제 질서의 대변혁과 연동해 계기적(繼起的)으로 발생한 일련(一連)의 역사 현상이었다. 바꿔 말하자면, 왜구는 원명 교체(중국), 반원 자주 운동의 시작과 고려-조선 왕조 교체(한반도), 그리고 가마쿠라 막부의 멸망과 남북조 내란의 발발 및 종식(일본 열도) 등, 동아시아 삼국의 정치 사회적 대변동을 매개하는 역사 현상이었다고 할 수 있다.

일본인 연구자들이 왜곡해온 왜구상을 바로 잡는 일은, 14세기 후반-15세기 초에 걸쳐 동아시아 각국에서 전개된 역사 현상을 상호 유기적인 관계 속에서 파악할 수 있게 해주는 중요한 작업이다. 그런데 무라이의 〈왜구=경계인〉설의 하부 개념이라고 할 수 있는 〈왜구의 실체=비영주·주민〉설은 또 하나의 왜곡된 왜구상이라고 할 수 있다.

본 고에서 다 다루지 못했던 〈경계인설〉이 내포하고 있는 또 다른 문제점에 대해서는 별도의 기획를 빌려 고찰하고자 한다

제2부

왜구의 소년 대장
아지발도의 정체

고려 말 왜구와 남조(南朝)
- 경신년(1380)의 왜구를 중심으로 -

1. 서론

고려 말의 왜구를 남북조 내란기의 규슈(九州) 남조 즉 정서부(征西府)와 관련지어 언급한 선행연구는 약간 있지만,[1] 문헌 사료를 토대로 실증적으로 고찰한 것은 거의 전무하다고 할 수 있다. 이런 가운데 필자는 최근 최초로 구체적인 문헌 사료를 토대로 하여, 남조와 마쓰라토(松浦党) 그리고 왜구와의 관계에 관한 연구를 발표한 바 있다.[2] 본 고는 고려 말 왜구 중 고려 사회에 최대의 충격과 피해를 초래한 것으로 평가되는 〈경신년 왜구〉와 남조와의 관계를, 일본과 고려 양국의 문헌에 입각해 고찰하고자 한다.

규슈 지역의 정세는 약 10년의 소강상태(1362~71)를 거친 뒤, 1372년부터 남조(南朝)와 북조(北朝, 室町幕府) 사이의 내전이 다시 격화되는데, 왜구도 이와 거의 동시에 다시 활기를 띠기 시작한다.[3] 그런 가운데 경신

---

1) 예를 들면 다음과 같은 것들이 있다. 藤田明, 『征西將軍宮』, 京寶文館, 1915 ; 昭二, 『今川了俊』, 吉川弘文館, 1964年 ; 佐藤進一, 『南北朝の動乱』, 中央公論社, 1965 ; 宮本常一, 『旅の民俗と歷史』, 八坂書房, 1987. 구체적인 내용은 이영, 「고려 말 왜구의 허상과 실상」 『대구사학』 91, 2008 참조.

2) 이영, 「경인년 이후의 왜구와 마쓰라토 - 우왕 2년(1377)의 왜구를 중심으로」 『일본사 연구』 24, 2006.

3) 이 문제에 관해서는 이영, 「왜구와 마산」 『잊혀진 전쟁 왜구 - 그 역사의 현장을 찾아서』, 에피스테메, 2007의 〈왜구 침구표〉 참조.

년(1380) 7월에 500여 척의 대선단으로 왜구가 서주(西州) 즉, 현재 충청
남도 서천군에 침구해왔다.[4] 이에 대하여 고려는 100여척의 함대를 파견
해, 최무선이 개발한 화포로 공격, 왜구들의 배를 모조리 불태웠다.[5] 그러
나 이미 상륙해 당시 옥주(沃州, 충북 옥천)까지 침구해 있었던 왜구의 본
진(本陣)은 이후, 충청북도-경상북도-경상남도-전라북도-전라남도라는 중
부와 남부 내륙 지방을 떠돌아다니면서 약탈·방화·납치·살인·전투를 거
듭했다. 이 사건은 '왜구가 시작된 해'로 인식되어 온 소위 〈경인년(1350)
왜구〉 이래 최대 규모로, 고려 사회에 엄청난 충격을 준 침구였다.[6] 필자
는 이것을 〈경신년 왜구〉라고 부르기로 한다.

그런데 이 〈경신년 왜구〉가 구체적으로 일본 국내의 어떤 무장 세력이,
어느 지방에서부터, 무슨 이유로 침구해왔는지에 관해서는 아직까지 밝혀
지지 않은 상태이다. 본 고에서는 〈경신년 왜구〉를 낳은 일본의 국내 정세
를, 당시 일본의 문헌자료를 토대로 하여, 그 실상과 시대적 배경 등에 대
하여 고찰하고자 한다.

2. 선행 연구의 검토

〈경신년 왜구〉에 관해 언급한 기존 연구로 다음과 같은 것을 들 수 있다.

4) 『고려사』 권134, 열전47, 우왕 6년 7월.
5) 이영, 「진포구 전투의 역사지리학적 고찰」 앞의 주(3) 책, 2007, 133~190쪽.
6) 목은 이색은 이 경신년 왜구에 「경인년부터 경신년에 이르기까지 해적들이 끊임없
이 옴으로 인해 국가 재정은 끝내 고갈되어가고, 민심은 극도로 비탄에 젖었는지
라, 이 때문에 세상 걱정하는 마음이 내 머리털 희어지길 재촉했는데, 오늘 아침에
기쁜 소식 듣고 나니, 흡사 천 년 맺힌 한을 푼 듯하구나. 이제부터는 내 고향 진
강 굽이(鎭江曲)로 돌아갈 계획 내 또한 결정했으니 어부가로 태평성대를 노래하
면서 음풍농월로 스스로 즐겨야겠네」이라는 내용의 시를 썼다. 『목은집』 26권. 번
역은 민족문화추진회의 『목은시고』에 의함. 여기서 진강굽이 즉 진강곡은 진포 일
대를 의미한다. 목은 이색의 고향은 서천군 한산면으로 한산면은 금강 하류, 즉 진
포와 면하고 있다. 한산면에는 이색을 추모하는 문헌서원(文獻書院)이 있다.

(1) 요부코 죠타로(呼子丈太郎)

"아지발도의 신원(素性)에 대해서는 지금까지 여러 가지 설이 있었지만, 그 누구도 확실하게 밝히지 못했다. 어떤 사람은 그 음독(音讀)에 의거해 '아키바야토(安芸隼人)'라고 하기도 하고, 해적대장군(海賊大將軍) 무라카미씨(村上氏)의 일족으로 생각하기도 한다. (『芸備地方史』) 그러나 아지발도가 무라카미씨라는 근거는 이 단어의 발음 이외에 아무것도 없다. 조선의 옛말로 '아기'는 '소년'의 의미이며, '발도'는 '침략자'의 의미라고 한다. 그 뜻은 '소년 왜구 무자(武者)'라는 의미로 부른 별명에 지나지 않는다.

그의 '본국의 섬'이라든지, 섬에 다수의 고려인 포로가 있었다고 하는 것도 조선에서 멀지 않은 곳을 가리키고 있는 것 같다. 그래도 눈앞에 보이는 대마도가 아니라고 한다면, 해당하는 섬은 '이키(壱岐)' 이외에는 없다. '이키'는 당시 이미 마쓰우라(松浦) 다섯 호족이 근거지로 삼았던 곳으로, 아지발도는 '이키마쓰라토(壱岐松浦党)'의 주장(主將) 중의 한 사람이 아니었을까 생각된다.[7]

(2) 다나카 다케오(田中健夫)

〈경신년 왜구〉 집단이 500척의 선단으로 침구한 대규모 집단이었던 점을 들어서 "쓰시마 만의 왜구 집단으로는 너무나도 그 규모가 크다"고 하면서 왜구가 "일본인 만으로 구성된 해적 집단이 아니라 다수의 고려인들이 포함되어 있었던 것은 아닐까?"라고 주장했다.[8]

(3) 다카하시 기미아키(高橋公明)

'아지발도'라고 하는 고려군이 지은 별명에도 주목해야 할 것이다. 왜 일부러 몽고어를 사용한 별명을 붙였을까? 당시 제주도에 원나라가 남겼던 것

---

7) 요부코 조타로, 『倭寇史考』新人物往來社, 昭和46년(1971), 78~79쪽. 한편 "섬에 다수의 고려인의 포로가 있었다"고 하는 것은 문헌사료적인 근거가 전혀 없다.

8) 다나카 다케오, 「倭寇と東アジア通交圏」『日本の社会史』一, 岩波書店, 1987.

은 말(馬)만이 아니었다. 몽고인, 내지는 제주도인과 결혼해 제주도에 정착한 사람과 그 자손이 있었을 것이다. 고려군의 입장에서 보면 '아지발도'에게 몽고적(蒙古的)인 그 무엇인가를 느꼈을지도 모른다. 이러한 추정을 하는 데에는 처음부터 쓰시마·이키·고토렛토(五嶋列島)에서 바다와 깊은 관련을 지니고 있는 사람들만 가지고 이런 활동을 할 수 있는 역량은 없을 것이다, 라고 하는 전제가 있었다. …

'아지발도' 등으로 불리는 왜구의 활동이라든지 난수산(蘭秀山)의 난 등의 활동에는 틀림없이 해상세력의 존재가 불가결하다. 주산열도(舟山列島)·쓰시마·이키·고토렛토 등에 그러한 근거지가 있었던 것은 잘 알려져 있으며, 또한 사료에서 어느 정도 밝힐 수가 있다. 그런데 조선반도의 다도해 지역에 관해서는 그 구체적인 모습을 알 수가 없다. 그렇다고 해서 해상세력이 조선반도에 없었을 리는 없다. 적어도 간접적으로는 그 존재를 추정할 수 있다.[9]

(4) 오이시 다케시(大石武)

"아지발도라고 하는 젊고 강한, 신출귀몰하는 대규모 왜구의 지휘관이 있었는데, 마침내 조선국을 건국하는 이성계가 절묘한 작전으로 타도함으로써 큰 무공을 세웠다. 그런데 대마도에 그러한 인물이 존재했을 것이라고는 생각하기 어렵다. 고토(五嶋)·서해(西海)를 포함한, 아마도 이마가와 료슌에게 쫓겨난 규슈 무사단의 소행으로 생각된다."[10]

(5) 이영(李領)

"아지발도와 이성계의 전투 모습을 『고려사』와 그리고 『손자병법』과 『태평기(太平記)』 등과 같은 사료를 근거로 하여 분석한 결과, 아지발도가 이끄는 왜구 집단은 그 교묘한 전술 운용으로 볼 때 남북조 시대의 전문적인 무력 집

9) 다카하시 기미아키, 「海域世界のなかの倭寇 - 朝鮮半島を中心に-」『ものがたり, 日本列島に生きた人たち, 4 文書と記録 下』, 岩波書店, 2000.
10) 오이시 다케시, 『元寇, そして賀茂事件』ネオプリンチング, 1993, 58~59쪽.

<u>단이었다,</u>고 말할 수 있다. 아지발도의 부대는 ① 대장(아지발도)의 뛰어난 무예 실력, ② 병법의 교묘한 운용, ③ 적지에서의 자연 지형을 활용한 포진, ④ 죽음을 두려워하지 않는 용맹한 장수와 병사 ⑤ 집단 내부의 중장갑 기병(鐵騎)의 존재 ⑥ 산악전(山岳戰)의 운용 ⑦ 엄격한 진중의례(陣中儀禮) 등으로 볼 때 조직화된 군대와 같은 전문적인 무력 집단 이었다고 해야 할 것이다."[11]

이상의 선행 연구를 정리하면 대략 다음의 〈표 1〉과 같다.

	연구자	주요내용
1	요부코 죠타로(呼子丈太郎)	'이키마쓰라토(壱岐松浦党)'의 일원.
2	다나카 다케오(田中健夫)	일본인+다수의 고려인들.
3	다카하시 기미아키(高橋公明)	제주도 사람을 포함한 한반도의 해상 세력.
4	오이시 다케시(大石武)	이마가와 료슌에게 쫓겨난 규슈의 무사단.
5	이영(李領)	남북조 시대의 전문적인 무력 집단.

500척의 대선단을 이끌었던 경신년 왜구의 대장이 나이 불과 15-6세 밖에 되지 않았던 아지발도, 즉 '소년 전사'였는데 그 실체에 대하여 선행 연구는 크게 일본인설(이키마쓰라토의 일원, 규슈의 무사단, 남북조 시대의 전문적인 무력 집단)과 고려인설(제주도를 포함한 한반도의 해상세력), 그리고 일본인과 고려인의 연합설 등 진폭이 크다. 이는 아직까지 그 실태를 전혀 파악하지 못하고 있다고 할 수 있다.

이 중 요부코와 오이시 두 사람은 전문적인 연구자라기보다는 아마추어 향토사 연구자라 할 수 있는데, 이들이 〈경신년 왜구〉의 실체를 '규슈 지역의 무사단'으로 생각하는 데 반해, 일본의 대표적인 왜구 연구자로 일컬어지는 다나카·다카하시 두 사람은 일본인만이 아닌, 고려인과의 연합

11) 이영, 「『손자병법』을 통해 살펴본 왜구사(倭寇史) 최대의 격전(황산전투)」, 앞의 책, 2007, 283~357쪽.

세력 내지는 고려의 해상세력들을 그 실체(實體)로 이해하고 있는 것이 주목된다.

이 영 또한 막연히 '남북조 시대의 전문적인 무력집단'이라고 했을 뿐, 모두(冒頭)에서 제시한 문제, 즉 어떤 무장 집단이, 어느 지방에서, 무슨 목적으로 침구해 온 것인가, 라는 문제에 해답을 제시한 것은 아니었다.

그런데 요부코와 오이시는 물론, 다나카·다카하시도 〈경신년 왜구〉를 문헌 사료에 입각해 본격적으로 검토한 것이 아니라, 왜구가 대규모 선단을 이끌고 있었으며 또 다수의 말을 거느리고 있었다는 사실에 근거한 단순한 추정에 지나지 않았다.

그뿐 아니라, 다나카와 다카하시 두 사람은 단지, "남북조 내란이 격렬하게 전개되던 당시에 500척의 대 선단을 이룰 정도의 대규모 병력이 바다를 건너 고려로 침구해갔을 리가 없다" 고 하는 생각에 근거해, 『고려사』의 왜구 관련 기사의 신빙성에 의문을 제기했다. 그 결과 〈왜구=고려·조선인 주체〉설 내지는 〈왜구=고려·일본이 연합〉설을 주창하기에 이르렀다.[12]

일본 연구자들이 왜구 관련 사료로서의 『고려사』의 사료적 신빙성에 의문을 제기해 온 것에 대해, 필자는 일관되게 『고려사』, 『고려사절요』및 여러 문집류(文集類)에 실려 있는 관련 사료의 기술 내용은 충분히 신뢰할 만하다고 주장해왔다.[13] 만약 필자의 주장이 틀리지 않다면, 〈경신년 왜구〉의 실체와 그 침구의 시대적 배경·목적 등에 대해서도 규명되어져야 할 것이다. 왜냐하면 필자의 견해대로 500척의 대규모 선단(船團)으로 구성된 〈경신년 왜구〉의 구성원이 모두 다 일본에서 건너온 것이 사실이라면, 문헌이나 또 다른 어떤 형태로든 일본 측에도 그 흔적이 남아 있을 것

---

12) 이 문제에 관해서는 이영, 「高麗末期倭寇の実像と展開 -『高麗史』の再検討による 既往説批判 -」『倭寇と日麗関係史』, 東京大學出版會 1999(2011년 혜안에서 『왜구 와 고려 - 일본 관계사』로 번역 출판)를 참조. 한편 이들의 왜구의 실체에 대한 이 해는, 일본의 일부 중고등학교 역사 교과서에 그대로 반영되어 서술되고 있다.

13) 이 문제에 관해서는 이영, 앞의 논문, 1999 및 앞의 책, 2007 참조.

이기 때문이다. 필자의 의도대로, 일본의 문헌 사료를 통해 〈경신년 왜구〉
의 정체를 규명할 수 있다면, 이는 기존의 일본 연구자들이 제시해 온 왜
곡(歪曲)된 왜구상(倭寇像)을 크게 바꾸고, 고려 말 왜구의 실체에 더 가까
이 다가가는 중요한 실마리를 제공해줄 것이다.

3. 사료의 검토

〈경신년 왜구〉가 역사적 사실이라면, 500척이나 되는 많은 배들이 일
본에서 건너왔으므로 어떠한 형태로든 일본 측 문헌에 그 흔적을 남겼을
것이라고 생각할 수 있다. 그런데 〈경신년 왜구〉와 관련이 있는 것으로 여
겨지는 사료가 있다. 다음의 〈사료 1〉에 대하여 살펴보자. 이것은 고랴쿠
(康曆) 2(1380, 庚申)년 6월 2일에 규슈탄다이(九州探題) 이마가와 료슌(今
川了俊, 이하 '료슌')이, 규슈 최남단 오스미노구니(大隅國)의 호족(豪族) 네
치메 키요히사(禰寢久淸)에게 보낸 편지(書狀)이다.

> 1. 이마가와 료슌의 서신(今川了俊書狀)
> (前略)
> ①적(敵)들을 모두 아군으로 귀순시키기 위해 요시히로 뉴도(吉弘入道)를
> 파견한다. 며칠 지나면 요시히로 뉴도가 도착할 것이다. ②그때 미다라이야쿠
> 시(御手洗藥師)등에게 병력을 딸려서 당신이 말하는 곳으로 보낼 터이니 기다
> 려 주시길 바란다. ③선박 등에 대하여 처리(沙汰)해야 할 때이다. 그것에 대
> 하여는 ④사쓰마(薩摩)의 本の宮方(원래 남조 측) 사람들에 대하여 서둘러 (당
> 신이) 수고해서 아군으로 귀순하도록 했으면 좋겠다. 그대가 잘 뒤에서 설득
> 해주길 바란다. 이를 위해 소(惣)의 구성원들에게 편지를 한 장 보내니 수고해
> 주길 바란다.
> 우지히사 뉴도(氏久入道: 시마즈 우지히사, 島津氏久)가 宮方(남조)로 돌아
> 섰지만, 그럴 때에 本の宮方(남조) 사람들이 우리 편으로 귀순하려 하는 것은

弓矢(武家)를 위해 바람직하다고 생각한다.

　　이곳의 전선(當陣)은 8월 중에 전력을 다하여 승리를 거두어야 하며, 이후 (전투가 끝난 뒤)에는 당신의 일을 중요하게 여기겠다. 그러니 특별히 잘 부탁한다. … ⑤菊池事(기쿠치에서 적의 성을 포위하고 있는 일)는 앞으로 4-5일 정도 있으면 끝날 것이다. 당신이 협력하겠다면 직접 와서 말해라. … ⑥藝州의 일도 지금은 아무 문제가 없으며 오우치 형제(大內義弘, 盛見)도 하나로 뭉쳤다. 이번 달 2일에 대면할 것이라는 내용을 어제 전해왔다. ⑦藝州, 츄고쿠(中國) 지방의 船員(舟手)를 준비하겠지만, 우선 우리들의 병력을 나누어 그쪽으로 보내겠다. 거짓말한다면 하치만(八幡)과 덴진(天神)의 벌도 달게 받겠다.

　　지행(知行)하고 있는 소령과 마음을 같이 하는 사람들의 소령의 주문(注文)을 한 번 읽어 보았다. 곧 이것을 교토로 보내면, 안도(安堵)해 줄 것이다(소유권을 인정해줄 것이다). 안심하기 바란다. 또 ⑧冬庵主는 이제 藝州에 파견해 알려야 한다. (후략)[14]

---

14) 「康曆二年六月二日今川了俊書狀」『大隅禰寢文書』『南北朝遺文』-九州編 5604호.
氏久事者、京都御意以外間、伊久ハ又每事事と心不相應事
等申候間、於身無念候間、今度条々申遣候き、①かたきこと
ことく可參御方候ほと二、そのため二吉弘入道をつかはし
て候、②近日此仁可来候、其時御手洗薬師等二勢をそへて、
御申候在所二つかはし候へく候、御待候へく候、③舟以下事、
さたし候時分二て候、それに付候てハ、④薩摩の本宮方の人
々の事、いそきいそき御ちうさく候て、御方二めしたく候、
それよりよくよく内々仰候て、御らん候へく候、そのため
に惣の人々の中二狀を一通進候、御ちうさくあるへく候、
　　　（懷良親王）
氏久入道宮方に成候間、かやうの時、本宮方の人々御方二
參候ハんとする事、弓矢のため面白かるへく候間申候、當陣
の事ハ、八月中二今一みち勝利候へく候間、此後ハそなた
の事を一大事とさたし候へく候間、ことにたのミ申候也、
　　　（中略）　　　　　⑤菊池事、今
四五日中に可落居候間、そなたの合力の事ハ、自身罷越候
て可申候、けにけにと玄久二一揆の人々同心候て、それへ

　　본 고에서 고찰하고자 하는 「경신년 왜구」와 관련 있는 부분에 초점을 맞춰서 〈사료 1〉의 내용을 간략하게 요약하면 대략 다음과 같다.

　　즉, 규슈탄다이(九州探題) 이마가와 료슌(今川了俊)이, 오스미노구니(大隅國)의 호족(豪族) 네지메 키요히사(禰寝久清)에게 보낸 고랴쿠(康曆) 2(1380)년 6월 2일자 편지에, "적(敵)들을 모두 아군으로 귀순시키기 위해 요시히로 뉴도를 파견한다. 조금 있으면 그가 도착할 것이다. 그 때 미다라이야쿠시(御手洗薬師)등에게 병력을 딸려서 당신이 말하는 곳으로 보낼 터이니 기다려 주길 바란다. 선박 등에 대하여 처리(沙汰)해야 할 때다."라고 하고 있다. 또 사쓰마 지방의 남조 측 사람에 대한 귀순을 네지메 기요히사에게 부탁하고 있다. 여기서 요시히로 뉴도란 요시히로 우지스케(吉弘氏輔)로, 이마가와 료슌이 규슈의 남조 세력을 토벌하기 위해 동원한 시코쿠(四国) 지방의 무사다.[15]

よせ申候ハ々、まつ大将その御城ニまかりこもり候へと申
　　　　　　　　　　　　　　(義弘・盛見)
遣て候也、⑥藝州事も今ハ無爲ニ候、大内も兄弟一に成て候、今月二日可對面之由、昨日申送て候間、⑦藝州中国なとの舟手をも用意し候て、まつ我々か手勢をもわけ候て、それへ進候へく候、八幡天神も御罰候へ、偽申さす候、
一、御知行所々并御同心の人々の所領注文一見候了、やかてこれを京都に進候て、御あんとを申下候へく候了、可御安心候、又⑧冬庵主ハこのほと藝州ニつかハし申へく候、それの事けにけにと玄久打入候て、まつ舟にて此人ををくりて可承候也、
　　　(後略)
(康曆二年カ)　　　　　　　　(今川貞世)
六月二日　　　　　　　　　了俊(花押)
(久馬)
祢寝右馬助殿御返事

15) 가와조에 쇼지, 『人物叢書 今川了俊』, 吉川弘文館, 1964, 127쪽 참조.

가와조에 쇼지에 의하면, 네지메씨는 다음과 같은 특징을 지닌 무사단이었다.[16]

> 네지메씨는 오스미(大隅) 네지메인(称寝院=鹿児島県 일대)을 근거지로 하는 오스미 쇼하치만구(大隅正八幡宮)의 지닌(神人)이다. 재청관인(在廳官人)출신으로 가마쿠라 막부의 고케닌(御家人)이 된 가문의 변경의 영주이다. 네지메 키요히사는 네지메씨의 가독(家督)으로 40여 町에 달하는 소령 이외에 저택·山野·河海 등이 있으며 포구를 소유해 상당한 숫자의 배를 지닌 수군으로도 행동할 수 있었다. 남북조시대에 들어오자 네지메씨 일족들은 상호간의 대등한 입장에서 결합해 상호부조적·계약적인 횡적(橫的)인 결합관계를 이루고 있었다.
>
> 네지메씨는 오스미의 슈고(守護) 시마즈 우지히사(島津氏久)가 현지에서 지역적인 봉건 권력을 확립함에 있어서 최대의 걸림돌이었다. 그 때문에 시마즈 우지히사에 대한 대책을 중심으로 하는 이마가와 료슌의 남부 규슈 경영에 있어서 네지메씨는 반드시 장악해야만 하는 존재였다. 료슌은 네지메씨를 자기편으로 끌어들이기 위해 빈번하게 다양한 공작을 전개했다. 아군인지 아닌지 아직 확실하지도 않은데 "이미 아군에 가세했다"고 교토(京都)에 보고하고 있는 것도 료슌의 초조함으로 보여주고 있는 것이다.

네지메씨는 상당한 규모의 수군 세력이었으며 그래서 북조의 규슈탄다이(九州探題) 이마가와 료슌과 아들 미쓰노리(滿範)는 남 규슈 지방 경영의 큰 거점으로 이 네지메씨를 포섭하는 데 주력했다. 또 네지메씨는 료슌의 세력 하에 완전히 편입되지 않은 기회주의적인 입장을 취하고 있었던 사실을 알 수 있다. 이러한 가와조에씨의 지적을 염두에 두고 〈사료 2〉를 보자.

---

16) 가와조에 같은 책, 135~36쪽 참조.

2. 名和慈冬書狀

(前略)

어떻게 된 것인지 그 쪽에 물어보고 싶다. 지부쇼유(治部少輔)(=료슌의 아들, 이마가와 요시노리＝今川義範)가 대장이 되어, 시코쿠(四國)의 해적 요시히로(吉弘)의 군세(軍勢)를 대신해서 거느리고 다카기(高來)와 아마쿠사(天草)로 향하였지만 그 곳(다카기와 아마쿠사)에는 적(敵)들이 한 사람도 없었기에 해적 미다라이야쿠시(御手洗藥師)와 대장을 함께 사쓰마가나다(薩摩ヵ灘)로 건너가게 하였다. 그 쪽도 어수선하리라고 생각해 미다라 이야쿠시(御手洗藥師)를 통해 편지를 전하니. (후략)[17]

〈사료 2〉는 고랴쿠(康曆) 2(1380)년 6월 14일에 名和慈冬라는 사람의 편지인데 누구에게 보낸 것인지는 알 수 없다. 그러나 내용상 〈사료 1〉과 관련이 있고, 또 『네지메몬죠(祢寢文書)』로 남아있는 것으로 볼 때, 〈사료 1〉의 네지메 키요히사(祢寢淸久)에게 보낸 것으로 생각된다.

나와 지도(名和慈冬)는 〈사료 1〉의 ⑧'동암주(冬庵主)'를 가리키는 것으로, '암주(庵主)'라는 용어를 사용하는 것으로 보아, 료슌 휘하의 선승(禪僧)으로 생각된다.

---

17) 「康曆二年六月十四日名和慈冬書狀」, 大隅祢寢文書, 『南北朝遺文』, 九州編, 5605号.
　　　　　　　　　　　　　　　　　　　　　　(今川義範)
　一、いかにと其邊にもきこえ候ハん、治部少輔殿、大将とし
　　　(肥前國)(肥後國)
　て高来・ 天草え四國海賊吉弘勢代つれ罷向之間, 其方にハ
　御敵一人もなく候間, 海賊御手洗藥師ニ大将お相添られ候
　　　　　か
　て, 薩摩なたえ可渡候, 若其邊も物忩にや候ハんすらんと
　存候て, 御手洗藥師方へ狀お進候, 身か僧とおさ候て, い
　かやうの僧ニも御つかハし候ヘく候, 恐々謹言、
　　(康曆二年)　　　　　　　　(名和)
　　六月十四日　　　　　慈冬(花押)

그러면 '미다라이야쿠시(御手洗薬師)'라는 사람은 어떤 인물일까? 〈사료 2〉에 '海賊御手洗薬師ニ大将お相添られ候' 그리고 뒤의 〈사료 3〉에 '四国海賊御手洗薬師ニ高来・天草の勢をさしそえられ候て'라는 서술이 있는 것으로 볼 때, 미다라이야쿠시는 시코쿠(四国) 지방의 해적(海賊) 즉 '수군(水軍)' 세력이었음을 알 수 있다. '미다라이(御手洗)'는 오오사키(大崎) 시모지마(下島=현재의 広島県豊田郡豊町)의 동남쪽 끝에 위치한 섬이다. 미다라이 섬을 포함하는 오오사키 시모지마는 동서로 가늘고 긴 게이요(芸予) 제도(諸島)의 거의 중앙에 위치해, 산요(山陽)와 시코쿠(四国) 두 지방에서부터 같은 거리(等距離)상에 있다.[18] 동서 6킬로, 남북 4킬로 정도의 섬으로 세토나이카이(瀬戸内海)의 섬 들 중에서는 결코 작은 것은 아니지만, 섬 전체가 급경사를 이루는 산으로 이루어져 있다. 평지는 적지만, 순풍과 항해에 편리한 조류(潮流)를 기다리는 양항(良港)으로서의 입지 조건을 갖춘 곳이다.[19] 즉 '미다라이야쿠시'라는 인물은 미다라이 섬을 근거지로 하는 해적(수군 세력)으로 생각된다.

그러면 이 '미다라이야쿠시'가 파견된 곳은 어디일까? 〈사료 2〉에 '高来・天草え四國海賊吉弘勢代つれ罷向之間'라는 서술을 보면, 다카기(高来)와 아마쿠사(天草)에 파견되었음을 알 수 있다. 다카기(高来)는 현재의 나가사키 현(長崎県) 기타 다카기군(北高来郡)과 이사하야시(諫早市), 미나미 다카기군(南高来郡)과 시마바라시(島原市)를 포함한 넓은 지역이다(〈지도 1〉과 〈지도 2〉 참조).

아마쿠사는 현재의 구마모토 현(熊本県) 아마쿠사 제도(諸島)를 가리킨다. 그런데 료슌은 왜 이 '미다라이야쿠시'라는 시코쿠의 해적을 다카기와 아마쿠사 지방에 파견하였을까? 그것은 〈사료 1〉의 "①적(敵)들을 모두

---

18) 미다라이 섬에 관해서는 야마우치 유즈루(山内譲), 「瀬戸内水運の興亡 – 島々の役割を中心として –」 『海と列島文化 – 瀬戸内海の海人文化』, 小学館, 1991 참조.
19) 야마우치, 같은 논문 참조.

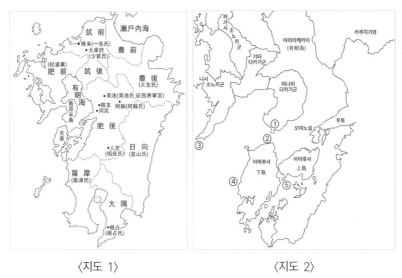

〈지도 1〉　　　　　　　　　　〈지도 2〉

① 구치노쓰(口ノ津)　② 하야사키(早崎) 해협　③ 노모자키(野母崎)
④ 아마쿠사 나다(天草灘)　⑤ 혼도세토(本渡瀬戸)

아군으로 귀순시키기 위해" 즉 다카기와 아마쿠사 지방의 적들을 귀순시
키기 위한 것이었다. 또 〈사료 1〉의 '③선박 등에 대하여 처리해야 할 때
이다' 라는 것을 볼 때, 아마도 다카키·아마쿠사 지방의 선박을 처리하기
위해 파견된 것으로 짐작된다.

　그런데 〈사료 2〉의 "其方には御敵一人もなく候間(거기에는 적들이 한
사람도 없었다)"라는 것은 무슨 말일까? 다시 말하자면 다카기(高来)와 아
마쿠사(天草)에 갔는데 적이 한 명도 없었다, 라는 것이다. 이 말은 '적
이 어디론가 사라졌다'는 뜻이 아닐까? 그래서 "薩摩なたえ可渡候、いかに
と其邊にもきこえ候ハん(사쓰마나다로 가야 할 것 같다. 어떻게 된 것인지
그 쪽에다가도 물어보고자 한다)"라고 한 것이다. 즉, 다카기와 아마쿠사
에 적이 한 명도 없었기에 이 적들을 찾아서 남쪽의 사쓰마나다(薩摩灘)로
이동하려고 하였으며, 또 오스미 쪽에도 편지를 보내어 혹시 아는 바가
없는지 물어보고 있는 것이다.

그런데 〈사료 2〉로부터 약 1년여가 지난 에이토쿠(永德) 원(1381)년 6월 29일의 시점에도 다카기와 아마쿠사의 수군은 여전히 오스미 지방 쪽으로 이동하지 않았음이 다음의 〈사료 3〉으로 확인된다.

3. 名和慈冬書状

(前略)

"탄다이(이마가와 료슌)께서도 말씀하셨지만, 나도 아뢰고자 한다. 예전의 시코쿠 해적 '미다라이야쿠시'에게 다카기와 아마쿠사의 군세를 딸려서 내려보내라고 하는 명령을 받아, 여러 차례 서둘러서 내려가라고 말했으며 가까운 시일 내에 안내할 사람을 세울 것이다. 얼마 있지 않으면 도착할 것이다. 그러면 금방 적들을 물리치게 될 것이다. 이 해적선이 내려가기 전에 사쓰마의 남조 측 사람들이, 아군임을 입증할 수 있는 충분한 증거를 제시해 주신다면 천하를 위해 바람직할 것으로 생각한다."[20]

---

20) (永德元年)六月二十九日名和慈冬書状『大隅祢寝文書』南北朝遺文 九州編 5663호.
一, 自探題も申下されて候へ共, 自是も申候, 先四国海賊御
(肥前国)(肥後国)
手洗薬師ニ高来・天草の勢をさしそえられ候て, 可下よし
承候間, かさねかさねいそき可被下由申て, 近日案内者を
(退
可立候, いくほとなく可到来候, 左様にも候者, 御敵方治
治) (懐良親
退可無幾程候, 此海賊船下候ハんする以前ニ, 薩摩の御宮
王)
方の方々, 御方のしせうをしいたされ候やうに, 御申御沙
汰候者, 為天下可然存候,
(後略)
(永德元年) (名和)
六月二十九日 慈冬
(久清)
祢寝右馬助殿

이 〈사료 3〉은 〈사료 2〉의 작성자인 나와 지도(名和慈冬)가 오스미 지방의 수군 세력을 거느린 호족 네지메 키요히사에게 보낸 편지다. 여기서도 시코쿠의 해적(四国海賊) '미다라이야쿠시'에게 다카기·아마쿠사 세력을 딸려서 내려보낸다고 하는 취지의 문장이 보인다. 시코쿠의 해적을 일부러 파견한 것으로 볼 때, 다카기와 아마쿠사의 세력 역시 수군 세력이었음을 짐작하게 한다.

〈사료 1〉과 〈사료 2〉, 〈사료 3〉을 종합해보면, 다카기와 아마쿠사 지방의 수군 세력은 고랴쿠(康曆) 2(1380)년 〈사료 1〉의 6월 2일에서 〈사료 2〉의 6월 14일 사이에 어디론가 사라진 것임을 알 수 있다. 그들은 어디로 갔을까? 혹시 이 당시 사라진 선박들이 바로 같은 해 7월 을미일에 진포구에 나타난 것은 아닐까? 즉, 같은 해(1380) 7월에 고려의 서주(西州, 충남 서천군)에, 그리고 최종적으로 500척의 대규모 선단이 진포구(서천군 장항읍 일대)에 집결했다. 구체적으로 7월 언제쯤인지는 알 수 없다. 그러나 6월 초에 사라진 대선단이 4월이나 5월이 아닌 7월에 금강 하구 일대인 진포구의 서주(西州)에 출현했다고 하는 점에 주목하고 싶다.

다카기·아마쿠사의 적들이 사라진 시점(6월 초순)과 〈경신년 왜구〉의 서주(西州) 침구(7월)가 시기적으로 선후(先後) 관계에 있는 것, 그리고 그 시간적 간격이 3-4개월이 아니라 길어야 1달여라고 하는 시기적으로 근접한 것, 또 다카기와 아마쿠사 두 지역이 광범위한 해역(海域)임을 생각하면, 당시에 사라진 배들이 500척의 대선단으로, 고려의 진포구에 나타난 것이라고 생각하더라도 일단 시기적 그리고 논리적으로 모순되는 것은 아니다.

4. 다카기(高来)·아마쿠사(天草)의 지정학적 위치

다카기·아마쿠사의 수군 세력이 사라진 시점과 〈경신년 왜구〉가 서주에 침구한 시점이 시간적으로 선후한다고 해서 곧 양자가 동일한 실체였다고 단언할 수는 없다. 그렇지만 여기서는 일단 그 가능성에 무게를 두고 다음 문제들에 대해 생각해보기로 하자.

진포구에 집결해 있던 〈경신년 왜구〉의 선박이 고려군의 화포 공격을 받고 불탔을 때, 본진(本陣)은 이미 충청북도 옥천이라는 내륙 깊숙한 곳까지 침구해 있었다. 그만큼 곡식을 약탈하고 사람을 납치하고자 하는 그들의 욕구가 아주 절실하였음을 짐작할 수 있다. 『고려사』는 "곡식을 그 배에 운반하느라고 땅에 쏟아진 쌀이 한 자 부피나 되었다."[21]고 기록하고 있다.

당시 이처럼 내륙 깊숙이까지 침구해왔던 〈경신년 왜구〉의 실체로 추정되는, 다카기·아마쿠사는 어떤 성격을 지닌 지방이었을까? 다카기는 히젠(肥前), 아마쿠사는 히고(肥後)에 속하는데, 이 두 지역은 치쿠고(筑後)와 더불어 규슈 지방 최대의 내해(內海)인 아리아케카이(有明海)를 둘러싸고 있다. 특히 다카기와 아마쿠사는 '아리아케카이'에서 외해(外海)로 나아가는 통로(通路)에 위치하고 있어서, 수상(水上) 교통의 요충지였다. 즉 시마바라(島原) 반도의 남쪽 끝에 위치한 구치노쓰(口ノ津)와 아마쿠사의 시모지마(下島) 사이의 하야사키(早崎) 해협을 통해 치지와나다(千々石灘)로 나와 니시소노키(西彼杵) 반도의 끝에 위치한 노모자키(野母崎)를 돌아 나오면 바로 동북쪽에 고토렛토(五島列島)가 나타난다. 고토렛토에서 이키노시마(壱岐島)를 거쳐 쓰시마까지 오면 바로 한반도가 눈앞에 펼쳐진다. 아니면 고토렛토(五島列島)에서 곧 바로 북상하더라도, 한반도의 남해안이다.

또 하야사키 해협을 통과해 아마쿠사 시모지마(天草下島) 연안을 따라서 아마쿠사 나다(天草灘)를 남하하면 사쓰마 나다(薩摩灘)에 도달한다.[22]

---

21) 『고려사절요』 31권, 우왕 6년 8월.
22) 하야사키 해협은 폭 5킬로미터로, 시마바라 쪽의 하야사키 반도의 해발 88미터의 봉화산(烽火山)에는 엔기(延喜) 17(917)년에 설치되었던 히젠 지방의 20개소에 달하는 봉화대 중의 하나의 흔적이 남아있다. 이 하야사키 해협은 북서쪽의 다치바나(橘) 만, 북동쪽의 시마바라 만과 아리아케카이로 통하는 해협으로 조류의 흐름

또 아마쿠사 제도의 혼도세토(本渡瀨戶)를 통과해 남하해도 사쓰마 지방에 도달할 수 있다. (〈지도 2〉 참조)

그러면 남북조 내란기, '아리아케카이'는 어떠한 지정학적(地政學的)인 성격을 지닌 해역(海域)이었을까? 치쿠젠(筑前)이 다자이후(大宰府)의 소재지로 규슈의 정치적 중심지였다면, 히고(肥後)는 규슈의 중앙부에 위치해 북부와 남부를 연결하는, 인체의 허리에 해당하는 지역이었다. 또한 곡창지대이기도 했다.

이러한 육지의 히고 지방과 비슷한 지정학적 성격을 지닌 해역이 '아리아케카이'이다. 기쿠치(菊池)에 본거지를 둔 정서부가 규슈의 타 지역에 병력과 물자를 신속히 수송하기 위해서, 그리고 멀리 요시노(吉野)의 조정과 연락을 취함으로써 정치적 보조를 맞추기 위해서도 반드시 거쳐야 했던 해역이다. 즉 '아리아케카이'의 제해권(制海權) 장악은 정서부에게 사활이 걸린 문제였다.

그러면 다카기·아마쿠사 지역의 수군 세력과 '아리아케카이'의 제해권 장악은 어떤 관계에 있을까? 앞에서 본 것처럼 이들 지역은 '아리아케카이'에서 외해(外海)로 나가는 통로에 위치하고 있다. 따라서 이 두 지역이 북조의 영향 아래에 놓이게 되면 정서부는 바다를 통한 외부와의 연락이 차단되어 '아리아케카이' 안에서 고립당하게 된다. 또한 제해권을 상실하면, 기쿠치에 본거지를 둔 정서부는 풍부한 해산물의 공급을 차단당하게 된다. 기쿠치는 가마쿠라 시대 이래로, 아마쿠사 지방에서 소금을 공급받고 있었다.[23]

정서부의 핵심 세력 기쿠치씨가 이 두 지역의 장악에 적극적이었던 것

이 빠르고 수심이 얕은 곳이 많아서 항해하기 어려운 지역으로 알려져 있다. "치지와나다 하야사키(千々石灘早崎)'는 서국(西國) 제일의 물살이 센 바다로 일본의 3대 해협으로 손꼽힌다. 『日本歷史地名大系』 제43권(『長崎県の地名』, 平凡社, 2001)을 참조.
23) 『熊本県の歴史』, 山川出版社 130쪽.

도 바로 이런 맥락에서 생각할 수 있다. 우선 다카기 지역의 예를 보자. 1352년(正平6·観応2) 2월, 북조의 규슈탄다이 잇시키 도유(一色道猷)는 히 젠(肥前)의 다카기(高来)·소노키(彼杵)의 남조를 퇴치하기 위해 오마타시치 로우지쓰라(小俣七郎氏連)를 파견했다.[24] 당시 히젠(肥前)의 다카기(高来)· 소노키(彼杵) 지방은 남조를 지지하는 세력이 많아서 남조의 강력한 지반 이었다. 그래서 같은 해 4월에는 중앙에서 잇시키 도유의 동족(同族), 잇 시키 요리유키(一色頼行)가 규슈의 슈고다이(守護代)에 임명되어 내려왔 다. 요리유키는 곧바로 도유와 의논한 뒤 같은 해 6월에 오마타시치로우 지쓰라를 다시 파견해 다이라죠(多比良城)를 함락시켰다. 그러나 2년여 뒤인 1354년(正平9) 8월-9월에 걸쳐서 히고의 기쿠치 다케즈미(菊池武澄) 가 시마바라(島原) 반도(半島)의 유에(湯江)·다이라죠(多比良城)를 재탈환 한다.[25]

그러자 막부도 이에 대응해 이 지역을 다시 장악하기 위해 여러 차례 시도한다. 예를 들어 엔분(延文) 4년(1359)에 무로마치 막부의 쇼군 아시 카가 요시아키라(足利義詮)는 시마바라 반도의 주민들이 숭경(崇敬)하는 다이라무라(多比良村)에 있는 사면사(四面社=일명 温泉神社)에 다카기군 (高来郡) 카미가즈사무라(上加津佐村)의 논(田地) 십삼정(拾參町)을 기진했 다. 이것은 시마바라의 주민들을 자기 편으로 끌어들이기 위함이었다.[26]

또한 1372년에 새로 규슈탄다이로서 현지에 부임한 이마가와 료슌은 아들 요시노리(義範, 뒤에 貞臣으로 改名)를 다카기 군에, 그리고 요리야스 (頼泰)를 소노키(彼杵) 군에 파견했다.[27] 소노키와 다카기 지역은 남조의 강력한 지반이었다. 규슈 남조의 근거지 히고(肥後) 지방을 공략하기 위해

24) 『北肥戰誌』(『歷代鎭西要略』 상권, 雙美印刷株式會社, 昭和51년, 231~32쪽). 이하 구체적인 내용은 『吾妻町史』 「中世編」, 昭和58年, 425~443쪽 참조.
25) 같은 책.
26) 같은 책.
27) 같은 책.

서 그 배후 지역인 시마바라(島原)의 남조 세력을 격파해야만 했기에 이마가와 료슌이 직접 선두에 서서 출진한 것이었다.[28]

아마쿠사 지역 또한 남조 세력의 지반이었다. 아마쿠사 지역은 아마쿠사 시모지마(天草下島)의 북반부(北半部) 거의 대부분을 지배하고 있던 시키씨(志岐氏)와, 시모지마(天草下島)의 남부(南部)에서 시키씨(志岐氏)와 대립 항쟁하고 있던 아마쿠사씨(天草氏)의 지류(支流)인 코치우라(河内浦氏)가 대표적인 호족이었다.[29] 코치우라씨(河内浦氏)는 점차 세력을 키워나가 아마쿠사씨(天草氏)를 칭하게 되었다.[30] 이들 두 호족은 기쿠치 다케미쓰(菊池武光)가 규슈 지역을 평정하자, 기쿠치씨와의 결합을 강화해갔다. 특히 아마쿠사 타네구니(天草種国)는 타마나(玉名)의 기쿠치씨가 세운 선종 사찰 코후쿠지(広福寺)에 기진장(寄進状)을 제출해, 매년 일정량의 쌀을 절에다 바칠 것을 약속하고, 만약 바치지 못할 경우에는 타네구니(種国)의 영지(領地) 중 일부를 기진하겠다고 맹세했을 정도이다.[31]

이처럼 남북조 시대의 다카기·아마쿠사 지방은 '아리아케카이'를 사이에 두고 남조의 본거지 히고 지방과 마주하는 곳으로, 방어하는 정서부와 이를 공략하고자 하는 규슈탄다이에게 있어서 절대로 빼앗길 수 없는 전략적 요충 지대였다.

5. 경신년(1380)을 전후한 규슈 정세

그러면 료슌이 〈사료 1〉의 서신을 네지메 키요히사〈祢寢清久〉에게 보냈던, 고랴쿠(康暦) 원(1380)년 6월 2일 당시의 규슈 정세는 어떠하였을까? 당시 상황을 이해하기 위해 료슌이 규슈탄다이로 부임한 이후, 최초로 기

28) 같은 책.
29) 『熊本県の歴史』, 山川出版社.
30) 같은 책.
31) 같은 책.

쿠치에서 정서부를 포위했던 시점(1375년 7월)부터 이후 1380년 6월까지
의 규슈 정세를 간단히 살펴보자.

1375년 9월 료슌은 히고의 미즈시마(水嶋)에서 철수한 뒤, 1376년에 츄
고쿠(中國) 지방에서부터 원군이 도착하자 1377년 정월 13일에는 사가현
(佐賀縣)의 치후(千布)·니나우치(螺打) 전투에서 정서부에 대승을 거두고[32]
또 다시 6월에 정서부의 본거지 히고의 기쿠치를 향해 전진한다.[33] 그러
나 1378년 9월 29일의 타쿠마가하라(詫摩原: 현재의 구마모토 시내)에서
기쿠치 다케토모가 이끄는 정서부의 군대에 패한다.[34] 그러나 다음 해인
고랴쿠(康曆) 원(1379)년 6월 18일에 료슌은 마침내 부대를 이끌고 기쿠치
(菊池)의 입구인 고시(合志)의 이타이하라(板井原)에 도착해 진을 친다.[35]

1379년 7월 17일, 기쿠치씨와 더불어 히고의 양대 호족인 아소신궁(阿
蘇神宮)의 대궁사(大宮司) 아소 고레무라(阿蘇惟村)에게 료슌은 다음과 같
은 내용의 편지를 보냈다.

> 4. "기쿠치의 입구에 진을 치고 있으며, … 진노죠(陳の城)와 구마메노죠(く
> ま目の城), 기노죠(木野城) 등에는 병량미가 없을 시기이므로, 이 성들의 통로
> 를 차단하고 있으면 성이 함락될 것이라고 여기고 엊그제부터 기쿠치의 아나
> 가와(あな川)의 위에 성을 쌓았던 터라, 기노죠 이하 여러 성들을 함락하는 것
> 은 문제가 없을 것이다."[36]

---

32) 같은 책.
33) 같은 책.
34) 같은 책.
35) 같은 책.
36) "まつ此菊池口のつめ陣をとり定候て, … その上菊池事ハ, 陣の城, くま目の城, 木
　　野城なと, 更々兵糧なき時分ニテ候間, 此城々の通路ニつめより候ハ, 可落候条,
　　案のうちの事ニテ候, 一昨日よりハしめて, 菊池のあな川の上ニ候城をとりこしらへ
　　候式にて候間, 木野以下の城落候ハんする事ハ, 子細あらしと存候間, …"「今川了俊
　　書状寫」『肥後阿蘇家文書』『南北朝遺文』九州編, 5550호.

하고 있다. 이어서 약 1달 뒤인, 8월 13일자에 료슌이 아소 고레무라에게 보낸 서신에서는 "규슈 남조 세력이 모두 다 기쿠치에 모여 있으며 이제 는 이로써 규슈의 내전이 끝날 것이다"[37]라고 하고 있다. 그렇지만 8월 22 일자 료슌의 아소 고레무라에게 보낸 편지에는 "기쿠치 남쪽의 남군(南郡) 에서 남조의 부대를 견제해줄 것을 요구"[38]하고 있다. 이러한 상황 속에 서 주목되는 것이 같은 해(1379) 9월 6일에 작성된 다음의 〈사료4〉이다.

> 5. 이마가와 료슌의 서신 사본(今川了俊書狀寫)
>
> (前略)
>
> "三年田라고 하는, 기노죠(木野城)을 마주보고 있는 곳에다가, 엊그제부터 성을 만들어서 분고 지방에서 온 부대(豊後勢)를 배치하였다. 그리고 미즈시 마(水嶋)의 옛 성에도 하루 이틀 내에 성을 만들어 히젠 지방에서 온 부대(肥 前勢)를 배치할 것이다. 이렇게 여기저기 많은 곳에 성을 쌓아서 내년의 농사 를 짓지 못하도록 해야 할 것이다. 기야마(木山)와 고시(合志) 쪽은 남군(南郡) 에서 가까우니 당신이 잘 처리해주면 좋겠다."[39]

---

37) "抑宮方の勢のこらす菊池ニうちより候間, 今ハこれにて九州の落居あるへく候間, 目出候, …"「今川了俊書狀寫」『肥後阿蘇家文書』『南北朝遺文』九州編, 5553호.
38) "南郡事ハさやうニて御わたり候間, 敵もハたらきえす候, これより左右を申候ハん ほとハ, そのへんをかたく御持候へく候, とてもこれの事, ハやしかけて候間, とく とく南郡ニ一勢遣へく候, その時, 一所ニ御なりあるへく候, とても心安く存候間, …"「今川了俊書狀寫」『肥後阿蘇家文書』『南北朝遺文』九州編, 5556호.
39)「今川了俊書狀寫」『肥後阿蘇家文書』『南北朝遺文』九州編, 5558호.
     (菊池郡)   (菊池郡)
  一、これの事ハ、三年田と申候て、きのの城ニむかひあいて
    候所ニ、一昨日より城をとらせて、豊後勢をさしおきて候、
     (菊池郡)
    又水嶋の古城をも、今一両日のほとニとり候て、肥前勢を
    さしをくへく候、かやうにあまた所々つめ城をとり候て、
                            (菊池郡)
    明年の田をつくらせ候ハぬやうにさたし候へく候、木山、

이는 고랴쿠(康曆) 원(1379)년 9월 6일자, 료슌이 아소대궁사(阿蘇大宮司) 고레무라(惟村)에게 보낸 서신으로, 여기서 주목하고 싶은 것이 바로 "여기저기 많은 곳에 성을 쌓아서 내년의 농사를 짓지 못하도록 해야 할 것이다."라고 하는 부분이다.

료슌은 고랴쿠(康曆) 원(1379)년 7월부터 기쿠치 일대 정서부의 성 주변에 성을 쌓고 농사를 짓지 못하게 한 뒤, 적의 병량미가 소진되기를 기다리는 소위 "효로제메(兵糧攻め)" 작전을 쓰기 시작한 것이다. 그리고 〈사료 1〉이 작성된 고랴쿠(康曆) 2년(1380) 6월 2일은 전년도 가을부터 지속되어왔던 '효로제메'의 효과가 서서히 나타나고 있던 시기라 할 수 있다.

정서부가 이 "효로제메"를 무산시키기 위해서는 포위하고 있던 료슌의 부대를 물리치고 농사를 짓든지, 아니면 따로 외부에서 병량미를 마련해 와야 했다. 료슌은 규슈 전 지역에서 우세를 점하고 있었다. 이런 상황에 포위당한 채 농성 중인 정서부가 다량의 병량미를 단기간 내에 확보할 수 있는 방법은 무엇이었을까? 그것은 아마도 규슈의 외부에서, 그것도 남조의 수군이 조달해야 했을 것이다. 그 역할은 우선적으로 다카기와 아마쿠사의 수군들, 그리고 남조 측에 가세한 마쓰라토(松浦党)의 무사들(예를 들면 하타씨와 같은)에게 맡겨졌을 것이다.[40]

(合志郡)
合志邊の事ハ、南郡ちかく候間、したいしたいニそれより御
ちうさく候ハバ、めてたかるへく候、細々ニかやうの事承
候て、これよりも可申談候、每事御いそきあるへく候、恐
々謹言、
　(康曆元年)　　　　　　(今川貞世)
　　九月六日　　　　　　了俊花押
　　　(惟村)
　阿蘇大宮司殿
　(肥後國阿蘇郡

40) 당시 정서부의 수군 세력(宮方の船)과 그 휘하의 마쓰라토 무사들이, 규슈에서의 결전을 앞두고 병량미를 조달하기 위해, 고려에 침구해 약탈을 행한 것에 대해서

당시 다카기·아마쿠사의 수군 세력이 기쿠치에 농성하고 있었던 정서부의 병량미를 조달할 목적으로 고려에 침공했다는 것을, 입증할 수 있는 확실한 문헌사료를 제시할 수는 없다. 그런데 화산지대인 다카기·그리고 도서(島嶼) 지역인 아마쿠사에는 경작지가 적어 필요한 곡식 대부분을 대안(対岸) 지역인 히고와 치쿠고에서 조달해야 했다.[41] 정서부가 기쿠치에서 약 1년 전부터 포위당한 상황 속에서 다카기·아마쿠사 지역의 남조 세력 역시 병량을 조달하기가 수월하지 않았을 것이다. 따라서 기쿠치의 정서부는 물론, 다카기와 아마쿠사 지역의 수군 세력에게 있어서도 '식량(병량미)의 확보'는 절실한 문제였다, 고 할 수 있다.

그런데 <u>해결해야 할 문제는 병량의 조달만이 아니었다. 당시 료슌이 세토나이카이(瀬戸内海)의 해적 미다라이야쿠시(御手洗薬師)를 다카기·아마쿠사에 파견한 이유는 이 지역의 남조 수군을 자군(自軍)으로 편입하고 그 선박을 처리(징발)하기 위한 것이었다.</u> 만약 이 선박을 료슌 측에 빼앗긴다면, 정서부로서는 단순히 아군 전력이 감소될 뿐만 아니라, 오히려 적의 전력을 배가(倍加)시키게 되는 것이었다. 따라서 다카기와 아마쿠사의 선박을 어떻게 해서든지 적의 손에 넘겨서는 안 되는 상황이었다.

만약 선박이 적의 손에 들어가면 상황은 정서부에게 더욱 불리하게 전개될 것이 예상되었다. 〈사료 1〉의 "⑥게이슈(藝州), 츄고쿠(中國) 지방의 선원(舟手)를 준비하겠지만"에서 보듯이, 당시 료슌은 규슈 이외의 지역의 선원까지 동원할 생각이었다. 만약 료슌의 서신 내용을 그대로 믿는다면, 기쿠치에서 정서부를 포위하고 있는 것도 4~5일 이내에 끝나(〈사료1〉의 ⑤), 기쿠치에 투입되어 있던 분고(豊後)와 히젠(肥前)의 병력과 게이슈(芸

는 별고에서 밝힌 바 있다. 즉 1377년 정월 13일에 사가현 사가시 일대의 치후(千布)·니나우치蜷打) 전투를 전후한 왜구의 침구가 바로 그것이다. 이에 관해서는 이영, 앞의 주(2) 논문 참조.

41) 이 두 지역이 '아리아케카이'를 사이에 두고 마주하는 히고 지방과 밀접한 관계를 지니고 있었던 것도 이러한 식량을 매개로 한 의존관계와도 관련이 있을 것 같다.

州, 현재의 히로시마 현) 등 츄고쿠 지방의 수군, 그리고 료슌의 병력이 다카기·아마쿠사의 수수(水手)와 선박을 이용해 사쓰마와 오스미 지방 쪽으로 대거 이동해오는 사태가 발생하게 될 것이다. 실제로 기쿠치(菊池)에서의 대(対) 정서부 작전이 성공하게 되는 것은 1년이 더 지난, 다음 해 에이토쿠(永德) 원(1381)년 6월이지만,[42] 어쨌든 정서부의 본거지인 와이후죠(隈府城)가 포위당한 상황 속에서 이런 정보를 입수한 남 규슈 지역의 남조 세력들은 중대한 위기의식을 느끼지 않을 수 없었을 것이다. 남조의 입장에서는 어떻게 해서라도 다카기·아마쿠사의 선박과 수수(水手)들이 적의 손에 들어가지 않도록 해야 했다.

와타누키 도모코(綿貫友子)는 남북조 시대 당시의 전투에 대하여 "군세(軍勢)의 진군(進軍)을 방해한 것은 적군의 존재 이전에 병량과 선박의 결핍이었으며, 그 두 가지를 어떻게 확보하는가가 전투의 행방을 크게 좌우했다."[43]고 했다. 당시 남조로서는 아군의 선박과 병량의 확보는 물론 그보다도 아군 선박을 적에게 넘겨줘서는 안 된다, 고 하는 절박한 상황에 처해있었다.

또 하나 주목해야 할 것은 당시 〈경신년의 왜구〉는 1600여필에 달하는 말을 지니고 있었다는 사실이다.[44] 다나카 다케오(田中健夫)는 당시에는 말의 해상 수송이 어려웠다, 고 하면서 왜구의 실체가 "고려의 제주도민 내지는 화척(양수척)·재인 등과 같은 이동생활을 하는 집단이 왜구와 연합하였거나 왜구를 가장하고 한 것"[45]이라고 주장하기도 했다. 또 다카하시 기미아키(高橋公明)는 "왜구 집단의 대장인 아지발도 또한 제주도 출신

42) 이때, 기쿠치의 와이후죠(隈府城)와 요시나리(良成) 친왕의 거처인 소메즈라죠(染土城)를 공격해 마침내 이를 함락했다. 앞의 주(29) 책.

43) 와다누키 도모코, 「戦争と海の流通」 小林一岳·則竹雄一編, 『戦争Ⅰ. 中世戦争論の現在 - ものから見る日本史』, 青木書店, 2004年.

44) 『고려사』 권126, 열전39, 변안렬.

45) 다나카 앞의 주(8) 논문 참조.

일 가능성이 높다."[46]고 했다.

그러나 도다 요시미(戸田芳實)는 마쓰라토의 영주(領主)들은 소 목장(牛牧)을 관리하고 현지에서 생산하는 소의 목양(牧養)·수송·매매에 관계하였을 것이라고 추정했다.[47] 그리고 아미노 요시히코(網野善彦)는 마쓰라토 무사들의 소령 내의 마키(牧場)의 존재에 주목해, 남북조 시대 마쓰우라(松浦) 지방에서 사육되고 있었던 말은 군사적인 용도로 사용되었을 것이라고 추측했으며,[48] "마쓰라토를 위시한 서북 규슈의 영주들이 자기 목장에서 사육한 말을 타고 '왜구'에 가담한 것이라고도 생각할 수 있다"고 하였다.[49] 마쓰라토에 대한 아미노씨의 지적은 마쓰우라 지역과 인접한 다카기 지역에 대해서도 적용된다.

남북조 내란기에 마쓰라토의 일부가 정서부의 일원으로서 고려를 침구하고 있었던 사실은 이미 앞에서 언급한 바와 같다.[50] 그런데 미나미 다카기군(南高来郡) 즉 시마바라 반도(島原半島) 또한 예로부터 주요한 목장지대였다. 명치(明治) 시대까지만 해도, 이곳의 주산물은 연초(담배)와 더불어 소와 말이었다. 명치 26(1893)년의 미나미 다카기군(南高来郡)의 『쵸손요람(町村要覽)』에 의하면 소가 8223두(頭), 말이 13798필이나 있었다.[51] 500척으로 구성된 〈경신년 왜구〉가 지니고 있었던 1600여의 마필도 다카기 지방에서 선적해 온 것이라고 충분히 생각할 수 있는 것이다.

---

46) 다카하시 기미아키, 「中世東アジア海域における海民と交流」 『名古屋大学文学部研究論集』 史学33, 1987.

47) 도다 요시미(戸田芳實), 「御厨と在地領主」 木村武夫編, 『日本史の研究』, ミネルバ書房, 1970.

48) 아미노 요시히코는 "青方浦의 마키에는 소도 방목되고 있었지만 오히려 말의 목양이 중심으로 작은 말을 매년 방목함으로써 그 증식을 꾀하였다고 생각되는데 말은 군사적인 용도에 사용되는 경우가 적지 않았음에 틀림없다"고 했다. 「西海の海民社会」 『東シナ海と西海文化』 海と列島文化4, 小学館, 1992.

49) 아미노, 같은 논문.

50) 이영, 앞의 주(2) 논문.

51) 『熊本県の地名』(郷土歴史大事典), 平凡社, 1985.

정서부가 선박을 대피(待避)시켜야 했고 또 병량을 구해야만 했다면 반대로 료슌은 정서부에 대한 '효로제메'를 성공시켜야 했다. 그러기 위해서는 기쿠치 일대의 여러 성들을 포위해 농사를 짓지 못하는 상태를 계속유지해야 했다. 또 외부에서 병량을 조달해 농성 중인 정서부에 전달하지못하도록 해야했다.

그런데 료슌은 왜구를 금압해야 한다는 임무도 띠고 있었다. 막부가 특별히 료슌을 규슈탄다이에 임명한 것은, 바로 공민왕 15년의 왜구 금압을요구하는 사절의 일본 내왕이 그 계기가 되었다.[52] 즉 그때까지 10년 동안방치 상태와 다름없었던 정서부 세력에 대해 막부가 적극적인 군사 공세를 취하기 시작한 것은 고려나 중국(명)이 왜구를 빌미로 해서 다시 침공해오는 명분을 만들 수 있다고 하는 위구(危懼) 때문이었다.[53] 더욱이 3년전 우왕 3(1377)년 9월 정몽주가 일본에 사절로 왔다. 그는 이마가와 료슌과 최담하고 두 나라가 명 태조 홍무제의 침공 위협 앞에 '순망치한'의 관계임을 공감한다.[54] 그리고 이러한 난국을 타개하기 위해서는 무엇보다도한시 빨리 정서부를 제압해 왜구를 금압해야한다는 결론에 도달한다.

따라서 료슌은 왜구 금압을 위해 정서부와 쇼니씨 세력을 제압해야 했는데, 여기에는 문제가 있었다. 그것은 '풍선 효과'와 같은 것이었다. 즉한쪽을 누르면 다른 한쪽으로 풍선이 삐져나오는 것처럼, 정서부에 대한군사 공격을 강화하면 할수록 병량 확보를 목적으로 하는 왜구의 침구 또한 활발해지는 것이었다.[55] 당시 료슌은 정서부를 토벌하면서 동시에 왜구의 침구를 막아야한다는 어려운 문제를 안고 있었던 것이다.

---

52) 이영, 「14세기의 동 아시아 국제 정세와 왜구 - 공민왕 15년(1366)의 금왜 사절의
　　파견을 중심으로 -」『한일관계사연구』 26, 2007 참조.
53) 이영, 「14세기의 동 아시아 국제 정세와 왜구 - 공민왕 15년(1366)의 금왜 사절의
　　파견을 중심으로 -」『한일관계사연구』 26. 2007 참조.
54) 이영, 「고려 말 대일 외교의 신기조와 정몽주의 일본 사행」『한일관계사연구』
　　84, 2024 참조.
55) 이 문제에 관해서는 이영, 「왜구와 마산」 앞의 주(3) 연구서와 앞의 주(2) 논문.

따라서 정서부를 토벌하고 동시에 왜구를 금압하기 위해서는 정서부가 막부에 대한 저항을 완전히 포기할 때까지 그 군사력과 저항 의지를 분쇄해 제압해야만 했다. 이는 "규슈만 평정된다면 해적은 금지시킬 수 있을 것임을 하늘과 태양을 두고 맹세한다"[56]고 한 일본 측(료슌)의 입장표명과도 상호 부합되는 것이다.[57]

따라서 료슌으로서는 남조 수군들이 병량을 구하기 위해 고려나 중국으로 침구하는 것, 즉 '왜구화(倭寇化)'되는 것을 막아야했다.

이렇게 생각하면 '기쿠치에 대한 봉쇄는 그 외곽 지역인 '아리아케카이''에 대한 봉쇄'라는 이중의 잠금장치에 의해 비로소 완성되는 것이었다. 그리고 '아리아케카이'에 대한 봉쇄는 왜구 선박에 대한 '해안 봉쇄'의 의미도 겸하고 있었다.

이에 대해 가와조에 쇼지도 필자와 비슷한 견해를 제시한 바 있다.

> 료슌이 나카아키(仲秋)·미쓰노리(満範)·요시노리(義範) 등을 연이어 히젠(肥前)에 파견해 그 대책을 논의하고 있는 것은, 하나는 히젠 다카기·히고 아마쿠사 등의 해적(왜구)의 기동력과 그 향배를 문제로 삼고 있기 때문이다. 특히 료슌은 아마쿠사의 해적이 기쿠치씨와 결합하는 것을 두려워하고 있었다. 료슌이 규슈를 제패할 수 있었던 이유중 하나는 시코쿠(四国)·히젠(肥前)·히고(肥後) 등의 해적(일부는 항상 왜구가 되었다)을 장악하고 규슈 전역을 해상에서 거의 봉쇄할 수 있었기 때문이다.[58]

가와조에는 확실한 사료적 근거를 제시하지는 않았지만, 다카기와 아

---

56) 「其國僧周佐寄書曰, ㉠惟我西海道一路九州亂臣割據, 不納貢賦, 且二十餘年矣, ㉡西邊海道頑民觀釁出寇, 非我所爲, ㉢是故朝廷遣將征討, 架入其地, 兩陣交鋒, 日以相戰, ㉣庶幾克復九州, 則誓天指日, 禁約海寇」『고려사』 권133, 열전46, 우왕2년 10월.
57) 이 문제에 관한 구체적인 내용은 이영, 앞의 주(2) 논문.
58) 가와조에, 앞의 책.

마쿠사의 해적을 왜구로 상정하고 있었으며 또 그들과 기쿠치씨(菊池氏)와의 관련 가능성에 대하여 언급하고 있다. 이 점에서 탁견(卓見)이라 할 수 있다. 〈사료 1〉과 〈사료 2〉에서 본 것처럼 료슌이 시코쿠(四国) 지방의 해적 '미다라이야쿠시'를 동원해 다카기와 아마쿠사 지역의 수군 세력과 선박을 접수하게 한 것은 바로 이러한 이유, 즉 '왜구 선박에 대한 해안 봉쇄'의 의미도 겸한 것이었다, 고 생각한다.

다시 말해서 료슌에게 있어서 '정서부의 소탕'과 '왜구의 금압'은 동전의 양면과도 같았다.[59] 따라서 다카기·아마쿠사 지역의 선박을 접수하는 것은 료슌에게 있어서 다음과 같은 의미를 지녔다.

첫째, 외부로부터 병량미를 운송해오지 못하도록 함으로써, 당시 료슌의 "효로제메(兵糧攻め)"의 이중의 잠금장치를 만드는 것이다.

둘째, 두 지역의 선박을 몰수함으로써, 이 지역의 수군이 '왜구화'하는 것을 막기 위한 것이다.

셋째, 이들 수군 세력을 자군(自軍)에 편입시켜서 남부 규슈 지역에 대한 공세로 활용하는 것이다.

6. 〈경신년 왜구〉의 실상

지금까지의 고찰은 어디까지나 동시대의 고려 측 사료와 일본의 문헌 사료가 시간적으로 상호 모순되지 않는다는 것을 전제로 해서 추정해온 것이다. 그렇지만 실제로 지금까지 인용해온 어떤 사료도 〈경신년 왜구=다카기·아마쿠사의 수군 세력〉설의 직접적인 증거라고 할 수는 없다. 따라서 이하, 고려와 일본 양국의 문헌 사료를 활용해 지금까지의 고찰을

---

59) 이마가와 료슌의 대(対) 왜구 금압책은 사료상에 명백한 형태로 드러나지 않고 있는데, 그 이유는 바로 여기에 있었다고 할 수 있다. 즉 정서부와 쇼니씨에 대한 군사적 제압이야말로 근본적인 왜구 대책이었던 것이다.

입증할 수 있는지 고찰해보자.

〈경신년 왜구〉가 『고려사』의 기록대로 정확하게 500척이었다면, 거기에 승선한 인원도 적지 않았을 것이다. 내전 중이던 당시에 500척의 선단에 타고 왔을 병력의 규모는 결코 적은 숫자가 아니었을 것이다. 일본의 연구자들이 『고려사』의 기록을 선뜻 신뢰하지 않는 것도 이해하지 못할 바는 아니다[60]고 할 수 있다. 그러나 1380년 6월-7월 당시의 규슈는 격전이 진행 중인 상태가 아니라, 기쿠치 일대를 중심으로 양군이 포위·농성 상태 속에서 대치하고있었다. 그리고 다카기·아마쿠사 지방을 중심으로 한 아리아케카이 일대에서는 별다른 전투가 없었다. 따라서 선박의 대피를 주목적으로 하는 것이었다면 500척이라는 대 선단의 이동도 충분히 가능했다, 고 할 수 있다.

그런데 흥미로운 것은 『고려사』의 〈경신년 왜구〉의 규모에 대한 서술이다. 즉 "노획한 마필(馬匹)이 1600여 필이고, 기타 무기는 헤아릴 수 없었다"[61] "처음에 적의 병력은 아군의 10배나 되었는데 70여 명이 겨우 살아 지리산으로 도망 쳤다."[62] "장병들이 모두 다 만세를 부르며 적의 수급(首級)을 산더미같이 쌓아 올렸다"[63]라고 기록하고 있는 점이다. 이는 아주 애매모호한 서술이라 할 수 있다. 왜냐하면, 전투에서 압승했으며 도주한 적의 병력이 70여 명이라는 사실까지 정확하게 파악하고 있으면서, '몇 명의 적을 살해하고 포로로 잡았는지'를 몰랐다고는 할 수 없기 때문이다. 이는 의도적으로 구체적인 기록을 하지 않은 것으로 생각된다.

필자는 그 이유를 다음과 같이 생각한다. 즉 〈경신년 왜구〉의 병력은 500척이라는 선박의 숫자에 어울리지 않을 정도로 소수였다. 그렇지만 그 병력을 정확하게 기록하면 이성계의 무공이 대단치 않은 것으로 평가될

60) 앞의 (8) 다나카 다케오와 주(9) 다카하시 기미아키의 논문.
61) 앞의 주(44) 사료.
62) 앞의 주(44) 사료.
63) 앞의 주(44) 사료.

수 있다. 그러나 그렇다고 해서 허위로 기록할 수는 없었다. 그 결과, 왜
구 집단의 병력 규모를 애매하게 표현한 것이 아닐까라고 생각한다.[64]

이처럼 〈경신년 왜구〉의 규모에 관한 『고려사』의 애매모호한 기록은
달리 생각하면 그만큼 〈경신년 왜구〉에 관한 다른 부분의 기록이 신뢰할
수 있음을 의미한다. 그리고 이것은 또 당시의 왜구 병력이 500척의 선단
에 부합되지 않을 정도로 소수였다는 것을 시사해주는 것이다. 또한 〈경
신년 왜구〉들의 주요한 침구 목적이, 필자가 추정한 바와 같이 '선박의 대
피'에 있었음을 방증해준다고 할 수 있다. 이 점에서도 〈경신년 왜구〉와
당시의 다카기·아마쿠사 지역의 상황이 모순되지 않음을 알 수 있다.[65]

그러면 〈경신년 왜구〉의 실체가 다카기·아마쿠사의 수군 세력이었음
을 보여주는 일본 측 문헌 사료는 없을까? 이 문제를 풀기 위해 당시 일본
의 군사정보 수집 및 전달 상황에 대하여 살펴보고 이어서 왜구에 관한
정보 수집과 그 전달의 매개 역할을 했던 려일 양국의 외교교섭에 대하여
고찰해보자.

〈사료 1〉과 〈사료 2〉를 보면, 6월 2일에서 14일 사이의 약 13일 동안에

---

64) 진포구에서 선단을 지키고 있다가 화포 공격으로 사망한 왜구들의 숫자도 적지
않았다. 앞의 주(44) 사료에 다음과 같은 내용이 있다.
"(전략) 처음으로 화포를 써서 그 배를 불태우니, 연기와 화염이 하늘에 넘쳐 적
이 거의 다 타죽었고, 바다에 빠져 죽은 자도 또한 많았다. (후략)"(『고려사절요』
제31권. 우왕 6년 8월). "진포에 이르러 화포로 그 선박을 불지르니 배를 지키던
적들이 불에 타고 물에 빠져서 거의 전멸되었다. (후략)" 그렇지만 황산 전투에서
의 적 병력의 규모는 정확하게 파악할 수 있었음에도 불구하고 그 정확한 숫자를
기록하지 않았던 것은 이상과 같은 이유로 생각할 수밖에 없다.
65) 이렇게 생각하면 다나카의 지적, "쓰시마 만의 왜구 집단으로는 너무나도 그 규
모가 크다"는 논의의 출발부터 빗나간 것이었음을 알 수 있다. 항해상의 안전이
나 또는 수로 및 침구지 선정 등을 위해 쓰시마 사람들의 도움이 필요했을 것이
고, 따라서 고려로 오는 도중에 쓰시마를 거침으로써, 쓰시마의 선박들이 일부 가
세했을 가능성도 전혀 없지는 않지만, 당시 왜구의 주력은 쓰시마 세력이 아니었
다. 또 500척이라는 선박의 숫자만 가지고 산술적으로 병력을 추정해서는 안 되
는 것이었다.

다카기·아마쿠사 지역의 선박들이 사라졌음을 알 수 있다. 그러면 다음과 같은 문제를 제기할 수 있을 것이다. 어떻게 13일이라는 단기간에, 북조 측이 공격해올 것이라는 군사정보가 다카기·아마쿠사의 수군 세력들에게 전해졌으며, 또 500척이나 되는 대선단을 어떻게 단 시간내에 끌어모아서, 북조의 공격이 개시되기 전에 '아리아케카이'에서 벗어날 수 있었을까, 라는 것이다.

이러한 의문은 남북조 내란 당시의 정보 공유와 전달의 신속성에 대한 사토 가즈히코(佐藤和彦)의 설명으로 대신하고자 한다. 즉 그는 "이해하기 어려운 일이지만, 전투가 없어서 짧은 휴식이 가능한 평온한 날에는 남조와 북조의 병사들이 하나가 되어 목욕탕에서 휴식을 취했다"[66] 고 언급했다. 남북조 내란 당시에는 전시(戰時)라고는 생각하기 어려울 정도로 군사정보를 손쉽게 수집할 수 있는 환경이었다. 그러나 아무리 전시 상황에서의 정보 공유와 정보 전달의 신속성을 감안한다 하더라도, 불과 13일 사이에 료슌이 규슈 최남단의 네지메 키요히사에게 보낸 편지 내용이 누설되어, 이에 따라 다카기·아마쿠사 지역의 남조 수군들이 선박 500여척을 이끌고 고려로 도피를 겸한 침구를 행했다고 하는 것은 여전히 순순히 납득하기 어려울 정도로, 신속한 대응이었다고 하지 않을 수 없다. 이 문제를 어떻게 생각하면 될까? 이와 관련해서 다음의 〈사료 6〉을 보자.

6. 무로마치 막부 미교쇼 안(室町幕府御教書案)
오스미 지방의 아쿠토(悪党)들이 고려를 침구해 난폭한 행동을 하는 것을 제지시키고 만약 이 명령을 따르지 않으면 특별 조치를 취할 터이니 보고하라.[67]

---

66) 사토 가즈히코(佐藤和彦)『日本中世の内乱と民衆運動』, 校倉書房. 1996년.
67) 「永徳元年八月六日室町幕府御教書案」『大隅祢寝文書』南北朝遺文 九州編, 5763호.
(端裏書)
「京都御教書案」
(大隅国)

이 〈사료 6〉은 에이토쿠(永德) 원(1381)년 무로마치 막부의 관령(管領) 시바 요시마사(斯波義將)가 쇼군의 뜻을 받들어서 오스미(현재의 가고시마현 동부) 지방의 슈고(守護)인 이마가와 사다요(今川貞世=료슌은 法名)에게 보낸 문서이다.[68] 이 〈사료 6〉을 통해 규슈의 최남단 오스미 지방에서도 고려에 침구한 왜구들이 있었음을 알 수 있다. 막부의 쇼군은 멀리 교토에 있으면서 규슈 최남단 오스미 지방의 아쿠토(惡党)들이 고려에 침구해 간다는 정보를 어떻게 입수했을까? 그것은 바로 규슈탄다이 료슌의 보고를 통해서였을 것이다.

쇼군의 미교쇼(御教書)라는 형식을 띤 문서라면, 확실한 정보에 입각한 것이었다고 할 수 있다. 왜냐하면 료슌이 불확실한 정보나 허위사실을 쇼군에게 보고했으리라고는 생각하기 어렵기 때문이다.

그렇다면 료슌은 이 정보를 어떻게 입수했을까? 필자는 다음과 같은 점에서 료슌은 이 정보를 고려를 통해 얻은 것으로 생각한다.

경인년(1350) 이후, 왜구 금압을 목적으로 고려가 사절단을 최초로 파견한 것은 이미 언급한 바와 같이 공민왕 15(1366)년이었다.[69] 그해 일본(정확한 주체는 불명)이 2차례, 대마도가 2차례 고려에 사자를 파견해왔다(〈표 2〉 참조). 이후 약 8년 동안 일본으로부터의 사절 파견은 단절된다. 그러다가 우왕 원년(1375) 2월에 나흥유가 사절로 일본에 온다.[70] 그는 다

當國惡黨人等渡高麗致狼藉由事, 最密可加制止, 若猶不承引
                                              (足利義滿)
者, 爲有殊沙汰可注申候, 右之狀依仰執達如件,
                                              (斯波義將)
     永德元年八月六日   左衛門佐御判
       (今川貞世·了俊)
       大隅國守護

68) 당시 이마가와 료슌은 규슈탄다이와 오스미 지방을 비롯한 규슈 여러 지역의 슈고를 겸하고 있었다. 이 문제에 관해서는 야마구치 다카마사(山口隼正), 『南北朝期九州守護の硏究』, 文献出版, 1989 참조.
69) 이 문제에 관해서는 이영, 앞의 주(52) 논문.

음 해 우왕 2년(1376) 10월에 귀국하는데 그때 막부는 고려 출신의 승려
인 양유를 파견한다.[71] 그러나 공교롭게도 나흥유가 귀국한 바로 다음 달
인 11월부터 왜구의 침입은 줄어들기는커녕 오히려 더 격화되어간다. 그
러자 고려는 다음해 우왕 3(1377)년 6월, 이번에는 안길상을 보내어 항의
하고, 이에 료슌은 곧라보 7월에 부하 신홍(信弘)을 고려에 파견한다.

신홍의 고려 내방에 대한 답례사로 고려는 우왕 3년(1377) 9월, 당대
최고의 학자이며 명신(名臣)으로 알려진 정몽주를 파견한다. 정몽주가 도
착했다는 소식에 료슌은 히고의 진영(陣營)에서 서둘러 하카타(博多)로 돌
아왔다.[72] 이후 고려와 일본 간에는 빈번하게 외교사절이 왕래하며 신뢰
관계를 쌓아간다.

다음의 〈표 2〉와 〈표 3〉에서와 같이, 1375년 이후 고려와 일본 간의 사
자 파견을 보면, 1375년(고려 1회), 76년(일본 1회), 77년(고려 2회, 일본
1회), 78년(고려 1회, 일본 3회), 79년(고려 1회, 일본 3회), 80년(고려 1회,
일본 1회) 등 양국 간에는 빈번하게 사신의 방문이 이루어진다. 이후 91년
(고려 1회, 일본 3회)의 경우를 제외하고 대개 몇 년에 1회 정도 수준임을
고려할 때, 77년(3회), 78년(4회), 79년(4회), 80년(2회)는 양국의 사신 왕래

70) 『고려사』 권133, 열전46, 우왕 원년 2월.
71) 『고려사』 권133, 열전46, 우왕 2년 10월. 나흥유는 경서(經書)와 역사를 많이 공
부해 전대(前代)의 고사(故事)에 밝았으며 중국과 고려의 지도를 편찬하기도 하였
으며 우왕의 국에 손수 간을 맞춰주기도 한 측근 중의 측근이었다. 그리고 그와
함께 고려로 온 일본의 승려 양유는 본래 고려의 중이었다(『고려사』 권114, 열전
27, 나흥유). 나흥유는 일본에서 약 1년 9개월의 시간을 보냈다. 물론 그가 일본
에 건너가자마자 첩자로 오해받아 일시적으로 구속 상태에 있었다고는 하지만
그의 지리와 역사, 경서에 대한 해박한 지식, 그리고 고려 출신 승려 양유를 통한
정보 입수, 우왕의 측근 중의 측근이라고 하는 제반 상황을 고려할 때, 그가 가지
고 온 일본에 대한 정보는 이후 고려 조정이 왜구 대책을 수립하는데 있어서 중
요한 영향을 미쳤을 것으로 생각해도 좋을 것이다.
72) 「永和四年二月日深堀時勝代時澄軍忠状」 『南北朝遺文』 九州編 5452호 『深堀家文
書』.

가 집중적으로 이루어졌던 시기임을 알 수 있다. 그런데 77년-80년은 왜구의 침구가 가장 절정에 달했을 기간이었다.[73]

그리고 〈표 2〉에서 보듯이 대마도에 간 경우나 병으로 3년 6개월 동안 체재한 안길상의 경우를 제외하고, 고려 사신들은 대개 최소 8개월에서 최대 1년 9개월 동안이나 일본에 체재하고 있었음을 알 수 있다. .

〈표 2〉 고려의 대일 사신 파견

	사신	파견 연월	귀국 연월	기간	직책	행선지	비고(일본 측의 대응)
1	김용	공민왕15년 (1366) 8월	공민왕17년 (1368) 정월	약1년 6개월	만호좌우위 보승중랑장	교토	원나라 첩장(?)을 전달.
2	김일	공민왕15년 (1366) 11월	공민왕17년 (1368) 정월	약1년 3개월	검교중랑장	교토	승려 범탕과 범류의 파견 답례.
3	이하생	공민왕17년 (1368) 7월	공민왕17년 (1368) 11월	약5개월	강구사	대마도	대마도 만호 송종경이 사자를 파견.
4	나흥유	우왕 원년 (1375) 2월	우왕2년 (1376) 10월	약1년 9개월	판전객시사	대재부 교토	고려 출신 승려 양유의 파견. 승려 주좌의 편지.
5	안길상	우왕3년 (1377) 6월	우왕6년 (1380)11월,일본에서 사망	약3년 6개월	판전객시사	대재부	답례사 승려 신홍을 파견. 今川了俊의 서한 전달.
6	정몽주	우왕 3년 (1377) 9월	우왕4년 (1378) 7월	약11 개월	전대사성	대재부	승려 신홍과 군사 69명과 주맹인을 고려에 파견.
7	한국주	우왕4년 (1378) 10월	우왕 5년 (1379) 5월	약 8개월	판도판서	대재부	大內義弘, 朴居士와 군사 186명을 고려 파견.
	이자용	우왕4년 (1378) 10월	우왕 5년 (1379) 7월	약10 개월	전사재령	대재부	今川了俊, 포로 230명을 고려로 송환.
8	윤사충	우왕 5년 (1379) 5월	불명	불명	검교예의 판서	대재부 교토	大內義弘報에 대한 聘使로 파견(?).
9	방지용	불명	우왕6년 (1380) 11월	불명	중랑장	대재부	探題將軍五郎兵衛등 사신 내왕. 토산물을 바침.
10	방지용	불명	우왕9년 (1383) 5월	불명	군기윤 (軍器尹)	불명	귀국 길에 왜적의 포로가 되었다 생환함.
11	송문중	공양왕 3년 (1391) 10월	불명	불명	판종부시사	대재부	동년8월의 今川了俊의 사자 파견에 대한 답례사.

*〈표 2〉는 『고려사』의 기록에 의한 것임.

---

73) 이영, 「왜구와 마산」, 앞의 주(3) 책의 〈왜구 침구표〉.

〈표 3〉 일본의 대 고려 사자(使者) 파견

	이름	파견 연월	파견주체	사자신분	비고
1	범탕·범류	공민왕 17(1368) 정월	막부	승려	김일의 파견에 대한 답례사
2	불명	공민왕 17(1368) 7월	불명	불명	
3	불명	공민왕 17(1368) 7월	대마도만호	불명	토산물을 바침.
4	불명	공민왕 17(1368) 11월	대마도만호	불명	쌀 1천석을 하사함.
5	양유	우왕 2년(1376) 10월	막부	고려(승려)	승려 주좌의 서신을 전달.
6	신홍	우왕 3년(1377) 8월	今川了俊	승려	일본국 료슌의 서신전달
7	신홍	우왕 4년(1378) 6월	源了浚	승려	69명의 병사를 딸려 보냄.
8	주맹인	우왕 4년(1378) 7월	源了浚	불명	
9	불명	우왕 4년(1378) 11월	패가대왜인	불명	
10	법인	우왕 5년(1379) 2월	불명	승려	조빙하고 선물을 바침.
11	박거사	우왕 5년(1379) 5월	大內義弘	승려	186명의 병사를 이끌고 옴.
12	불명	우왕 5년(1379) 7월	今川了俊	불명	고려인 230여명을 송환.
13	오랑병위	우왕 6년(1380) 11월	今川了俊	탐제장군	
14	불명	우왕 9년(1383) 9월	불명	불명	고려인 112명을 송환.
15	불명	우왕 10년(1384) 7월	불명	불명	고려인 남녀 92명을 송환.
16	불명	우왕 12년(1386) 7월	패가대	불명	고려인 150명을 송환.
17	불명	우왕 14년(1388) 7월	묘파, 료슌	불명	토산물과 250명을 송환.
18	주능	공양왕 2년(1390) 윤4월	今川了俊	승려	토산물을 바침.
19	불명	공양왕 3년(1391) 8월	源了浚	불명	고려인 68명을 송환.
20	도본	공양왕 3년(1391) 10월	현교	승려	칭신(稱臣)의 표문(表文).
21	불명	공양왕 3년(1391) 11월	今川了俊	불명	방물(方物)을 바침.
22	불명	공양왕 4년(1392) 6월	불명	불명	불경을 구하고 방물을 바침.

*今川了俊와 源了俊는 동일 인물로 이마가와 료슌을 의미함.

이처럼 양국은 빈번한 사신들의 왕래를 통하여 상대국의 국내 사정이나 왜구의 정체·침구 배경 등에 대하여 상당히 구체적인 정보를 공유하게 되었다. 〈표 3〉의 6의 사료를 보다 구체적으로 살펴보자.

7. 일본이 답례사로 승려 신홍을 보내왔는데 그 글에 이르길, "귀국을 침범하는 도둑들은 우리나라에서 도망쳐 간 무리로, 우리 명령을 준수하지 않

으니 금지하기가 쉽지 않다."고 했다.[74]

여기서 신홍은 〈표 3〉의 7에서 보듯이 료슌의 부하였다. 이 〈사료 7〉은 이 해(1377) 정월 13일에 규슈의 치후(千布)·니나우치(蜷打) 전투에서 료슌이 승리한 직후, 패잔병들이 고려를 침구한 것을 고려가 그해 6월에 안길상을 파견해 항의하자(〈표 3〉의 5), 료슌이 부하 신홍을 답례사를 파견해 해명한 것이다. 여기서 료슌은 당시 왜구를 "우리나라(일본)에서 도망쳐간 무리", 라고 하며, "금지하기가 쉽지 않다."고 솔직히 고백하고 있다. 이처럼 당시 양국은 사신의 왕래를 통해 왜구에 관한 정보를 교환, 공유하면서 상호 간에 신뢰를 쌓아갔다.

이상과 같은 고려-일본 간의 빈번한 사신 왕래를 고려하면, 〈사료 6〉의 '무로마치 막부 미교쇼 안'에 실려 있는 정보도 료슌의 대(対) 고려 외교 접촉을 통해서 입수한 것으로 봐야 한다.

여기서 주목하고 싶은 것이 〈경신년 왜구〉의 침구로부터 약 5개월이 지난 같은 해 11월의 다음 사료다.(〈표 3〉의 13).

    8. "일본압물중랑장 방지용이 돌아왔는데, 탐제장군 오랑병위등과 같은 사
    자를 데리고 와서 토물(土物)을 바쳤다."[75]

여기서 문제로 삼고 싶은 것은 〈표 2〉에서 보듯이 공민왕 15(1366)년 8월에 파견된 김용과 11월에 파견된 김일의 예를 제외하고, 공민왕 19(1368)년 이후 공양왕 3(1391)년에 이르기까지 모두 24년 동안 9회에 걸쳐서 파견된 사신들은 방지용(일본압물중랑장, 군기윤)만 빼고 모두 다 문관

---

74) 『고려사』 권133, 열전46, 우왕 3년 8월 무오.
75) "日本押物中郎將房之用還, 探題將軍五郎兵衛等使偕來, 獻土物", 『고려사』 권134. 열전47, 우왕6년 11월 신묘.

(文官)이었다는 사실이다.[76] 그런데 방지용의 관직인 '중랑장' 앞에 '일본 압물'이라는 특별 명칭이 첨가되어있는 것이 주목된다. 이 '일본 압물'이 구체적으로 무슨 의미인지는 알 수 없다. 그런데 무관(武官)인 김용의 '만호좌우위보승'은 직책과 부대의 명칭 및 종류를, 김일의 '검교'는 정원 초과의 임시직임을 표시하고 있는데 반해, '일본 압물'은 직책이 아니라 '강구사(講究使)'와 같이 특수 임무를 표시한 것으로 생각된다.[77] 단순히 한자의 자의(字意)만으로 해석하자면, '일본으로(또는 일본의) 물건을 가져가는' 정도의 의미이다.[78] 어쨌든 '특수 임무'를 띤 무관이 파견되었다는 점을 간과할 수 없다.

그런데 방지용이 귀국할 당시, 그와 함께 일본이 고려에 파견된 '탐제 장군 오랑병위'라는 인물 또한 〈표 3〉에서 보듯이 '무관(=장군)'이 사자로 파견된 유일한 사례였다.[79] 따라서 〈사료 8〉은 고려와 일본 양국이 모두

---

76) 판전객시사(나흥유, 안길상)는 외교 업무를 담당하는 부서의 벼슬, 판도판서(한국 주)는 호부(戶部)의 판서이며, 전(前) 사재령(이자용)은 해산물의 조달과 하천의 교통을 담당하던 사재시(司宰寺)에 속한 벼슬, 검교예의판서(윤사충)는 예의사(禮儀司)에 속한 벼슬로, 검교(檢校)는 정원을 초과해 임시로 둔 관직을 의미한다. 전 대사성(정몽주)은 성균관에 속한 벼슬이고, 판종부시사(송문중)는 왕실의 보첩(譜牒)을 담당하던 관청인 종부시(宗簿司)에 속한 벼슬이었다.

77) 강구사(이하생)는 『고려사』에 단 한 번밖에 보이지 않는데, 이는 정식 관직이라고 하기보다는 '특별한 임무'(講究使)라는 단어에서, '대마도를 설득해 왜구의 침구를 금하는 임무'로 추정됨)를 띠고 파견된 사절을 의미하는 것으로 생각된다. 이하생은 반란을 일으켰던 제주도민들이 항복하자, 조정에서 그를 안무사(按撫使)로 파견했다. 고 하는 기사(『고려사』 공민왕 21년 5월 무술)가 보이는 것으로 볼 때 '설득에 뛰어난' 문관으로 생각된다.

78) 『고려사』 권67, 志卷21, 禮9의 「王子 王姬를 책봉하는 의식」에 '압물(押物)'이라는 용어가 집중적으로 보이는데 여기서는 주로 '예물(禮物)'의 의미로 사용되고 있다. 따라서 '일본압물 중랑장'을 단순히 '일본으로 예물을 가져가 전달하는 중랑장'의 의미로 생각할 수도 있을 것이다.

79) "探題將軍五郎兵衛等使"를 어떻게 해석해야 할까? 탐제가 규슈탄다이(九州探題) 즉 이마가와 료슌(今川了俊)을 가리키는 것은 이미 재론(再論)의 여지가 없을 것이다. 문제는 '탐제의 (부하)장군인 오랑병위'인지 아니면 '탐제장군 오랑병위'인

다 정식 무관을 사자로 파견한 유일한 사례로, 당시의 사절 파견이 특별
한 군사적인 의미를 지니고 있었음을 짐작하게 한다.

왜구의 침구가 절정에 달했던 시기인, 1377년에서 81년까지 고려는 거
의 매년 왜구의 금압을 요구하며 항의하는 사절을 파견했고 그에 대응하
는 형태로 일본도 사절을 파견해왔다. 사절 파견 시, 일본 측에 선물을 가
져가는 것은 당시의 외교 관례였다. 따라서 '일본 압물'의 내용이 관례적
(慣例的)인 선물이었다면, 새삼스럽게 구체적으로 명기할 필요가 없지 않
았을까? 이런 관점에서 생각하면, '일본 압물'의 의미는 '(압수한) 일본의
물건을 일본으로 가져가는'이라는 뜻으로도 생각할 수 있다. 즉 앞에서 인
용한 "노획한 마필(馬匹)이 1600여 필이고, 기타 무기는 헤아릴 수 없었

가 하는 것이다. 규슈탄다이 료슌에 관해 다른 사료에는 '관서성(關西省) 탐제(探
題) 원료준(源了俊)'(『고려사』권137, 열전50, 우왕 14년 7월 기묘), '일본관서구
주절도사(日本關西九州節度使) 원료준(源了俊)'(『고려사』권45, 세가45, 공양왕 2
년 5월 신해), 일본구주절도사(日本九州節度使) 원료준(源了俊)'(『고려사』권46,
세가46, 공양왕 3년 8월 계해), 일본국 원료준(『고려사』권46, 세가46, 공양왕 3
년 11월 무자) 등의 사례가 보인다.
여기서 '관서성 탐제'와 '관서구주절도사', 그리고 '구주절도사'가 '규슈탄다이'와
같은 의미로 사용되고 있음을 알 수 있다. 그렇다면 '탐제'는 고려의 관직인 '절도
사'와 같은 의미라 할 수 있다. 따라서 〈사료 9〉의 '探題將軍'을 '절도사 겸 장군
'으로 해석할 수는 없다. 왜냐하면 '절도사 겸 장군'은 료슌이어야 하는데, 뒤에
나오는 이름이 '五郎兵衛'인 것을 보면, '探題將軍五郎兵衛'는 '탐제의 (부하)장군
인 오랑병위'로 해석해야 한다. 왜냐하면 '오랑병위'는 절대로 료슌을 지목하는
것이 아니기 때문이다. 즉 〈사료 8〉은 일본에 물건을 가지고 갔던 중랑장 방지용
(房之用)이 탐제(探題=료슌)의 장군(將軍) 오랑병위(五郎兵衛)등 사자와 함께 돌아
와 토물을 바쳤다.고 하는 내용이다.
고려에 온 탐제의 장군 오랑병위가 어떤 사람이었는지 정확히 알 수 없다. 그런
데 위의 〈표 3〉을 보면 장군이 사자로 온 경우는 단 1번의 사례밖에 없는 극히
이례적인 파견 이었다. 일본이 고려에 파견한 사자는 대개의 경우 승려였음을 알
수 있다. 우왕4년(1378) 6월에 69명의 병사를 인솔하고 온 신홍과, 우왕5년(1379)
5월에 186명의 병사를 이끌고 고려에 온 大內義弘의 부하 朴居士의 경우도 승려
신분이었다. 물론 승려라고 기록되어 있었어도 실제로는 무사였지만, '오랑병위'
가 장군으로 표기되었다는 사실은 주목할 필요가 있다.

다."고 해 이성계가 아지발도의 군세를 무찔렀던 〈황산 전투〉에서 고려군
이 압수한 무기가 상당히 많았음을 알 수 있다. 그 가운데에는 무사단의
기치(旗幟)도 포함되어 있지 않았을까?[80] 따라서 방지용은 그러한 물건 중
일부를 일본에 전달하는 임무를 띠고 일본에 파견되었고, 이에 대응해 일
본 측이 파견한 것이 탐제장군 오랑병위였다고 생각한다.[81]

　따라서 오랑병위의 임무가 지닌 군사적인 의미란 '일본압물중랑장' 방
지용이 가지고 온 일본 물건에 입각해 당시 왜구들의 신원을 확인하기 위
한 것으로, 이는 또한 그들이 사라진 다카기·아마쿠사의 수군인지 여부를
확인하기 위한 것이기도 했다, 고 생각한다. 사쓰마나다(薩摩灘)와 오스미
지방에서도 다카기·아마쿠사 선박의 행방을 확인할 수 없었다면, 〈사료 7〉
에서 '우리나라(일본)에서 도망쳐간 무리(逋逃)'라고 했듯이, '고려로 도주
했을지도 모른다.'고 료슌이 생각하는 것은 아주 자연스러운 추론이라 할
수 있다.

　황산 전투의 왜구들은 전원이 현장에서 즉사(卽死)하지는 않았을 것이
며, 상당수의 포로들이 있었을 것이다. 포로가 된 사람들의 숫자를 알 수
는 없지만, 지리산으로 '도주한 사람이 70여 명'이라고 기록하고 있는 것

---

80) 예를 들어 우왕 9년(1383)에 정지 장군이 남해의 관음포 해전에 관한 기록에 "적
의 기치가 공중을 덮고 장검이 바다에 번득이면서 사면으로 몰려들었다"라고 보
인다(『고려사』 권113, 열전26, 정지). 여기서 기치란 각 무사단의 가문(家紋)을 표
시한 깃발로 생각된다.

81) 가와조에 쇼지가 "'탐제장군 오랑병위'라고 하는 『고려사』의 표현의 실체는 확실
하지 않다"고 했듯이(「今川了俊の対外交渉」 『九州史学』 75, 1982), 그 신원을 정
확하게는 알 수 없다. 그렇지만 필자는 1377년 치후(千布)·니나우치(蜷打) 전투
직후, 남조의 수군과 마쓰라토 일부 세력이 북조(료슌)에 대항하면서 고려에 침구
하고 있었을 때, 료슌이 토벌대 대장으로 파견한 '나카가노 요시가즈(中賀野五郎)'
라는 인물이었을 가능성이 있다, 고 생각한다. 그 이유는 이름이 같은 '고로(五
郎)'인 점, 탐제(료슌)의 부하 장수였다는 점, 그리고 왜구로서 고려에 침구하고
있던 마쓰우라 지역에 파견된 인물이었다, 는 점에서 〈사료 9〉의 '오랑병위'와 공
통점을 지니고 있으며 〈사료 8〉의 정보도 바로 이 '오랑병위'의 보고에 의한 것으
로 생각되기 때문이다. 이 문제에 관해서는 앞의 주(2) 이영 논문 참조.

으로 볼 때, 이러한 구체적인 숫자를 고려군에게 알린 포로들도 존재하고 있었을 것이다. 황산 전투가 끝난 지 불과 2개월여 뒤에 고려에 파견되어 왔던 '탐제의 장군 오랑병위'가, 고려 사회에 큰 충격을 준 〈경신년 왜구〉에 관해 아무런 언질이나 정보도 없이 귀국했으리라고는 생각하기 어렵다. 그가 필자의 추정대로 다카기·아마쿠사 지역 선박의 행방을 추적하러 왔다면, 무엇보다도 먼저 고려에 와서 황산 전투의 왜구 생존자들의 출신과 신원을 확인하는 작업을 했을 것이다.

〈사료 8〉의 '탐제의 장군 오랑병위'가 고려에 온 지 불과 8개월 뒤에, 〈사료 6〉과 같은 왜구에 관한 구체적인 정보를 교토의 쇼군이 알고 있었다면, 〈사료 6〉과 〈사료 8〉은 결코 무관하지 않으며 상호 인과관계에 있는 것이라 할 수 있다. 규슈탄다이 료슌이 쇼군에게 확실하지 않거나 허위 사실을 보고하였을 리는 없기 때문이다. 그리고 〈고려-다자이후-교토-다자이후-오스미〉라는 과정을 거치는 데 걸렸을 8개월이라는 기간도 적절한 소요 기간이라고 평가할 수 있다.

그런데 이 사료가 『네지메 문서(祢寢文書)』로 전해지게 된 경위는 어떻게 설명할 수 있을까? 이에 대해서는 다음과 같이 추론한다.

'오랑병위' 등을 고려에 파견해 〈경신년 왜구〉에 오스미의 아쿠토들이 포함되어 있었다는 사실을 확인한 료슌은 교토의 막부에 이 사실을 보고한다. 그러자 막부는 오스미의 슈고(守護)인 료슌에게 오스미의 아쿠토들이 고려에 침구해가는 것(왜구)을 저지하라고 하는 명령하는 문서를 하달했던 것이며, 이를 료슌 내지는 아들 미쓰노리(滿範)가 다시 네지메씨(祢寢氏)에게 전달함으로써 현재 전해지고 있다, 고 생각한다.

그렇다면 〈사료 6〉이 『네지메 문서』로 남아 전해지는 것에는 어떤 의미가 있을까? 가와조에의 연구에 의하면 "료슌의 아들 미쓰노리(滿範)는, 쇼군이 탄다이에게 보낸 미교쇼(御教書)를 특히 유력한 고쿠진(国人)에게 보내어, 그 고쿠진이 혈연적·지연적·정치적 관계 등 각 경로를 통해, 그 안문(案文, =원본 문서를 복사한 것)을 다른 고쿠진 급 무사들에게 배포하고 하달하게 해서 무사 상호 간의 연락 내지는 권유를 행하게 하고 있었다." 고 했다.[82] 이 〈사료 6〉 또한 가와조에가 지적한 것과 같은 의미, 즉 "쇼군과 자기(료슌)는 '오스미의 아쿠토들이 고려에 침구해간다', 는 것을 알고 있다."는 사실을 알리고 이를 경고하기 위한 목적을 지닌 문서로 생각된다.

그러면 당시 미쓰노리가 이 안문을 어떤 목적으로 네지메씨에게 전했을까? 여기서 다시 〈사료 3〉을 보자. 이 〈사료 3〉은 〈사료 2〉를 작성한 이마가와 료슌의 참모격인 나와 지도(名和慈冬)가 에이토쿠(永德) 원(1381)년 6월 29일, 즉 '고려에 침구한 아쿠토'에 관한 문서보다 불과 한 달 여 정도 앞선 시점에, 네지메 기요히사에게 보낸 편지이다. 그중 다음의 밑줄 친 부분, 즉 "가까운 시일 내에 안내할 사람을 세울 것이다. 얼마 있지 않으면 도착할 것이다. 그러면 금방 적들을 물리치게 될 것이다. 이 해적선이 내려가기 전에 사쓰마의 남조 측 사람들이, 아군임을 입증할 수 있는 충분한 증거를 만들어 낼 수 있도록 알려주신다면 천하를 위해 바람직할 것으로 생각한다."[83] 고 한 것에 주목하고 싶다.

여기서 나와 지도(名和慈冬)는 네지메 기요히사에게 주변(사쓰마)의 남조 측 사람들로 하여금 귀순할 것을 종용하라고 은근히 협박하고 있는 것을 알 수 있다. 본 논문의 모두에서 네지메씨에 관해, '포구를 소유해 상당한 숫자의 배를 지닌 수군으로도 행동할 수 있었다'고 한 것, 그리고 '네지메 기요히사가 료슌의 세력 하에 완전히 편입되지 않은 기회주의적인 입장을 취하고 있었다.' 고 한 부분을 상기해보자. 그리고 〈사료 1〉의 "④薩摩の本宮方の人々の事、いそきいそき御ちうさく候て、御方ニめしたく候"와 〈사료 3〉의 "薩摩の御宮方の方々、御方のしせうをしいたされ候やう

---

82) 가와조에, 앞의 책, 138쪽 참조.

83) 近日案内者を可立候、いくほとなく可到来候、左様にも候者、御敵方治退可無幾程候、此海賊船下候ハんする以前ニ、薩摩の御宮方の方々、御方のしせうをしいたされ候やうに、御申御沙汰候者、為天下可然存候

に、御申御沙汰候者、為天下可然存候'를 보면, 네지메 기요히사의 거점인 오스미의 바다 건너편인 사쓰마 지방에 남조에 마음을 두고 있는 사람들이 있었음을 알 수 있다. 이렇게 보면 '오스미의 아쿠토'에 관한 〈사료6〉도 〈사료 1〉과 〈사료 3〉과 같은 맥락에서 네지메씨에게 보내진 것임을 알 수 있다. 즉 네지메씨에게 〈사료 6〉을 보냈다는 것은 네지메 기요히사의 가까운 곳에 〈경신년 왜구〉로 침구해간 사람들(惡党)'이 있었으며, 그들은 바로 "사쓰마 지방의 원래 미야가타(남조) 사람들(薩摩の本宮方の人々)"라는 것, 그리고 이러한 사실을 쇼군과 료슌은 다 알고 있다고 하는 '경고'의 의미를 담은 것이었다.

불과 13일이라는 아주 짧은 기간에 탄다이 측의 군사정보가 누설된 것, 규슈 최남단 오스미 지방에 고려에 침구한 아쿠토에 대해 조치를 명령하는 미교쇼(御教書) 사본이 전해지는 사실이야말로, 〈경신년 왜구〉에 다카기·아마쿠사의 수군은 물론, 오스미의 남조 측 무사(아쿠토)들도 포함되었음을 보여준다고 할 수 있다.

7. 결론

고려 말의 왜구는 경인년(1350)에 시작해 삼십일 년째가 되는 경신년(1380)에 고려 사회에 가장 큰 피해와 충격을 안겨준 왜구가 침구해왔다. 이를 〈경신년 왜구〉라고 하는데, 금강 하구인 진포구에서 고려 수군의 공격을 받고 타고 온 선박이 불타버린다. 그러자 왜구들은 이후 수개월 동안 고려 내륙을 전전하면서 온갖 만행을 저지름으로써 고려 사회에 막대한 인적·물적 피해와 충격을 안겨 주었다.

그런데 〈경신년 왜구〉는 예전의 왜구 침구 사례와는 달리, 수 개월동안 고려 국내에서 고려군에게 추적당하면서 그 다양한 실태가 드러났다. 본 연구는 이와 관련된 일본 측 문헌 사료를 중심으로 검토함으로써 〈경신년 왜구〉가 규슈탄다이 이마가와 료슌이 규슈의 남조(정서부)의 휘하, 다카기·아마쿠사 일대의 수군 세력의 선박을 나포하기 위해 병력을 파견하자, 이를 알아차리고 선박을 대피시키기 위해, 그리고 남조의 본거지 기쿠치 일대가 포위당한 상황 속에서 병량미를 얻기 위해 한반도를 침구한 것임을 밝혔다.

그러한 〈경신년 왜구〉 중에는 다카기·아마쿠사 지역의 수군 세력은 물론, 규슈 최남단의 오스미 지역의 호족 네지메씨 인근의 남조 세력들도 포함되어 있었다.

이상과 같은 결론을 통해서 〈경신년 왜구〉를 근거로 하여 제기된 소위 〈왜구=고려·조선인 주체〉설 내지 〈왜구=고려·일본인 연합〉설은 전혀 입론(立論)부터 잘못되었음이 입증되었다고 할 수 있다.

그러나 이것으로 〈경신년 왜구〉의 전모가 밝혀졌다고는 할 수 없다. 그것은 아직 〈경신년 왜구〉의 대장 아지발도의 정체를 규명하지 못했기 때문이다. 이 문제를 해결하지 않고서는 〈경신년 왜구〉의 실상을 완전히 규명했다고는 하기 어려울 것이다. 또 다카기·아마쿠사 지역과 규슈 남조와의 관계도 보다 구체적으로 검토되어야 할 것이다. 이러한 문제는 금후의 과제로 삼고자 한다.

경신년(1380) 왜구=기쿠치씨(菊池氏)설 고찰
-무력의 특징을 중심으로-

1. 서론

왜구 연구의 핵심 주제인 그 실체와 발생의 시대적 배경 등에 관해서는 주로 19세기 후반 이래로 일본인 연구자들이 제시하고 구축해왔다. 그런데 근년에 이러한 기존의 왜구상(倭寇像)에 의문을 제기하는, 새로운 연구가 연이어 발표되고 있다.[1] 그렇지만 왜구 연구는 여전히 해명되어져야 할 문제들이 적지 않게 남아있다. 그중 하나가 규슈(九州) 남조(南朝) 즉 〈정서부(征西府)[2]와 고려 말 왜구〉의 관련이다. 이 문제를 규명하는 것은 지금까지 일본인 연구자들이 구축해온 왜곡된 왜구상을 일부 수정하거나 또는 남북조시대사(南北朝時代史)에 대한 인식을 새롭게 하는 수준에서 그치지 않는다. 그 학문적 의의는 일본 국내의 군사·정치 상황을 당시 한반

---

1) 이영, 「庚寅年以降の倭寇と內亂期の日本社會」『倭寇と日麗關係史』, 東京大學出判會, 1999(2011년 혜안에서 『왜구와 고려 - 일본 관계사』로 번역 출간) ; 「〈경인년 이후의 왜구〉와 마쓰라토(松浦党) - 우왕 3년(1377)의 왜구를 중심으로 - 경인 이후의 왜구와 마쓰라토」『일본 역사 연구』24, 2006 ; 「고려 말 왜구와 남조 - 경신년(1380)의 왜구를 중심으로」『한일관계사 연구』31, 2008 ; 「경인년(1350) - 병신년(1356)의 왜구와 규슈 정세 - 쇼니 요리히사(少弐賴尙)를 중심으로」『한국 중세사 연구』26, 2009 ; 「고려 말·조선 초 왜구=삼도(쓰시마·이키·마쓰우라) 지역 해민설의 비판적 검토」『일본문화연구』38, 동아시아 일본학회, 2011.

2) 당시 사료에는 '정서부(征西府)' 또는 '궁방(宮方)'으로 보인다. 이하 본고에서는 '정서부'로 통일한다.

도 및 중국 대륙의 그것과 연계시킴으로써 해당 시기 동아시아 삼국의 역사를 상호유기적인 인과관계 속에서 고찰하는 것을 가능케 하는 데 있다.

남조, 그중에서도 한반도와 지리적으로 근접한 규슈 남조와 왜구의 관련 가능성에 대해서는 이미 오래전부터 일본인 연구자들이 제기한 바 있다.[3] 그런데 정서부의 핵심적인 존재는 기쿠치씨였다. 따라서 〈정서부〉와 왜구의 관련은 곧 기쿠치 씨와 왜구의 관련을 의미한다.

고려 말에 침구해 온 왜구와 정서부의 관련에 관한 최초의 구체적인 연구로 필자의 논문이 있다.[4] 여기서 제기한 주장을 〈경신년 왜구=기쿠치씨〉설이라고 하자. 그렇지만 이 설 역시 여러 가지 정황에 입각한 추론일 뿐, 아직까지 고려 말 왜구와 기쿠치 씨의 관련을 명확하게 논증했다고 단언할 수는 없다. 별도로 다양한 각도에서 논증이 추가되어져야 한다고 생각한다. 본고에서는 〈경신년 왜구〉와 기쿠치 씨의 무력의 특징을 비교 고찰함으로써 〈경신년 왜구=기쿠치씨〉설을 보완하고자 한다.

2. 경신년 왜구의 실체에 관한 선행 연구

경신년(1380) 7월, 서주(西州), 즉 현재 충청남도 서천군에 침구한 것을 시작으로[5] 왜구들은 부여·정산·운제·고산·유성·계룡산 등을 거쳐 내륙으로 침구해 들어간다. 당시 왜구들은 충청남도와 전라북도의 경계를 이루고 있는 금강의 하구(河口), 즉 서주의 진포구(鎮浦口, 충남 서천군 장항읍 일대)에 자신들이 타고 온 500척 대 선단을 정박시키고 있었다.

---

3) 예를 들어 후지타 아키라(藤田明)의 『征西將軍宮』(東京寶文館, 1915). 사토 신이치 (佐藤進一)의 『南北朝の動亂』(中央公論社, 1965)을 들 수 있다. 그러나 이들의 주장은 근거 사료에 입각한 연구 결과가 아니라 단순한 추정에 불과한 것이었다.

4) 이영, 앞의 주(1), 2006 논문과 2008년 논문.

5) 『고려사』 권134, 열전47, 우왕 6년 7월조.

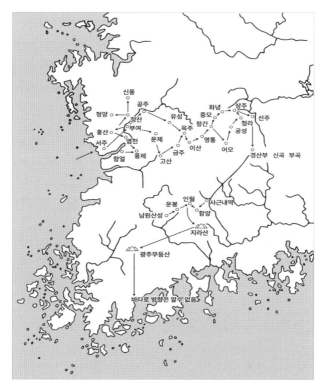

〈지도 1〉 '경신년 왜구'의 이동 경로

　　이에 대응해 고려는 100여척의 함대를 파견해 최무선이 개발한 화포로 공격, 왜구들의 배를 모조리 불태웠다.[6] 그러나 이미 그전에 상륙해 당시 옥주(沃州, 충북 옥천)까지 침구해 있었던 왜구의 본진(本陣)은 이후, 충청북도-경상북도-경상남도-전라북도-전라남도라는 중부와 남부 내륙 지방을 떠돌아다니면서 약탈·방화·납치·살인·전투를 거듭했다.[7] 〈경신년(1380) 왜구〉는 결국 당시 고려의 최정예 이성계의 부대와 전라북도 남원시 운봉읍

──────────

6) 이영, 「진포구 전투의 역사지리학적 고찰」『잊혀진 전쟁, 왜구』, 에피스테메, 2007, 133~190쪽.
7) 〈지도. 경신년 왜구의 이동 경로〉를 참조.

인월면 일대에서 격돌해 패하는 데 이를 〈황산(荒山) 전투〉라고 한다.[8] 이 사건은 '왜구가 시작된 해'로 인식되어 온 소위 〈경인년(1350) 왜구〉 이래 최대 규모의 왜구 집단이었으며, 고려 사회에 엄청난 충격을 준 침구였다.

그러면 본고가 검토하고자 하는 〈경신년 왜구〉의 실체에 관한 선행 연구로 어떤 것들이 있는지 살펴보기로 하자. 발표된 시기순으로 정리하고 그 문제점을 지적하면 대략 다음과 같다.

〈표 1〉 경신년 왜구의 실체에 관한 선행 연구

	연구자	주요내용
①	요부코 죠타로(呼子丈太郎)	이키마쓰라토(壱岐松浦党)[9]
②	다나카 다케오(田中健夫)	일본인+다수의 고려인들.[10]
③	다카하시 기미아키(高橋公明)	제주도 사람을 포함한 한반도의 해상 세력.[11]
④	오오이시 다케시(大石武)	이마가와 료슌에게 쫓겨난 규슈의 무사단.[12]
⑤	이영(李領)	다카기, 아마쿠사의 남조 세력, 오스미 지역의 아쿠토[13]

①요부코의 주장에 대한 반론으로, 뒤에 구체적으로 고찰하겠지만, 당시 왜구의 대장인 아지발도와 여타 왜구의 무장들과의 현격한 신분 차이

---

8) 이에 관해서는 이영, 「손자병법을 통해서 본 황산 전투」 『잊혀진 전쟁, 왜구』, 에피스테메, 2007 참조.

9) 요부코 죠타로, 『倭寇史考』, 新人物往來社, 昭和 46(1971), 78~79쪽.

10) 다나카는 〈경신년 왜구〉 집단이 500척의 선단으로 침구한 대규모 집단이었던 점을 들어서 "쓰시마(対馬)의 왜구 집단만으로는 너무나도 그 규모가 크다"고 하면서 왜구가 "일본인 으로만 구성된 해적 집단이 아니라 다수의 고려인들이 포함되어 있었던 것은 아닐까?"라고 주장했다. 「倭寇と東アジア通交圏」 『日本の社会史』 一, 岩波書店, 1987.

11) 다카하시 기미아키, 「海域世界のなかの倭寇-朝鮮半島を中心に-」 『ものがたり, 日本列島に生きた人たち, 4 文書と記録 下』, 岩波書店, 2000,

12) 오이시 다케시, 『元寇, そして賀茂事件』ネオプリンチング, 1993, 58~59쪽.

13) 앞의 주(1) 이영, 2008 논문.

를 들 수 있다. 즉 중소 무사들끼리의 대등한 횡적(橫的)인 결합이 소위 '당
(党)'적 결합의 특징[14]인데, 아지발도를 '마쓰라토(松浦党)'의 주장(主將) 중
의 한 사람으로 생각하는 것은 마쓰라토의 성격과 근본적으로 배치된다.

　②다나카 다케오는 〈경신년 왜구〉의 실체를 대마도를 중심으로 한 일
본인에다 다수의 고려인들이 포함된 것이라고 생각했다. 이에 대해서도
이미 필자가 상세하게 비판한 바 있다.[15]

　③다카하시 기미아키는 다나카 다케오와 더불어 소위 〈왜구=고려인,
조선인 주체〉설 내지는 〈왜구=고려인, 일본인 연합〉설의 주창자이다. 그
는, 고려군 장병들이 〈경신년 왜구〉의 소년 대장에게서 제주도에 있었던
몽골계의 목자와 관련성을 느꼈기 때문에, '아지발도'라는 몽골어를 사용
해 호칭한 것이라는 식으로 논리를 전개하고 있다.[16] 그러나 그렇다면 왜
『고려사』는 이들을 몽골계 목호(牧胡)의 무리라고 하지 않고 '왜구'라 하
였을까? 『고려사』의 그 어디에도 제주도의 몽골계 목자들을 가리켜 '왜'
또는 '왜구'로 표기한 적은 단 한 곳도 찾아볼 수 없다.

　또한 그는 "쓰시마·이키·고토렛토(五嶋列島)에서 바다와 깊은 관련을 지
니고 있는 사람들만 가지고 이런 활동을 할 수 있는 역량은 없을 것이다"[17]
고 했다. 이런 추정을 틀렸다고 할 수는 없다. 왜냐하면 이미 밝힌 바와 같
이, 아지발도가 이끄는 〈경신년 왜구〉의 정체는 정서부의 수군 세력인 다카
기(高来)·아마쿠사(天草)의 무사들로 추정되기 때문이다.[18] 그렇지만 다카
하시의 추정은 왜구의 실체를 쓰시마·이키·마쓰우라 지방의 해민(海民)으
로만 국한(局限)시킨 소위 〈삼도 해민〉설에서 비롯된 오류이다.[19]

---

14) 이에 관해서는 세노 세이치로(瀬野精一郎), 「鎮西北西部武士団の研究」『鎮西御家
　　人の研究』, 吉川弘文館, 1975 참조.
15) 「고려말기 왜구 구성원에 관한 고찰 - '고려, 일본인 연합론' 또는 '고려, 조선인
　　주체론의 비판적 검토 -」『한일관계사연구』5, 1996.
16) 앞의 주(11) 다카하시 논문.
17) 앞의 주(11) 다카하시 논문.
18) 앞의 주(1) 2008년 12월 논문.

이러한 두 사람의 견해에 대하여 다음과 같이 반문하고자한다. 당시 제주도 내에 고려의 최정예 이성계의 부대를 고전하게 할 수 있을 정도의 병법 운용에 뛰어난 지휘관과 용맹한 장병들로 구성된 전문적인 무장 집단이 존재하였는가?

제주도 내, 고려 조정에 저항하던 몽골계의 목자들이 이끄는 무장 세력은 경신년(1380)의 약 6년 전인 공민왕 23(1374)년 8월에 최영이 이끄는 대규모 토벌대에 의해 간단하게 제압당하고 말았다.[20] 이후 우왕 원년(1375) 11월에 제주 사람 차현유 등이 관청을 방화하고 안무사 임완과 목사 박윤청 그리고 마축사 김계생을 살해하고 반란을 일으키자 그 고을 사람 문신보·성주 고실개·진무 임언·천호 고덕우 등이 의병을 일으켜 반란자들을 다 살해하는 사건이 일어나기도 했다.[21] 그러나 이 사건을 마지막으로 더 이상 제주도에서 목호(牧胡)나 제주 사람들의 반란을 일어나지 않았다. 그리고 무엇보다도 당시 제주 목호나 제주 사람들이 배를 타고 바다를 건너와 해적질을 하였다고 하는 기록은 단 1건의 사례도 없다.

우왕 8(1382)년에 명나라 황제가 운남(雲南)을 평정하고 양왕(梁王)과 그의 가족들을 잡아 제주도로 압송하여 안치하게 했다.[22] 그로부터 7년 뒤인 공양왕 원년(1389) 11월에 명나라 황제가 박박태자와 그 아들 육십노 및 내시 복니를 소환하는데,[23] 이들은 우왕 8년에 제주도에 보내진 양왕 가족들이었다. 만약 제주도가 고려 조정의 통제 하에 있지 않았다면 명나라 황제가 양왕 가족과 같은 정치적으로 중요한 인물들을 어떻게 제주도에 보낼 수 있었으며 또 그 후 7년 동안이나 신병을 확보할 수 있었

---

19) 이에 관해서는 앞의 주(1) 2011년 4월 논문 참조.
20) "최영이 제군을 영솔하고 탐라에 도착하여 용감하게 싸워 크게 격파하고 적군의 괴수 3인의 목을 베어 서울에 보냈다. 이리하여 제주가 평정되었다."『고려사』권 44, 세가 44, 공민왕 23년 8월 신유.
21) 『고려사』권133, 열전46, 우왕 원년 11월.
22) 『고려사』권134, 열전47, 우왕 8년 7월.
23) 『고려사』권35, 세가45, 공양왕 원년 11월 임오.

을까? 다나카, 다카하시 두 사람의 추정은 『고려사』에 대한 이해 부족에
서 기인한 것이라고 생각한다.

또 다나카와 다카하시 두 사람은 "남북조 내란이 격렬하게 전개되던
당시에 500척의 대 선단을 이룰 정도의 대규모 병력이 일본에서 바다를
건너 고려로 침구해갔을 리가 없다." 고 하는 생각에 근거해, 『고려사』의
왜구 관련 기사의 신빙성에 의문을 제기했다. 그러나 경신년의 전해(1379)
가을부터 규슈탄다이 이마가와 료슌(今川了俊)이 정서부의 본거지 기쿠치
를 포위하고 있어서 규슈 지역의 내전은 소강상태에 있었다.[24]

이처럼 일본 측 왜구 연구의 근본적인 오류는 왜구의 실체와 발생배경
을 일본의 국내정세에서 찾지 않고 고려에서 구하고자 한 점에 있었다.
그러한 연구 방법 및 『고려사』에 대한 이해 부족은 오류에 오류가 더해졌
고 그 결과〈왜구=고려·조선인 주체〉설 내지는 〈왜구=고려·일본인 연합〉
설을 주장하기에 이르렀다.[25] 그리고 "고려군의 입장에서 보면 '아지발도'
에게 몽고적(蒙古的)인 그 무엇인가를 느꼈을지도 모른다"라는 다카하시
의 견해에 입각해, 2009년 8월에 일본 NHK의 교육방송은 '한일 이천년
역사(日韓二千年の歷史)'라는 기획 방송에서, 왜구의 소년 대장 아지발도
를 몽골계 장수로 연출해 방송하는 역사 왜곡을 자행(恣行)하기도 했다.

④오이시 다케시(大石武)는 대마도의 향토사 연구자이다. 다나카, 다카
하시처럼 대학에 적을 두고 있는 직업적인 역사연구자는 아니지만, 오히
려 "아마도 이마가와 료슌에게 쫓겨난 규슈 무사단의 소행"이라고 추정한
그의 언급은 탁견이라고 할 수 있다. 왜냐하면 『고려사』의 왜구 관련 문
헌 기록에 입각해 당시 일본 국내 특히 규슈 지역의 군사 및 정치 상황을

---

24) 이에 관해서는 앞의 주(1), 2008년 12월 논문.
25) 이 문제에 관해서는 이영, 「高麗末期倭寇の実像と展開 -『高麗史』の再檢討による
既往説批判 -」『倭寇と日麗関係史』, 東京大學出版會, 1999(2011년 혜안에서 『왜
구와 고려-일본 관계사』로 번역 출간)를 참조. 한편 왜구의 실체에 대한 이러한
견해는 일본의 일부 중고등학교 역사 교과서에 그대로 반영되어 서술되고 있다.

상호 관련지어 고찰한다면, 그와 같이 추론하는 것이 지극히 자연스럽기 때문이다.[26] 그렇지만 그의 견해 역시 구체적인 문헌 사료에 근거를 둔 논증이 아니라 단순한 추론에 그치고 있다.

⑤ 필자(이영)는 경신년(1380) 6월부터 9월까지의, 고려와 일본 측 문헌 사료를 검토해 〈경신년 왜구〉가 규슈탄다이 이마가와 료슌가 정서부에 대한 공세를 앞둔 시점에 정서부 휘하 세력이 다카기(高来)·아마쿠사(天草) 일대의 선박을 대피시키기 위해, 그리고 남조의 본거지 기쿠치(菊池) 일대가 포위당한 상황 속에서 병량미를 얻기 위해 침구한 것이라고 주장했다.[27] 그리고 〈경신년 왜구〉 중에는 다카기·아마쿠사 지역의 수군 세력은 물론 규슈 최남단의 오스미(大隅) 지역의 호족 네지메씨(祢寝氏) 주변의 남조 세력들도 포함되어 있었다 고 추정했다.[28]

---

26) 규슈 지역의 군사 정세와 왜구의 침구 상황과의 상관관계에 관해서는 앞의 주(1) 이영, 2009년 논문 참조.

27) 다카기(高来)는 현재의 나가사키 현(長崎県) 기타 다카기군(北高来郡)과 이사하야 시(諌早市), 미나미 다카기군(南高来郡)과 시마바라시(島原市)를 포함한 넓은 지역 이다. 아마쿠사는 현재의 구마모토 현(熊本県) 아마쿠사 제도(諸島)를 가리킨다. 앞의 주(1) 2008년 논문.

28) 〈경신년 왜구=기쿠치씨〉설의 주요 근거를 요약 정리하면 다음과 같다.
   ① 다카기·아마쿠사 지방의 대규모 선단이 사라진 시점(6월 2일 이후 14일 이전 사이)과 경신년 왜구가 서주(西州, 충남 서산군)에 침구(7월)이 시기적으로 선후관계에 있다는 점.
   ② 그리고 그 시간적 간격이 3~4개월이 아니라 길어야 1달이라고 하는 시기적으로 근접한 것이라는 점.
   ③ 또 다카기와 아마쿠사 두 지역이 광범위한 해역인 점을 고려할 때, 당시 사라진 다수의 배들이 고려의 진포구(鎭浦口, 금강 하구)에 나타난 왜구의 선단 500척이라 할지라도 논리적으로 모순되지 않는다는 점.
   ④ 남북조 시대의 다카기·아마쿠사 지방은 각각 '아리아케카이(有明海)'와 '야쓰 시로카이(八代海)'를 사이에 두고 남조의 본거지 히고(肥後) 지방과 마주하는 곳이었다. 이 두 지방은 정서부에게는 자기 집 안마당과 같은, 전략적인 요충 지대였으며 아울러 이 지역 무사들은 남북조 내란기 내내 일관되게 정서부를 지지하였다는 점.

그런데 필자 역시 스스로 "〈경신년 왜구〉의 전모를 해명했다고는 할 수 없다"[29] 고 자술(自述)한 것처럼 〈경신년 왜구〉의 실체가 기쿠치씨였음

---

⑤ 당시 이마가와 료슌(今川了俊)이 고랴쿠(康曆) 원(1379)년 7월부터 기쿠치 일대에 성을 쌓고 농사를 짓지 못하게 한 뒤, 적의 병량미가 소진되기를 기다리는 소위 '효로제메(兵糧攻め)' 작전을 쓰기 시작한 지 1년이 다 되어가고 있었던 점.

⑥ 료슌이 당시 세토나이카이(瀬戸内海)의 해적 미다라이야쿠시(御手洗薬師)를 다카기와 아마쿠사에 파견한 것은 이 지역의 남조 수군을 자군(自軍)으로 편입시키고 그 선박을 처리(징발)하기 위한 것이었다는 점. 따라서 만약 이 선박을 료슌 측에게 빼앗긴다면 정서부로서는 단순히 아군의 전력 감소만이 아니라 오히려 적의 전력을 배가(倍加)시키게 되는 것이었다. 따라서 다카기와 아마쿠사의 선박을 어떻게 해서라도 적의 손에 넘겨서는 안 되는 상황이었다는 점.

⑦ 미나미다카기군(南高来郡) 즉 시마바라 반도는 예로부터 주요한 목장지대였다는 점. 즉 명치시대까지만 해도 이곳의 주산물은 연초(담배), 그리고 소와 말이었다. 즉 명치 26년(1893)의 미나미다카기군의 『쵸손요란(町村要覧)』에 의하면 소가 8,223두, 말이 13,798필이나 있었다. 따라서 500척으로 구성된 경신년 왜구가 지니고 있었던 1,600여의 마필도, 다카기 지방에서 선적해 온 것이라고 충분히 생각할 수 있다는 점.

⑧ 이처럼 선박과 함께 주요한 전략물자인 말을 대피시켜야 했던 것이 정서부의 입장이었다면 반대로 이마가와 료슌이 정서부에 대한 '효로제메'가 성공하기 위해서는, 기쿠치 일대의 여러 성들을 포위해 농사를 짓지 못하게 하는 상태를 계속 유지해야 했으며 아울러 외부에서 병량미를 가지고 와 농성(籠城) 중인 정서부에 전달하지 못하도록 해야 했다는 점이다. 뿐만 아니라 료슌은 왜구를 금압해야 한다는 임무도 띠고 있었다.

⑨ 료슌의 입장에서는 남조의 수군들이 외부에서 병량미를 수송해 오는 것, 다시 말하자면 병량미를 구하기 위해 고려나 중국으로 침구하는 것, 즉 '왜구화(倭寇化)'되지 않도록 해야 했다는 점이다. 또한 '기쿠치에 대한 봉쇄'는 그 외곽 지역인 '아리아케카이(有明海)'와 '야쓰시로카이(八代海)'에 대한 봉쇄라는 이중의 잠금장치에 의해 비로소 완성되는 것이었는데, 이는 왜구 선박에 대한 '해안봉쇄'와 같은 의미도 겸하는 것이었다.

이상, 구체적인 내용은 앞의 주(1) 2008년 12월 논문 참조.

29) "그것은 아직 〈경신년 왜구〉의 대장 아지발도의 정체를 규명하지 못했기 때문이다. 이 문제를 해결하지 않고서는 〈경신년 왜구〉의 실상을 완전히 규명했다고는 하기 어려울 것이다. 또 다카기·아마쿠사 지역과 규슈 남조와의 관계도 보다 구체적으로 검토되어야 할 것이다. 이러한 문제는 금후의 과제로 삼고자 한다" 고 했다. 앞의 주(1) 이영, 2008년 논문.

을 명확하게 입증한 것이라고는 보기 어렵다. 즉 필자는 규슈에서 남조의 대규모 선박이 사라진 시기와 경신년 왜구가 최초로 금강 하구에 출현한 시기가 아주 근접한 점과 다카기·아마쿠사 지방이 내란기중 일관되게 남조 측임을 표방해온 지역이었다는 사실을 근거로, 규슈 남조의 핵심 세력인 기쿠치 씨와의 관련 속에서 추론한 것이었을 뿐, 그들이 기쿠치 씨 일족 또는 그 지휘를 받는 수군 세력이었음을 입증할만한 어떠한 확실한 근거를 제시한 것은 아니었다. 따라서 〈경신년 왜구〉의 실체에 관한 필자의 견해가 설득력있는 학설로 자리 잡기 위해서는 보다 다양한 관점에서의 논증이 더해져야 한다, 고 할 수 있다. 본고에서는 이상과 같은 선행 연구가 지닌 문제점을 바탕으로 하여 〈경신년 왜구〉의 실상에 접근해가고자 한다.

3. 경신년 왜구의 특징

여기서는 왜구와 기쿠치 씨의 전술을 비교 고찰함으로써[30] 양자의 상관관계에 대하여 생각해보기로 하자. 〈경신년 왜구〉에 관한 사료는 고려 말 왜구의 실체를 규명함에 있어서 귀중한 근거 자료(資料)가 된다. 왜냐하면 『고려사』와 『고려사절요』의 왜구 관련 기사의 대다수는 왜구의 병력이나 선단(船團)의 수효(數爻)조차 구체적으로 기록하지 않은 경우가 대부분이었기 때문이다. 예를 들어 다음 사료를 보자.

1. 왜가 고성·죽림·거제를 침구했다. 합포 천호 최선과 도령 양관 등이 싸워 적을 300명 베었다. 이로써 왜구가 시작되었다.[31]
2. 경진일, 왜의 선박 66척이 순천부를 침구했다. 아군 병사가 이를 추적해

---

30) 고려 말 왜구의 전술에 관한 연구로 이영, 「손자병법(孫子兵法)을 통해 살펴본 왜구사(倭寇史) 최대의 격전(황산 전투)」 앞의 주(6) 이영 책.

31) "倭寇固城·竹林·巨済·合浦千戸崔禅·都領梁琯等戰破之, 斬獲三百余級, 倭寇之侵始此"(『고려사』 권37, 세가37, 충정왕 2년 2월).

한 척을 포획하고 적 13명을 베었다.[32]

3. 왜가 금주에 침구했다. 방호별감 노단이 병력을 이끌고 가서 적선 2척을
  포획하고 30여 명을 베었다. 그리고 빼앗은 병장기를 바쳤다.[33]

위의 〈사료 1〉·〈사료 2〉·〈사료 3〉 중에서 침구한 왜구의 규모를 기록
하고 있는 것은 〈사료 2〉의 '66척' 밖에 없다. 이처럼 『고려사』의 왜구 관
련 사료의 대부분은 왜구들이 침구한 지역·피해상황·고려의 대응 및 전
과(戰果) 등에 대해 간단하게 언급하는 데 그치고 있다. 이상과 같은 서술
형태 때문에, 그들의 침구 동기·조직 및 지휘 계통·무장 상태·사회적 출
자(出自) 등에 대해 상세하게 알기는 어려웠다.[34]

그런데 이러한 왜구 관련 사료의 일반적인 형태와는 달리 〈경신년 왜
구〉는 그 정체에 관해 아주 상세하고 다양하며 또한 흥미로운 정보를 전
해주고 있다. 그것은 진포구(鎭浦口)에서 그들이 타고 왔던 선박이 모두
불타버려, 장기간에 걸쳐 고려의 내륙 지방을 떠돌아다녀야 했고 이를 고
려군이 추적함으로써, 규모는 물론 무장(武裝)·전술 운용 능력·전투 수행
능력·리더의 모습과 조직 등 왜구 집단의 다양한 모습이 노출되었기 때문
이었다. 특히 왜구의 실상이 이처럼 구체적인 기록으로 남을 수 있게 된
데에는, 무엇보다도 당시 고려군의 젊은 장수 배검(裵儉)이 용감하게 자진
해서 당시 경상북도 상주(尙州)에 체류 중이었던 왜구의 적정(敵情)을 상
세하게 관찰하고 이를 전한 것에 힘입은 바가 컸다.[35]

---

32) "庚辰, 倭舡六十六艘, 寇順天府, 我兵追獲一艘, 斬十三級"(『고려사』 권37, 충정왕
  2년 5월 경진).
33) "倭寇金州, 防護別監盧旦發兵捕賊舡二艘, 斬三十餘級, 且獻所獲兵仗"(『고려사』 권
  22, 세가22, 고종 14년 4월 갑오).
34) 일반적으로 왜구 관련 사료는 단지 "몇년 몇월 며칠에 왜구가 어디에 침구했다",
  고 하는 간단한 서술에 그치는 것이 있는가 하면, 왜구가 보병 2000과 기병 700
  으로 구성되어 있었고 장수의 갑옷이나 투구 등 무장에 관해 상세하게 묘사하는
  경우 등 기록의 구체성에는 큰 차이가 존재한다.

당시 고려의 최정예 이성계의 부대와 필적(匹敵)할만한 숙련된 무력 집단인 〈경신년 왜구〉에 대하여 문헌 사료 및 지금까지의 연구를 토대로 하여 그 특징을 정리해보면 다음과 같다.

〈표 2〉 경신년 왜구의 특징

	특징	세부 내용
1	규모	500척의 선박[36]·1600여필의 말[37]·처음 아군 병력의 10배[38]·노획한 다량의 무기[39]·적의 수급(首級)을 산더미처럼 쌓아 올렸다[40].
2	약탈 대상	곡식과 사람[41]
3	조직	①나이 어린 총대장(아지발도)과 복수의 중간 리더 집단의 존재, 그리고 그들 간의 엄격한 상하 관계[42]
		②나이 어린 총대장(아지발도)에 대한, 무로마치 시대 무사단의 진중의례(陣中儀禮)와 유사한 왜구들의 정중한 의례 의식[43].
4	리더	①나이 불과 15~16세 정도의, 백마를 탄 외모가 단아하며 뛰어난 무예를 갖춘 총 대장[44] - 연령을 고려할 때, 집단내부에서의 아지발도의 현격히 높은 지위는, 전공(戰功) 때문이라기보다 출생의 신분에 의한 것일 가능성이 높다.
		②집단의 상징적 존재로서의 측면(어린 나이에도 불구하고 500척의 대선단을 모을 수 있는 통합성)과 최고 지휘권을 지닌 실제적인 리더 역할 수행.
5	무장	①집단전(集團戰)을 수행할 때에 적진(敵陣)을 교란하기 위해 사용하는 철기(鐵騎), 즉 중장갑 기병이 존재하였음[45].
		②공격할 틈이 없을 정도로 얼굴 전면을 덮은 구리로 만든 얼굴 보호구(銅面具). 호오아테의 착용(아지발도)[46]
		③말 위(馬上)에서 창을 능숙하게 사용(아지발도)
6	전술적 이동 능력	①진포구에서 자신들의 선박이 소실된 것을 알기 전에는 약탈의 효율성을 높이기 위해, 복수의 집단으로 나뉘어 동시다발적으로 복수 지역을 침구함[47].
		②진포구 전투의 결과를 안 뒤에는 예상되는 고려의 토벌대의 공격에 대비해 하나로 뭉쳐서 이동[48].
		③경상북도 상주(尙州)를 침공할 때에는 오오테(大手)와 가라메테(搦手)로 나뉘어 이동해, 상주의 남쪽과 서쪽을 동시에 공격[49].

---

35) "전라도 원수 지용기의 휘하에 있던 배검이 자진하여 적진으로 가서 정찰할 것을 청하였으므로 여러 원수들이 이를 허락하였다. 배검이 적진에 도착하니 왜적들이 그를 죽이려 하였으므로 (하략)"『고려사』권126, 열전39, 변안렬.

7	『손자병법』에 입각한 전술운용	①전장(戰場)을 선점(先占)한 것[50]
		②「지형편(地形編)」에 입각한 진영 배치[51].
		③난소(難所)가 있는 괘지(掛地), 즉 광천(廣川)과 풍천(豊川)이 합류하는 지점으로 고려군을 유인[52].
		④「세편(勢編)」의 정법(正法)과 기법(奇法)을 활용[53].
		⑤정정(正正)한 깃발, 당당(堂堂)한 진영을 공격하지 말라[54].
		⑥「조운(鳥雲)의 진(陣)을 활용(『육도(六韜)』)[55].
8	전투 수행 능력	①뛰어난 정보 수집·분석 능력(옥주에서 경상도의 행정 중심 도시로 물자가 풍부한 상주로 이동을 결정)[56]
		②정보 전달 능력(연화산 정상부에 위치한 사근산성에 올라, 추격하던 고려군의 위치를 파악하고 전달. 뒤이은 혈계 전투 및 황산 전투 현장 주변의 지리·지형에 대한 정보 전달)[57]
		③수집한 정보를 토대로 한 신속한 이동과 작전 수립 및 실행 능력[58].
		④경상남도 함양의 혈계(血溪) 전투에서 하천 유역의 범람원에 있는 좁은 길(나와테, 繩手)라는 지형적인 특징을 활용해 추격해오던 고려의 정규군을 기습 공격해 원수 2명을 포함한 장병 500여 명을 진사(戰死)케 함[59].
		⑤당시 고려의 최고 장수였던 이성계의 다리에 화살을 명중시켜 부상시키고 또 최정예 부대였던 이성계 휘하 부대를 고전(苦戰)하게 했을 정도로 뛰어난 전투 수행 능력 - 이 태조는 하늘의 해를 가리키며 좌우를 휘동하면서 맹세하여 말하길, "비겁한 자는 물러가라. 나는 죽을 각오로 적과 싸울 것이다"하니 장사들이 감동되어 용기백배하여 저마다 결사적으로 싸웠다[60].
		⑥이성계 휘하의 병사들이 결사적으로 공격했지만 "적들 또한 마치 땅에 심은 듯이 물러나지 않았다"고 하는 것처럼 고려군의 결사적인 공격에도 두려워하지 않을 정도로 정예부대였다[61].
		⑦황산전투 패잔병들은 지리산에서 월동(越冬) 가능한 생존능력을 지님[62].
		⑧광주 무등산 규봉사 주변의 바위와 절벽 등 산악 지형을 전장(戰場)으로 활용하는 산악전 수행 능력[63]
9	주술성	①경북 상주에서 제사 때 2-3살 된 여자 아이를 제물로 사용[64].
		②경북 상주에서 선주(경북 선산)로 이동할 때, 점을 쳐서 결정[65].

36) 앞의 주(35) 사료 참조.
37) 앞의 주(35) 사료 참조.

본고에서는 이러한 〈경신년 왜구〉의 특징 중에서도 부대의 기강·리더 그리고 전술 운용 능력과 전투 수행 능력 등에 대하여 고찰하기로 하자.

---

38) 앞의 주(35) 사료 참조.

39) 앞의 주(35) 사료 참조.

40) 앞의 주(35) 사료 참조.

41) "왜적의 배 500척이 진포 어귀에 들어와 큰 밧줄로 서로 잡아매고 군사를 나누어 지키며, 드디어 언덕에 올라 각 주군으로 흩어져 들어가서 마음대로 불사르고 노략질하니, 시체가 산과 들에 덮이고 곡식을 그 배에 운반하느라고 땅에 쏟아진 쌀이 한 자 부피나 되었다."『고려사절요』 31권, 우왕 6년 8월.

42) 앞의 주(1) 1999년도 이영 논문 참조.

43) 앞의 주(1) 1999년도 이영 논문 및 후타기 겐이치(二木兼一), 『中世武家の作法』, 吉川弘文館, 1999 참조.

44) 앞의 주(35) 사료 참조.

45) 앞의 주(35) 사료 참조.

46) 앞의 주(35) 사료 참조.

47) 이영, 「경신년(1380) 왜구의 이동과 전투」앞의 주(6) 책.

48) 앞의 주(47) 논문 참조.

49) 앞의 주(47) 논문 참조.

50) 이영, 「손자병법을 통해 살펴본 왜구사 최대의 격전(황산전투)」앞의 주(6) 이영 연구서 참조.

51) 앞의 주(50) 이영 논문 참조.

52) 앞의 주(50) 이영 논문 참조.

53) 앞의 주(50) 이영 논문 참조.

54) 앞의 주(50) 이영 논문 참조.

55) 앞의 주(50) 이영 논문 참조.

56) 앞의 주(50) 이영 논문 참조.

57) 앞의 주(50) 이영 논문 참조.

58) 앞의 주(50) 이영 논문 참조.

59) 앞의 주(50) 이영 논문 참조.

60) 앞의 주(35) 사료 참조.

61) 앞의 주(50) 이영 논문 참조.

62) 앞의 주(50) 이영 논문 참조.

63) 앞의 주(50) 이영 논문 참조.

64) 앞의 주(35) 사료 참조.

65) 앞의 주(35) 사료 참조.

〈경신년 왜구〉는 다음과 특징이 있음을 지적할 수 있다.

① 〈경신년 왜구〉는 기강(紀綱)이 엄정한 집단이었다.

다카하시 기미아키(高橋公明)는 경신년 왜구에 관하여 "수천 명의 집단이 그만큼 집단적으로 행동하고 있는 것으로 사료에서는 묘사하고 있는데, 그렇다면 이 집단 내부에는 그 어떤 질서, 명령계통이 있었다고 생각해야 할 것이다."[66] 고 했다. 그들은 지리도 잘 모르는 타국 땅에서 자신들이 타고 왔던 배가 불타 토벌대에게 쫓기는 긴박한 상황 속에서도 결코 지리멸렬(支離滅裂)되거나 하지 않고 두 달 이상이나 조직체계와 전력을 유지할 수 있었다. 이 사실만 보더라도 〈경신년 왜구〉는 '오합지졸(烏合之卒)'이 아니라 기강(紀綱)이 엄정한 숙련된 전투부대였다고 할 수 있다. 이는 다음 사료를 통해서 확인된다.

> 4. 적의 여러 두목들이 매양 그자 앞에 나아갈 때는 반드시 빠른 걸음으로 나가서 무릎을 꿇고 앉았으며 또 군중의 지휘명령을 모두 장악하고있었다.[67]

여기서 왜구 집단 내부에는 총 대장 아지발도 휘하에 복수의 중간 두목들이 존재하는 조직체계를 갖추고 있었으며 아울러 나이 어린 소년 대장에게 여러 장수들이 깍듯이 예를 다하고 있는 사실을 볼 때, 군기가 엄정함을 엿볼 수 있다.

---

66) 「移動する人々」大石直正・高良倉吉・高橋公明 共著, 『日本の歴史14. 周縁から見た中世日本』, 講談社, 2001.

67) 앞의 주(35) 사료 참조.

② 경신년 왜구의 총대장 아지발도의 귀족적 성격이다.

『고려사』는 아지발도를 불과 15-6세 정도밖에 되지 않은 나이의, 백마를 탄 외모가 단아하며 뛰어난 무예를 갖춘 총 대장으로 묘사하고 있다. 〈사료 4〉에서 그는 어린 나이에도 불구하고 다른 두목들과는 현격한 신분 차이가 존재하였음을 엿볼 수 있다.

그의 어린 연령을 고려할 때, 집단 내부에서의 아지발도의 현격히 높은 지위는, 전공(戰功) 때문이라기보다 출생의 신분에 의한 것일 가능성이 크다. 또한 총 대장으로서 500척의 대규모 선단을 끌어 모을 수 있는 통합성을 지닌 집단의 상징적 존재로서의 측면을 지니고 있었다. 그런데 그는 단순히 상징적인 존재가 아니라, "군중(軍中)의 지휘명령을 모두 장악하고있었다."[68] 고 하는 기록에서 실제로 최고 지휘권을 지닌 리더로서의 역할을 수행하고 있었다.

③ 경신년 왜구는 강력한 무장(武裝)을 갖춘 집단이었다.

즉 중장갑 기병인 '철기(鐵騎)'를 거느리고 있었으며 아지발도는 공격할 틈이 없을 정도로 얼굴 전면을 덮은 구리로 만든 얼굴 보호구(銅面具)인 '호아테(頬当)'를 착용하고 있었다. 이러한 무장 상태를 근거로 경신년 왜구는 결코 '쓰시마·이키·마쓰우라 지방의 해민'과 같은 '아마추어'가 아니라, 치열한 전장에서 활동하던 전문적인 전투 집단이었음을 보여준다고 할 수 있다.

④ 경신년 왜구는 뛰어난 전투 수행 능력을 지닌 집단이었다.

다음 사료를 보자.

---

68) 앞의 주(35) 사료 참조.

5. 왜구들이 사근내역에 주둔하였다. 원수 배극렴과 김용휘·지용기·오언·정지·박수경·배언·도흥·하을지 등이 왜구를 공격하였으나 패하였다. 박수경과 배언은 전사하였다. 장병들도 500여 명이 전사하였다. 왜구들이 마침내 함양을 도륙하였다.[69]

〈경신년 왜구〉는 함양의 혈계(血溪)에서 벌어진 전투에서 자신들을 쫓고 있는 고려의 정규군으로 구성된 토벌대를 역공(逆攻)해 두 명의 원수를 포함해 장병 500여명을 전사하게 하였다.[70] 또 고려의 토벌대를 수세(守勢)로 몰아서 남원산성에서 농성하게 하고 이를 포위했을 정도였다. 그런데 당시 남원산성에서 농성하고 있던 고려군의 장수들 중에는 정지·배극렴·지용기·도흥 등 왜구 토벌전에 많은 경험을 지니고 있었던 역전(歷戰)의 용사들이 포함되어 있었다.[71] 〈경신년 왜구〉는 뛰어난 전투 수행 능력을 지닌 집단이었던 것이다.

⑤ 경신년 왜구는 전장(戰場)에서의 상황변화에 따라 이동하면서 신속하게 부대를 집합시키고 또 분산시키는 것이 가능했던, 뛰어난 전술적 이동 능력을 지닌 집단이었다.

경신년 왜구의 이동 경로를 추적해보면, 충북 옥천에 있었던 왜구의 본진이 진포구에서 자신들이 타고 온 선박이 고려군의 공격을 받고 불타버렸다는 사실을 알기 전에는 복수의 무리로 나뉘어 다양한 길을 따라 각각의 방향으로 움직이고 있었다.[72] (앞의 〈지도〉 참조).

---

69) 앞의 주(35) 사료 참조.
70) 앞의 주(50) 이영 논문 참조.
71) 앞의 주(35) 사료 참조. 특히 정지는 고려의 수군 재건에 깊이 관여한 인물로 3년 뒤인 우왕 9(1383)년에 남해 관음포 해전에서 왜구의 수군 선단을 대파한다.
72) 이하의 내용은 앞의 주(50) 논문과 앞의 주(6) 책, 204~209쪽 참조.

그러던 것이 진포구 전투에서 살아남은 왜구들이 본진이 있던 옥천까
지 와서 그 사실을 알리자, 옥천에서 분산하여 움직이던 예하 부대가 모
두 합류한다. 그리고 다시 이동을 시작한 뒤부터 상주(尙州)로 침구해 들
어갈 때를 제외하고는 하나로 뭉쳐서 움직이고 있었다. 즉 그것은 진포구
전투 이전에는 약탈의 대상을 탐색하기 위해 움직이고 있었고 그러기 위
해서는 여러 개의 무리로 나뉘어 행동하는 것이 효율적이라고 생각했기
때문으로 보인다. 그렇지만 자신들이 타고 돌아갈 배가 불타버렸다는 사
실을 안 뒤부터 하나의 집단으로 이동하는 것은, 예상되는 고려 토벌대의
공격을 방어하기 위하여 전력을 분산시키지 않겠다는 위기의식이 발현되
었기 때문으로 생각된다.

또한 상주로 침구해 들어갈 때는 두 개의 그룹으로 나뉘어 이동하고
있는데, 그 이유는 중세 일본 무사단이 적을 공격할 때 항상 소위 오테(大
手)와 가마레테(搦手)라고 하는 두 개의 부대로 나뉘어 전방과 후방, 또는
전방과 측면을 공격하는 것이 전형적인 전법대로 행동하였기 때문이다.
이처럼 경신년 왜구는 부대의 이동 형태만 보더라도 결코 오합지졸(烏合
之卒)이 아니라 뛰어난 전투 집단이었음을 알 수 있다.

⑥ 〈경신년 왜구〉는 강한 공격 지향성을 지닌 무장 집단이었다.

일반적으로 왜구들은 고려 토벌대의 추격을 받아 전세가 불리하다고
판단하면 산으로 도주하는 것이 보통이었다.[73] 그런데 〈경신년 왜구〉는

---

73) "賊步騎千余登幸安山, 我兵四面攻之, 賊徒奔潰, 遂大破之,"(『고려사』 권114, 열전
27, 나세) ; "賊至靈山, 拠險自固 (中略) 賊衆狼狽登山 (智異山), 臨絶涯, 露刃垂槊如
蝟毛, 官軍不得上 (中略) 倭又寇班城県, 登確山頂, 樹柵自保,"(『고려사』 권114, 열
전27, 우인렬). 그 외에도 다음과 같은 사료들이 있다. 『고려사』 권134, 열전47,
우왕 7년 4월 기사 ; 『고려사』 권134, 열전47, 우왕 7년 9월 ; 『고려사』 권114,
열전27, 문달한 ; 『고려사』 권116, 열전29, 심덕부.

쫓기는 입장이었으면서도 오히려 고려의 토벌대를 '혈계'에서 공격해 원수 2명과 병사 500명을 전사하게 하기도 하고, 또 토벌대를 험준한 산악 지형에 위치한 남원산성(南原山城)으로 몰아넣을 정도로 강한 공격 지향성을 지니고 있었다.[74] 그뿐 아니라 황산 전투에서 적장 아지발도가 생각했던 작전 구상은, 적의 주력(主力)인 이성계의 부대를 광천(廣川)과 풍천(楓川)이 합류하는 인월역 일대로 유인한 뒤, 배후를 차단해 이를 몰살시킨다는 것이었다.[75] 〈경신년 왜구〉는 다른 왜구 집단처럼 산으로 도주하지 않고 정면 대결을 택할 정도로 강한 공격 지향성을 지니고 있었음을 알 수 있다.

　⑦ 〈경신년 왜구〉는 용맹한 장병들로 이루어져 있었다.

　앞에서 본 〈경신년 왜구〉의 뛰어난 작전 수행 능력과 공격 지향성은 전투 경험과 용맹함을 겸비한 장병들의 전투 능력에 바탕을 둔 것이었다. 황산 전투 당시 주력이었던 이성계의 휘하 부대는 공민왕 11년(1362) 홍건적으로부터 개경을 탈환할 당시 이성계는 휘하 친병(親兵) 2천명으로 맹렬히 공격해 제일 먼저 성에 올라가서 크게 격파했으며[76] 또 "군사가 정예(精銳)하여 싸워서 이기지 못하는 것이 없으니, 각 고을이 가뭄에 구름과 무지개 바라보듯 하였다."[77]고 할 정도의 고려 최고 정예부대였다. 그것은 목은 이색이, "왜구를 날쌘 원숭이에 비유한다면, (고려의 지방군은) 고고(孤高)한 학(鶴)과 같다."[78], "노약한 병졸들 참담하여 생기도 없다.[79]"고 한

---

74) 남원산성은 읍성과의 거리 등으로 볼 때, 현재의 교룡산성으로 생각된다.
75) 앞의 주(50) 이영 논문 참조.
76) 『고려사』 권40, 세가40, 공민왕 11년 정월 갑자.
77) 『고려사절요』 권30, 우왕 3년 5월.
78) "해적(왜구)들이 나무 잘 타는 원숭이라면, 지방 군대는 연기를 피하는 학(鶴)이라 할까, (왜구들이) 등나무(藤蘿) 덩굴 부여잡고 깊은 골짝 건너고 바위에 기대어서 솟는 샘물 움켜 먹네. 마치 사람 없는 땅을 밟고 가는 듯 하는지라. 비통한 심정

'고려의 지방군(地方軍)'과는 전혀 달랐다.

그런데 그런 이성계가 왜구가 쏜 화살에 왼쪽 다리를 맞았고, 적에 의해 두어 겹으로 포위당해 기병 두어 명과 함께 포위를 뚫고 나왔다. 또 이성계로 하여금 하늘과 해를 가리켜 맹세하고, 좌우를 지휘하여 말하기를 "비겁한 자들은 물러나라, 나는 죽을 각오로 싸울 것이다." 고 말하게 할" 정도로 〈경신년 왜구〉의 전력은 막강한 것이었다.[80] 그리고 이러한 이성계의 명령에 장병들은 이에 감동해 용기백배하여 결사적으로 싸웠으나 "적들 또한 마치 땅에 심은 듯이 물러나지 않았다.[81]"고 하는 것처럼 고려군의 결사적인 공격에도 물러나지 않는, 〈경신년 왜구〉는 죽음도 불사(不辭)하는 용맹한 장병들로 구성되어 있었다.

물론 〈경신년 왜구〉와의 전투에 관한 사료의 서술을 이성계의 용맹성을 조선 건국 후에 앙양하려는 정치적 의도가 포함되었던 것이라고 생각할 수도 있을 것이다. 이 점을 이성계의 왜구 토벌 사례를 통해 살펴보기로 하자. 『태조강헌대왕실록』에는 우왕 3년(1377) 5월·동년 8월·우왕 4년(1378) 4월·우왕 6년(1380) 8월·우왕 11년(1385) 9월의 총 5차례에 걸쳐 이성계가 직접 왜구와 벌인 전투 상황을 상세하게 기록하고 있다.[82] 당시 사료의 내용을 간단히 정리하면 다음의 〈표 4〉와 같다.

이 〈표 4〉를 보면 모두 다 신기(神技)에 가까운 이성계의 활 솜씨를 과장(誇張)으로 여겨질 정도로 서술하고 있다. 그런데 〈경신년 왜구〉의 경우에도 "태조는 대우전(大羽箭) 20개로 적군을 쏘고 잇달아 유엽전(柳葉箭)

하늘에다 눈물을 뿌릴 밖에"(「어찌할거나」『목은시고』제32권).

79) "곡산(鵠山)에 주둔한 군대는 더욱 장난 같아, 노약한 병졸들 참담하여 생기도 없어라. 나는 너희들이 해낼 수 없음을 아노니, 수레의 길을 마는 사마귀는 필적(匹敵)이 아니라오"(「곡산가(鵠山歌)」『목은시고』제2집).

80) 그들은 당시 소위 '철기(鐵騎)'라는 장갑기병을 포함한 1,600여 필의 말로 이루어진 기마부대를 지니고 있었다. 앞의 주(50) 이영 논문 참조.

81) 앞의 주(35) 사료 참조.

82) 『태조강헌대왕실록』제1권 총서 참조.

으로 적군을 쏘았는데, 50여 개를 쏘아 모두 그 얼굴을 맞히었으되, 시위 소리에 따라 죽지 않은 자가 없었다."[83]라고 서술하고 있어서 다른 사료와 공통점이 확인된다.

그런데 〈경신년 왜구〉와 싸울 때는 이성계가 "적과 싸워서 죽겠다."고 까지 말했다. 이 역시 그의 용맹성을 표현하기 위한 수사법(修辭法)이었다고 생각할 수도 있다.

〈표 3〉『태조강헌대왕실록』에 보이는 이성계의 왜구와의 전투 장면 서술상의 특징

	연월	전투 장면 서술상의 특징
1	1377년 5월	태조(이성계)가 지리산에서 적군과 싸우는데 서로의 거리가 2백여 보(步)나 되었다. 적 한 명이 등을 세워 몸을 숙이고 손으로 그 궁둥이를 두드리며 두려움이 없음을 보이면서 욕설을 하므로, 태조가 편전을 이용하여 이를 쏘아 화살 한 개에 넘어뜨렸다.[84]
2	동년 8월	태조가 장차 싸우려고 투구를 백 수십 보 밖에 놓고 시험해 이를 쏘아, 승패 여부(與否)를 점쳐 보았는데 마침내 세 번 쏘아 모두 꿰뚫자, 말하기를 "오늘의 일은 알겠다" 하였다.[85]
3	1378년 4월	적군이 최영을 쫓으니 최영이 패하여 달아났다. 태조가 날쌘 기병을 거느리고 바로 나아가서 백연과 합세하여 쳐서 적군을 크게 무찔렀다.[86]
4	1380년 8월	날아오는 (적의) 화살이 태조의 왼쪽 다리를 맞혔다.[87] "겁이 나는 사람은 물러가라. 나는 그래도 적과 싸워 죽겠다."[88]
5	1385년 9월	이에 태조는 몸소 사졸들의 선두에 서서 단기로 적군의 후면을 충돌하니, 가는 곳마다 쓰러져 흔들렸다. 나왔다가 다시 들어간 것이 서너 차례가 되는데, 손수 죽인 적군이 계산할 수 없으며 쏜 화살이 중갑(重甲)을 꿰뚫어 혹은 화살 한 개에 사람과 말이 함께 꿰뚫린 것도 있었다.[89]

---

83) 앞의 주(82) 사료.
84) 앞의 주(82) 사료.
85) 앞의 주(82) 사료.
86) 앞의 주(82) 사료.
87) 앞의 주(82) 사료.
88) 앞의 주(82) 사료.
89) 앞의 주(82) 사료.

그렇지만 이 말에서 그가 당시 "정말 죽을 위기에 처했다." 고 느끼고 발설(發說)한 것이라고도 생각할 수 있다. 왜냐하면 적장이 창을 가지고 바로 태조의 후면으로 달려와 위기에 처했지만, 그는 이 사실을 몰랐고 부하 이두란(李豆蘭)이 적장을 쏘아 쓰러뜨려서 겨우 무사할 수 있었기 때문이다.[90] 그리고 이성계가 탄 말이 왜적이 쏜 화살에 두 번이나 맞아 쓰러졌고 또 왜적이 쏜 화살을 다리에 명중해 출혈하는 등, 과거의 어떤 전투에서도 경험하지 못한 위기에 처했었다. 이성계의 왜구 전투 사례를 보더라도 〈경신년 왜구〉는 예전의 왜구 집단과 확연히 구별되는, 특별히 뛰어난 전투 수행 능력을 지니고 있었음이 확인된다.

그리고 만약 이성계의 용맹함과 군사 능력의 탁월함을 돋보이게 하기 위해 사료를 왜곡하거나 과장해서 서술한 것이라면 왜구의 주장인 아지발도를 15~16세의 어린 소년으로 묘사하지도 않았을 것이다. 오히려 20~30대의 강인하고 경험도 풍부한 젊은 장수로 그리지 않았을까, 생각한다.

⑧ 〈경신년 왜구〉의 강인한 생존능력을 지적할 수 있다.

다음 사료를 보자.

> 6. 태조가 여러 장수들과 더불어 왜구를 운봉에서 공격하여 이를 대파하였다. 살아남은 적들은 지리산으로 도주하였다.[91]

1380년 8월, 황산전투에서 살아남은 왜구의 패잔병들은 그해 겨울을 지리산에서 보내고 다음 해 4월에 광주의 무등산에 들어와, 우왕 3(1377)년 당시 최영 장군이 싸웠던 황산 전투 현장과 같은 곳을 먼저 점하고 고

---

90) 앞의 주(82) 사료.
91) 『고려사』 권134, 열전47, 우왕 6년 9월.

려 토벌대를 맞이해 싸운다. 다음의 〈사료 7〉을 보자.

> 7. 왜적들이 지리산에서부터 무등산으로 도망쳐 들어가 규봉사의 바위 사이
> 에 목책을 세웠다. 그곳은 삼면이 깎아지른 듯한 절벽으로 오로지 좁은 길
> 하나만 절벽을 따라 나 있어서 겨우 한 사람만 지나다닐 수 있었다. 전라
> 도 도순문사 이을진이 결사대 100명을 뽑아서 높고 낮은 바위 위에 올라
> 가 불화살로 목책을 불 질렀다. 왜적 중에 벼랑에서 떨어져 죽는 자가 많
> 았다. 살아남은 적들은 바다로 도주하여 작은 배를 훔쳐 타고 숨었다. 전
> 에 소윤 벼슬을 한 나 공언이라는 자가 쾌속선을 타고 이들을 쫓아서 모두
> 죽이고 13명을 붙잡았다.[92]

그들은 7월에 진포구(鎭浦口)에 상륙한 이후 약 10개월, 황산 전투 이
후 약 9개월 동안을 적지(敵地)인 고려에서 생존하였다. 그뿐 아니라 규봉
사 전투에서 패한 뒤에는 작은 배를 훔쳐 타고 바다로 도주를 시도할 정
도로 강인한 생존능력을 보였다. 당시 '산악(山岳) 게릴라 전'이 일본 무사
들의 일반적인 전투 행위였다. 그렇지만 적지(敵地)에서, 그것도 약 1년
가까운 장기간에 걸쳐서 생존하기 위해 치러야했던 노력과 거기에 요구
되는 능력은 일본 국내에서의 산악 게릴라전과는 비교할 수 없을 정도로
지난(至難)한 것이었을 것이다.

4. 기쿠치 씨 무력의 특징

우선 본고의 핵심 문제에 접근하기 전에 기쿠치씨가 남북조 내란기에
어떠한 정치적 상황에 처해있었는지, 또 그들의 대(對) 고려 인식은 어떠

---

92) "왜적이 지리산에 침입했다가 무등산으로 도망쳐 들어갔는데 적은 규봉사 암석
사이에 목책을 세웠다." 『고려사』 권134, 열전47, 우왕 7년 4월 기사.

하였는지에 대하여 간단히 살펴보자.

　기쿠치씨는 고대 말부터 중세에 걸쳐 히고노구니(肥後国) 기쿠치군(菊池郡)[93]을 본거지로 하여 번영한 무사단으로[94] 다자이후(大宰府)의 부관(府官)직에 임명되었던 토착 호족이었다.[95] 기쿠치씨라는 이름이 역사상 크게 주목을 받게 되는 것은 '겐코(元弘)의 난(乱)'[96] 당시 기쿠치 씨의 12대 가독(家督) 다케도키(武時)가 전사한 뒤부터다. '하카타(博多) 전투'로 불리는 이 싸움은 다케도키가 '하카타'의 친제이탄다이(鎮西探題) 호조 히데도키(北条英時)의 저택을 습격한 것이었다. 그런데 처음 이를 계획하고 기쿠치씨를 끌어들였던 쇼니 사다쓰네(少弐貞経)가, 오토모씨(大友氏)와 더불어 기쿠치씨를 배신한다. 이를 알고서도 기쿠치 다케도키는 일족(一族) 무사들을 이끌고 돌격해 전멸한다.[97] 그러나 그 후 구스노키 마사시게(楠木正成)가 다케도키의 군공(軍功)이 제일 크다고 추천해, 다케도키의 아들 다케시게(武重)는 고다이고 천황이 수립한 건무신정(建武新政)의 조정으로부터 은상(恩賞)으로 히고노가미(肥後守)에 임명되었다.

---

93) 현재의 구마모토현(熊本県) 기쿠치시(菊池市).

94) 이하의 내용은 스기모토 히사오(杉本尚雄), 『기쿠치씨 삼대(菊池三代)』, 吉川弘文館, 1966 참조.

95) 기쿠치 지방에는 고대 이래 다자이후가 지배하던 기쿠치성(鞠智城)이 있었다. 따라서 기쿠치가 지니고 있었던 다자이후 부관의 지위와 무사들의 조직, 그리고 현지에서의 세력 부식은 상호 간에 깊은 관련이 있었던 것으로 여겨지고 있다. 앞의 주(94) 스기모토 연구서 참조.

96) 가마쿠라 막부가 멸망하게 되는 요인이 되었던 반란이다. 1331년(元弘1)에 고다이고 천황이 두 번째 막부 토벌 계획을 꾸미지만 사전에 발각된다. 고다이고 천황은 왕위에서 쫓겨나고 오키 섬으로 유배를 당한다. 그러나 다음 해에 아들 모리요시 왕자가 요시노(吉野)에서 구스노키 마사시게(楠木正成)가 가와치(河内)에서 아소씨(阿蘇氏)와 기쿠치씨(菊池氏)가 규슈에서 거병하고 고다이고 천황은 오키(隠岐) 섬에서 탈출한다. 그리고 아시카가(足利)·닛타(新田)·시마즈(島津)·오오토모(大友) 등 유력한 고케닌(御家人)들이 고다이고 천황 측에 가세하면서 막부는 멸망한다.

97) 「菊池入道寂阿打死の事」『태평기(太平記)』 권11, 校注·訳者 長谷川 端 小学館.

그렇지만 성립한 지 불과 2년도 안된 건무(建武) 2년(1335)에 신정부는 붕괴되고, 고다이고(後醍醐) 천황과 아시카가 다카우지(足利尊氏)의 싸움이 시작되었다. 기쿠치씨는 천황 측에 가담해 중앙에서는 13대 가독 다케시게(武重)가 하코네산(箱根山)에서 싸웠다.

〈기쿠치 씨의 가계도(家系圖)〉[98]

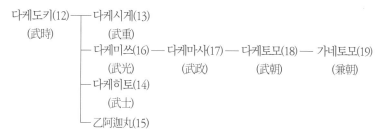

다케시게(13)가 중앙에서 고나이고 천황과 아시카가씨에 내항해 싸우고 있는 동안, 그를 대신해 동생 다케도시(武敏)는 일족을 이끌고 규슈로 내려온 아시카가 다카우지와 타다요시(直義) 형제를 등에 업은 쇼니 요리히사(少弐賴尙)에 대항해, 타다라하마(多々良浜)[99]에서 싸웠다. 이후 60년 가깝게 지속된 남북조 내란 기간 내내, 기쿠치씨는 초지일관 규슈 남조의 중심으로 활약했다. 기쿠치씨가 규슈의 중심부 히고(肥後) 지역을 대표하는 호족이었다면, 쇼니씨(少弐氏)는 규슈 북부 지역의 다자이후를 근거로 한 호족이었는데, 양자는 내란기 동안 시세(時勢)의 추이에 따라 대결과 타협을 반복했다.[100]

---

98) 앞의 주(94) 스기모토 연구서에 의함. ( )안의 숫자는 '-代' 가독(家督)을 의미한다. 19대 가네토모 이하 기쿠치씨 계통에 관해서는 생략.

99) 교토에서의 전투에서 패배한 아시카가 다카우지가 전세를 가다듬고 전력을 보충하기 위해 규슈로 내려와 쇼니 요리히사 등의 도움으로 타다라하마(현재 후쿠오카 시내)에서 전투를 벌여 승리한다. 이 전투의 승리한 다카우지는 곧 바로 교토로 올라가 고다이고 천황의 군대를 깨트리고 권력을 장악한다.

기쿠치씨는 왜구의 소굴 중 하나이며 집결지·통과지인 대마도의 영주 쇼니씨 못지않게 고려에 대해 강한 적대 의식을 지니고 있었다. 그 계기가 되었던 것은 물론 두 차례에 걸친 〈여몽 연합군의 일본 침공, 이하 '일본 침공'〉이었다.

예를 들어 기쿠치 다케후사(菊池武房)와 동생 기쿠치 아리다카(菊池有隆)를 들 수 있다. 다케후사는 두 차례에 걸친 '일본 침공' 당시 일본 무사들의 전투 모습을 묘사한 그림 『모코슈라이에고토바(蒙古襲来絵詞)』에 "기쿠치지로다케후사(菊池次郎武房), 분에이노에키(文永の役, 1차 침공) 당시에 명성을 날림으로써 …"라고 기록되어 있다.

스기모토는 "'일본 침공' 이전까지만 해도 기쿠치씨는 '다카(隆)' 또는 '쓰네(經)'를 통자(通字)로 삼아왔는데, 다케후사 이후 '다케(武)'로 바뀌게 된 이유가 '일본 침공' 당시에 무공을 쌓은 것 때문"[101]이라고 했다.

또한 다케후사의 동생 아리다카(有隆)는 적군과 뒤엉켜 싸우면서 위기에 처하자 참ᄂᄆ 밑에서 석을 찌른 뒤 놈을 베었는데, 이때 갑옷에 적병의 피가 튀어 묻게 된 모양이 마치 별처럼 보였기 때문에 이후 '아카보시씨(赤星氏)'를 칭하게 되었다고 한다.[102] 이 두 가지 사실을 통해 기쿠치씨가 쇼니씨 못지않게 고려에 대한 적대 의식과 무용(武勇)에 대한 강한 자부심을 지니고 있었음을 알 수 있다.

그러면 기쿠치씨가 려말-선초에 왜구의 일원이었음을 보여주는 사료에 대해 살펴보자.

8. (나흥유가 가지고 온) 귀국(일본)의 서신에 의하면, (고려를) 침구하고 있는

---

100) 기쿠치 씨와 쇼니 씨의 대결과 타협에 대하여는 앞의 주(1) 이영, 2009년 논문 참조.
101) 앞의 주(94) 스기모토 연구서 31쪽.
102) 시부에 기미마사(渋江公正), 『菊池風土記』, 株式会社 ボス·コーポレション, 1996, 314쪽.

해적들은 우리 서해 일로 규슈의 난신(亂臣)들이 서쪽 섬에 할거하여 행하고 있는 것이지, 우리의 소행이 아니다. (따라서) 아직 감히 즉시로 금지시킬 수 있다고 약속할 수 없다.[103]

이 〈사료 8〉은 『고려사』 우왕 3년(1377) 6월 을묘조의 기록으로, 당시 규슈에서 남조와 북조 간 내전이 가장 치열하게 전개되던 때였다. 왜구의 침구 또한 가장 극성에 달했다.[104] 여기서 '규슈의 난신'은 쇼니씨와 기쿠치씨를 의미한다.[105] 기쿠치씨가 쇼니씨와 더불어 왜구의 실체였음을 보여주는 다른 사료도 있다.

> 9. 筑紫御敵少弐·菊池歟御免事及御沙汰, 大内可和睦彼等之由被仰出之, 是敵陣依
> 御退治難堪忍之間, 高麗盗人連続衰微難治之由, 今度渡朝高麗人等嘆申, 仍及
> 此御沙汰, 今日被下上使奉行飯尾加賀守為行·同大和守貞連両人也, 進発畢.[106]

이 사료는 무로마치 시대의 공경(公卿) 마데노고지 도키후사(万里小路時房)의 일기 『겐나이키(建內記)』 에이쿄(永享) 12년(1440, 세종 22)에 수록된 내용이다.[107] 이 사료의 내용은 다음과 같다.

---

103) "去後據羅興儒賫來貴國回文言稱, 此寇因我西海一路九州亂臣, 割據西島, 頑然作
寇, 實非我所爲, 未敢卽許禁約" (『고려사』 권133, 열전46, 우왕3년 6월 을묘). 『겐
나이키(建內記)』 가키쓰(嘉吉) 3년(1443) 6월 23일
104) 이영, 「왜구 최극성기(最極盛期)의 시기(始期) 및 특징에 관한 한 고찰」 『한일관
계사연구』 81, 2023.
105) 앞의 주(1) 2006년 논문.
106) 『겐나이키(建內記)』 에이쿄(永享) 12년(1440) 2월 29일.
107) 『겐나이키(建內記)』는 1414년(応永21)부터 1455년(康正元)까지의 기간에 해당하
는 기록이다. 현재 단편적으로 남아전해지고 있다. 1429년(永享元)부터 1449년
(宝徳元)의 20년분에 해당하는 기술이 가장 결락이 적고 상태가 양호하다. 필자
인 도키후사는 막부와 밀접한 관계에 있었다. 그 때문에 덴소(伝奏)와 우지노쵸
쟈(氏長者)로서의 업무와 막부, 그리고 공무관계(公武関係)의 동향에 관한 기술

"치쿠시(筑紫=九州)의 적이란 쇼니씨와 기쿠치씨인가? (이들을) 용서하라
는 결정은 오우치(大內)로 하여금 그들과 화해하라고 하는 지시가 내려졌기
때문이다. 이는 적진(쇼니씨와 기쿠치씨)가 막부(오우치)의 토벌로 인해 어려
움을 참기 어려워하는 동안, 고려는 도둑(盜人)들이 연속적으로 침범해 쇠퇴
하고 이를 다스리기 어려웠으므로 이번에 (일본으로) 건너온 고려인(조선의
사신)이 이를 한탄하면서 아뢰었다. 따라서 이러한 결정을 내리기에 이르렀
다. 오늘 상사(上使)의 부교(奉行)로 이오 카가노가미 다메유키(飯尾加賀守為
行)와 야마토노가미 사다쯔라(同大和守貞連) 두 명이 결정되어 출발했다."

규슈 지역의 적들에 대한 토벌 작전 결과, 패한 쇼니씨와 기쿠치씨는
견디기 어려워 '高麗盜人' 즉 '왜구'가 되어 조선으로 건너갔다. 이 때문에
조선이 쇠퇴해졌다, 고 이번에 일본으로 건너온 조선인이 막부에 호소해
왔기에 "이러한 결정(此御沙汰) 즉, 쇼니씨와 기쿠치씨에 대한 용서'가 내
려졌나."고 하고 있나. 즉 이 사료에서는 오우치씨와 쇼니·기쿠치씨와의
전투가 왜구의 원인이 되고 있음을 막부가 인지해 양자 사이의 전투 행위
를 중지(화해)시키고 있다.

이상의 〈사료 8〉·〈사료 9〉에서 보듯이, 려말-선초의 왜구로 지목해왔
던 '난신(乱臣)'에는 쇼니씨과 기쿠치씨가 항상 짝을 이루어 지목되고 있
음을 알 수 있다. 기쿠치씨가 쇼니씨와 더불어 활발하게 왜구 활동을 전
개하고 있었음은 다음의 〈사료 10〉에서도 알 수 있다.

이 풍부하다. 쇼군 아시카가 요시노리(足利義教)가 암살당한 가키쓰의 난(嘉吉の
乱)과 가키쓰의 덕정 잇키(嘉吉の德政一揆)의 경위에 대해서도 상세하게 기록하
고 있다. 또한 도기후사가 보유하고 있던 장원이 연공을 체납해 무사, 상인, 승
려들에 의해 연공의 징수 권한이 이행되어갔던 경위 등, 사회경제에 관한 기술
이 많다. 이 점은 공가 귀족의 일기 중에서도 특별한 것으로 무로마치 중기의
사회경제사 연구에 유익한 정보를 제공하고 있다.

10. 高麗國朝貢使來朝, 先日參 室町殿奉拜云々, 傳聞赤松左馬助故満祐法師弟
    也, 謀反人也, 沒落播州, 不知行方之処, 菊地被相憑, 越于高麗國, 打取一
    「ヶ」國及難儀之由, 今度高麗人嘆申云々, 仍可被退治之由, 有沙汰云々.[108]

〈사료 10〉은 『겐나이키(建內記)』가키쓰(嘉吉) 3년(1443) 6월 23일조에
수록된 내용인데, 이에 의하면 2년 전(去々年)인 1441년(嘉吉元)에 아카마
쓰 미쓰쓰케(赤松満祐)가 쇼군 아시카가 요시노리를 암살하는 사건이 일
어난다. 소위 '가키쓰의 난(嘉吉の乱)'이다. 이에 아카마쓰씨 일족은 막부
의 토벌 대상이 되었다. 그런데 그로부터 2년여가 지나 고려(조선)국 사신
이 와서 무로마치 막부의 쇼군과 만나서 다음과 같이 호소했다고 한다.
즉 아카마쓰 사마노스케(赤松左馬助) 노리시게(則繁)는 미쓰쓰케의 동생으
로 반역자이다. 2년 전 파주(播州, 현재의 兵庫県으로 아카마쓰씨의 본거
지)를 토벌할 당시, 그의 행방은 알 수 없었는데, 기쿠치씨(菊地=菊池氏)에
의존해 고려(조선)로 침구해갔다, 고 하는 것이다.

여기서 노리시게가 기쿠치씨에 의존했다고 하는 사실에서 당시 기쿠치
씨가 왜구로서 활동하고 있었음을 엿볼 수 있다. 물론 〈사료 9〉와 〈사료
10〉이 남북조 내란이 끝난 지 40여년이 지난 뒤의 기록이긴 하지만, 려말-
선초 왜구 발생의 메카니즘이 동일한 것을 고려하면,[109] 이 두 사료는 고
려 말(=남북조 내란기)의 왜구에 기쿠치씨가 주요 구성원이었음을 방증
(傍證)해주는 사료라고 할 수 있다.

혹자(或者)는 기쿠치씨가 어떻게 한반도 중부 서해안의 진포구까지 침

---

108) 『겐나이키(建內記)』가키쓰(嘉吉) 3년(1443) 6월 23일.
109) 왜구 발생의 메카니즘은 다음과 같다. 규슈 지역의 토착 호족, 쇼니씨와 기쿠치
    씨 등이 일본의 공권력(막부의 쇼군)에 대항해 싸우다가 패한 뒤, 추포(追捕)를
    피해 고려나 중국으로 도주하는 것으로 당시 사료에는 '포도(逋逃)' 또는 '포도
    지배(逋逃之輩)' 즉 '체포를 피해 도주한 무리'라는 용어로 표현되고 있다. 이에
    관해서는 이영, 「왜구 다민족, 복합적 해적설의 허구와 문제점 – 식민사관과 관
    련하여」『동북아역사논총』26, 2010 참조.

구해갈 수 있었을까? 라고 의문을 가질지도 모른다. 이러한 의문에 대하
여 다음 사례를 들어 반론하고 싶다. 즉 10세기 초의 일본 사료에는[110] 소
위 '신라 해적'이 규슈의 히고(肥後, 현재의 구마모토 현)의 구마모토 시
(熊本市)까지 침구해왔다는 사실이 기록되어있다. 14세기의 고려 말보다
도 4세기나 이전에, 그것도 고려 말 왜구에 비하면 아주 짧은 기간 동안
활동했던 신라 해적도 대한해협을 건너 규슈 북서부 해안을 거쳐 남하해
내해(內海)인 아리아케카이(有明海) 서안(西岸)에 위치한 오늘날의 구마모
토 시까지 침구해 들어갔던 것이다.

이처럼 〈기쿠치씨=려말-선초 왜구의 주요 구성원〉이라는 사실을 염두
에 두고, 남북조 내란기 당시, 규슈 최강의 무장 세력으로 정서부의 핵심
이었던 기쿠치씨 무력의 특징에 대하여 살펴보기로 하자.

① 엄정한 부대 기강

아시카가 다카우지(足利尊氏)의 반란을 진압하기 위해 파견된 토벌대
는, 하코네(箱根)의 다케노시타(竹の下) 전투에서 오히려 패하고 만다. 그
러자 후방에 위치해 있던 오토모 사다토시(大友貞載)가 배반함으로써 토
벌대는 총퇴각하지 않을 수 없게 되었다. 이때 퇴각하는 부대의 최후방에
서 적의 추격을 막는 임무를 맡았던 것이 13대 가독(家督) 기쿠치 다케시
게(菊池武重)의 부대였다. 남조의 총사령관 닛타 요시사다(新田義貞)가 죽
을 고비를 넘기고 교토로 퇴각할 수 있었던 것은 오로지 다케시게 등의
덕분이라고 『태평기(太平記)』는 격찬하고 있다.[111] 오토모 사다토시의 경

---

110) 『日本紀略』『扶桑略記』寬平5(893)년 및 6(894)년 조에 보이는 구마모토(熊本), 나
    가사키(長崎), 이키(壱岐), 쓰시마(対馬)에 신라의 해적들이 침구한 기록이 보인
    다. 즉, 893년 5월 11일에 다자이후(大宰府)가 신라 해적을 발견했다. "신라 해
    적들은 히고노구니(肥後国) 아키다군(飽田郡, 현재의 구마모토 시)에서 민가에
    방화했다. 또 히젠노구니(肥前国) 마쓰우라군(松浦郡)에서 도주했다."고 함.

우만 아니라, 당시 무사들은 전황이 불리하다고 판단하면 배반을 밥 먹듯
하는 것이 일반적인 풍조였다. 그런데 아군 진영이 붕괴해 총퇴각하는 상
황 속에서 총사령관 요시사다가 기쿠치 씨에게 적의 추격을 막는 역할을
맡겼다는 사실은 기쿠치 씨의 충성심과 그 부대의 엄정한 기강을 얼마나
신뢰하고 있었는가를 잘 보여준다.

　② 총대장의 귀족적 성격

　쇼헤이(正平) 3년(1348) 고다이고(後醍醐) 천황의 왕자 정서장군(征西將
軍) 가네요시(懷良) 왕자는 교토를 떠난 지 13년째 되던 해에 기쿠치에 입
성하는 데 성공한다. 그리고 현재 기쿠치 신사(神社)가 있는 구마베야마지
로(隈部山城)에 거처를 정해 정서부의 중심이 되었다. 이후 30여 년 동안
가네요시 왕자는 16대 가독 기쿠치 다케미쓰(菊池武光)와 그 일족의 군사
력에 뒷받침되어 활동한다.[112] 남북조 내란기, 규슈 지역에는 다수의 남조
계 왕족들이 체재하였고 이들은 규슈 무사들을 결집시키는 구심점 역할을
하였다. 가네요시 왕자 역시 무장을 갖추고 직접 전투에 참전했다. 예를
들면 1359년 8월, 남북조 내란기 당시 규슈에서 벌어진 최대 규모의 전투
였던 오호바루(大保原) 전투에서 가네요시는 중상을 입고 사경(死境)을 헤
매기도 하였다.[113] 정서부는 남조의 왕자가 지휘하는 전투 집단이었다.

111) 「箱根竹下合戦の事」『태평기(太平記)』 권14, 校注·訳者 長谷川 端 小学館.
112) 앞의 주(94) 스기모토 연구서, 183쪽. 정서부는 가네요시 왕자의 정치적 권능과
　　기쿠치 다케미쓰의 군사적 권능의 합체로 확립되었다.
113) "삼번(三番)에는 정서장군궁(征西將軍宮)의 부대와 닛타(新田)·기쿠치히고노가미
　　(菊池肥後守)의 부대가 합세해 3천여 기가 적의 진영을 가로질러 사방팔방, 종
　　횡으로 흐트러 놓기 위해 공격하자, 쇼니(少弐)·마쓰라(松浦)·구사노(草野)·야마
　　가(山賀)·시마즈(島津)·시부야(渋谷)의 병력 2만여 기는 좌우로 재빨리 나뉘어 격
　　렬하게 화살공격을 가해왔기에 궁방의 부대는 계속해서 화살을 맞고 퇴각할 수
　　밖에 없었다. 그 때 정서장군궁이 3군데나 깊은 부상을 당했기 때문에, 히노사쇼

③ 강력한 무장(集團槍術)

기쿠치씨에게는 '기쿠치 센본야리(菊池千本槍)'로 일컬어지는 창의 일부가 전해지고 있다. 이는 다수의 창을 활용한 집단 창술 전법으로 기쿠치씨의 특유의, 집단전(集團戰)에 유리한 창이 지닌 장점을 활용한 전술이었다.[114] 이러한 집단창술 이외에도 기쿠치씨는 아주 견고한 갑옷으로 무장하고 있었다. 다음 〈사료 11〉을 보자.

11. 기쿠치히고노가미(菊池肥後守) 다케미쓰(武光)와 아들 히고지로(肥後次郎)는 정서장군궁이 부상을 당하고 공경(公卿)·덴죠비토(殿上人)와 닛타씨(新田氏) 일족들도 다수 전사한 것을 보고, "무엇 때문에 죽기를 꺼려하겠는가, 평소 주종(主從)간에 맺은 약속이 거짓이 아니라면 나를 따르는 병사들은 한 사람도 남지 말고 전사하라."고 병사들을 격려하며 자기는 곧바로 적진을 향해 날려갔다. 적병은 기구지임을 알고 화살을 마치 빗물이 쏟아지듯이 쏘아댔지만, 기쿠치가 입고 있는 갑옷은 이 전투를 위해 완력이 센 병사가 화살을 쏘더라도 관통되지 않는 재료를 사용해 만든 것이어서 아무리 강한 활을 쏘는 무사라 하더라도 화살 한 개도 관통되지 않았다.[115]

『태평기』가 군기문학(軍記物)인 점을 고려할 때, 위의 기사를 그대로 신용하기는 어렵지만, 적어도 기쿠치 일족이 적을 능가하는 강력한 무장을 갖추고 있었음은 엿볼 수 있다.

벤(日野左少弁)·보죠산미(坊城三位) … 등은 정서장군궁을 무사히 탈출시키기 위해 그 장소에 머물러 있었기 때문에 죽음을 당하고 말았다. …" 한편, 오호바루 전투에 관해서는 이영, 「오호바루(大保原) 전투와 왜구 - 공민왕 6-8(1357-59)년의 왜구를 중심으로 -」 『일본역사연구』 31. 2010 참조.
114) 아소시나 야스오(阿蘇品保夫), 「千本槍の伝承」『菊池一族』, 新人物往來社, 1990, 83~84쪽.
115) 「菊池と少弐と合戰の事」『太平記』 권33. 校注·訳者 長谷川 端 小学館.

④ 뛰어난 전투 수행능력

이 점에 관해서는 1359년 8월에 쇼니씨를 중심으로 한 북조 세력과 정서부 사이에 전개된 오호바루(大保原) 전투 당시, 기쿠치씨의 전투 장면을 기록한 『태평기』의 기사를 살펴보기로 하자.

> 12. 말은 화살을 맞아서 쓰러져도 말에 탄 기쿠치는 부상을 당하지 않았기 때문에 말을 갈아타고서는 적진을 향해 달려가 17번이나 돌격해가자, 기쿠치는 투구가 깨져 땅에 떨어지고 관자놀이를 칼로 두 번 맞았다. 하마터면 죽을 뻔 했는데 무토신사에몬(武藤新左衛門)과 말을 나란히 해 달리면서 껴안고 땅으로 떨어진 뒤, 무토의 목을 칼로 벤 뒤 칼끝에 꿰어 그 투구를 손에 잡고 자기가 쓰고 적의 말을 빼앗아 타고 다시 적진을 휘저으며 돌격해 들어갔다. 도주하는 적을 맹렬히 추격해 쫓아버리고 이제 막 한숨 쉬었다.[116]

위의 〈사료 11〉과 〈사료 12〉에서, 뛰어난 방어 능력을 지닌 갑옷·죽음을 두려워하지 않는 용감한 대장과 그의 뛰어난 무예 실력, 그리고 부항 장병들과의 굳건한 관계 등이 기쿠치씨의 탁월한 전투수행 능력을 뒷받침하고 있었음을 엿볼 수 있다.

⑤ 신속한 전술 이동 능력

기쿠치씨의 신속한 전술 이동 능력을 잘 보여주는 것이 다음의 〈사료 13〉이다.

---

116) 앞의 주(115) 사료 참조.

13. 기쿠치는 병량(兵糧)을 수송할 길이 막혀서 분고(豊後) 지방으로 병력을 전진시키지도 못하고, 또 다자이후로 나아갈 수도 없었기 때문에, "어떻게 해서라도 히고노구니(肥後国)로 철수해, 전투 준비를 하자"고, 기쿠치로 철수한 것이었는데, 아소다이구지(阿蘇大宮司)가 만든 9 개성을 차례차례로 공격해 함락하면서 통과했다. 아소다이구지가 믿고 의지하던 부하들 300여명이 전사하였기에 아소다이구지는 적의 통로(通路)를 막지 못하고 목숨만 겨우 부지한 채 도주하고 말았던 것이다.[117]

이 〈사료 13〉은 다자이쇼니(大宰少弐) 즉 필자가 경인년(1350) 왜구의 배후로 지목한 쇼니 요리히사(少弐頼尚)가 기쿠치씨와 전개한 1359년 8월의 오호바루(大保原) 전투 이전의 상황에 관한 『태평기(太平記)』의 기록이다. 여기서 기쿠치씨는 아소다이구지와 쇼니씨의 작전에 말려들어서 오쿠니(小国, 현재의 熊本県 阿蘇市)에서 포위당할 뻔했다. 그런데 기쿠치씨는 아소다이구지가 퇴로를 차단하기 위해 쌓은 9개의 성을 차례차례로 공격해 함락하면서 신속히 통과해 본거지로 무사히 귀환할 수 있었다. 이 기사를 통해 기쿠치씨의 신속한 전술 이동 능력을 확인할 수 있다. 사료적 성격과 문학적 측면을 함께 지닌 『태평기』의 성격을 고려할 때, 기록된 내용을 그대로 역사적 사실로 여길 수는 없지만, 기쿠치씨 무력의 특징을 잘 보여준다고 할 수 있다.

---

117) "지금까지는 다자이쇼니(大宰少弐)와 아소다이구지(阿蘇大宮司)가, 궁방(宮方)을 배반할 모습을 보이지 않았기 때문에, 기쿠치는 그들과 연락을 취하면서 5,000여기를 이끌고 오토모(大友)를 퇴치하기 위해, 분고(豊後)로 서둘러 갔다. 이때에 다자이쇼니(大宰少弐)는 갑자기 마음이 변해서 다자이후에서 반(反) 기쿠치의 깃발을 들어 올렸기 때문에, 아소다이구지(阿蘇大宮司)는 쇼니(少弐)편에 가세하여 기쿠치 세력의 배후를 차단하기 위해, 오쿠니(小國)구마모토 현(熊本県) 아소시(阿蘇市) 오구니쵸(小国町)에서 9군데 성을 쌓고 기쿠치 세력을 한 사람도 남기지 않고 토벌하고자 했다." 「細川式部大輔霊死の事」『太平記』권33, 校注・訳者 長谷川 端 小学館.

⑥ 강한 공격 지향성

아소시나 야스오는 기쿠치씨 일족의 전술에 대하여 다음과 같이 언급
했다.

> "적과 비교해 적은 병력으로 다수의 적과 정면으로 대적하는 야전(野戰)을
> 전개하는 경우가 자주 보인다." … "상대방에 비해 적은 병력으로 다른 지방
> 에서 전투를 전개하는 것이 불리하다는 것은 누가 봐도 잘 알 수 있음에도
> 불구하고, 기쿠치 세력은 적과 정면으로 대적하면서 규슈 각지를 전전(轉戰)
> 했다."[118]

기쿠치씨는 소수의 병력으로 다수의 적과 싸우는 것을 꺼려하지 않았
다. 예를 들어, 1359년 8월의 오호바루 전투에서 적(쇼니 요리히사)의 6만
병력에 대해 아군(정서부)은 8천, 1362년 9월의 분고(豊後) 쵸자바루(長者
原) 전투에서는 적의 7천에 대해 5천이라는 병력으로 싸운 경우를 들 수
있다.[119] 더욱이 기쿠치씨의 전술은 적과 정면에서, 그것도 아군의 예상되
는 큰 피해도 개의치 않고 적의 본진을 공격하는 것이었다.

⑦ 장병들의 용맹성

앞에서 언급한 바 있는, 12대 가독 기쿠치 다케도키의 하카타 전투에
대하여 살펴보자.

14. 다케도키는 진서탐제(鎭西探題)를 습격하고자 했다. 그런데 행동을 같이

---

118) 앞의 주(114) 아소시나 야스오 책.
119) 앞의 주(114) 아소시나 야스오 책.

하기로 한 쇼니씨와 오토모씨가 배반했다.[120] 그러자 기쿠치 다케도키는
크게 화를 내면서 "일본에서 가장 비겁한 놈들을 믿고 이 큰일을 결심한
내가 잘못이다. 좋다. 그놈들이 협력하지 않는다고 해서 싸우지 못할 것
도 없지" 하고, 겨우 150기밖에 되지 않는 병력을 거느리고 하카타의 진
서탐제 저택으로 쳐들어갔다. 기쿠치는 병력은 적었지만 한 사람 한 사람
이 목숨을 초개처럼 여기고 죽음을 두려워하지 않고, 의협심을 금석처럼
굳게 하고 싸웠기 때문에 성의 수비병들은 전투에서 이기지 못하고 큰
피해를 입고 성안으로 퇴각했다.[121]

  이러한 다케도키의 용맹함에 대하여 『태평기(太平記)』는 "'전제(專諸)와
형가(刑軻)는 은혜에 보답하기 위해 자기 마음을 바쳤고, 후영(侯嬴)과 예
양(豫讓)은 대의(大義)를 실현하기 위해 목숨을 가볍게 여겼다.'고 말한 것
도 이 기쿠치 뉴도(入道, 다케도키)와 같은 행동을 가리키는 것일 것이라

120) 그 이유는, 아직 천황을 지지하는 병사들이 모이지 않고 있으며, 천황 군대의
   기지(基地) 요시노(吉野)는 함락당하고 그곳에 있던 왕자는 행방불명이 되었으
   며 또 아군의 주요 거점 아카사카 성(赤坂城)은 막부의 대군에 함락당했다고 하
   는 소문이 퍼져서 아직 기회가 아니라고 판단하였던 것이다. 그리고 쇼니씨와
   오토모씨는 기쿠치씨와 함께 음모를 꾸몄다고 하는 사실을 없애기 위해 일부러
   기쿠치 다케도키가 파견한 사자를 죽이고 진서탐제 측에 가담하기로 했다.
121) 결국은 쇼니와 오토모의 연합군 총 6,000여 기가 기쿠치의 배후에서 공격하고
   포위했다. 기쿠치 다케도키는 이 모습을 보고 아들 다케시게(武重)를 불러 말하
   기를, "나는 지금, 쇼니와 오토모에게 속아서 전장(戰場)에서 죽으려하지만, 의
   를 지키기 위해 이렇게 되었다고 생각하기 때문에 목숨을 잃는 것을 후회하지
   않는다. 그러니 나는 여기서 싸우다 죽겠다. 너는 빨리 우리 집으로 돌아가 성
   의 경비를 튼튼히 한 다음, 거병해 나의 이승에서의 원한을 내가 죽은 다음에
   갚아다오" 라고 설득시킨 뒤, 젊은 무사 50기를 빼서 다케시게에게 딸려서 히고
   노구니(肥後国)로 돌아가게 했다. 그리고 그 뒤, 기쿠치 다케도키는 "이제 미련
   은 없다. 자, 한 번 더 힘을 내어 문을 깨트리고 대의명분을 위해 목숨을 바치
   자"고, 기쿠치 뉴도와 그 백부(伯父) 아카보시(赤星) 뉴도가 앞장서서 진서탐제
   의 성문으로 돌진, 한 명도 남지 않고 전멸했다. 『태평기(太平記)』권11,「菊池
   入道寂阿打死の事」校注·訳者 長谷川 端 小学館.

고, 감탄하지 않는 사람이 없었다."고 했다.[122] 기쿠치씨의 죽음을 두려워
하지 않는 용맹함을 중국의 전설적인 자객에 빗대어 칭송하고 있다.

기쿠치씨의 제17대 가독인 기쿠치 다케마사(菊池武政, 1342~1374)는
자신이 제정한 가훈(家訓)에서 "무사 가문에 태어난 이상, 장검(太刀)과 칼
(刀)을 쥐고 죽는 것은 당연한 것이다. 항상 무사로서 걸어야할 길을 잘
생각한다면, 무사다운 죽음은 쉽지 않은 것이니, 마음속에 잘 새겨두는 것
이 중요하다."[123]고 강조하고 있다.

이처럼 남북조 시대의 기쿠치씨 일족은 무사로서의 용맹과 명예를 목
숨보다 더 무겁게 생각한 무사단이었다. 1330년대 말 이후, 정세는 이미
막부(북조)의 승리가 결정적인 상황이었다. 그런 가운데 오직 규슈에서만
남조의 우세가 유지될 수 있었던 주요한 이유 중 하나로 정서부를 지탱한
기쿠치씨의 군사적 능력, 그중에서도 강인한 정신력에 입각한 장수와 병
사들의 용맹성을 들지 않을 수 없다.

⑧ 뛰어난 생존능력

기쿠치씨는 〈경신년 왜구〉에 못지않은 뛰어난 생존 능력을 지니고 있
었다. 기쿠치에는 하자마가와(迫間川)가 조성하는 계곡을 따라서 일족의
산성들이 배치되어 있었으며,[124] 전세가 불리해지면 여러 차례 이 계곡으
로 숨어들어 위기를 벗어난 뒤 다시 전열을 정비해 공세에 나서곤 했다.
예를 들면 기쿠치 다케시게의 동생 다케도시(菊池武敏)가 아시카가 다카

---

122) 『태평기(太平記)』 권11, 「菊池入道寂阿打死の事」 校注・訳者 長谷川 端 小学館.
123) "武の家に生まれてよりは太刀・刀をとりて死る道を本意なり, 常々武の道の吟告を
せされは, いさきよき死は仕りかたき物にてある間, よくよく心を武にきさむ事,
肝要候事" 『남북조유문(南北朝遺文)』 九州編, 2450호.
124) 이를 소위 '기쿠치 18외성(菊池18外城)'이라고 한다. 이에 관해서는 杉本尚雄, 『菊
池氏三代』, 吉川弘文館, 1966 참조.

우지(足利尊氏)의 부하 닛키 요시나가(仁木義長)와 잇시키 노리우지(一色範
氏)의 부대와 두 차례 싸워서 패하자 이 계곡의 산속으로 숨어들어가 전
력을 온존시키고 전열을 재정비한 사례[125]를 들 수 있다. 기쿠치씨가 북조
세력과의 결전에 패하여도 쉽게 항복하지 않고 끈질기게 싸울 수 있었던
데에는 산악에서의 장기간에 생존능력에 의존한 바가 컸다고 할 수 있다.

기쿠치씨는 특별 훈련을 통해 이러한 생존능력을 키우고 있었다. 기쿠
치 씨의 제17대 가독 기쿠치 다케마사(菊池武政)는 쇼헤이(正平) 3(1348)년
에 자신이 정한 집안의 규칙(「菊池武政家中掟条々写」)에서, 집안의 일족들
과 부하들에게 반드시 지켜야 할 7개 항의 규칙을 제시하고 있다.[126] 그
내용을 보면, 아침 일찍 일어나서 병법을 공부하고 활을 쏘고 말타기를
연습하며, 그리고 이러한 훈련에 소질이 있는 자에게는 더 많은 훈련을
부과할 것을 지시하고 있다. 또 훈련을 마친 뒤에는 '매를 이용한 사냥(鷹
狩)과 사슴 사냥(鹿狩)을 하고 또 스모(相撲)를 하면서 산속에서 떠돌아다
니며 놀 것(遊)'을 지시하고 있다. 이처럼 산속에서 놀면서 행하는 '매사

---

125) 아시카가 다카우지(足利尊氏)가 타다라하마(多々良浜) 전투에서 승리한 뒤, 교토
를 향해 동상(東上)한 직후, 그때까지 움츠리고 있었던 다케시게를 대신해서 규
슈 현지에서 일족들을 지휘하고 있던 동생 기쿠치 다케도시(菊池武時)가 다시
치쿠고(筑後) 지방으로 나와 공격하였다. 이 때 다카우지의 부하 닛키 요시나가
(仁木義長)가 이를 도리가이(鳥飼)에서 격파하자, 다케도시는 기쿠치의 다이린지
(大琳寺)로 도망해왔다. 그러자 닛키 요시나가의 부대는 기쿠치로 이동해와 공격,
5월에 다케도시는 또 다시 기쿠치의 복잡한 지형으로 이루어진 산 속으로 숨어
버렸다. 그러자 닛키 요시나가는 규슈 평정의 공을 다 이루었다고 자랑하면서 다
시 동쪽으로 올라간다. 이 틈을 타서 다케도시가 다시 군대를 일으키자 이 번에
는 잇시키 노리우지(一色範氏)의 부대가 히고(肥後)의 고쿠후(国府, 熊本市)로 와
서 다케도시의 배후를 견제한다. 7월 중순에 노리우지가 군대를 철수시켰기 때문
에 다케도시는 아소씨의 서자(庶子) 에라 고레즈미(惠良惟澄)와 협력해 치쿠고의
각지를 전전하였지만, 이기지 못하고 기쿠치로 돌아갔다. 잇시키(一色)의 부대는
이를 쫓아서 9월, 기쿠치로 쳐들어 와, 하자마가와(迫間川)의 계곡 깊숙이 寺尾野,
斑蛇口, 穴川 등의 성루를 함락시켰다. 앞의 주(94) 스기모토 책 참조.
126) 앞의 주(123) 사료 참조.

냥·'사슴사냥'·'스모'는 실전에 대비해 전투 기술을 연마하기 위한 것이
면서 동시에 '사냥'은 적의 추격을 피해 산속으로 도주했을 경우 식량을
조달하기 위해 행하는 '생존 훈련'의 의미도 있었다, 고 할 수 있다.[127]

이상과 같이, 경신년 왜구와 기쿠치씨의 무력을 비교한 결과, 양자는
다음과 같은 공통점이 확인된다.

① 엄정(嚴正)한 기강(紀綱)을 지니고 있었다.
② 총대장이 귀족적(貴族的)인 성격을 지니고 있다.
③ 강력한 무장(武裝)을 갖추고 있었다.
④ 뛰어난 전투 수행 능력을 지니고 있었다.
⑤ 신속(迅速)하고 뛰어난 전술 이동 능력을 지니고 있었다.
⑥ 공격 지향적이었다.
⑦ 부하 장병들이 용맹하였다.
⑧ 강인한 생존능력을 지니고 있었다.

이상의 8가지 공통점 중에서 ②의 '총대장의 귀족적(貴族的) 성격'이라
는 점을 제외한 나머지 7가지 특징은 기쿠치씨가 아니더라도 남북조 내란
당시 규슈 지역의 또 다른 전문적인 무장 집단, 예를 들어 쇼니씨에게서
도 발견할 수 있는 것이라고 생각할 수도 있다. 그러나 쇼니씨에게는 위
의 8가지 특징을 보여주는 문헌사료가 없다.

사료는 전해지지 않지만, 쇼니씨 역시 기쿠치씨에 뒤지지 않을 정도의
무력 집단이었다고 반론할 수도 있을 것이다. 그러나 남북조 내란기 당시
쇼니씨의 가독 요리히사(賴尙) 부자(父子)가 기쿠치씨와의 싸움에서 패해
자신들의 본거지 다자이후를 빼앗기고 10년 동안이나 교토에서 은거 생
활을 보내야만 했던 사실 등, 쇼니씨가 위와 같이 뛰어난 전투 수행 능력

127) 앞의 주(6) 이영 책, 262~263쪽.

을 지니고 있었을 것으로는 여겨지지 않는다.

물론 〈경신년 왜구〉와 기쿠치씨에게서 이상과 같은 공통점이 발견된다, 고 해서 곧 양자를 동일한 존재로 단정하기에는 이르다고 할 수 있다. 그러나 앞의 주(28)에서 보는 것 같은, 양자의 밀접한 관련성을 고려한다면 위와 같은 공통점은 〈경신년 왜구=기쿠치씨〉설을 방증해주는 좋은 자료가 될 수 있다고 생각한다.

5. 결론

경인년(1350)에 약 80여 년간의 '공백기'를 깨고 다시 침구해오기 시작한 이래, 31년째에 해당하는 경신년(1380)이 되자, 500척이나 되는 최대 규모의 왜구 선단이 금강 하구의 진포구(鎭浦口)에 침구해왔다. 필자는 별고에서 이 〈경신년 왜구〉가 규슈탄다이 이마가와 료슌이 정서부의 근거지 기쿠치를 포위한 채, 성서부 휘하 수군 세력인 다카기·아마쿠사 일대의 선박을 탈취하려고 한 것에 대응해 선박들을 대피시키기 위해, 그리고 남조의 본거지 기쿠치 일대가 포위당한 상황 속에서 필요한 병량미를 구하기 위해 침구한 것이라는 견해를 밝힌 바 있다. (〈경신년 왜구=기쿠치씨〉설).

본고에서는 이러한 〈경신년 왜구=기쿠치씨〉설을 입증하기 위해 별도의 관점, 즉 양자가 지닌 무력적인 특징에 대하여 비교 고찰해보았다. 그 결과, 양자의 무력은 ① 엄정한 부대 기강 ② 총대장의 귀족적 성격 ③ 강력한 무장 ④ 뛰어난 전투 수행 능력 ⑤ 신속한 전술 이동 능력 ⑥ 강한 공격 지향성 ⑦ 장병들의 용맹성 ⑧ 뛰어난 생존능력의 8가지 점에서 그 특징이 완벽하게 일치함을 확인했다.

물론 이로써 〈경신년 왜구=기쿠치씨〉설이 완전히 입증되었다, 고 단정하기는 어렵다. 지금으로서는 〈무력의 특징〉이라는 점에서 보더라도, 〈경신년 왜구〉와 〈기쿠치씨〉가 상호 이질적인 존재가 아니라는 점이 확인되었다, 고 하는 정도라 할 수 있다. 양자가 동일한 존재인지 아닌지 여부에 관해서는 앞으로 보다 더 다양한 각도에서 입증되어져야 한다. 예를 들어 〈경신년 왜구〉와 기쿠치씨가 실제로 전장에서 운용한 전술에서도 공통점이 있는지, 생각해볼 필요가 있다. 또 무엇보다도 〈경신년 왜구〉의 대장 아지발도의 정체가 무엇이었는지를 밝혀야 할 것이다. 이를 위해서 〈표 2〉〈경신년 왜구의 특징〉 중에 '주술성'과 관련지어 고찰할 필요가 있다. 이러한 문제에 관해서는 별도의 기회를 빌리고자 한다.

남북조 내란기 일본 무사와 왜구의 전술
- 기쿠치씨와 왜구의 전술 비교를 중심으로 -

1. 서론

남북조 내란기(1336~1392)는 고려 말에 해당한다. 그런데 고려 말~조선 초 왜구의 실체에 관해 일본에서 정설(定說)의 지위를 점하고 있는 것이 소위 〈왜구=삼도 해민설〉이다.[1] 『일본사사전(日本史事典)』에서는 '해민(海民)'을 다음과 같이 정의하고 있다.

> 어업·제염(製鹽)·회선(回船)·상업 등을 생업으로 삼으면서 바다를 무대로 활동하는 사람들에 관한 총칭이다. 고대·중세에 천황·섭관가(摂関家)·신사(神社) 등은 해산물을 확보하기 위해 각지의 해민을 구고닌(供御人)·구사이닌(供祭人)·지닌(神人)으로 조직해 특권적인 어업권(漁業權)과 해상을 자유로이 항행할 수 있는 권리를 부여하는 대신에 해산물을 바치게 하였다. 앞선 어업 및 제염기술을 지닌 사람이나 선박을 조종하여 넓은 해역에 걸쳐서 교역을 행하거나 해적·수군(水軍)·전업상인(專業商人)으로 발전한 사람들도 있었다.[2]

---

[1] 예를 들어, 일본의 대표적인 역사관련 출판사 중 하나인 야마카와 출판사(山川出版社)에서 간행한 『講說 日本史』는 다음과 같이 서술하고 있다. "남북조 동란이 진행되던 시기, 쓰시마, 이키(壱岐), 히젠마쓰우라(肥前松浦) 지방 주민을 중심으로 하는 해적집단이 한반도와 중국 대륙 연안을 습격해, 왜구라고 불리면서 공포의 대상이 되었다."

[2] 『新版角川日本史事典』, 角川出版社, 1996.

이상과 같은 해민의 정의를 통해 여말-선초 왜구는 직업적이며 전문적인 무사(武士)가 아닌 바닷가에서 어업 또는 항해를 업으로 삼는 사람들에 의한 해적 활동으로 인식하고 있음을 알 수 있다.

그리고 왜구의 실체에 관해 비교적 근년에 등장한 소위 〈마지날맨(MAGINAL MAN), 이하 '경계인(境界人)'〉설이 있다.[3] 그 요점을 정리하면 다음과 같다.

> 반은 일본, 반은 조선, 반은 중국이라고 하는 … 경계성을 띤 인간유형을 〈마지날맨〉이라고 부른다. 그들의 활동이 국가적 내지 민족적인 귀속이 애매한 경계 영역을 일체화시켜 '국경에 걸친 지역'을 만들어냈다.[4]

이상의 서술을 통하여 〈왜구=경계인〉 설은 왜구를 "일본인이 아니라, 오늘날의 국적이나 민족 관념으로는 확연하게 구분하기 어려운 애매한 사람들"로 간주하고 있다.[5] 그런데 〈삼도 해민설〉이 옳다면, 고려는 일본 변경지역의 도서 연해민들의 아마추어적인 해적 행위조차 제대로 대응하지 못해 멸망할 정도로 쇠약하고 무능한 국가였던 셈이 된다.[6]

또 〈경계인〉설에 따르자면 고려·조선의 국가권력은 1세기 이상이나 자국을 괴롭혀 온 왜구의 실체가 실은 자국민이었다는 것조차 제대로 파악

---

3) 〈마지날 맨〉설이 최초로 제기된 것은 무라이 쇼스케(『中世倭人傳』, 岩波新書, 1993)로, 1998년 이영이 번역 출판(『중세 왜인의 세계』 일본학총서 37, 한림신서)했다.

4) 무라이 쇼스케, 「倭寇はだれか」 『日本中世境界史論』, 岩波書店, 2013, 126쪽.

5) 소위 〈삼도해민〉설과 〈경계인〉설에 관해서는 필자가 이미 그 문제점에 관해 구체적으로 검토한 바 있다. 이에 관해서는 이영, 「〈고려 말·조선 초 왜구=삼도(쓰시마·이키·마쓰우라) 지역 해민〉설의 비판적 검토」 『일본문화연구』 38, 동아시아 일본학회, 2011 참조.

6) 이러한 주장은 일본의 고대 이래로 이어져 온 뿌리 깊은 '한반도 멸시관'에 근거하고 있다. 이에 관해서는 이영, 「민중사관을 가장한 식민사관 - 일본 왜구 연구의 허구와 실체 -」 『일본문화연구』 45, 2013 참조.

하지 못했던 무능하고 한심한 존재가 된다.

그런데 고려 말 고관(高官) 설 장수는 왜구의 전술 행동에 대하여 다음과 같이 서술하고 있다.

> 왜적들은 많으면 천, 백 명이 무리를 짓고 적으면 5명, 10명으로 대오를 지어 음모 술책은 형언하기 곤란합니다. … 허장성세(虛張聲勢)하여 서쪽으로 가는 척하면서 동쪽으로 향하고 우리 병력이 분산된 다음에 슬며시 습격해옵니다. 때로는 수비처를 그냥 지나 주민들을 공격하기도 하고, 또는 주민은 그냥 두고 먼저 수비처를 습격하기도 합니다. 적으면 미리 간첩을 파견하여 부유한 집을 알아 두었다가 슬며시 들어가 약탈합니다.[7]

이와 같은 왜구의 전술 행동은 전형적인 게릴라 전술로 모택동과 20세기 최고의 명장으로 꼽히는 베트남의 보 구엔 지압 장군이 즐겨 활용했었다.[8] 그리고 왜구는 산악전에도 뛰어났다. 전세가 불리해지면 산악의 험한 지형을 이용하여 목책을 설치하고 농성하는 전술을 사용하였다.[9] 그런

---

7) 『고려사』 권112, 열전25, 설장수.
8) 왜구와 게릴라 전술의 관련에 관해서는 이영, 「게릴라전 이론을 통해서 본 왜구 - 조선 왕조의 대마도 영유권 주장을 중심으로 - 」 『일본연구』 31, 중앙대학교 일본 연구소, 2011 참조..
9) 예를 들어 다음과 같은 사료가 확인된다. "왜적의 보병과 기병 천여 명이 행안산으로 올라갔다. 아군 병사가 사방을 포위하고 공격했다. 왜적들은 붕괴하여 도주했다. 아군이 이를 크게 격파했다."(『고려사』 권제114, 열전27, 나세). "왜적들이 영산(靈山)에 이르러 험준한 지형을 활용하여 방어했다. … 왜적들이 낭패하여 지리산으로 올라가 절벽에 임하여 칼과 창을 마치 고슴도치처럼 내밀었다. 관군이 올라갈 수 없었다. … 왜적들이 또 반성현을 침구해 대산(碓山) 정상에 올라 목책을 세우고 방어했다."(『고려사』 권114, 열전27, 우인열). "왜가 지리산에서부터 무등산으로 도주해 규봉사 바위 사이에 목책을 세웠다. 삼면이 깎아 지르듯한 절벽이었고 단지 좁은 오솔길이 절벽을 따라 나있어 겨우 한 사람만 지나갈 수 있었다."(『고려사』 권134, 열전47, 우왕 7년 4월 기사). "남질이 지리산에 남아있던 왜적을 격파해 4명을 베고 말 46필을 획득했다."(『고려사』 권134, 열전47, 우왕 7년

데 남북조 내란기 일본 무사들의 전투 형태 역시 게릴라전, 산악전이 중심이었다. 남북조 내란사의 권위자라고 할 수 있는 사토 신이치(佐藤進一)는 다음과 같이 언급했다.

> (남북조 시대에 들어오면) 가마쿠라 시대(1185-1333)까지의 평탄한 지형에서 전개되는 기사전(騎射戰)에서, 복잡한 지형과 바위와 수목(樹木) 같은 것을 전투 조건에 포함시키는 산악(山岳)에서의 게릴라 전투·공성전(攻城戰)·농성전(籠城戰)으로 변한다.[10]

이처럼 왜구와 남북조 시대의 무사들에게서 게릴라 전술과 산악전술이라고 하는 공통점을 발견할 수 있다. 어업과 제염을 생업으로 하는 일본의 도서 연해민이 어떻게 산악에서의 게릴라전과 농성전도 능숙하게 수행해낼 수 있는 올마이티(almighty)한 병사로 변신이 가능했던 것일까? 왜구의 장수 중 '패가대 만호(覇家臺萬戶)' 즉 '하가타(博多)의 규사 지안을 담당하는 상급 무사'의 존재, 또 그들이 착용하고 있던 무구(武具)와 무장 상태 등은 어떻게 설명할 수 있을 것인가?[11]

또 "반(半)은 일본, 반은 조선, 반은 중국이라고 하는 … 경계성을 띤 인간 유형"으로 구성된 천명 또는 백여 명이나 되는 왜구 집단이 어떻게 상호 소통(疏通, =커뮤니케이션)을 원활히 하여 산악에서의 게릴라전과 농성전을 수행해낼 수 있었을까? 그들의 리더는 어떤 사람이었으며, 그들의

9월). "그 때 왜적 천 여명이 옥주와 보령 등의 현을 함락시키고 개태사에 들어왔고 이어서 계룡산으로 들어갔다."(『고려사』 권114, 열전27, 문달한). "태조가 명하여 말하기를 '왜적이 궁하여 불쌍히 여길만 하니 죽이지 말고 생포하라'고 했다. 왜적들이 천불산으로 들어갔다."(『고려사』 권116, 열전29, 심덕부).

10) 사토 신이치, 「南北朝の動乱」『日本の歴史(9)』, 中央公論社, 1965, 198~200쪽.

11) 패가대 만호에 관해서는 "쇠로 만든 큰 투구를 쓰고 손발에 이르기까지 모두 방호구를 갖추고 좌우에 보병을 이끌고 …"라고 쓰고 있다. 『고려사』 권116, 열전29, 박위.

거점(소굴)은 어디였을까? 또 자신의 생명이 걸린 고려군과의 전투에서 그들을 하나로 결속시켜 전투 수행을 가능케 할 수 있었던 주의(主義)와 원리는 무엇이었을까? 이상과 같은 의문에 명확한 해답을 제시하지 못한다면 〈삼도 해민설〉이나 〈경계인설〉은 허망한 공론(空論)에 불과하다.

이와 같은 일본의 선행 연구가 제시해온 왜구상과 『고려사』에 보이는 그것과의 괴리(乖離)를 좁히고 여말-선초 왜구의 실상에 접근하기 위한 하나의 방법으로, 왜구의 전술에 관해 검토하고자 한다.

본 고에서는 이상과 같은 문제 의식에 입각해 왜구와 남북조 내란기 무사, 특히 규슈 남조(정서부)의 핵심 무장 세력이었던 기쿠치씨의 전술을 비교 검토함으로써 왜구의 실체에 접근하고자 한다.[12]

이를 통해 얻어진 결론은 〈왜구=바다를 건넌 남북조 내란설〉[13]의 확립을 가능하게 하여, 일본의 선행 연구가 왜곡해 온 왜구상을 바로 잡고 지금까지 간과되어져 온 왜구의 역사적 역할에 대하여 재인식하는 계기를 제공해 줄 것이다.

2. 기쿠치씨의 센본야리(千本槍)와 왜구의 집단창술

1349년 고다이고(後醍醐) 천황의 아들 정서장군(征西将軍) 가네요시(懷良) 왕자(1329~1383)가 규슈의 기쿠치(菊池)에 입성한 이후, 규슈 지역의 남조 세력은 정서부(征西府)로 불렸다. 그 핵심 세력은 기쿠치씨로, 규슈 최강의 무사단으로 평가되고 있었다. 1330년대 말 이후, 전국적으로 이미 북조(北朝)의 우세가 거의 결정된 가운데에서도 1362~1371년의 약 10년

---

12) 기쿠치씨의 전술을 주로 검토한 것은 당시 규슈 무사들의 전술에 관한 사료가 가장 많이 전해지고 있으며 또 연구도 가장 많이 이루어졌기 때문이다.
13) 필자의 연구를 〈海を越えた「南北朝」内乱説〉라고 정의한 것은 가이즈 이치로, 「元寇, 倭寇, 日本國王」『日本史講座』4 - 中世社會の構造, 東京大學出版會, 2004. 25쪽이다.

동안 규슈에서는 남조가 우세했던 이유 중 하나로 기쿠치씨의 뛰어난 군사적 능력을 들 수 있다.[14]

기쿠치씨는 쇼니씨(少弐氏)와 더불어 무로마치 막부에 의해 '규슈의 난신(九州乱臣)'으로 불리며 왜구의 배후 세력으로 지목되고 있었다.[15] 따라서 남북조 내란기 당시 기쿠치씨의 전술을 이해하는 것은 고려의 정규군도 격파했던 왜구의 전력(戦力) 및 전술이 어떠했는지를 보여줄 것이다.

기쿠치씨가 내란 초기에 참전했던 전투 상황에 대해 구체적으로 기록한 사료로 『태평기(太平記)』가 있다. 한 때 "『태평기』는 역사학에 아무런 도움이 되지 않는다"[16]고 여겨진 적도 있지만, 지금은 "시대가 변해가고 있는 역동성(다이나미즘)을 밝혀주는 사료로서 문서와 기록 사료에는 없

---

14) 기쿠치씨의 뛰어난 군사적 능력 이외에 무로마치 막부의 파견 기관인 규슈탄다이와 쇼니씨의 대립, 그리고 가네요시 왕자가 규슈 남조의 구심점 역할을 했다는 것 등을 다른 이유로 들 수 있다. 기쿠치씨가 무려져 특진에 대한 연구로는 이영, 「〈경신년(1380) 왜구=기쿠치씨(菊池氏)〉설에 관한 한 고찰 - 무력의 특징을 중심으로 -」『일본 역사 연구』35, 2012 참조.

15) 『고려사』 권133, 열전46, 우왕 3년(1377) 6월 을묘. 이에 관해서는 이영, 「고려 말의 왜구와 남조-경신년(1380) 왜구를 중심으로 -」『한일관계사연구』30, 2008과 앞의 주(14) 논문을 참조할 것. 또 기쿠치씨가 왜구의 일원이었다고 하는 점에 대해 『기쿠치시사(菊池市史)』(610~611쪽)에 다음과 같이 기술하고 있다.
"기쿠치에는 가네요시 왕자를 맞이한 이래 600년이나 이어지고 있는 '온마쓰바야시노(御松ばやし能)'가 있는데, 그 한 구절에 '西の海, 唐土船の貢物, かぞえ尽さじ'라고 하는 부분이 있다. '무역선이 많은 공물을 가지고 오는 것을 기뻐하는 것'으로 해석되어 기쿠치씨가 왜구 활동을 했다고 하는 주장과 부합된다. 이처럼 해상(海商) 즉 상대편이 말하는 왜구와 기쿠치씨 중심의 정서부의 연결은 군사재원(軍事財源)이라고 하는 규슈 통일 목적을 성취하기 위해 큰 역할을 하고 있었다고 생각되며, 지금까지 전승되고 있는 노(能)에 의해서도 엿볼 수 있는 것이다." 라하여 기쿠치씨가 왜구의 일원이었으며 그들의 왜구 활동의 목적이 '군사 재원의 확보'에 있었다 고 했다.

16) 이 문제에 관해서는 다치바나 류,『천황과 동경대학(天皇と東大)』, 文芸春秋, 2005와 이치카와 데쓰(市川哲), 「『太平記』とその時代」『太平記を讀む』, 吉川弘文館, 2008 참조.

는 사료적 가치를 지니고 있다"[17]고 재평가되고 있다. 본고에서는 우선 남북조 내란의 전투 장면을 생생하게 묘사한 『태평기』의 서술과 현지답사를 통해 기쿠치씨 일족들이 내란 초기 전투에 참전한 경험이 그들의 전술 형성에 어떠한 영향을 미쳤는지를 생각해보자.

남북조 내란기의 기쿠치씨는 일본의 대표적 충신 구스노키 마사시게(楠木正成)[18] 부자(父子)에 버금가는 인물로, 규슈 지역의 대표적인 남조 세력이었다.

남북조 내란 초기, 기쿠치씨 일족은 가독(家督)인 기쿠치 다케시게(菊池武重)의 지휘하에 기나이(畿内) 일대는 물론 간토(関東) 지방에서 정국(政局)의 명운(命運)을 결정하는 중요한 전투에 참전했다. 예를 들어 〈표1〉에서 제시한 전투들이다. 이러한 전투는 예전에 규슈에서 경험했던 소규모 전투가 아니라, 전국의 무사들이 운집(雲集)해 정국의 추이(推移)를 결정짓는 대규모 전투였다. 이하 다섯 차례 전투는 약 1년이 채 안 되는 짧은 기간에 이루어졌다. 그렇지만 이러한 참전 경험을 통해 다케시게를 위시한 기쿠치씨 일족은 중요한 교훈을 얻어, 이후 규슈에서 전개되는 전투에서 이를 활용했다고 생각된다.[19]

---

17) 이치카와는 다음과 같이 언급하고 있다. "생각해보면 역사학은 시대의 변화를 묘사할 때, 자주 역사적인 결과에서부터 그 원인을 찾는 수법을 취한다. 왜냐하면 다분 불확정적이며 유동적인 사태 속에서 어떤 결과가 이끌어져 나오는 과정-즉 다이나미즘-을 직접 보여주는 역사 사료는 거의 남아 있지 않기 때문이다. 그렇게 생각하면 시대의 스케치를 적지 않게 포함하는 『태평기』는 귀중한 사료다."앞의 주(17) 이치카와 책.
18) 현재 천황이 거주하고 있는 동경성 앞의 광장(皇居)에는 기마무사(騎馬武士)의 동상이 구스노키 마사시게다. 남북조 내란 당시 천황가문은 고다이고(後醍醐) 천황의 대각사(大覺寺) 계통과 막부가 추대한 지명원(持明院) 계통으로 대립하고 있었는데, 현재 일본 천황은 지명원 계통의 후손이다. 따라서 대각사 계통의 천황 가문에 충성을 다한 구스노키 마사시게를 기리는 동상이, 적대관계에 있었던 지명원 계통의 천황의 후손이 거주하고 있는 동경성 앞의 광장에 있는 것은 모순이다.
19) 이와 같은 전투에서 기쿠치씨는 결코 주연(主演)이었다고 할 수 없다. 그렇지만 다케시게를 비롯한 일족들은, 고다이고 천황의 1·2차 히에이잔(比叡山) 도피(逃

〈표 1〉 내란 초기 기나이(畿内)·간토(関東) 지역에서
기쿠치씨가 경험한 주요 전투

	시 기	전 투
1	1335년 12월	하코네(箱根) 다케노시타(竹の下) 전투
2	1336년 1월 8-10일	오와타리(大渡) 전투
3	1336년 3월 말	시라하타 성(白旗城) 전투
4	1336년 5월 25일	미나토가와(湊川) 전투
5	1336년 6월초-10월 10일	히에이잔(比叡山) 농성전

다케시게는 엔겐(延元) 2(建武4, 1337)년 2월 이전에 교토에서의 감금
상태에서 탈출해 기쿠치로 돌아와 활동하기 시작한다. 내란 초기, 다케시
게와 그 일족들이 중앙에서 전개된 전투에 참전해서 얻은 경험이 기쿠치
씨의 전술과 전략에 적지 않은 영향을 미쳤다. 실례로 하코네(箱根) 전투
와 관련이 깊은 '센본야리(千本槍)'로 불리는 집단창술이다. 건무(建武) 원
년(元年, 1333) 이래, 교토(京都)에 올라와 있었던 다케시게는 농생 다케요
시(武吉)와 함께 주력인 닛타 요시사다(新田義貞)의 휘하 선봉부대에 속해
있었다. 『태평기』는 이 하코네 전투 당시의 다케시게의 활동에 관해서 다
음과 같이 기록하고 있다.

1. 기쿠치 히고노가미(肥後守) 다케시게(武重)는 하코네 전투의 선봉장이 되어
   <u>적 3천여 기(騎)를 높은 봉우리로 몰아놓고 언덕길 도중에 방패를 늘어세
   운 뒤에 한숨을 돌리고 쉬고 있었다.</u>[20]

避를 측근에서 수행하는 등, 규슈의 다른 무사들과는 다른 경험을 축적했다. 그
리고 그것은 일족의 강한 자긍심의 원천이 되어 손쉽게 정치적 변신을 일삼던 타
(他) 무사단과 달리 남북조 내란기 내내 일관되게 규슈 남조(征西府)의 핵심적인
역할을 하는 데 크게 작용하였을 것이다.

20) 「箱根竹下合戦の事」 『太平記』 권14, 新編日本古典文學全集 55, 小学館, 1996.

이 〈사료 1〉에는 '센본야리'는 물론 '창(槍)'에 대한 언급도 찾아볼 수 없다. 그렇지만 아소시나 야스오는 이 사료의 표현(적들을 높은 봉우리로 몰아놓고) 속에, 창과의 관련성이 엿보인다고 했다.[21]

스기모토 히사오(杉本尚雄)도 『菊池氏三代』에서 "이 당시 기쿠치 부대는 다케시게의 생각에 따라 작은 칼을 푸른 대나무 끝에 장착한 형태의 급조한 창을 지닌 창부대로, 야리부스마(槍衾)를 형성하여 진격해, 타다요시(足利直義)의 부대와 싸워 이길 수 있었다"[22]고 했다. 여기서 '야리부스마'란 다수의 창병(槍兵)들이 창을 빈틈없이 앞으로 뻗어서 겨누어 공격 시에는 적을 의도하는 곳으로 몰아넣고, 창과 더불어 방패를 늘어세워서 방어 진지를 구축하는 기쿠치 씨 특유의 집단 창술을 상징하는 용어였다.[23] 다시 말해 집단창술은 공격과 방어에 모두 유효하게 사용되었다. 그런데 이러한 '센본야리'와 유사한 전술이 『고려사』의 왜구 관련 기사에서 확인된다. 다음의 〈사료 2〉를 보자.

---

21) 아소시나 야스오, 『菊池一族』, 新人物往來社, 1990, 88쪽.
22) 스기모토 히사오, 『菊池一族』, 新人物往來社, 1990, 75쪽.
23) 아소시나 야스오, 「戰野を駆ける千本槍の銳鋒 – 菊池武重の新戰術」 『日本史の舞台 4, 吉野の嵐 動乱の炎』– 南北朝時代, 集英社, 1982. 그런데 스기모토 히사오와 히라이즈미 기요시(平泉澄)가 다케시게가 센본야리를 고안해냈다(發案)고 하는 전설을 믿을 수 있다고 한 반면, 가와조에 쇼지(川添昭二)와 아소시나 야스오(阿蘇品保夫)는 그 신빙성에 의문을 제기했다. 예를 들면 가와조에 쇼지(1966)는 "다케시게와 관련된 기쿠치 센본야리의 전설은 그다지 신용할 수 없는 것 같다"고 했다. (『菊池武光』– 日本の武将 18, 人物往來社). 이에 관해서는 앞의 주(22) 아소시나 야스오 앞의 책, 74~75쪽을 참조.
다케시게와 센본야리에 관한 전승의 조형(祖形)은 에도시대 후기에 그 존재가 확인되지만 센본야리의 일부로 일컬어지는 창의 실물이 구마모토(熊本)를 중심으로 127점이 확인되고 있어서, 내란 초기에 기쿠치 다케시게가 센본야리를 사용하였을 가능성은 아직 남아있다고 한다. 이처럼 내란 초기에 다케시게가 하코네 전투에서 집단창술을 개발해 전투에 활용했는지 여부에 관해서는 아직 이렇다 할 정설이 없는 실정이다.

2. 적들은 낭패하여 (지리)산으로 올라가서 절벽에 임했는데, 칼을 내밀고 창
   을 뻗친 것이 마치 고슴도치 털 같아서 관군이 올라 갈 수 없었다. 태조가
   비장(裨將)을 보내서 군사를 거느려 치게 하였다. 비장이 돌아와 말하기를,
   "바위가 높고 깎은 듯하여 말이 올라가지 못합니다." 고 했다.[24]

이 사료는 우왕 3년(1377) 5월에 침구해온 왜구를 지리산에서 태조(=이
성계)가 토벌한 사실을 기록한 것이다.[25] 여기서 주목하고 싶은 것은 당시
왜구들이 칼과 창을 고려군이 공격해오는 방향을 향해 마치 '고슴도치 털
(蝟毛)'처럼 집중해서 내뻗었다고 하는 부분이다.[26]

이 '고슴도치 털'로 묘사되는 집단전술은 '야리부스마(槍衾)' 즉 센본야
리 전술과 유사한 것임을 알 수 있다. 물론 이 간단한 묘사만 가지고 이성
계의 부대와 대적한 왜구 집단을 기쿠치씨로 단정할 수는 없다.

그리고 설사 그것이 '센본야리'와 동일한 것이었다 할지라도, 이국(異
國)땅에서 공격을 받고 궁지에 처한 왜구들이 '고슴도치 털' 전술을 사용
한 것은 어쩌면 자연스러운 행동이었다고 생각할 수도 있을 것이다. 그러
나 그들이 이 전술을 사용한 장소가 '산 위의 절벽'이었고 또 그곳은 왜구
들 스스로가 선택한 장소였다는 점에 주목할 필요가 있다. 즉 왜구들은
'절벽'에 자리 잡고 고려군의 접근을 어렵게 한 다음, 자기들의 창을 고려

---

24) 『고려사절요』 30권, 우왕 3년 5월. 한편 『고려사』 권133, 열전46, 우왕 3년 5월
   계미에도 거의 동일한 내용의 기사가 실려 있는데 『고려사절요』보다 더 구체적
   이다.
25) 전투 현장이 정확히 지리산의 어느 지점인지 확정할 수 없다.
26) 여기서 왜구들이 '창'만이 아니라 '칼'도 활용하고 있으므로 '집단창술'로 간주할
   수 없다고 생각할 수도 있을 것이다. 그러나 남북조 시대는 당시 전장에서 사용되
   던 칼은 대개 이전의 가마쿠라 시대와 달리 칼의 길이가 아주 '긴 장검(大太刀)'이
   었다. 즉 도신(刀身)의 장촌화(長寸化)가 일반적인 경향이었다(곤도 요시가즈, 『騎
   兵と歩兵の中世史』- 歷史文化ライブラリ 184, 吉川弘文館, 2005, 126쪽 참조). 또
   한 〈사료 2〉에서 보이는 칼의 역할 또한 창과 동일하게 앞으로 내뻗는 것이었다.

군이 접근해오는 방향으로 집중시킴으로써 적의 접근을 저지시키고자 했던 것이다.

강력한 적과 대치한 무장 집단이 최후 수단으로 선택한 집단전술은 평소 잦은 훈련을 통해 숙련된 행동이었을 것이다. 왜냐하면 집단전술은 각 구성원이 주어진 역할을 다해야 하고 또 동시에 다른 동료들과의 신뢰관계 속에서 유기적인 협력이 이루어졌을 때, 비로소 효과를 볼 수 있는 것이기 때문이다. 즉, 각 구성원이 일심동체(一心同體)가 되어 통일된 행동을 취해야 하기 때문에 사전에 특별한 훈련이 없으면 성공하기 어렵다고 할 수 있다.

'센본야리'와 '고슴도치 털'이 유사한 전술이지만 기쿠치씨 일족 이외의, 다른 무장 집단이 학습을 통해 유사한 전술을 구사했을 가능성도 생각할 수 있다. 〈사료 1〉의 내용은 1335년의 사건이고 〈사료 2〉는 우왕 3년(1377) 때의 일이므로 무려 40년 이상의 시간적 간격이 존재한다. 그런데 〈사료 2〉는 우왕 3(1377)년 5월의 것으로 당시 왜구의 침구는 같은 해 1월 13일에 규슈 사가현(佐賀縣) 사가시(佐賀市) 교외의 치후(千布)·니나우치(蜷打) 전투와 밀접한 관련이 있다. 이 전투는 규슈탄다이 이마가와 료슌과 정서부가 일대 결전을 벌인 것으로 이 전투에서 기쿠치씨 일족의 무장들 다수가 전사했다. 따라서 이 전투가 끝난 뒤, 일시적 도피와 병량을 확보하고자 한반도를 침공한 다수의 왜구 집단 속에 기쿠치의 무사들이 포함되어있었을 가능성은 충분하다.

어쨌든 '고슴도치 털' 전술과 기쿠치씨의 '센본야리' 전술은 구성원들이 평소 훈련을 통해 유기적인 협력이 이루어졌을 때, 비로소 실전에서 효과를 볼 수 있는 '집단창술'이라는 공통점이 있다. 〈사료 2〉의 왜구가 기쿠치씨가 아니라면, 이 사료는 우왕 3년(1377) 당시 왜구가 집단창술을 사용한 사실을 통해, 남북조 시대 당시 일본 무사들에게 이미 집단창술이 어느 정도 보급·확산되어있었던 것을 보여준다고 할 수 있다.

어쨌든 우왕 3년 당시 침구한 왜구가 남북조 내란기 당시 일본의 무사들이었음은 확실하다.[27] 이 점에서도 〈삼도 해민설〉 즉, 고려 말 왜구의 실체가 대마도 등 변경 도서 지역에 거주하는 해민(海民)이며, 그들은 조직화되지 않은 아마추어 무장 집단이었다고 하는 주장은 설득력이 떨어진다.

3. 오와타리(大渡) 전투의 교량파괴 전술과 왜구

'오와타리'는 교토(京都)의 서남쪽에 위치한 요도가와(淀川)·기즈가와 (木津川)·우지가와(宇治川)가 합류하는 지점 근방으로 추정되고 있다.[28] 이 곳은 교토로 진입하기 위해 거쳐야 하는 남쪽 관문(關門)중 하나다.

건무(建武) 3년(1336) 1월에 오와타리에서 관군과 아시카가 다카우지 (足利尊氏)의 군대 사이에 전투가 전개되었다. 즉 전년도인 1335년 12월의 하코네 전투에서 승리한 아시카가의 부대가 패주하는 닛타 요시사다(新田 義貞)의 부대를 쫓아 교토(京都)로 쇄도해왔다. 전열을 정비한 교토 방위 군에 포함된 기쿠치 다케시게도 오와타리 공방전에 참전한다. 양군의 주 력 부대는 건무 3년(1336) 1월 8일부터 10일까지 3일 동안 격돌한다. 당시 전투 상황을 묘사한 다음의 『태평기』를 보자.

> 3. 오와타리에는 닛타 요시사다를 총대장으로 하여, … 기쿠치 등의 군세 1만
> 여 기로 수비를 강화시키고 있었다. 여기서도 교판(橋板)을 띄엄띄엄 떨어트
> 리고 동쪽에는 방패를 담처럼 늘어세워 장벽을 만들고, 초소를 세워서 강을
> 건너오는 적이 보이면 옆에서 화살을 쏘아 쓰러트리고, 또 하시게타(橋桁)[29]
> 를 건너오는 사람이 있으면 통나무를 굴려서 강 속으로 떨어트릴 준비를 하

---

27) 왜구 이외에는 『고려사』의 다른 어느 곳에서도 이러한 전술을 취한 사례를 발견
   할 수 없다.
28) 이 일대 하천 유역이 크게 변했기 때문에 정확한 지점을 확정하기 어렵다.
29) 교각(橋脚) 위에 걸쳐 널빤지를 받치는 부재(部材). 도리.

고, 말의 예상 상륙 지점에는 사카모기(逆茂木)를 늘어놓고 그 뒤에는 우수
한 무사들이 말의 머리를 나란히 하면서 준비하고 있었다. 그 때문에 아무
리 유명한 명마(名馬)라도 이곳을 건너는 것은 불가능하게 보였다.[30]

　　오와타리 전투에 기쿠치씨가 참전하였음이 확인된다. 실제로 오와타리
전투에 참가한 13대 가독 다케시게 이하 기쿠치씨 일족들은 교량 방어를
위해 장렬한 방어전을 전개해 다수의 희생자가 발생했다.[31]
　　위의 〈사료 3〉에서 또 하나 주목하고 싶은 것은 기쿠치씨 일족이 가세
한 관군이 오와타리에서 하천의 지리·지형 조건을 활용해 취했던 전술이
다. 그것은 하천이라는 자연적인 장애 조건에 더해 '사카모기(逆茂木)'[32]
와 '란구이(乱杭)'[33]라는 인공적인 장애물을 설치해 적의 행동을 제약해
신속한 공격을 방해하는 방어전술이었다.[34]
　　그런데 오와타리 전투에서 기쿠치씨를 포함한 관군(官軍)이 전개한 하
천 지형을 활용한 방어 전술 중에 가장 최초로 착수한 것이 '교량 파괴'

---

30) 「大渡山崎合戦の事」『太平記』 권14.
31) 기쿠치시(菊池市) 소재 도호쿠지(東福寺)는 남북조 내란 당시 활약한 기쿠치씨 일
　　족들의 묘를 모시고 있는데 여기에 있는 오륜석탑(五輪石塔)들 중에 '건무(建武)
　　3년 정월'이라고 새겨져 있는 탑이 한 개 있다. 이는 바로 오와타리(大渡) 다리(橋)
　　에서 전사한 기쿠치 다케무라(菊池武村)의 명복을 비는 탑이다. 앞의 주(23) 스기
　　모토 히사오 책, 97쪽. 또 기쿠치 집안의 족보(菊池家図)에는 "시게토미 요이치,
　　건무2년 다케시게와 상경해, 요도와타리 전투에서 전사하다(重富与一, 建武二年
　　武重と参洛, 淀渡合戦射死)", "건무 3년 정월, 오와타리 다리 위에서 전사하다(建
　　武三年正月, 大渡橋上において討死)" 또 "건무 3년 정월 9일, 오와타리 다리에서
　　전투, 미야가타(남조)의 일원으로 전사하다(建武三 年正月九日, 大渡橋において合
　　戦, 宮方として討死)" 등과 같은 기록이 남아 전해지고 있다. 앞의 주(23) 스기모
　　토 히사오 책, 98쪽). 이처럼 오와타리 전투에서 기쿠치씨가 참전한 사실은 다양
　　한 사료에서 확인된다.
32) 적의 침입을 막기 위한 가시나무 울타리. 녹채(鹿砦).
33) 지상이나 물속에 불규칙적으로 박은 말뚝.
34) 「大渡山崎合戦の事」『太平記』 권14.

전술이었다. 그런데 이 전술은 고려에 침구한 왜구들도 활용했던 사실이
확인된다. 다음의 〈사료 4〉를 보자.

> 4. 왜적이 전주를 함락시키니 유실(柳實)이 적과 싸워 패했다. 적이 물러가 귀
> 신사(歸信寺)에 주둔하니 유실이 다시 쳐서 물리쳤다. … 이 때에 왜적이
> 임피현(臨陂縣)을 함락시키고 다리를 끊어서 스스로 고수(固守)하였다. 유
> 실이 가만히 군사를 시켜 다리를 만드니 변안열이 군사를 이끌고 건너서
> 안렴사 이사영(李士穎)을 시켜 다리 가에 군사를 매복하였다. 적이 바라보
> 고 반격하여 우리 군사가 패하였다.35)

  우왕 2년(1376) 9월에 왜구들이 전라북도 김제시 금산면 청도리 모악
산(母岳山)에 있는 귀신사를 침구한 뒤, 유실에 의해 쫓기다가 임피현에
들어가 다리를 끊고 방어했다고 한다. 이와 유사한 사료가 또 1건이 확인
된다.

> 5. (나세는) 우왕 초기에 전라도 상원수(上元帥) 겸 도안무사(都按撫使)가 되었
> 다. 왜선 50 여척이 침입하여 웅연(熊淵)에 정박하고 적현(狄峴)을 넘어 부
> 녕현(扶寧縣)을 침범하고 동진교(東津橋)를 파괴하여 아군이 진공하지 못하
> 게 하였다.36)

  이 〈사료 5〉의 『고려사』는 '우왕 초기'라고 했는데, 『고려사절요』에 다
음과 같은 기록이 있다.

> 6. 왜적이 부녕(扶寧)을 침범하자, 변안열·나세·조사민 등이 나가 쳐서 크게

---

35) 『고려사절요』 30권, 우왕 2년(1376) 9월.
36) 『고려사』 권114, 열전27, 나세.

깨트렸다.[37]

〈사료 6〉은 우왕 2년(1376) 10월의 기록이다. 〈사료 5〉와 〈사료 6〉이 부녕현을 침범했고 그때 나세가 왜구를 크게 격파했다는 것으로 볼 때, 이 두 사료는 동일한 사건을 다룬 것으로 보인다. 그런데 〈사료 4〉를 보면, 왜구들의 활동 지역이 '전주-김제-임피'로 〈사료 5〉와 〈사료 6〉의 부녕(전라북도 부안)과 인접한 지역인 점, 또 활동 시기가 각각 같은 우왕 2년 9월과 10월인 점, 또 토벌대의 장수 중에 공통으로 변안열이 포함되어 있는 점, 그리고 양자 모두 '교량 파괴' 전술을 구사한 점 등으로 볼 때, 동일한 왜구의 무리, 즉 〈사료 4〉의 왜구가 이동한 궤적이 〈사료 5〉와 〈사료 6〉으로 생각된다.

우선 〈사료 5〉와 〈사료 6〉을 중심으로 생각해보기로 하자. '웅연'은 전라북도 부안군 진서면 일대로 '곰소'라고도 부른다. '부녕현'은 부안군에 해당하며 '적현'은 '호벌치' 또는 '유정재'라고도 불리며 웅연에서 부안읍으로 가는 도로 중 하나이다. 현재 동진교는 김제시 죽산면 서포리 동진강 휴게소와 부안군 동진면 동전리 장동 마을을 연결하고 있다.[38] 동진교를 파괴한 것을 보니 고려 토벌대가 아마도 북쪽의 김제 방면에서부터 접근하고 있었음을 왜구들이 사전에 예상하고 있었던 것으로 보인다.

그런데 여기서 주목하고 싶은 것은 1336년 오와타리 전투에서의 '교량 파괴' 전술을 40년 뒤인 고려 우왕 대에도 왜구들이 사용하고 있다는 사실이다. 남북조 시대 당시 무사들에게 있어서 성곽(城郭)이란 일종의 '교통 차단 시설'의 개념으로 인식되고 있었고,[39] 따라서 적의 진격(교통)을 차단

---

37) 『고려사절요』 30권. 우왕 2년(1376) 10월.
38) 동진교가 놓여 있는 동진강 하구에 있던 나루터는 옛날부터 부안과 김제를 잇는 연결지점이었다. 부안 사람들이 전주나 서울 등으로 나들이할 때 동진 나루를 건너 죽산(竹山)-내재역(內才驛)을 거쳐 김제, 금구를 지나 전주로 갔다고 한다(『우리 고장의 옛 지명』, 김제문화원, 2000).

하는 '교량 파괴' 전술은 성곽 구축(構築)의 일환으로 이루어지고 있었다.[40]

교량을 파괴해 적의 공격을 방어하는 전술은 이미 지쇼(治承) 4년(1180)에 다이라노 기요모리(平淸盛)와 미나모토 요리마사(源賴政)의 부대가 교토의 남쪽 우지가와(宇治川) 전투에서도 활용된 적이 있다. 즉 수적 열세였던 요리마사의 부대가 다리의 교판(橋板)을 제거하고 싸웠다고 하는 유명한 전투다.

그런데 이처럼 일본의 중세 무사단의 전형적인 전술 중 하나라고 할 수 있는 '교량 파괴 전술'은 위의 〈사료 4〉·〈사료 5〉를 제외하면 『고려사』에서는 어디에서도 보이지 않는다. 다시 말하자면 고려에서는 이런 전술을 활용한 적이 없는, 왜구들만의 독특한 전술이었다. 당시 왜구가 활용한 전술은 남북조기의 무사들의 전술과 완전히 일치하고 있었다.

4. 시라하타성(白旗城) 전투에서의 '조운(鳥雲)의 진(陣)' 진술과 왜구

1336년 정월 교토(京都) 전투에서 패하자 아시카가 다카우지는 전열을 재정비하기 위해 규슈로 내려간다. 그 과정에 다카우지는 교토 조정의 추격에 대비하고 다시 반격할 때를 대비해 하리마(播磨)의 아카마쓰씨(赤松氏) 등과 같은 무장들을 요소요소에 배치한다.[41] 한편 이를 추격해야 할

---

39) 나카자와 가쓰아키, 「中世の城郭」『中世の武力と城郭』, 吉川弘文館, 1999, 160쪽.
40) 예를 들어 『태평기』권20, 「義貞重黒丸合戦事付平泉寺調伏法事」에 보이는 '足羽の城'은 다음과 같이 서술되어 있다.
"深田ニ水ヲ懸入テ, 馬ノ足モ立ヌ様ニコシラヘ, 路ヲ堀切テ窂ヲカマエ, 橋ヲハヅシテ溝ヲ深シテ, 其内ニ七ノ城ヲ拵ヘ, 敵セメバ互ニ力ヲ合テ後ヘマハリアフ様ニゾ構ラレタリケル."
"(발이 깊이 빠지는) 논에 물을 끌어들여 말이 서있지 못하게 만들고 길을 차단하고 함정을 파며 교량을 제거하고 도랑을 깊이 판 뒤에 그 안쪽에 7곳의 성을 만들어 적군이 공격해오면 힘을 합해 적의 배후로 돌아가 치기로 계획했다."

남조군의 대장 닛타 요시사다가 산요도(山陽道)로 향한 것은 3월 10일로, 이때는 아시카가 다카우지가 규슈의 타다라하마(多々良浜) 전투에서 승리한 지 일주일이나 지난 시점이었다.[42] 요시사다가 이끄는 관군은 아카마쓰씨의 거성(居城) 시라하타 성(白旗城, 현재의 兵庫県赤穂郡上郡町赤松 소재)으로 진격해 대치한다. 거기에는 기쿠치씨 일족들도 종군(從軍)하고 있었다. 다음 〈사료 7〉을 보자.

7. 요시사다는 이 말을 듣고서 "몇 달이 걸리더라도 저 성을 반드시 함락시키고 말겠다"고 다짐하고 기쿠치(菊池)·우쓰노미야(宇都宮)·기이히타치(紀伊常陸)를 위시해 주력 6만여 기를 이끌고 시라하타(白旗) 성을 십중(十重) 이십중(二十重) 포위해 밤낮을 가리지 않고 공격을 계속했다. 그렇지만 이 성의 지형은 사방이 험악해, 사람이 올라갈 방법도 없고 병량(兵糧)도 식수(食水)도 풍부한데다가 하리마(播磨)와 미마사카(美作)의 두 지방에서 뛰어난 사수(射手)들이 800여 명이 성안에 대기하고 있었기 때문에 아무리 공격해도 아군의 희생자만 늘어날 뿐 성안의 병사들은 조금도 타격을 입지 않았다.[43]

그런데 〈사료 7〉의 시라하타 성에서 아카마쓰 엔신(赤松円心)이 요시사다의 공격에 대응해 취한 전술은 바로 약 3년 전 가마쿠라 막부의 호죠씨(北条氏)를 멸망시키는 데 결정적인 영향을 끼친 구스노키 마사시게가 아카사카(赤坂)·치하야(千早) 성 전투에서 취한 것과 동일한 농성 전술이었다. 엔신은 구스노키가 했던 것처럼, 시라하타 성에 적의 대군을 붙잡아두고 후방에서 게릴라 전술로 적을 괴롭히는 '농성 전술＋게릴라 전술'을

41) 『태평기』 권16, 「赤松円心白旗城を構へる事」 앞의 주(19) 책.
42) 앞의 주(41) 사료 참조.
43) 앞의 주(41) 사료 참조.

활용했다.[44]

요시사다가 시라하타 성 공략을 위해 약 50여 일을 허비하는 동안, 아시카가 다카우지는 규슈에서 승리해 전열을 재정비한 뒤 규슈와 츄고쿠(中国) 지방의 무사들을 대거 거느리고 동쪽으로 올라와(東上), 미나토가와(湊川) 전투와 히에이잔(比叡山) 농성전에서 관군을 격파하고 교토를 장악하는 데 성공한다. 결과적으로 시라하타 성에서 요시사다가 지체했기 때문에 다카우지가 전열을 재정비해 상경(上京)할 수 있는 충분한 시간적 여유를 만들어 주었던 결과가 되었다.

병량 부족으로 더이상 히에이잔에서 농성이 어렵다고 여긴 고다이고 천황은 하산(下山)해 항복했다. 그 뒤 얼마 지나서 교토를 탈출해 요시노(吉野)로 도주해 남조의 조정을 세우지만, 전세의 변화는 시라하타 성 전투부터 시작되었다고 할 수 있다. 다시 말하면 시라하타 성 전투는 고다이고 천황 측과 아시카가 측의 우열(優劣)이 뒤바뀐 계기를 제공해준 전투였다.

이처럼 지리·지형적인 이점을 살린 시라하타 성에서의 산악 농성전은 3년 전에 있었던 아카사카·치하야 성 전투와 더불어 내전의 국면을 크게 전환시키는 결정적인 전술이었다. 이 시라하타 성 전투에 기쿠치씨도 참전하고 있었던 것이다.

당시 적군이 아무리 많은 병력으로 십중(十重), 이십중(二十重)으로 포위했다 하더라도 충분한 병량과 식수를 갖추고 험준한 지형에 의지해 농성한다면, 오히려 적의 대병력을 묶어둘 수 있었고, 그동안 아군은 전열을 재정비해 반공(反攻)할 시간을 벌 수 있다는 귀중한 교훈을 기쿠치씨는 직

---

44) 실제로 시라하타 성에서 여러 차례 격렬한 전투가 있었던 양상은 당시의 고문서에도 기록되어 있다. 그리고 요시사다에 가세한 것은 『태평기』에 기록되어 있는 摂津·播磨·丹後·丹波 등에 그치지 않고 石見 등 츄고쿠(中国) 지방에까지 포함되어 있었음이 확인된다. 「赤松氏と南北朝の内乱」『上郡町史』 제1권, 2008, 401~402쪽.

접 참전함으로써 뼈저리게 경험하였을 것이다.

그런데 시라하타 성에서 아카마쓰 엔신이 취한 전술은 소위 중국의 『육도(六韜)』라는 병법서(兵法書)에 나오는 '조운의 진(鳥雲の陣)'이었다. 다음 사료를 보자.

> 8. 소규모의 병력으로 대규모의 적과 싸울 때는 '조운의 진' 이상 가는 것이 없다. '조운의 진'이란 우선 산을 배경으로 하고 좌우에 하천을 끼고 아래쪽 평야에 있는 적을 내려다보면서, 아군의 규모는 드러내지 않으면서 호랑이처럼 용맹한 무장과 전투에 익숙한 병졸들로 하여금 계속 교대로 화살 공격을 가하면서 싸우는 것이다.[45]

즉, '조운의 진'이란 적과 비교해서 소규모의 병력으로 싸울 때 산을 배경으로 싸우는 경우, '새들은 흩어지고 구름은 몰려든다'는 변화무쌍한 전법을 말한다. 『태평기』에 이러한 기사가 실려 있는 것으로 보아 남북조 내란기의 무사들도 이 '조운의 진'에 대하여 알고 있었으며 또한 활용하고 있었음을 확인할 수 있다.

그러면 고려 말 왜구가 시라하타 성 전투에서처럼 '조운의 진'을 활용해 고려군과 싸운 사례가 있을까? 왜구가 산악지형을 활용해 전투를 벌인 사례는 많다.[46] 그렇지만 "산을 배경으로 하고 좌우에 하천을 끼고 아래쪽 평야에 있는 적을 내려다보면서, 아군의 규모는 드러내지 않으면서 호랑이처럼 용맹한 무장과 전투에 익숙한 병졸들로 하여금 계속 교대로 화살 공격을 가하면서 싸운 것과 유사한" 사례로는 최영의 홍산(鴻山) 전투를 들 수 있다.

---

45) 『태평기』 권31, 「笛吹峠軍の事」 앞의 주(20) 책.
46) 이에 관해서는 이영, 「일본 무사의 성과 왜구의 성」 『잊혀진 전쟁, 왜구-그 역사의 현장을 찾아서』, 에피스테메, 2007 참조.

여기서 홍산 전투에 관한 사료를 검토해보자.

9. 최영이 양광도 도순문사 최공철·조전원수 강영·병마사 박수연 등과 함께 홍산에 이르니 왜적이 먼저 험하고 좁은 곳에 웅거하여 있었다. 삼면이 모두 절벽이고 오직 한 길만이 통할 수 있었으니 여러 장수들이 두려워하고 겁내어 전진하지 못하였다. 최영이 군사들의 앞장을 서서 예기(銳氣)로 돌격하니, 적이 휩쓸려 흩어졌다. 한 명의 적이 숲 속에 숨어서 영을 쏘아 입술을 맞히니 피가 철철 흘렀다. 신색(神色)을 조금도 바꾸지 않고 적을 쏘아 활시위 소리에 따라서 거꾸러뜨렸다. 그때서야 화살을 뽑고 더욱 세차게 싸워서 드디어 크게 깨트려서 사로잡고 베고 하여 거의 섬멸시켰다.[47]

홍산 전투의 현장은 4번 국도와 613번 지방도로가 만나는 충청남도 부여군 홍산읍 소재 홍산 초등학교 뒷산 정상에 위치한 해발 90미터의 야산이나.[48] 현재는 주민들이 체육공원으로 사용하고 있는 곳으로 위의 〈사료 9〉에서 묘사하고 있는 것처럼 삼면이 절벽에 가까운 경사를 이루고 있다. 정상까지는 자동차 한 대만이 겨우 올라갈 수 있을 정도의 가파른 경사로가 이어진다. 이 길은 평지에서 정상까지의 거리가 약 250 미터 정도, 입구에서 40 미터 정도 지점에서 왼쪽으로 꺾여져 가파른 경사를 올라가다가 오른쪽으로 꺾어지고 또 정상부에 접근하면서 왼쪽으로 감아 올라가는 지그재그 형태를 이루고 있다. 그 경사도는 천천히 걸어 올라가도 호흡이 거칠어질 정도이다. 정상에 올라가면 평지에서는 상상하기 어려울 정도로 전망이 뛰어나다. 홍산면 일대 전체가 시야에 들어와 토벌대의 동향을 관찰하기에 아주 편리한 곳임을 알 수 있다. 토벌대 대장 최영조차

---

47) 『고려사절요』 30권, 우왕 2년(1376) 가을 7월.
48) 이하 홍산 전투 현장에 관한 설명은 이영, 「왜구와 부여 홍산 전투」 앞의 주(46) 책 참조.

도 왜구의 병력수를 "정확히 모른다. 그리 많지 않았다."[49]고 대답했다.

이하 '조운의 진'의 여러 조건에 입각해, '시라하타 성 전투 현장' 및 '홍산 전투 현장의 지리·지형적 조건 및 왜구의 전투 행동'을 비교해 〈표〉를 만들어 보면 다음과 같다.

〈표 2〉 조운의 진·시라하타 성 전투 현장, 와이후 성의 입지 조건,
홍산 전투 현장의 비교

	조운의 진	시라하타 성 현장	홍산 전투 현장
1	소규모 병력으로 대규모 적과 싸울 때	기쿠치씨 등 남조 6만에 대해 아카마쓰씨의 8백 명 사수(射手)	최영은 왜구가 소수였다.고 추정함.
2	산을 배경으로 …	시라하타 산이 배경	태봉산 줄기가 배경을 이룸.
3	좌우에 하천을 끼고 …	치구사가와(千種川)와 구라이가와(鞍居川)	삼면이 모두 절벽. 한 길만이 통함.[50]
4	아래쪽 평야의 적을 내려다보면서 …	사방이 험악해 사람이 올라갈 방법도 없고.	경사 약 30도 정도의 가파른 언덕길
5	아군의 규모는 드러내지 않으면서 …	가파른 경사와 무성한 숲으로 적병이 잘 보이지 않음	최영은 적 병력 수에 대해 "정확히 모른다"고 함.
6	교대로 화살 공격을 가함.	하리마와 미마사카의 두 지방에서 뛰어난 사수 8백명.	왜적이 활을 쏴서 최영의 입술을 명중시킴.

이 〈표 2〉를 통해 홍산 전투 당시 왜구들이 활용한 전술은 시라하타 성 전투 당시의 아카마쓰씨가 활용한 '조운의 진'과 동일한 것이었음을 알 수 있다. 홍산 전투 당시 최영과 대적한 왜구가 남북조 내란의 주역(主役)들과 동일한 전술을 활용한 일본의 정예 무사들이었음을 엿볼 수 있다. 그런데 본 고에서 인용한 고려사의 다음 사료들은 모두 우왕 초년도의 기사라는 점이 주목된다.

---

49) 앞의 주(47) 사료.
50) '조운의 진'처럼 좌우에 하천을 끼고 있는 것은 아니지만, 고려군이 쉽게 접근하지 못했다, 고 하는 점에서는 유사한 지형 조건을 갖추고 있다 고 할 수 있다.

〈표 3〉 집단창술·교량파괴·조운의 진 전술을 구사한 왜구의 사료

	〈사료〉	시 기	왜구와 싸운 현장	활용한 전술
1	〈사료 2〉	우왕 3년(1377) 5월	지리산	집단 창술
2	〈사료 5〉	우왕 2년(1376) 9월	전라북도 임피	교량 파괴 전술
3	〈사료 6〉	우왕 2년(1376) 10월	전라북도 부안군(동진교)	교량 파괴 전술
4	〈사료 10〉	우왕 2년(1376) 7월	충청남도 부여군 홍산읍	조운의 진

그런데 1350년에서 1391년까지 지속된 왜구 중 가장 절정에 달하였던 것이 우왕 2(1376)년~우왕 9(1383)년이었다.[51] 그중에서도 특히 '우왕 초기'에 해당하는 우왕 2년(1376)~4년(1378)은 왜구의 침구가 최고조에 도달한 때였다.[52]

〈표 4〉 우왕 초기의 왜구 침구 상황

연도	지역	회수	집단수
우왕 원년(1375)	13	5	3
우왕 2년(1376)	50	15	6
우왕 3년(1377)	54	32	7
우왕 4년(1378)	53	23	7
우왕 5년(1379)	42	22	5
우왕 6년(1380)	41	14	5

그런데 우왕 2-3년의 왜구 침구는 규슈탄다이(九州探題) 이마가와 료슌(今川了俊)과 정서부의 군세가 격돌한 치후(千布)·니나우치(蜷打) 전투와 밀접한 관련이 있었다.[53] 즉 이 전투를 전후해 침구한 왜구 중에는 정서

---

51) 이에 관해서는 이영, 「왜구 최극성기(最極盛期)의 시기(始期) 및 특징에 관한 한 고찰」 『한일 관계사 연구』 81, 2023.
52) 왜구의 침구에 관한 통계는 『고려사』의 관련 기사에 근거하였음.
53) 이영, 「경인년 이후의 왜구와 마쓰라토 - 우왕 2년(1376)의 왜구를 중심으로 - 」 『일

부의 군세가 대거 포함되어 있었다.[54]

『고려사』에서는 우왕 2-3년 당시 침구해온 왜구들을 가리켜 '포도(逋逃)'라고 했다.[55] 그런데 이 '포도'란 '무로마치 막부의 체포를 피해 도주한 무리'를 의미한다.[56] 따라서 '포도'의 실체는 이마가와 료슌과 싸워 패한 뒤 도주한 무리 즉 '정서부의 군세(軍勢)'를 지칭하는 것임을 알 수 있다. 이렇게 볼 때, 〈표 3〉의 〈사료〉에 나오는 집단창술·교량 파괴 전술조운의 진을 활용한 왜구의 실체는 정서부의 군세였을 가능성이 크다고 생각한다.

5. 결론

남북조 내란기, 즉 고려 말 왜구의 실체에 관해 한일 양국 학계에서는 논쟁이 지속되어 왔다. 이러한 논쟁을 해결하기 위해 본고에서는 해당 시기 일본의 무사와 왜구의 전술을 비교하는 방법으로 양자의 상관관계에 대하여 고찰한 결과 다음과 같은 결론을 얻었다.

남북조 내란기 일본 무사의 전술 중에서 집단창술·교량 파괴 전술·조운의 진 등과 같은 것은 『태평기』에 기록되어 있는 데, 이러한 전술은 우왕 2~3년(1376~1377)의 『고려사』와 『고려사절요』에서도 각각 확인된다.

즉 전투에서 활용된 집단창술 · 교량 파괴 전술 · 조운의 진과 같은 전술을 왜구들도 똑같이 활용하고 있었다. 그리고 이상의 전술이 활용된 전투에 기쿠치씨가 참전하였던 것이 확인된다. 기쿠치씨는 고려 말 왜구

본 역사 연구』, 24, 2006.

54) 앞의 주(53) 논문.

55) "日本國遣僧信弘來報聘書云, 草竊之賊, 是逋逃輩, 不遵我令, 未易禁焉"(『고려사』권133, 열전46, 우왕 3년 8월. 이에 관해서는 이영, 「여말-선초 왜구 발생의 메카니즘-왜구의 실체에 관한 용어 분석을 중심으로」『중세사연구』34, 2012 참조.

56) 앞의 주(55) 논문.

의 중요 구성원이었으며, 특히 우왕 2-3년 당시의 왜구는 기쿠치씨를 중심으로 하는 정서부의 세력이었다. 따라서 고려 말 왜구의 실체 중에 기쿠치씨로 대표되는 남북조기 일본 무사들이 포함되어 있었음은 『고려사』와 같은 문헌 사료 이외에도 이처럼 왜구의 전술을 통해서도 확인된다.

이상의 결론을 통해 여말-선초 왜구의 실체가 일본의 도서 연해민과 같은, 아마추어 무장 집단이었다고 주장하는 소위 〈삼도 해민설〉과, 오늘날의 국적이나 민족 관념으로는 확연하게 구분하기 어려운 애매한 사람들이었다고 주장하는 〈경계인〉설의 허구성을 입증할 수 있었다.

『태평기』는 1372년에, 『고려사』는 세종 연간의 1421년에 완성되었다가 1451년에 편찬되었다. 일본과 조선이라는 양국에서 각각 이루어진 사료의 편찬 과정에서 두 사료는 일체 상호 영향을 미치지도 않았으며 또 내용을 공유(共有)하지도 않았다. 그럼에도 불구하고 『태평기』에서 확인되는 일본 무사들의 전술과 『고려사』에 기술된 왜구의 전술이 일치하는 것은, 남북조 내란기의 무사들이 곧 왜구의 실체였음을 입증하는 확고한 증거라 할 수 있다.

남북조 내란기 다카기(高来)·아마쿠사(天草) 지역 수군에 대한 선승(禪僧) 다이치(大智)와 아지발도(阿只拔都)의 리더십 비교

1. 서론

고려 우왕 6년(1380) 7월, 왜구들은 500척의 대선단으로 금강(錦江) 하구(河口) 진포구(鎭浦口)에 정박해 약탈을 자행한다. 그러자 고려는 나세(羅世)·심덕부(沈德符)·최무선(崔茂宣)이 100척의 함대를 이끌고 와 화포(火砲) 공격을 가해 정박해 있던 500척을 모두 불태운다. 그러나 왜구의 본진(本陣)은 이미 상륙해 충청북도 옥천까지 침투해 있었다. 자신들이 타고 왔던 배가 모두 불타버린 것을 알게 된 왜구들은 이후 약 2달여 동안 내륙을 전전하며 침구한다. 이를 '경신년(1380) 왜구'라고 한다.[1] 이는 고려 말 왜구 중에서도 최대의 피해와 충격을 안겨준 사건이었다.

경신년 왜구는 다른 왜구의 사례와 달리, 그들의 지휘조직 체계·무장(武裝)·병기(兵器)·전투 능력·종교의식 등 그때까지 잘 알려지지 않았던 왜구의 다양한 측면을 문헌 사료로 남겼다.[2] 그런데 놀라운 것은 500척이

---

1) 경신년 왜구에 관해서는 이영, 「진포구 전투의 역사지리학적 고찰」; 동 「경신년 왜구의 이동과 전투」; 동 「손자병법을 통해 살펴본 왜구사 최대의 격전(황산전투)」 『잊혀진 전쟁, 왜구 - 그 역사의 현장을 찾아서』, 에피스테메, 2007 참조.
2) 이에 관해서는 이영, 「〈경신년(1380) 왜구=기쿠치씨(菊池氏)〉설에 관한 한 고찰 - 무력의 특징을 중심으로」 『일본 역사 연구』 35, 2012 참조.

라는 대선단을 이끌었던 총대장이 나이 15~16세에 불과한 소년이었다는 사실이다. 당시 전장에 있었던 고려 장병들은 그 소년 대장을 '아지발도 (阿只拔都)'라 부르며 경원(敬遠)해 마지않았다. 그를 사살한 이성계가 뒷날 조선왕조를 세우게 되자, 아지발도라는 이름은 『고려사』와 『고려사절요』 그리고 『조선왕조실록』과 같은 정사(正史) 기록은 물론 『용비어천가(龍飛御天歌)』와 여러 문집에 기록되어 전해졌다.[3] 또한 전국에 다양한 '아기장수 전설'을 남기며 오랫동안 회자(膾炙)되어 왔다.[4]

이처럼 경신년 왜구는 고려 말 왜구의 실체를 규명하는 데 있어서 빠트릴 수 없는 연구 대상이라고 할 수 있다. 그런데 일본의 왜구 연구자들은 이 경신년 왜구에 대하여 구체적으로 고찰한 적이 없다. 이러한 사실이 언급되는 것조차 기피해왔던 것 같다.[5] 오히려 그들은 경신년 왜구의 집단 내에 1,600필의 말이 확인된다는 사실[6]만을 근거로, 경신년 왜구의

---

3) 『용비어천가』의 제52장의 다음 내용이 아지발도의 투구를 활로 맞춘 것을 서술한 것이다.
   "請(청)으로 온 예와 싸호샤 투구 아니 밧기시면 나랏 小民(소민)을 사르시리잇가"
   "(이 태조가) 청으로(청을 받고) 온 왜와 싸우시어(그 왜놈의) 투구를 아니 벗기시면, 나라의 백성들을 살리시겠습니까? (살리지 못했을 것입니다.)"

4) 최초로 아기 장수 전설을 학문적으로 연구한 최래옥, 「아기장수 전설의 연구 – 한국 설화의 비극성을 중심으로」 『한국 민속학』 11, 민속학회, 1979 ; 동 『한국 구비 설화의 연구』, 일조각, 1981이 있다. 이외에 다수의 연구가 축적되어 있다.

5) 일본의 왜구 연구자들은 경신년 왜구만이 아니라 정지 장군이 화포 공격으로 왜구를 무찌른 남해 관음포 해전에 대해서도 일체 언급하지 않았다고 하는 점에서도 비슷한 경향을 지적할 수 있다. 이에 관해서는 이영, 「진포구·남해 관음포 해전과 고려 말 왜구 침구 양상의 변화」 『한국 중세사 연구』 64, 2021 참조.

6) 다나카 다케오(田中健夫)는 "대량의 인원·선박·마필의 해상 이동을 생각하면 왜구는 일본인만으로 구성된 해적 집단이라고 하는 생각은 부자연스러우며 던져 버려야 한다."라고 했는데, 이는 다음과 같은 의미를 담고 있다.
   "당시 왜구들이 일본인이었다면 일본 본토에서 1600필이나 되는 말을 배에 실어서 고려까지 올 수 없었을 것이다. 따라서 이들을 일본인으로 보기 어렵다. 이 정도의 말을 동원할 수 있는 것은 당시 원나라의 목장이 있었던 제주도나 가능한 것이었다."

실체를 제주도의 몽골계 목호(牧胡)들이 이끄는 제주도 사람들이었다고
주장해 왔다.[7]

　경신년 왜구의 실체, 특히 그중에서도 아지발도의 정체를 규명하는 것
은 한일 양국 사이에 오랫동안 논쟁거리가 되어 왔던 왜구 집단의 민족
구성이라는 문제[8]는 물론 그 당시 왜구의 실상을 규명하는 결정적인 계기
를 제공해 줄 것이다.

　그런데 아지발도의 정체를 규명하기 위한 전제가 되는 것 중 하나가
본고에서 검토하고자 하는, 규슈의 내해(內海)인 아리아케카이(有明海)의
수군과 선승 다이치(大智), 그리고 규슈 남조 정서부(征西府)의 핵심 무장
세력인 기쿠치씨의 삼자(三者) 간 관계이다. 왜냐하면 아지발도가 이끌고
온 500척 대선단의 실체는 다카기(高来)[9]와 아마쿠사(天草)[10]를 근거지로
하는 아리아케카이의 남조 수군 세력이며[11] 선승 다이치는 1358년 이후
부터 그가 사망하는 1366년까지 그들과 특별한 관계에 있었기 때문이다.

이와 같이 아주 단순한 추정을 근거로 내세워 경신년 왜구의 실체가 제주도 사람
들이었다고 주장했다(「倭寇と東アジア通交圏」『日本の社会史』 第1卷 - 列島内外
の交通と国家, 岩波書店, 148~149쪽)

7) 다카하시 기미아키(高橋公明), 「中世東アジア海域における海民と交流」『名古屋大
学文学部研究論集』 史学33, 1987.

8) 일본에서는 왜구의 실체가 일본인만이 아니라, 일본 열도 및 한반도와 중국의 도
서 연해 지역에 거주하는 사람들이라고 하는 주장이 학계의 정설(定說)의 위치를
점하고 있다. 이러한 주장에 대하여 비판적인 검토를 행한 최근의 연구로 송종
호, 「무라이 쇼스케(村井章介)의 '境界人論' 및 그 연구 체계에 대한 비판적 검토」
『한국 중세사 연구』 46, 2016 ; 이영, 「무라이 쇼스케(村井章介)의 境界人說에 관
한 비판적 고찰 - 「倭寇とはだれか」를 중심으로 - 」『한국중세사연구』 58. 2019 ;
동 「무라이 쇼스케(村井章介)의 왜구=비영주(非領主)·주민(住民)〉설에 관한 한 고
찰」『역사교육논집』 72, 2019 참조.

9) 오늘날의 나가사키 현 시마바라 반도(島原半島)를 중심으로 하는 일대 지역.

10) 오늘날의 구마모토 현 아마쿠사 제도(諸島).

11) 이에 관해서는 이영, 「고려 말의 왜구와 남조 - 경신년 왜구를 중심으로 - 」『한일
관계사 연구』 30, 2008 참조.

따라서 본고의 제2장에서는 남북조 내란기에 있어서 다카기와 아마쿠사 지역과 기쿠치씨의 관계에 대하여, 제3장에서는 기쿠치씨가 어떻게 이들 지역의 수군을 통제했는지, 그리고 제4장에서는 선승 다이치 사후(死後) 정서부의 아리아케카이에 대한 통제와 아지발도와의 관계에 대하여 고찰한다.

2. 남북조 내란기 다카기·아마쿠사 지역과 기쿠치씨

기쿠치씨와 왜구와의 관련에 대해서는 일찍부터 일본인 연구자들이 언급해왔다. 예를 들면, 남북조 시대의 기쿠치씨 연구자인 스기모토 히사오(杉本尚雄)는 다음과 같이 언급하고 있다.

> A. "왜구의 활동이 기쿠치씨 내지 정서부의 경제력의 일부분을 떠맡고 있었을 것이라고 하는 견해가 있다. 이나무라 겐시키(稲村賢敷)씨는 류큐(琉球) 방면의 왜구 사적의 전승 연구(『琉球諸島に於ける倭寇史跡の研究』)에서 ⓐ 히고(肥後) 기쿠치씨 중심의 왜구가 특히 성행했다고 하며 그 약탈한 화물이 기쿠치씨의 군사 활동의 기초에 활용되었던 것으로 추측하고 있다. 기쿠치씨가 가네요시 왕자를 모시고 11년 동안 다자이후에 정서부를 두고 규슈를 제패할 수 있었던 이유 중 하나는 육상 전투에서 승리한 것이었다. 따라서 ⓑ히젠·히고의 수군이나 왜구를 장악하는 것은 가능해도 여전히 부젠(豊前)·분고(豊後) 방면에서 시코쿠(四国)·츄고쿠(中国)의 해적을 장악하지는 못했다."[12]

위의 ⓐ에서 이나무라 겐시키의 연구에 의거해 왜구가 약탈한 물자가

---

12) 스기모토 히사오, 『人物叢書 菊池氏三代』 日本歴史學會編集, 吉川弘文館, 1966, 247쪽.

기쿠치 군사 활동의 근거, 예를 들면 병량(兵糧) 등에 활용되었으며, ⓑ에
서는 히젠·히고 지방의 수군과 왜구를 기쿠치씨가 장악하고 있었다고 추
정, 서술하였다.[13] 또 다음과 같이 언급했다.

> B. "가네요시 왕자는 승려 소라이(祖來)에게 왜구가 붙잡아온 포로를 명나라
> 로 귀환하게 했다. 더욱이 ⓒ정서부의 정치 권력과 군사력은 겨우 히젠·히
> 고의 해적을 휘하에 연합시키는 것에 불과하다. ⓓ왜구의 이익을 보장해
> 줌으로써 그들을 정서부 휘하에 결합시키는 것에 불과했기 때문에 그들을
> 강한 통제하에 두고 있었다고는 말할 수 없다."[14]

ⓒ와 ⓓ에서는 '히젠과 히고의 해적'에게는 '왜구' 활동을 통해 얻는 이
익을 보장해주는 대신 그들을 정서부의 통제하에 두었다고 서술하고 있다.
즉 다시 말하자면 히젠·히고의 해적과 왜구를 동일한 존재로 이해하고 있
다. 여기서 'ⓑ'의 왜구는 왜구 집단, 'ⓓ'의 왜구는 왜구 활동을 의미한다.
히젠·히고 지방의 수군과 해적, 왜구의 삼자 관계는 분명하지 않다.[15]

---

13) 그 외에도 쯔쯔미 가쯔히코(堤克彦)도 에도시대인 宝永元年(1701)에 伊沢長秀가
쓴 『菊池軍記』를 인용해 다음과 같이 서술하고 있다.
"왜구들중에는 기쿠치씨와 관련이 있는 사람들도 있었다. … 菊池武政 등의 왜구
활동은 肥後의 다카세(高瀬)·가와지리(川尻)·야쓰시로(八代) 등의 각 포구를 기지
로 삼아 이루어지고 있었기에 이를 금지하는 것은 그대로 기쿠치씨 들의 군자금
결핍을 초래할 위험이 있었다. 기쿠치씨는 왜구 활동으로 銅錢·生絲·越州窯靑磁
器·書籍·書畫·朝鮮靑瓷器·獸皮·布類·人蔘 등의 漢藥材料·酒·食器類 등 다종다양
한 물품들을 기쿠치가와 수운을 이용해 수송하고 있었다. 중국 연안과 조선 근해
에서 약탈을 마음 내키는 대로 일삼고 있던 왜구의 재화가 기쿠치씨와 남조의 군
자금의 중요한 일부를 이루고 있었던 셈이다."라고 했다(『鄕土史譚100話. 菊池』,
熊本出版文化会館, 2007, 94~95쪽).
이처럼 기쿠치씨와 왜구와의 관련에 관해서는 일찍부터 여러 일본인 연구자들에
의해 제기되어 왔다. 그렇지만 이러한 여러 견해는 모두 구체적인 문헌 사료를
토대로 하고 있는 것은 아니며 어디까지나 추정의 범위를 벗어나지 못하고 있다.
14) 앞의 주(12) 책 249쪽.

스기모토가 언급한 히젠과 히고의 수군 중에 다카기(히젠)·아마쿠사(히고)의 수군들이 포함되는 것은 의심의 여지가 없다. 그리고 이 두 지방과 기쿠치씨와의 관계에 대하여는 이미 별고에서 밝힌 바 있다.[16] 여기서는 구고(舊稿)에서 누락된 내용을 보완 서술한다. 이즈타 히데오(出田英雄)는 양자의 관계에 대하여 다음과 같이 언급했다.

"남북조 내란기, 시마바라 반도 북부의 토호들은 시종일관 남조 측이었다. 그들 토호들에게는 간토(関東)에서 내려온 무리(安富氏·深江氏)와는 절대로 공존할 수 없는 규슈 사람의 독특한 기질이 있었다. 아리아케카이의 건너편, 히젠 다카기 일대에는 패주해 온 기쿠치 군을 숨겨주고 원조를 아끼지 않는 토호들이, 뚜렷하게 나타나지는 않지만 확실한 세력을 지니고 있었다. 그렇기 때문에 기쿠치 일족은 전황이 불리해지면 일시적으로 안전을 위해 여러 차례나 시마바라 지방으로 피신해 왔던 것이다."[17]

고 했다. 또한 『아리아케쵸시(有明町史)』의 집필자인 요시다 야스히로(吉田安弘)는

"기쿠치 당(党)의 시마바라 반도로의 왕래 빈도가 아주 높았으며, 이처럼 양자(기쿠치씨와 시마바라 반도, 역자 주) 사이의 수 세기에 걸친 운명공동체적인 강력한 정신적인 연대감의 배후에는 무엇인가 역사적인 인연이 숨겨져 있음이 틀림없다."[18]

---

15) 앞의 ⓑ에서 "히젠과 히고 지방의 수군이나 왜구"라고 이들 양자가 마치 별개(別個)의 존재였던 것처럼 서술하고 있다. 따라서 〈히젠·히고의 수군≧해적≧왜구〉인지 〈히젠·히고의 수군≧해적≧왜구〉인지 정확히 알 수 없다.

16) 이에 관해서는 앞의 주(11) 이영 논문의 제3절 「다카기(高来)·아마쿠사(天草)의 지정학적(地政學的) 위치」를 참조.

17) 出田英雄, 「菊池一族と島原半島」『ありあけの歴史と風土』 7, 有明の歴史を語る会 1991.

고 하면서 그 근거를 기쿠치가와(菊池川) 하구에 위치한 다마나(玉名) 지역에서의 기쿠치씨 일족들과 오노(大野) 일족과의 사이의 혈연적인 연결에서 구하였다.[19] 또한 요시다는 "기쿠치 다케즈미(菊池武澄)가 히젠노가미(肥前守)에 임명된 뒤, 그의 자손 다케야스(武安)·다케테루(武照)·스미야스(澄安)·사다오(貞雄)로 이어지는 누대에 걸쳐 히젠노가미(肥前守)에 임명되고 있어서 기쿠치씨가 히젠 지역과 관계가 깊었음을 알 수 있다."[20]고 했다. 이러한 양자 간의 밀접한 관계는 남북조 내란이 끝난 뒤에도 이어진다.[21]

그러면 아마쿠사 지역과 기쿠치씨와의 관계는 어떠했을까? 아마쿠사 시모지마(天草下島)의 북반부 거의 대부분을 지배하고 있던 시키씨(志岐氏)[22]는 기쿠치씨의 서가(庶家)로 일족이다. 이 시키씨와 시모지마의 남부

---

18) 앞의 주(17) 자료 참조.
19) 앞의 주(17) 자료 참조.
20) 앞의 주(17) 자료 참조.
21) 〈표 1〉 남북조 시대 이후 무로마치 시대에 걸친 기쿠치씨 일족과 시마바라 반도의 관계

1	南北朝 – 室町	기쿠치의 잔당들이 島原半島로 도주해 각지에서 농사를 지음.
2	文龜원년(1501)	菊池能運, 出田刑部와 함께 다카기로 도주해 2년 여 동안 島原에서 체재하다.
3	大永 3년(1523)	菊池武包, 小岱山에서 싸워 패하자, 바다 건너 大野村의 大野城으로 피신.
4	天文 3년(1523)	기쿠치씨의 24대 가독인 菊池武包가 병사해 대가 끊어짐.
5	天文19년(1532)	菊池義武(義宗), 大友軍의 공격을 피해 河内에서 島原半島로 도주한다.
6	天文 – 永綠	이 시기, 赤星氏와 隈府氏 등 기쿠치씨의 옛 부하들이 島原半島로 도주한다.

앞의 주(17) 자료 참조.
22) 시키씨는 기쿠치씨의 조상인 기쿠치 노리다카(菊池則隆)의 손자인 쓰네마사(経政)에서 분가했다. 즉, 시키 미쓰히로(志岐光弘)는 1205년에 미나모토 사네토모(源実朝)에게서, 그리고 1212년에 호조 요시도키(北条義時)로부터 아마쿠사군 6개 포구의 지토직을 얻었다고 한다. 남북조 시대는 잇시키 노리우지(一色範氏)에 속해 물

에서 시키씨와 대립 항쟁하고 있었던 아마쿠사씨(天草氏)의 지류(支流)인 코치우라씨(河内浦氏)가 아마쿠사의 대표적인 호족이었다.[23] 코치우라씨는 점차 세력을 키워나가 아마쿠사씨(天草氏)를 칭하게 되었다.[24] 이들 두 호족은 기쿠치 다케미쓰가 규슈 지역을 평정하자 기쿠치씨와의 결합을 강화해갔다. 특히 아마쿠사 타네구니(天草種国)는 쇼헤이(正平) 20(1365)년에 다마나(玉名) 이시누키(石貫)의 기쿠치씨가 세운 선종 사찰 고후쿠젠지(広福禅寺)에 기진장(寄進状)을 제출해, 매년 일정량의 쌀을 절에다 바칠 것을 약속하고, 만약 바치지 못할 경우에는 타네구니(種国)의 영지(領地) 중 일부를 기진하겠다고 맹세했을 정도이다.[25] 즉 아마쿠사 섬의 호족들 역시 혈연 또는 고후쿠젠지를 매개로 하여 기쿠치씨와 강력하게 연결되어 있었다.

이처럼 남북조 시대의 다카기·아마쿠사 두 지역은 남북으로 서로 마주보며 아리아케카이에서 외해로 나가기 위해 반드시 거쳐야 하는 하야사키세토(早崎瀬戸)를 형성하고 있었다. 즉, 이 하야사키세토로 들어와 아리아케카이와 기쿠치가와(菊池川)를 통해 기쿠치 분지로 이어지는 라인은 정서부의 생명선(生命線)이었다고 할 수 있다.

려받은 토지의 소유권을 인정받았다. 뒤에 소료 집안인 기쿠치씨의 배경을 이용해 세력을 확대하고 코쯔우라(上津浦)·미야지(宮地)·아마쿠사·나가시마(長島)·오야노(大矢野) 등의 잇키의 맹주로까지 성장했다. 그러나 1595년, 시키 시즈쓰네(鎮経)는 고니시 유키나가(小西行長)의 거성인 우토성(宇土城) 공사를 거부하고 아마쿠사 고쿠진잇키(天草国人一揆)에 가세해 고니시씨와 가토씨의 공격을 받고 패해 히젠 아리마씨(有馬氏)를 의지해 도주했다. 이로써 고쿠진(国人) 영주로서의 시키씨의 운명은 끝났다(『熊本県の歴史』, 山川出版社, 2012).

23) 앞의 주(22) 책.
24) 앞의 주(22) 책.
25) 正平二十年乙巳歳十月二十五日「天草種国請文」『肥後広福寺文書』『南北朝遺文』九州編, 4598号. 참고로 이때는 후술할 선승 다이치가 아직 생존 중이었다.

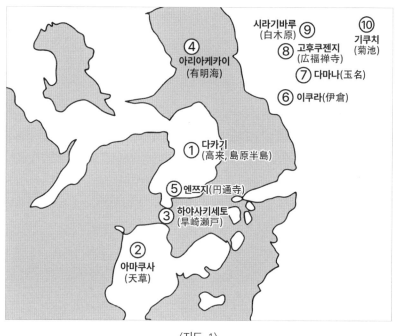

〈지도 1〉

이처럼 다카기·아마쿠사 지역이, 아리아케카이의 대안(対岸) 지역인 기쿠치가와의 하구에 위치한 다마나(玉名) 지역과 관련해 지닌 전략적 중요성을 고려할 때, 경신년(1380) 왜구의 침구 배경과 그 실체에 관한 필자의 다음 주장은 충분한 설득력을 지니고 있다고 생각한다.

즉, 고랴쿠(康暦) 원년(1379) 6월 18일에 규슈탄다이(九州探題) 이마가와 료슌(今川了俊)이 기쿠치 분지의 입구인 고시(合志)의 이타이하라(板井原)에 도착해 진을 치고[26] 기쿠치 일대 정서부의 성 주변에 성을 쌓고 농사를 짓지 못하게 한 뒤, 적의 병량미가 소진되기를 기다리는 소위 "효로제메(兵糧攻め)" 작전을 전개했다.[27] 다음 해 고랴쿠(康暦) 2년(1380, 경신년) 6월 2

---

26) 앞의 주(22) 책.
27) 앞의 주(11) 논문.

일에 다카기·아마쿠사의 수군들이 한반도에 침공해 병량을 약탈하러 가는 것을 미연에 방지하기 위해 그들의 선박을 나포하려고 시도하자, 이를 회피하고 아울러 병량을 확보하려고 한반도에 침구한 것이었다.[28]

3. 다카기·아마쿠사의 수군과 선승 다이치(大智)

앞에서 스기모토는 기쿠치씨가 히젠·히고의 수군들에게 왜구 활동의 이익을 부여함으로써 휘하에 두려고 했다고 했지만, 정서부와 히젠·히고의 수군, 그리고 왜구 집단의 삼자(三者) 관계 그리고 기쿠치씨가 히젠과 히고의 수군을 어떤 방식으로 통제하려고 했는지 명확하게 밝히지 않았다. 여기서는 이들 삼자 관계에 대하여 고찰해보자.

우선 기쿠치씨는 다카기와 아마쿠사 지역을 어떤 방법으로 아군 즉 남조의 일원으로 묶어두려고 했을까? 이 문제와 깊은 관련을 지닌 인물이 선승 다이치(大智: 1290~366)이다 그는 14세기 후반, 기쿠치씨 일족의 지원을 받아 조동종(曹洞宗)의 지방 확산에 중요한 역할을 했던 인물[29]이었으며 한때 그들의 정신적인 구심적 역할을 했다.

---

28) 앞의 주(11) 논문.
29) 다이치는 다음과 같은 인물로 평가되고 있다.
　 1. 시문(詩文)을 잘 지어 조동종(曹洞宗) 최고의 시인으로 알려졌다.
　 2. 오산문학(五山文學)의 요람기를 키운 한 사람으로 여겨지고 있다.
　 3. **황국사관(皇國史觀)의 관점에서 충신이라 할 수 있는 기쿠치씨(菊池氏)에게 감화를 미친 선승이다.**
　 4. 조동종 발전에서 볼 때, 그가 히고(肥後) 지방에 진출해 활동한 것은 교단의 발전을 의도한 형산문파(瑩山門派)의 계획에 따른 것이었다.
　 5. **기쿠치씨 일족 잇키(一揆)의 상징인 우지데라(氏寺) 쇼고지(聖護寺)의 주지승이었다.**
　 6. 속세의 신도들에게까지 순수한 선을 전파했다고 하는 점에서 조동종(曹洞宗)의 개조(開祖)인 도겐(道元)의 계승자로 평가되고 있다.
　 앞의 주(12) 책, 129~131쪽.

다이치를 추대한 것은[30] 13대 가독(家督)인 기쿠치 다케시게(菊池武重)
였다.[31] 다케시게는 남북조 내란 초기, 고다이고(後醍醐) 천황과 행동을 같
이 한 인물이다. 그는 엔겐(延元) 원(1336)년 9월, 천황과 함께 농성하던
히에이잔(比叡山)에서 내려온 뒤 10월에 교토를 탈출해 고향 기쿠치로 돌
아와 일족을 재편성해 남북조 동란기를 헤쳐나가고자 했다.[32] 이를 실현
하기 위해서는 무엇보다도 일족의 강고한 단결이 중요하다고 여긴 다케
시게는 엔겐(延元) 3(1338)년 3월 27일에 다이치를 기쿠치군 봉의산(鳳儀
山) 쇼고지(聖護寺)의 주지로 모셨다. 그때, 다이치의 나이 48살로 인생의
장년기(壯年期)에 들어선 뒤였다. 쇼고지는 다케시게와 그의 사후 14대 소
료(總領)가 된 동생 다케히토(武士)의 활동 당시 기쿠치씨의 우지데라(氏
寺)와 같은 존재였다.

그런데 이와 같은 쇼고지에서의 다이치의 역할은 10년 정도밖에 지속

---

30) 이와 유사한 사례로 가마쿠라 시대 초기, 기이(紀伊)의 유아사 조부쓰(湯浅定仏)를
중심으로 하는 유아사 무사단이 일족 출신자인 고승 묘에(明惠) 상인(上人)을 당
적단결(党的團結)의 정신적인 중심으로 삼았던 것을 들 수 있다. 앞의 주(12) 책,
132쪽.

31) 기쿠치 다케시게는 겐코(元弘) 3(1333)년 3월, 부(父) 다케도키(武時)와 함께 하카
타(博多)의 친제이탄다이(鎭西探題)를 공격하였으나 실패하고 다케도키는 전사한
다. 이어서 막부가 멸망하고 건무(建武) 2(1335)년 8월에 가마쿠라에서 아시카가
다카우지가 신정부에 반기를 들자 다케시게는 닛타 요시사다의 휘하에서 하코네
(箱根) 다케노시타(竹之下) 전투 등에서 활약한다. 그러나 닛타 요시사다가 이끄는
남조의 군대는 패하고 교토로 돌아갔다. 교토를 향해 반격한 다카우지는 기타바
타케 아키요시(北畠顕家)의 공격을 받고 규슈로 도주한다. 이후 규슈에서 세력을
회복한 다카우지가 반공(反攻)하자, 고다이고 천황은 히에이잔 엔랴쿠지(延暦寺)
로 도피하지만 병량이 다하여 결국 하산하고 만다.

32) 기쿠치 집안의 소료 다케시게는 肥後守에 임명되었고 그 동생들도 쓰시마와 히젠
의 가미에 임명되었다. 그들의 기반은 가마쿠라 시대 이래, 히고 국내외의 庄郷村
名의 지토직에 있다. … 기쿠치씨는 히고의 북반부에 자기 소령을 지니며 영주제
를 구축해있었으며, 남반부의 사가라(相良)·가와지리(川尻) 등의 여러 씨족들 위
에 国司로서의 일반 행정권을 행사한다고 하는 것이 肥後守 다케시게의 실력이었
다. 앞의 주(12) 책, 145쪽.

되지 않았다. 다케시게의 사후(死後) 가독(家督)을 계승한 다케히토는 얼마 지나지 않아 소료에서 물러나 다이치를 스승으로 모시고 출가한다.[33] 새로 15대 소료가 된 것은 다케미쓰(武光)였다.[34] 그는 쇼헤이(正平) 3(1348)년 정월에 정서장군 가네요시(懷良) 왕자를 기쿠치로 맞이한다. 이로써 일족의 근거지인 기쿠치 분지가 규슈 전체 남조의 중심지가 되었다.

지금까지 기쿠치씨 일족의 정신적 구심적 역할을 했던 다이치였지만, 가네요시 왕자라는 존재 앞에서는 빛을 잃을 수밖에 없었다. 쇼고지의 우지테라로서의 기능 역시 다케미쓰가 세운 세이칸지(正観寺)에 의해 대체된다.[35]

그러면 더 이상 다이치는 기쿠치씨 일족 내지는 규슈 남조 세력에 있어서 아무런 역할도 하지 못하게 된 것일까? 그렇지 않다. 다이치는 이후 쇼헤이(正平) 12(1357)년에 다케스미(武澄)의 권유를 받아들여 쇼고지를 떠나 다마나군(玉名郡)의 이시누키(石貫)의 고후쿠젠지(広福禅寺)로 옮긴다. 그리고 이를 거섬으로 삼고 바다 건너편인 시마바라 반두를 왕래하고 있었다.[36] 즉, 쇼헤이(正平) 13(1358)년 6월경에는 시마바라 반도의 남쪽 끝인 가즈사무라(賀津佐村)에 아리마 나오즈미(有馬直澄)가 쇼쥬지(聖壽寺)를 세우자 다이치는 이곳으로 옮겨온다.[37] 나오즈미는 기쿠치 다케미쓰

---

33) 앞의 주(12) 책, 159쪽.
34) 다케미쓰는 다케도키의 열째 아들로 토요타쥬로(豊田十郞)라고 불렸는데, 여기서 토요타는 그의 지반이 益城郡豊田荘였기 때문이다. 앞의 주(12)책, 173쪽.
35) 가네요시 왕자가 기쿠치로 온 뒤, 소료 다케미쓰에게 있어서는 왕자의 정치적 권위가 일족 결합의 최고의 상징이 되었다. 이후 다케미쓰의 절대적인 군사 및 정치적 재능과 지략은 크게 성공하고 그 결과 소료로서의 권력은 강대해졌다. 이처럼 일족의 안태(安泰)와 발전이 보증되었을 때, 쇼고지의 우지테라(氏寺)로서의 기능은 왕자와 다케미쓰에 의해 흡수당한다. 더욱이 다케미쓰는 大方元恢를 모셔서 기쿠치에 세이칸지를 세워서 귀족적인 임제종(臨濟宗)에 더 경도(傾倒)되어간다. 앞의 주(12) 책, 216~217쪽.
36) 앞의 주(12) 책, 181쪽.
37) 앞의 주(12) 책, 219쪽.

휘하의 무사이다.[38] 다이치는 이 절에서 사경(寫經)을 지도하고 그 사경을 치쿠고(筑後)의 고라산(高良山)의 타마다레노미고토(玉垂命) 신사에 바쳤다.[39] 고라산은 규슈의 북부 및 중부 각 지역으로 통하는 교통 요소로, 기쿠치씨가 출진할 때마다 진을 치고 다자이후(大宰府)를 노려보던 장소였다. 정서부의 수장 가네요시(懷良) 왕자 역시 자신이 사경한 것을 고라산에 바친 적이 있다.[40] 다이치가 사경을 하고 이 신사에 바친 것은 정서부의 전승(戰勝)과 무운장구(武運長久) 등을 기원한 것이었다. 다이치는 1358년부터 사망하는 1366년 12월까지 약 8년 동안 시마바라 반도를 중심으로 활동하고 있다.[41] 이처럼 다이치의 히젠 지방에서의 종교 활동은 아리아케카이의 남조 수군, 즉 다카기 아마쿠사 지역의 수군들을 남조의 일원으로 활약하게 하는 데 중요한 역할을 했다.

이러한 다이치의 활동에 대하여, 히로세(広瀬)는 "아마도 다이치를 깊이 믿고 따랐던 다케즈미(武澄), 그리고 그 아들 다케야스(武安)가 히젠노가미(肥前守)였고 이 지방을 장악하기 위해 진력하고 있었을 것이므로 그들의 요청에 따른 것이었을 것이다. 그리고 일종의 선무(宣撫) 공작과 같은 역할이 포함되어 있었던 것이 아닐까?"[42]라고 했다. 여기서 선무 공작이라 함은 다카기 일대의 호족들을 남조의 일원으로 묶어두기 위한 활동이다. 즉 다이치가 기쿠치씨 일족들의 정신적 구심점으로서 일족의 구성원들이 남조에 대한 충성심을 보지(保持)하도록 했던 것과 같은 역할을 했던 것이다.

---

38) 앞의 주(12) 책, 219쪽.

39) 쇼헤이(正平) 13(1358)년 2월 28일의 『正照寄進狀』에 「師匠大智上人, 年来於當山 (高良山)上宮. 盡未來際毎年如法書寫一乘妙典云々」이라고 기록되어 있다.

40) 앞의 주(12) 책, 196쪽.

41) 다이치는 쇼헤이 21(1366)년 2월 10일에 히젠 다카기군의 가즈사무라 스이게쓰안 (水月庵) 엔쯔지(円通寺)에서 70년의 생애를 마쳤다.

42) 히로세 요시히로(広瀬吉弘), 「禅僧大智と肥後菊池氏」『禅宗地方展開史の研究』, 吉川弘文館, 昭和63년.

그런데 다이치의 이런 역할, 즉 그의 리더십은 어디에서 기인하는 것
일까? 다이치가 기쿠치씨의 보호를 받으며 포교 활동을 전개할 수 있었던
것은 우선 그가 히고(지금의 구마모토 현) 출신이라는 '지역성'을 들 수 있
다. 그는 1290년에 우토군(宇土郡: 현 구마모토 현 宇土市) 나가사키(長崎)
에서 태어나 7살 때에 출가해서 승려가 된다.[43] 그런데 그의 출생지 우토
군 나가사키는 기쿠치씨의 소령이었다.[44]

둘째, 그가 중국에서 새로운 불교인 조동종을 배워서 귀국했다고 하는
'종교성'이다. 즉, 25살 때에 원나라로 가서 10년 동안 체재했다.[45] 즉, 원
나라에서 유학한 고승이었기에 기쿠치씨 일족의 지도적 중심으로 충분한
자격을 지니고 있었다.

그런데 이러한 종교성은 또 다른 곳에서도 찾을 수 있다. 그것은 그가
중국에서 귀국할 때에 해난(海難)을 당했지만 무사히 살아서 돌아왔다고
하는 사실이다. 그는 배가 파선해서 고려에 상륙해 1년여를 보냈으며 고
려 체재 당시, 3수의 시를 남기고 있다.[46]

---

43) 다이치는 肥後宇土郡長崎村(宇土郡不知火町長崎)에서 태어나 에이닌(永仁) 4년
(1296) 7살 때, 우토에서 가까운 川尻의 大慈寺에 들어갔다. 이 절은 川尻泰明의
외호를 받아 고안(弘安) 원년(1278)에 세워진 조동종 사원으로 서일본에 있어서
법황파 조동종의 일대 거점이다. 앞의 주(12)책, 130쪽.

44) 우토는 가마쿠라 시대 北条 得宗領이었지만 菊池武光가 惣領로서 활동하던 시기
인 正平3년(1348) 정월경에는 기쿠치씨의 일족인 宇土道光의 소령이므로 엔겐(延
元) 2~3년경에는 이곳이 기쿠치 일족들의 땅이라고 봐도 지장이 없다. 앞의 주
(12)책, 132쪽.

45) 앞의 주(12)책, 130쪽.

46) 다이치의 시를 모아놓은 시집인 『大智偈頌』에는 다음의 3수의 시가 전해진다.
〈破船時呈高麗王〉
曠劫飄流生死海　今朝更被業風吹　無端失却歸家路　空望扶桑日出時
曠劫飄流す. 生死海. 今朝更に業風に吹かる. 端無く失却す. 歸家の路. 空しく扶桑
を望む日出る時.
"이미 출항해서 반 정도 왔을 때에 검은 바람이 배를 때려 벽이 깨지고 노가 부러
져 목숨이 위태로운 상황에 고려로 표착했다. 그래서 고려왕에게 도움을 요청하

아리아케카이 일대의 뱃사람들은 해난 사고에도 불구하고 무사히 귀국한 그를, 특별한 능력을 지닌 영험한 인물이라 여기고 숭경(崇敬)하였을 것이다. 이러한 사실을 엿볼 수 있는 것이 미나미시마바라 시(南島原市) 가즈사마치(加津佐町)의 이와토야마(岩戸山)에 있는 다이치의 석상이다. 이와토야마는 높이 97미터, 주위 약 1km 정도 되는 산으로 옛날부터 관음보살에 대한 신앙의 성지(聖地)였다.[47] 즉, 이 산의 남쪽 중턱, 바다에 면한 절벽에 넓이 160㎡의 큰 동굴이 있으며 거기에는 관세음보살과 많은 지장보살(地藏尊)이 모셔져 있다.[48] 바로 이 이와토야마의 동쪽 봉우리 정상을

였더니 왕이 이를 불쌍히 여겨 배에 태워 우리를 보내주었다. 그래서 카가노구니(加賀国) 이시카와군(石川郡) 미야노고시노쓰(宮の腰の津)-지금은 가나쓰(金津)항이다-에 도착할 수 있었다. 이는 고다이고 천황 쇼츄(正中) 원년(1324, 고려 충숙왕 11년)의 일이다."

〈呈 双溪大師〉
咫尺却成千里隔　再來相見恐無期　可憐一隻籠中鶴　不放天涯自在飛
"지척이 오히려 천리 길이 된다. 다시 와서 만날 수 없을까 두렵도다.
가련하다. 한 마리 새장 속의 학이 하늘 끝을 자유롭게 날지 못하누나.
쌍계대사: 쌍계산은 신라국에 있다. 계곡을 사이에 두고 두 봉우리가 마주 보고 있어서 쌍계를 이룬다. 쌍계대사는 국왕의 여동생으로 여승이다."

〈高麗 游 白蓮社 (고려의 백련사에서 놀다.)〉
千峰頂上白蓮社　十里松門入更深　僧舍不留塵世客　一輪明月照禪心
"千峰의 정상에 있는 백련사. 십리송문(十里松門)에 들어가니 더욱 깊도다.
승사(僧舍)에는 머물지 않는 속세(塵世)의 손님. 일륜(一輪)의 밝은 달(明月)이 선심(禪心)을 비춘다."
『良寛語釈 大智偈頌訳』, 國書刊行會, 1978.

47) 이 산은 국가 천연기념물로 지정될 정도로 귀중한 식물군(植物群)이 자생하고 있는 곳이기도 하다. 『長崎旅ネット』의 「岩戸山樹叢」(イワドヤマジュソウ)(国天然記念物)에 의함.

48) 기독교 사상이 융성했던 전국시대 말경, 아리마 하루노부(有馬晴信)의 영지에서는 많은 불교사찰과 신사가 파괴되었다. 이 동굴에 숨겨져 있었던 불상도 구치노쯔(口之津) 교회의 소년들이 버렸다고 선교사인 루이스 프로이스가 1582년에 보고하고 있다. 또 시마바라와 아마쿠사 잇키 이후에는 기독교 신자의 잔당들에 대

〈사진〉 다이치 선사의 자젠세키

한 체포가 심해져 기독교 신자들은 쉽게 접근하기 어려운 이와토야마의 동굴에 숨어있었지만, 그들이 피운 불에서 나온 연기가 발견되어 체포되었다고 한다. 지금도 이 동굴에 모셔져 있는 지장보살에 머리가 없는 것은 기독교 신자들이 체포당할 때에 지장보살의 머리를 부셔서 던지며 저항했기 때문이라고도 전해진다. 앞의 주(47), 『長崎旅ネット』의 「穴観音」에 의함.

〈사진〉 자젠세키에서 내려다보이는 풍경

‘자젠세키(座禅石)’라고 하며, 해발 90미터의 절벽 위에 약 타다미 10장 정도의 평지가 있어서 주위의 바다를 내려다보고 있다. 여기에 다이치의 석상이 안치되어 있다.[49]

---

49) 앞의 주(47), 『長崎旅ネット』의 「座禅石」에 의함.

이와토야마 현지에 있는 다이치의 자젠세키에 대한 해설에는 그가 이곳
에 암자를 짓고 좌선을 했기 때문이라고 되어있지만,[50] 이 산이 예로부터
관음보살의 성지로 여겨져 왔다는 것에 주목할 필요가 있다. 즉 이 산은 마
에하마(前浜) 해수욕장과 노다(野田) 해수욕장의 경계에 위치한, 바다로 튀
어나온 육지와 연결된 섬으로 이 산 자체가 천연의 전망대를 이루고 있
다.[51] 고 하는 지리·지형적 특징에 주목할 필요가 있다. 관음보살의 영험한
능력 중에는 항해의 안전을 지켜주는 힘이 있으며[52] 그래서 일본만이 아
니라 고려와 중국의 관음보살의 성지도 대개 바닷가에 위치하고 있다.[53]
즉 자젠세키가 있는 이와토야마는 주변 바다를 항해하는 선박들에게
이정표 역할을 하면서 아울러 신앙의 대상이었다.[54] 이처럼 관음보살의

50) 앞의 주(47), 『長崎旅ネット』의 「座禅石」에 의함.
51) 앞의 주(47), 『長崎旅ネット』의 설명에 의함.
52) 『묘법연화경관세음보살보문품(妙法蓮華經觀世音菩薩普門品)』에 다음과 같은 구
절이 있다.
"큰물에서 표류한다고 해도 그 이름 부르면 얕은 곳에 닿게 된다." 여기서 '그 이
름'이란 관음보살을 의미한다.
53) 관음이 사는 곳인 보타락산(補陀落山)을 언급하는 경전으로 『대방광불화엄경입법
계품(大方廣佛華嚴經入法界品)』에 의하면 "관음은 해난(海難)을 구하는 보살로서
항해자들 사이에 경앙(景仰)되었기 때문에 당나라 말기에는 이미 보타산 조음동(潮
音洞)이라 불리는 바위굴에 관음상이 안치되어 신앙의 대상이 되었다고 한다. 이
후 송나라 시대에 들어와 보타산의 관음신앙이 중국 각지로 퍼져 멀리 일본과 한
반도까지 이르러 여기가 관음이 사는 곳이라고 하는 신앙으로 발전하게 된다. …
(한반도의) 관음의 저명한 성지 중 대부분은 해변 절벽에 있는 암굴(바위)에 만들
어져 있으며, 사람들로부터는 '관음굴'이라 불리며 지금까지 민중의 신앙을 얻고
있다." 하야시 스스무(林進), 「高麗時代の水月觀音圖について」『美術史』102, 1977.
54) 해상항해와 밀접한 관련이 있었던 섬의 바위는 고래로부터 일본인들의 숭배의 대
상이었으며 또한 신격화의 대상이기도 했다. 즉, 다테가미(立神) 또는 다치가미
(立神)라 하여 어민들이 바다에 나갔을 때의 목표가 되는 아주 중요한 지점으로
어민을 보호하고 섬을 지켜주는 바위신(巖神)였다. 이러한 다테가미는 어로할 때
하나의 목표가 되는 경우도 있지만 연안 항행의 좋은 이정표이기도 했다. 下野敏
見, 「南西諸島の海人」『三民と海民, 非平地民の生活と傳承』, 小学館, 1983, 458쪽.

성지로 여겨져 왔던 곳에 다이치의 석상이 설치되어 있다는 것은 다이치
역시 항해의 안전을 보살펴주는 종교적인 숭배의 대상이었음을 보여준다.
다시 말해, 그가 지닌 종교성은 비단 조동종이라는 새로운 불교에서만이
아니라 해난(海難)을 당했으나 무사 귀환했다고 하는 점이 다카기와 아마
쿠사 일대 뱃사람들의 그에 대한 숭경에 더 강한 영향을 미쳤을 것으로
생각된다.

셋째, 그가 정서부의 핵심무장 세력인 기쿠치씨 일족의 정신적 구심점
과 같은 역할을 약 10년 동안이나 행하여 왔다는 '정치적 위상'을 들 수
있다. 히로세가 "아리마씨(有馬氏)는 다이치를 외호(外護)하고 사제관계를
맺음으로써 남조의 일원이라는 증거로 삼았던 것이다."[55]라고 했는데, 시
마바라 일대의 호족들에게 있어서 다이치를 숭경한다고 하는 것은 곧 기
쿠치씨 일족과 같이 남조에 충성을 맹세하는 것과 동일한 의미를 지니고
있었다.

그런데 일본사에는 다카기·아마쿠사 지역에서의 다이치와 비슷한 역
할을 한 인물이 있다. 그것은 에도시대의 초기인 1637년 12월에 일어나
다음 해인 1638년 4월까지 이어진 시마바라의 난(島原の乱)[56] 당시 난의

---

55) 앞의 주(42) 히로세 논문.
56) 이 난은 마쓰쿠라 가쓰이에(松倉勝家)가 지배하는 시마바라 번이 있는 히젠 시마
바라 반도와 데라자와 가타다카(寺沢堅高)가 지배하는 가라쓰(唐津) 번의 도비치
(飛地)인 히고 아마쿠사 제도의 백성들이 혹사와 과중한 세금 징수로 궁지에 몰려
있던 차에 번에 의한 가톨릭 신자 박해, 또 기근으로 인한 피해까지 겹쳐져서 발
생했다. 이 난에 참가한 것은 가난한 농민들을 위시해, 예속민(隷屬民)을 거느린
농업·어업·수공업·상업 등 여러 산업의 대규모 경영자들, 아리마(有馬)와 고니시
(小西) 두 집안에 속했던 로닌(浪人) 및 원래의 토착 영주인 아마쿠사(天草) 씨와
시키(志岐)씨의 여당(與黨) 들도 가세하고 있었다. 즉, 이처럼 다양한 사회의 구성
원들이 타지에서 온 다이묘들의 착취와 수탈에 대항해 향토(鄕土)라는 지역성과
가톨릭이라는 종교를 매개로 하여 뭉친 것이었다고 할 수 있다. 이하, 시마바라의
난에 관한 내용은 센모토 마스오(煎本増夫),「島原·天草一揆」『日本大百科全書』,
小学館, 1998에 의함.

지도자였던 아마쿠사시로도키사다(天草四郎時貞)다. 그는 당시 10대 중반의 어린 나이로, 히고노구니(肥後国) 남반국(南半國)의 기독교 다이묘(大名)로 세키가하라(関が原) 전투에서 패하여 참수당한 고니시 유키나가(小西幸長)의 유신(遺臣)인 마스다 코지(益田好次)의 아들이었다. 도키사다는 모친의 친정집이 있는 아마쿠사 제도의 오야노(大矢野) 섬(現 熊本県上天草市)에서 태어났다.[57] 마스다 가문은 고니시씨의 멸망 이후 로닌 백성으로 집안 전체가 우토(宇土)로 이주했다.[58] 도키사다는 천부적으로 카리스마를 지니고 태어났다. 또한 경제적으로 유복했기 때문에 유소년기부터 학문을 가까이했으며 뛰어난 교양이 있었던 것으로 여겨지고 있다. 그리고 고니시씨의 구신(舊臣)과 기독교도들 사이에서 구세주로 옹립되어져 신격화된 인물이라고 생각되고 있으며 다양한 기적(눈이 보이지 않는 소녀에게 손을 대자 시력을 회복했다, 바다 위를 걸었다 등)을 일으켰다고 하는 일화도 있다. 시마바라의 난에서는 카리스마적인 인기를 배경으로 잇키군의 총대장이 된다

이상과 같은 기록을 토대로 아마쿠사 시로가 시마바라의 난의 지도자가 된 것은 다음과 같은 이유 때문이라고 할 수 있다.

첫째, 그는 아마쿠사 제도의 오야노 섬 출신이라는 지역성을 지니고 있다.

둘째, 그가 10대 중반의 나이로 어리지만 출신 계급에서 비롯된 정치적인 카리스마를 지닌 인물이었다는 점이다. 이러한 카리스마는 부친이 구마모토 현의 남반부에 근거를 지니고 있었던 가톨릭 다이묘 고니시 유키나가의 상급 신하로 경제적으로 유복한 집안 출신이었다는 것에서 기

---

57) 히고노구니 우토군 江部村(現 宇土市) 또는 나가사키 출신이라는 설도 있으며 출생지는 확실치 않다. 생몰년도 정확하지 않다. 앞의 주(56) 자료.

58) 도키사다의 모친의 진술에 의하면 우토에서 성장해 학문과 수양을 위해 몇 차례나 나가사키를 방문해 잇키 직전에 부친을 따라서 아마쿠사로 옮겨갔다고 한다. 기독교에는 나가사키에서 입신했다. 앞의 주(56) 자료.

인한다. 그의 출신을 '귀종(貴種)'이라고 하기는 어렵다. 그렇지만 아마쿠 사시로가 도요토미 히데요리(豊臣秀頼)의 숨겨진 아들이었다는 이야기도 전해지고 있는 것처럼 그의 출신이 카리스마의 중요한 부분을 점하고 있 음은 부인할 수 없다.

셋째, 이 난에 참가한 사람들 대부분이 기독교 신자였으며 도키사다는 전장에서는 십자가를 들고 군대를 지휘했으며, 여러 가지 신비한 기적을 일으켰다고 전해진다.[59]

이상과 같이 다이치와 마찬가지로 도키사다에게서도 지역성·정치적 (카리스마)·종교성 등이 확인된다.

4. 다이치 사후, 다카기·아마쿠사의 수군 통제와 아지발도

선승 다이치는 1366년 12월(음력)[60]에 76세의 나이로 사망한다. 그러 면 그가 사망한 이후에 누가 그 역할을 대행하게 되었을까? 이 의문에 명 확한 답을 보여주는 사료는 없다. 그렇지만 다음과 같이 추정할 수 있다. 우선 그가 사망했을 당시는 정서부가 규슈의 패권을 안정적으로 유지하 고 있던 소위 정서부의 황금시대(1361~1372)에 해당한다.[61] 그러나 아리 아케카이의 전략적 중요성을 고려할 때, 정서부의 실권자 기쿠치 다케미 쓰(菊池武光)가 다이치의 사후, 그 자리를 공석(空席)으로 방치해두었을 것

---

59) 시로 본인은 아직 10대 중반의 소년으로 실제로는 난을 계획하고 지휘하고 있던 것은 로닌(浪人)이나 쇼야(庄屋)들이며 도키사다는 잇키군의 전의를 고양시키기 위해 로닌이나 쇼야들에게 이용되고 있었던 것에 불과한 것으로 보여진다. 앞의 주(56) 자료.
60) 양력으로 1367년 1월.
61) 정서부의 황금시대는 정서부가 다자이후를 장악한 1361년 7월부터 이마가와 료 슌에게 빼앗긴 1372년 8월 12일까지의 약 11년간 이어졌다.

으로는 생각하기 어렵다. 더욱이 1372년 초부터 규슈에서는 료슌이 이끄는 북조군과 정서부의 다자이후를 둘러싼 공방전(攻防戰)이 치열하게 전개되기 시작했다. 이런 상황을 고려하면, 기쿠치 다케미쓰가 아리아케카이 일대 수군 세력의 구심점 역할을 누군가에게 맡겼을 것으로 생각된다. 그 역할을 맡은 것은 어떤 사람이었을까?

우선 다이치의 역할을 대행할 수 있는 존재로 그의 제자 중 한 사람을 상정할 수 있을 것이다. 그러나 다이치의 제자 중에는 특별히 이러한 역할을 수행하기에 충분할 정도로 지역성과 종교성, 정치적 위상 등에서 그와 비교될만한 카리스마를 지닌 인물은 없다.[62] 기쿠치 다케미쓰는 다이치 또는 그 이상의 카리스마를 지니고 이 해역의 수군 세력들을 규합해 남조의 전력으로 붙잡아둘 수 있는 인물로 어떠한 존재를 내세웠을까?

이 문제의 해결을 위해 다시 경신년 왜구의 사료를 검토할 필요가 있다. 경신년 왜구의 실체가 다카기·아마쿠사의 남조계 수군이었기 때문이다. 그리고 그들에 대한 료슌 측의 선박 나포 시노는 그들이 성서부가 필요로 하는 병량을 확보하기 위해 한반도로 몰려가서 약탈하는, 이른바 '왜구 행위'를 미연에 방지하기 위한 것이었다.[63] 반면에 남조 수군 세력의 입장에서 생각하면 료슌에게 선박을 빼앗기지 않고 또 전년도 가을부터 기쿠치 분지에서 포위당한 채 농성하고 있는 정서부에 병량을 조달하기 위해 고려로 침구한 것이었다.[64]

---

62) 다이치의 제자 중 禪古 등 몇 명의 이름이 전해지고 있지만 그들 중 누구도 다이치 정도의, 또는 그 이상의 존재감을 보여주는 인물은 없다. 앞의 주(12) 책, 217쪽.
63) 앞의 주(11) 논문.
64) 아라이 다카시게(新井孝重)는 남북조 내란기에 있어서의 병량의 중요성에 대하여 다음과 같이 언급하였다. "(前略) 이 시대의 전쟁을 수행함에 있어서 요점은 결국 대군(大軍)을 유지할 수 있을 만큼의 병량미의 확보와 공급에 있었다. 병량미 문제가 전쟁의 귀추를 결정하였다고 해도 과언이 아닌 것이다. … 아시카가 측은 전쟁과 군대의 동원에 필요한 병량미를 확보하는 정책을 그대로 사람을 조직하는 정책으로 삼아서 남조에 대한 군사적 우위를 실현해갔던 것이다. 원래 군사적

이렇게 생각하면, 우왕 6년 7월 당시의 경신년 왜구, 즉 다카기와 아마쿠사의 남조 수군을 이끌었던 아지발도가 다이치의 역할을 계승한 인물이었다, 고 할 수 있다. 이하, 이를 전제로 하여 아지발도와 다이치의 리더십의 연원에 대하여 비교 검토해보자.

우선 이들 대 선단을 이끈 소년 대장 아지발도에게서 다이치와 같은 역할을 수행하기에 필요한 충분할 정도의 카리스마를 지니고 있었는지, 그리고 만약 있었다면 그의 카리스마는 다이치의 그것과 어떻게 유사하고 또 다른지에 대하여 생각해보자. 아지발도가 지닌 리더십의 연원을 볼 수 있는 것이 다음의 〈사료 1〉이다.

> 1. 나이 겨우 십오륙 세 되는 적장 하나가 있었는데 용모가 수려하고 용맹스럽기가 비할 데 없었다. 백마를 타고 창을 휘두르면서 돌진해오니 그가 향하는 곳마다 〈아군은〉 쓰러져 감당하지 못했다. 아군은 〈그를〉 아지발도라 부르며 다투어 피했다. 태조가 그자의 무용(武勇)을 보고 아깝게 여겨 이두란에게 생포하라고 명령하였다.[65]

500척의 대선단을 이끌었던 왜구의 대장이 1380년 당시, 겨우 15~16세 정도밖에 되지 않는 소년이었다고 하는 기사를 그대로 따르면, 그의 출생

인 우세는 병량을 매개로 한 사람들의 조직화만이 아니라, 적의 병량을 차단하기 위한 교통로를 장악하는 일에도 의존하고 있었다. … ⓐ의 당시의 아시카가 측의 작전은 적의 병량이 보급되는 길을 차단하며 군대를 와해시키는 것에 그 목적이 있었다. … ⓑ병량의 공급이 내부에서 이루어지지 않게 되자 군대는 붕괴하기 시작해 병사들은 들개들처럼 도적이 되어갔다."「内乱の風景」『悪党の世紀』歴史文化ライブラリ. 17. 吉川弘文館. 1997년).
ⓐ는 이마가와 료슌이 경신년 왜구가 침구하기 전해(1379년) 가을부터 '기쿠치 十八 외성(外城)'에 대한 '효로제메(兵糧攻め)' 작전에 돌입한 것. ⓑ는 다카기와 아마쿠사의 남조계 수군이 왜구가 되어 한반도에 침구한 것이 이에 해당한다고 할 수 있다.
65) 『고려사』 열전39, 간신(姦臣), 변안렬.

연도는 1365년이 된다. 이는 다이치 사망 1년여 전쯤에 해당한다. 지도자의 교체 시점이라는 점에서도 적절하다고 할 수 있다.[66]

　다이치가 다카기와 아마쿠사 일대의 수군들의 구심점적인 존재가 된 것은 1358년 즉, 그의 나이 68세 때였다. 두 사람 사이에는 50살 이상의 차이가 있다. 그런데도 어린 아지발도가 수군들의 리더로서의 역할을 수행하고 있었다는 점에 주목할 필요가 있다.

　아지발도는 용모가 수려하고 뛰어난 무예 실력을 지닌 용맹한 무사였다. 이러한 점은 선승 다이치가 지니지 못한 점이다. 그가 백마를 타고 있었다는 사실도 그의 특별한 신분을 연상하게 한다. 또 그를 아지발도라고 부른 것은 고려군으로, 그것은 본명이 아니었다.[67] 그렇다면 이 어린 소년이 500척의 대규모 선단을 이끌 수 있었던 리더십은 어디에서 나온 것일까? 다음 〈사료 2〉를 보자.

　　2. 처음에 아지발도는 섬에 있을 때 출성하지 않으려 하였으나 왜석들이 그 무용에 탄복하여 진실로 간청하여 오게 되었다고 합니다. 여러 적의 우두머리들도 그를 보러 올 때마다 반드시 달려와 무릎을 꿇었고 부대의 지휘

---

66) 만약 아지발도가 다이치 사후 즉시 그 지위를 계승했다고 하면 이제 막 출생한 겨우 1~2세 밖에 되지 않은 어린애가 500척 대 선단을 보유한 다카기 아마쿠사 일대 수군의 리더가 된 것이다. 혹자는 이 점에 대하여 의아하게 생각할 수도 있다. 그러나 가마쿠라 막부 토벌 당시, 쇼군(将軍) 아시카가 다카우지(足利尊氏)를 대신해 일족의 무사들을 거느리고 참전한 그의 아들 요시아키라(足利義詮: 1330~1367) 역시 당시 겨우 3살이었다. 정서부의 수장인 가네요시 왕자(懷良親王: 1329~1381)가 정서대장군에 임명되어 규슈로 내려간 것이 1336년, 즉 그의 나이 7살 무렵이었다. 가네요시 왕자의 뒤를 이어 정서부를 지휘한 고무라카미(後村上) 천황의 여섯번 째 아들인 요시나리 왕자(良成親王) 역시 불과 5~6살의 어린 나이에 규슈로 파견되었다(앞의 주(12) 책, 225쪽). 즉 남북조 내란 당시 무사, 특히 규슈의 무사들에게 있어서 수장(首長)의 조건으로 가장 중요시된 것이 무장으로서의 능력보다도 '귀종성 여부'였다.

67) '아지'는 '아기' 즉 '어리다'라는 뜻이며, '발도'는 몽골어로 '바쯔' 즉 '전사(戰士)'를 의미하는 말이라고 한다.

도 모두 그가 맡았습니다.[68]

이 〈사료 2〉를 보면 아지발도는 직접 왜구의 일원으로 출정하지 않아도 되는 신분이었다. 게다가 여러 왜구의 두목들이 나이 어린 그를 만나러 올 때는 반드시 달려와 무릎을 꿇었다. 실제로 부대의 지휘도 모두 그가 맡았다고 한 것 등으로 볼 때, 그가 다른 왜구 두목들과는 현격하게 신분의 차이가 큰 존재였음을 짐작케 한다.

그런데 당시 왜구들은 보통의 해적 무리로 보기 어려울 정도로 중무장 기병을 보유하고 있었다. 다음 〈사료 3〉을 보자.

3. 배검에게 술을 대접하고 드디어 철기(鐵騎)로 호송하여 주었다.[69]

아지발도의 부대를 정탐하러 온 고려의 청년 장수 배검을 호송해 준 '철기' 즉 말에 마갑(馬甲)을 입힌 중무장 기병이 당시 왜구 부대에 있었음을 알 수 있다. 이런 중무장 기병은 평야부에서의 전투에서 적의 진영을 교란시키기 위한 것이다. 그런데 우리가 흔히 왜구의 본거지로 생각하는 대마도에는 이런 중무장 기병을 훈련시킬 수 있는 평지가 거의 없다. 따라서 이 철기가 대마도를 근거로 하는 병원(兵員)이었다고 생각하기는 어렵다.[70] 아지발도 스스로가 "백마를 타고 창을 휘두르면서 돌진"해온 것으

---

68) 앞의 주(65) 사료.
69) 앞의 주(65) 사료.
70) 이 점에 대해서는 대마도의 향토사 연구자인 오이시 다케시(大石武)는 다음과 같이 언급했다.
　　"아지발도라고 하는 젊고 강한, 신출귀몰하는 대규모 왜구의 지휘관이 있었는데, 마침내 조선국을 건국하는 이성계가 절묘한 작전으로 타도함으로써 큰 무공을 세웠다. 그런데 대마도에 그러한 인물이 존재했을 것이라고는 생각하기 어렵다. 고토(五嶋)·서해(西海)를 포함한, 아마도 이마가와 료슌(今川了俊)에게 쫓겨난 규슈 무사단의 소행으로 생각된다." 『元寇, そして賀茂事件』 ネオプリンチング, 1993,

로 보아 그가 이러한 중장갑 기병을 부대 구성원으로 거느린 전문적인 전
투 집단의 지휘자였음을 짐작하게 한다. 이외에도 1,600여 필의 말을 거
느리고 있었다.[71] 이 말은 전투용만이 아니라 약탈한 물자를 나르는 수송
에도 사용되었을 것이다.

이처럼 500척 대규모 선단을 이끄는 대장이 겨우 나이 15~16세 정도
의 소년일 뿐만 아니라 다른 왜적의 두목들과 현격한 신분 차이가 있었던
것으로 보이는 사실을 어떻게 생각해야 할까? 물론 위의 〈사료 1〉과 〈사
료 2〉에서 보듯이 그가 뛰어난 무예 실력과 아울러 부대의 지휘 능력을
겸비한 장수였고,[72] 그것이 아지발도가 어린 나이에도 불구하고 500척의
대 선단을 이끄는 대장이 될 수 있었던 이유였다, 고 생각할 수도 있다.
그런데 15~16세라면 오늘날 중학교 3학년에서 고등학교 1학년 정도의 나
이에 해당한다. 육체적으로 볼 때 성장기 소년에 해당한다. 아무리 무예
실력이 출중하다고 하더라도 그의 어린 나이를 생각하면 그가 그때까지
참전해서 쌓았던 경력, 즉 전과(戰果)와 자시고 대규모 병력의 대상이 뇌

58~59쪽.

71) 앞의 주(65) 사료 참조. 왜구들의 집단 내부에 말과 기병이 최초로 확인되는 것은
우왕 2년(1376) 10월이다. 왜구를 당시 일본에서는 '악당(惡党)'이라고 불렸는데,
이 악당들 역시 말을 활용한 기동력이 뛰어난 집단이었다. 이에 대하여 사토 가
즈히코(佐藤和彦)는 다음과 같이 언급하고 있다.
"14세기의 내란기 사회에서는 정보의 문제가 중요한 데, 정보 수집·관리·전달에
관계한 사람들 중에 악당이라고 불린 사람들이 있었다. … 악당이라고 하면 도적
이나 해적이라고 하는 이미지가 곧 떠오르지만 14세기에 악당이라고 불린 사람
들은 그런 일에 관계하면서도 또 다른 한편에서는 정보수집에 관한 일을 하고 있
었다. … 그들은 그룹을 만들어서 50기, 100기의 집단으로 움직이고 있다. … 사
람의 숫자가 늘어남과 동시에 말을 사용하고 있기 때문에 행동 범위는 아주 넓었
다. 이처럼 그들이 말을 사용하여 행동하고 있던 것이 정보를 얼마나 빨리 전달
할 수 있는 것인가? 라고 하는 것과 관련이 있는 것이다. 『太平記を読む. 動乱の
時代と人々』, 学生社, 1991.

72) 이에 관해서는 이영, 「손자병법을 통해 살펴본 왜구사 최대의 격전(황산전투)」 『잊
혀진 전쟁, 왜구-그 역사의 현장을 찾아서』, 에피스테메, 2007 참조.

것으로는 보기 어렵다. 그의 부대 지휘 능력 역시 이 정도의 어린 나이에 체득하기는 어려운 것으로 봐야 할 것이다.

나이 어린 아지발도의 주변에 경험과 연륜을 갖춘 참모들이 있었다면 이 역시 그가 특별한 신분에 속한 존재였음을 간접적으로 보여준다. 이는 또 앞서 언급한 아지발도와 왜구의 다른 두목들 사이의 '현격한 신분의 차이'와 관련이 있다고 생각된다. 아지발도가 잘 갖추어진 면갑(面甲)이나 갑옷 등으로 보호받고 있었던 점[73]과 '용모가 수려하고 백마를 타고 있었다.'고 하는 것 역시 경신년 왜구(다카기 아마쿠사의 남조 수군) 집단 내에서 그가 차지하는 특별한 위상(位相)을 짐작할 수 있다.

그것은 일본에서 말하는 소위 '귀종성(貴種性)'이다. 여기서 '귀종'이란 '고귀한 집안에서 출생한 것, 또는 그 사람'을 의미한다.[74] 또 '그 사람의 현재의 지위나 명성과 관계없이 고귀한 가문에 속하고 있던 사람'을 가리킨다.

출신 가문에 대해서 잘 알려지지 않은, 7살 어린 나이에 출가해 승려가 된 다이치에게 이와 같은 귀종성을 발견하기는 어렵다. 다이치 리더십은 지역성과 종교성, 정치적 위상에서 비롯되는 것이었다. 반면, 아지발도 리더십은 신분의 귀종성과 뛰어난 무예 실력과 지휘 능력을 들 수 있다.

지금까지의 고찰에서 아지발도의 리더십 중에 그의 지역성·종교성 등은 확인할 수는 없다. 그렇지만 그에게는 다이치에게 볼 수 없었던 무예 실력과 지휘능력을 갖추고 있었다. 경신년(1380) 당시의 규슈 현지 정세가, 다이치의 생존 당시와 달리 내전의 양상이 날로 격화되어가는 시기였음을 생각하면 무적(武的)인 능력이야말로 리더십의 요건 중에서도 가장 중요한 것이 아니었을까, 생각한다.

---

73) 앞의 주(65) 사료.
74) 『日本國語事典』에 의하면 귀종이란 '高貴な 家柄に 生まれること. また, その人'라 한다.

5. 결론

고려 우왕 6년(1380)에 침공한 소위 '경신년 왜구'의 실체는 다카기·아마쿠사 지역의 남조계 수군들이었다. 각각 북과 남에서 마주보면서, 규슈의 내해인 아리아케카이의 출입구인 하야사키세토(早崎瀬戸)를 형성하는 이 두 지역은 기쿠치씨와 밀접한 관계를 형성하고 있었다. 특히 기쿠치씨의 제15대 가독(家督) 기쿠치 다케미쓰(菊池武光)가 규슈 지역을 평정하자, 이 두 지역과 기쿠치씨와의 결합은 더욱 강화되어갔다.

이러한 양자 간 결합의 구심점 역할을 한 것이 선승 다이치였다. 13대 가독인 기쿠치 다케시게(菊池武重)가 일족의 단합을 위해 1338년에 다이치를 기쿠치군 봉의산 쇼고지의 주지로 모시고 정신적인 구심점으로 삼았던 것이다.

그러나 다케시게의 동생 다케미쓰가 가독이 되자, 그는 가네요시 왕자를 일족은 물론, 규슈 남조 세력의 구심점으로 내세웠고 그러자 다이치는 기쿠치를 떠나 기쿠치가와(菊池川)의 하구에 있는, 지금의 다마나시(玉名市) 이시누키(石貫)의 선종 사찰 고후쿠젠지(広福禅寺)로 옮겨 활동을 이어간다. 이 사찰 역시 기쿠치씨가 세운 절로, 다이치는 여기를 거점으로 하여 바다 건너 다카기에도 다수의 사찰을 세워 다카기 지방의 호족들을 기쿠치씨의 아군으로 묶어두는, 일종의 선무(宣撫) 공작과 같은 활동을 이어갔다. 그가 생을 마친 것도 자신이 다카기군의 가즈사무라 스이게쓰안(水月庵) 엔쯔지(円通寺)였다.

다이치의 활동은 다카기 지방에 국한된 것이 아니었다. 아마쿠사 일대의 호족인 아마쿠사 타네구니(天草種国)라는 인물도 1365년에 고후쿠젠지에 매년 일정량의 쌀을 바칠 것을 맹세했다.

다이치의 정서부에 대한 마음은 기쿠치 분지를 떠난 뒤에도 변함이 없었다. 1358년, 그는 치쿠고(筑後) 고라산(高良山)의 타마다레노미고토(玉垂命) 신사에 자신이 사경(寫經)한 것을 바치며 정서부의 전승(戰勝)과 무운

장구(武運長久)를 기원하기도 했다.

이러한 다이치의 리더십은 다음과 같은 점에서 유래되었다.

첫째, 그가 히고 출신이라는 '지역성'이다.

둘째, 그가 중국에서 새로운 불교인 조동종을 배워서 귀국했다고 하는 것과 귀국할 때, 해난을 당했지만 무사히 살아서 돌아왔다는 것에서 기원하는 '종교성'이다.

셋째, 그가 약 10년 동안 정서부의 핵심 무장세력인 기쿠치씨 일족의 정신적 구심점 역할을 행했다고 하는 '정치적 위상'이다.

그런데 약 2세기 뒤인 에도 시대 초에도 다이치가 행했던 것과 비슷한 역할을 한 인물이 있었다. 1637년 12월에서 다음해 4월까지 이어진 '시마바라(島原)의 난' 당시의 지도자였던 아마쿠사시로 도키사다이다.

도키사다의 리더십의 연원, 역시 다이치와 유사한 '지역성'을 지니고 있었다. 즉 그는 아마쿠사 제도의 오야노 섬 출신이었다.

그리고 당시 이 난에 참가한 사람들 대부분이 카톨릭 신자들이었으며 도키사다는 전장에서 십자가를 들고 군대를 지휘했다고 하는 '종교성'을 지니고 있었다.

마지막으로 도키사다의 부친이 히고 남부의 가톨릭 다이묘 고니시 유키나가(小西幸長)의 상급 부하였다고 하는 '정치적 위상'이다.

이처럼 다이치와 도키사다의 리더십의 연원으로 지역성, 종교성, 정치적 위상 등을 공통적으로 발견할 수 있다.

다이치의 사후, 그의 역할을 대신한 것이 경신년 왜구들을 이끌며 고려군 장병들로부터 아지발도라고 불려진 어린 소년이었다. 그는 귀종성·뛰어난 무예와 지휘 능력 등을 리더십의 연원으로 지적할 수 있다.

이와 같은 결론을 토대로 하여 다음에는 이 아지발도가 당시 규슈 내에 어떠한 인물에 비정할 수 있는지 고찰하기로 한다.

아지발도의 정체와 이쿠라노미야
-신화·제례·사료의 문화인류학적 해석을 통한 고찰-

1. 서론

　고려 우왕 6(1380·경신)년 7월, 왜구들은 500척의 대선단으로 금강 하구 진포구에 정박해 약탈을 자행한다. 그러자 고려는 최무선 등이 화포(火砲) 공격을 가해 왜구들이 타고 왔던 500척을 모두 태워버린다. 타고 돌아갈 배를 모두 잃어버린 왜구들은 이후 약 2달여 동안 내륙을 전전하며 고려군과 전투를 벌여 엄청난 피해와 충격을 주었다. 이를 '경신년(1380) 왜구'라고 한다.[1]

　경신년 왜구는 수개월 동안 내륙을 전전한 결과, 고려 말 왜구의 실체를 규명할 수 있는 『고려사』에 풍부한 사료를 많이 남겼다.[2] 이 경신년

---

1) 경신년 왜구에 관해서는 이영, 「진포구 전투의 역사 지리학적 고찰」; 동 「경신년 왜구의 이동과 전투」; 동 「손자병법을 통해 살펴본 왜구사 최대의 격전(황산 전투)」『잊혀진 전쟁, 왜구-그 역사의 현장을 찾아서』, 에피스테메, 2007; 동 「고려 말의 왜구와 남조-경신년 왜구를 중심으로-」『한일 관계사 연구』30, 2008; 동 「〈경신년(1380) 왜구=기쿠치씨(菊池氏)〉설에 관한 한 고찰-무력의 특징을 중심으로-」『일본 역사 연구』35, 2012; 동 「남북조 내란기 일본 무사와 왜구의 전술-기쿠치씨와 왜구의 전술 비교를 중심으로-」『일본문화연구』47, 동아시아 일본학회, 2013 등을 참조.
2) 특히 사절을 자진해 왜구의 진영을 찾아가 관찰하고 돌아온 고려의 젊은 장수 배검(裵儉)의 보고가 경신년 왜구와 아지발도의 실체를 규명하는 데 있어서 결정적인 자료를 제공해주고 있다고 할 수 있다. 배검의 보고에 의한 상세한 내용은 『고려사』 열전39, 간신, 변안렬 참조.

왜구의 발생 배경 및 그 실체에 관해서 필자는 다음과 같은 견해를 제기한 바 있다.

> "고려 우왕 6년(1380)에 침공한 소위 '경신년 왜구'는 규슈탄다이(九州探題) 이마가와 료슌(今川了俊, 이하 '료슌')의 대(対) 정서부(征西府) 군사 작전을 배경으로 하고 있다. 즉 1379년 가을부터 정서부의 본거지인 기쿠치 분지 일대를 포위하고 적의 병량미가 소진되기를 기다리는 '효로제메(兵糧攻め)' 작전이 그것이다. 그 연장선상에서 료슌이 다음 해 6월에 다카기·아마쿠사 지역 수군들의 선박 나포를 시도한다. 그러자 이를 회피하고 아울러 병량을 얻기 위해 한반도에 침구한 것이 경신년 왜구의 발생 배경이다. 즉 다카기와 아마쿠사 지역의 수군들이 당시 왜구의 실체였다."[3]

그런데 이것으로 경신년 왜구의 실체가 완전히 규명된 것이라고는 할 수 없다. 500척의 대선단을 이끌었던 왜구의 총사령관인 나이 15~16세에 불과한 소년, '아지발도'가 어떠한 인물이었는가, 라는 문제가 남아있다.[4] 이 경신년 왜구와 아지발도의 정체에 관하여 한일 양국 연구자들 사이에 논쟁이 계속되어왔다.[5] 그런데 최근에 이러한 문제를 해결하기 위해, 필자는 정서부가 다카기와 아마쿠사 지역의 수군을 어떤 식으로 통제해왔

---

3) 이에 관해서는 앞의 주(1), 2008년도 논문을 참조.

4) 아지발도는 본명이 아니었다. 그와 싸웠던 고려의 장병들이 붙인 별명이다. '아지'는 '아기', '발도'는 '바쓰'라는 몽골어로 '전사'를 의미한다고 한다.

5) 일본인 왜구 연구자들의 왜구론의 가장 중요한 특징은 왜구를 일본이 아닌 고려의 문제로 여기고 있다는 점이다. 즉, 고려 말 왜구를 당시 일본의 국내 정세, 즉 〈남북조 내란〉과 관련지어 고찰하려고 하지 않고 고려 사회 내부의 모순으로 귀결시키려고 하는 경향이 강하다. 경신년 왜구와 아지발도의 정체에 관해서도 '제주도 주민과 왜구가 결탁한 것'(田中健夫)이라든지, 아지발도를 제주도의 몽골계 목자(牧子, 高橋公明)라고 하기도 하고 또 '고려의 어민과 교역 상인'(村井章介) 등이 왜구의 실체였다고 주장하기도 한다. 『日本と朝鮮半島 2000年(下)』, 일본방송출판협회(NHK출판), 2010, 66~70쪽.

는가에 관한 연구가 발표되었다. 그 내용을 정리하면 대략 다음과 같다.

"남북조 내란기, 정서부(규슈 남조)의 핵심무장 세력인 기쿠치씨에게 있어
서 규슈 내해(內海)인 아리아케카이(有明海)는 자기들의 집안 마당과 같은 곳
이었다. 그리고 이 내해의 입구를 형성하고 있는 다카기와 아마쿠사, 두 지역
은 기쿠치씨가 요시노(吉野) 조정과의 연락을 유지하는 데 있어서 절대 놓칠
수 없는 곳이었다. 그래서 이 두 지역의 무사들을 아군으로 묶어두기 위해 취
했던 대책이 조동종(曹洞宗)의 선승(禪僧)인 다이치(大智: 1290~1366)를 1358
년부터 약 9년여 동안 다카기 지방에 대한 포교를 통해 이 지역의 무사들을
남조의 일원으로 묶어두는 선무공작(宣撫工作)이었다. 다이치의 리더십의 연
원(淵源)은 그가 이 지역 출신이었다는 것(지역성)과 중국에서 조동종이라는
새로운 종파를 배워왔으며 귀국할 때, 해난사고를 당했지만 무사히 살아 돌
아왔던 것(종교성), 그리고 기쿠치씨 일족의 정신적 구심점과 같은 역할을 했
던 것(정치적 위상) 등에서 그 이유를 구할 수 있다. 그런데 다이치의 사후(死
後)에 그 역할을 대체한 것이 아지발도로, 그는 귀종성[6]·군사적 능력에서 리
더십의 연원을 구할 수 있다."[7]

본 고에서는 이 연구의 연장선상에서 이상과 같은 특징을 지닌 아지발
도를 당시 일본 사회에서 어떠한 인물로 비정할 수 있을지에 대하여 생각
해보기로 한다.

---

6) '귀종성'의 '귀종'이란 '고귀한 집안에서 출생한 것, 또는 그 사람'을 의미한다. 또
'그 사람의 현재의 지위나 명성과 관계없이 고귀한 가문에 속하고 있던 사람'을
가리킨다. 『日本國語事典』에 의하면 귀종이란 '高貴な家柄に生まれること. また,
その人'라고 서술하고 있다.
7) 이영, 「남북조 내란기 다카기(高来)·아마쿠사(天草) 지역의 수군에 대한 선승(禪
僧) 다이치(大智)와 아지발도(阿只拔都) 리더십의 비교」『일본 연구』56, 중앙대학
교 일본연구소, 2022.

2. 이쿠라노미야(伊倉宮)의 정체에 관한 선행연구

귀종성과 군사적 능력이라는 특징을 지닌 아지발도에 적합한 인물로 당시 규슈 지역에서 어떤 인물을 상정할 수 있을까? 그런데 다이치의 사후, 아지발도가 그 역할을 대행했으며 또 그가 당시 일본 국내의 특정인물이었다고 한다면, 다음과 같은 조건에 부합해야 한다.

첫째, 아지발도의 실체로 상정되는 어떤 특정 인물(A)과 다이치(B)의 리더십 사이에 관련성과 공통점이 존재해야 한다.

둘째, 이 특정 인물(A)과 아지발도(C)의 리더십에서 또한 공통점이나 관련성이 확인되어야 할 것이다.

우선 다이치와 이 특정 인물 사이의 공통점에 대하여 생각해보자. 이 인물이 다이치의 사후에 그 역할을 대행했다고 한다면 양자 사이에는 공통점, 즉 다이치 리더십의 연원인 지역성과 종교성, 그리고 정치적 위상 등과 같은 것을 이 인물에게서도 확인할 수 있어야 하나, 예를 들면 나음과 같다.

첫째, 이 특정 인물은 다이치처럼 히고(肥後, 구마모토 현) 출생이거나 아니면 적어도 히고에 거점을 지니고 있어야 한다.

둘째, 이 특정 인물은 다이치처럼 종교적 카리스마가 있어야한다.

셋째, 이 특정 인물은 확고한 남조의 구심점이 될 수 있는 존재여야 한다.

이와 같은 조건들을 충족시키는 인물을 당시 일본의 문헌 사료에서 찾아낼 수 있을까? 다음 〈사료 1〉을 보자.

    1. 田原氏能軍忠狀(『豊後入江文書』)

       田原下野權守氏能申所々軍忠事,

              (今川義範)   (御調郡)

  一, <u>去應安四年六月廿六日</u>, 致治部少輔殿御共, 自備後國尾路津令乘船, 同七月
     二日也, 最前取

(大分郡)   (国崎郡)

上豊後國高崎城之處, 菊池武光之若黨平賀左衛門尉構要害於氏能分領國東鄉之

間, 同廿三日也,

                                              (今川義範)

差遣手物等, 追落彼城, 平賀彦次郞以下凶徒三人討捕之條, 禮部御見知之上者,

不可有御不審者

哉, 同八月六日, **伊倉宮幷菊池武光以下凶徒等寄來當城之間**, 踏一方役所中尾,

迄于翌年正月二

日百餘度合戰, 每度親類若黨以下數輩被疵, 勵日夜軍忠, 至于今, 殘置親類手物

等於當城, 抽隨

分至功之次第, 大將御見知之上者, 不能巨細言上者也,

　　　（ 후략 ）

應安八年二月　　日

　　　　　　　　　　　今川貞世·了俊

　　　　　　　　　　承了, (花押)[8]

---

8) 「田原氏能軍忠狀」『豊後入江文書』). 『南北朝遺文』九州編, 5171호. 이 사료를 번
역하면 다음과 같다.
"다와라 우지요시의 군충장(분고이리에 문서)
다와라 시모쓰케노곤노가미 우지요시가 여러 곳에서 활약했던 군충을 보고.
一. 지난 오안 4년 6월 26일, 지부쇼유도노(이마가와 요시노리, 료슌의 아들. 역자
주)를 수행해 빈고노구니 오노미치 포구에서 배에 오른 것이 같은 해 7월 2일이
었다. 가장 먼저 분고노구니 다카사키 성에 올랐는데, 기쿠치 다케미쓰 휘하의
젊은 무사 히라가 사에몬노죠가 우지요시의 영지인 구니사키 향에서 요새를 구
축하고 방어하고 있었다. 같은 달 23일, 부하들을 파견해 그 성을 함락하게 하고
히라가 히코지로 이하 적 3명을 토벌한 것은 예부(이마가와 요시노리)가 확인하
셨으니 이에 관해서는 의심의 여지가 없다. 같은 해 8월 6일, 이쿠라노미야 및
기쿠치 다케미쓰 이하 적들이 이 성을 향해 접근해왔을 때, 한쪽의 야쿠쇼의 가
운데 뒤쪽에 서서 다음 해 정월 2일까지 100여 차례 전투를 벌려 매번 (나의) 친
척과 젊은 부하 무사들이 상처를 입었지만 밤낮을 가리지 않고 싸워 충성을 다할
것을 격려하기를 지금에 이르렀다. 친천들과 부하들을 이 성에 남겨두고 … 오안

이 〈사료 1〉은 오안(應安) 8년(1375) 2월의 다와라 우지요시(田原氏能)
의 군충장(軍忠狀)이다.[9] 여기에는 4년 전인 오안 4년(1371) 8월 6일에 이
쿠라노미야(伊倉宮)와 기쿠치 다케미쓰 이하 흉도들이 이 성(高崎城)으로
몰려와, 다음 해인 1372년 정월 2일까지 백여 차례나 전투를 벌렸다. 고
하는 기술이 보인다.

이 이쿠라노미야에 관해 선학들은 다음과 같은 견해를 제시한 바 있다.
후지타 아키라(藤田明)는 "자세히는 알 수 없지만 가네요시(懷良) 왕자
의 아들이 아닐까"라고 했다.[10] 가와조에 쇼지(川添昭二)는 "이쿠라노미야
가 누구인지는 알 수 없다. 가네요시 친왕의 아들일지도 모른다."고 했
다.[11] 스기모토 히사오(杉本尚雄)도 "이때 다케미쓰가 이쿠라노미야(未詳,
가네요시 친왕의 황자인가?)를 모신 것은 새로운 탄다이(九州探題) 료슌의
아들 요시노리가 오자 생기(生氣)를 이제 막 회복한 분고(豊後) 방면의 무
가 측에 대하여 남조의 니시키노미하타(錦御旗)를 나부끼게 할 목적을 지
닌 것으로 요시노리의 상륙을 중시한 것을 부여주는 처지였다."고 했다.[12]

이들 세 명은 각각 남북조 시대의 정서부 연구, 규슈 지방의 중세사 연
구, 남북조 시대 당시 기쿠치씨 연구로 널리 알려진 연구자들이다. 그런데
이들 모두 구체적인 근거를 제시하지는 않았지만 이쿠라노미야를 가네요
시 왕자의 아들로 추정했다.

한편, 미소노오 오스케(御薗生翁甫)[13]와 모리야마 쯔네오(森山恒雄)[14]는

8년 2월. 이마가와 사다요(료슌).

9) 그는 오토모씨(大友氏)의 중신이며, 군충장은 자신의 군공을 기록해서 상사의 인
정을 구하고 은상을 받을 때의 증거로 삼는 문서이다.
10) 후지타 아키라(藤田明), 『征西將軍宮』, 東京宝文館, 1915.
11) 『가와조에 쇼지(川添昭二) 中世武士選書16. 菊池武光』, 戎光祥出版, 2013, 195쪽.
12) 스기모토 히사오(杉本尚雄), 『人物叢書 菊池氏三代』日本歷史學會編集, 吉川弘文
館, 昭和41년(1966), 261쪽.
13) 미소노오 오스케(御薗生翁甫), 『大内氏史研究』 山口県地方史学会, 大内氏史刊行會,
昭和34년(1959) 10월, 285~286쪽.

우에다 히토시(植田均)의 견해에 따라서 이쿠라노미야를 미야산미츄죠무
네하루(宮三位中将宗治)의 동생으로 와사다노미야(植田宮)라는 인물로 비
정하였다.[15] 미야산미츄죠무네하루는 가마쿠라 막부의 제6대 쇼군 무네
다카(宗尊) 친왕의 손자에 해당하는 인물이다.[16] 다음 계보도를 보자.

〈미야산미츄죠무네하루의 계도〉[17]

後嵯峨天皇 - 宗尊親王 - 惟康親王 -

   - 円助法親王   瑞子女王(永嘉門院)

   (早田宮)   僧眞覺(早田宮) ----- 源宗治

          掄子女王   女子

그런데 우에다가 이쿠라노미야를 와사다노미야로 비정한 것은 와사다

---

14) 모리야마 쯔네오(森山恒雄), 『玉名市史』 通史編 上卷 第四編 「中世」, 第三章 「室
  町期の玉名と町・寺社の形成」, 第4節 「伊倉の町と寺社の展開」 - 「伊倉の津と寺院の
  招来」, 348~349쪽.

15) 우에다 히토시(植田均), 『純忠菊池史乗』, 菊池史談会. 昭和4년 11월. 와사다노미야
  는 '하야타노미야(早田宮)'라고도 한다.

16) 円助法親王의 동생에 해당하는 가마쿠라 막부의 제6대 쇼군인 무네다카(宗尊) 왕
  자의 차남인 승려 진각(眞覺)이 「早田宮」를 칭한다. 「早田宮僧正」라고도 불렸던
  진각은 부친인 무네다카 왕자의 만년에 해당하는 文永7년(1270)년에 中將인 堀川
  具教의 딸을 모(母)로 하여 출생한다. 여동생에게는 나중에 永嘉門院이 되는 瑞子
  女王가 태어난다. 진각에게는 元応元年(1319)에 태어난 왕자인 와세다노미야 무
  네하루(早田宮宗治王)와 한 사람 이상의 여자가 있었다. 무네하루는 고다이고 천
  황의 유자(猶子)가 되지만 그 뒤에 미나모토 성을 하사받고 신적(臣籍)으로 내려
  가, 「非参議 従三位左中将宗治」 또는 「宮三位中将」라고도 불렸다. 무네하루는 고
  다이고 천황의 아들로 남조 정서장군궁이 된 가네요시 왕자와 마찬가지로 규슈
  로 내려가서 활동한 것으로 여겨지는데 貞和元年(1345)에 규슈에서 사망했다고
  한다. 그때 나이는 27세였다. 『ウィキペディア(Wikipedia)』 早田宮(はやたのみや,
  わさだのみや).

17) 『公卿補任』 제2편, 吉川弘文館, 2001(新装版第一刷), 564・604쪽. 앞의 주(16) 자료
  에 의함.

노미야의 부(父) 미야효부노쿄(宮兵部卿=早稻田宮僧正, 僧眞覺)가 분고노구
니와사다노쇼(豊後国植田荘)의 지토(地頭)였기 때문이며, 그를 달리 이쿠
라노미야라고 부르는 것은 그가 기쿠치의 이쿠라(伊倉)에 거성(居城)을 지
니고 있었기 때문이라고 했다.[18]

그렇지만 와사다노미야가 이쿠라노미야라고 불렸다거나 또 그가 이쿠
라에 거성을 지니고 있었던 것을 입증할 만한 사료나 근거 자료를 제시한
것은 아니다. 우에다가 근거로 제시하는 것은 에이와(永和) 3(1377)년 8월
12일에 다마나군(玉名郡) 우스마노쇼(臼間荘) 시라기바루(白木原)에서 남북
조 양군이 싸워 남군이 패하고 와사다노미야가 자결했다고 하는『고구마
이키(後愚昧記)』의 다음 서술이다.

> 2.『고구마이키(後愚昧記)』
>
> 9월 1일에 전해 듣기로, 지난 달 12일에 친제이(鎭西)에서 전투가 있었는
> 데 남방(남조?, 역자)의 미야(宮)가 자살하고 기쿠치씨가 패했다고 한다. 그 결
> 과, 친제이가 모두 다 통일되었다고 하는 내용이 그저께 히갸쿠(飛脚)가 와서
> 말했다. 이는 오우치노스케의 아들(大內義弘? 역자)의 공이라고 한다. 뒤에 듣
> 기로 오우치의 대관(代官)인 히라이가 말하기를 친제이에서 자살했다고 하는
> <u>미야는 大將宮(가네요시 왕자, 역자)가 아니라 와사다노미야, 즉 고인이 되신
> 미야소죠(宮僧正)의 아들</u>이며 기쿠치 일족 이하 적의 장수 100명이 전사했다
> 고 한다.[19]

위에서 당시 시라기바루 전투에서 자결한 미야는 고(故) 미야소죠의 아
들이라고 했다. 위의 계도에서 보듯이, 고인이 된 미야소죠를 승려 진각

---

18) 앞의 주(15) 책. 215쪽.
19) "九月一日傳聞去月十二日鎭西合戰南方宮自殺菊池被打取了, 仍鎭西當方悉一統了之
由一昨日飛脚到來云々, 是大內介子息所成功也云々, 後聞大內代官平井說鎭西宮非
大將宮植田宮故宮僧正子並菊池一族以下魁帥百人許討取訖云々."『後愚昧記』

(僧眞覺)이라면, 그 아들인 무네하루를 지칭하는 것으로 생각되지만, 무네하루는 이미 32년 전인 1345년에 27세의 나이로 사망했으니 이 역시 해당되지 않는다.

그런데 나카가와 히토시(中川斎)는 시라기바루 전투에서 자결한 미야가 이쿠라노미야임과 동시에 미야산미츄죠무네하루의 동생으로 추정하고 있다. 즉, 위의 계도에는 보이지 않지만, 무네하루의 동생이 있었던 것으로 간주한 것이다. 그는 『伊倉町誌』에서 이쿠라노미야가 보이는 사료가 1371년이며 와사다노미야가 자결하는 사료가 1377년으로 서로 연대가 비교적 가깝고, 와사다노미야가 자결한 장소인 시라기바루가 지금의 다마나시(玉名市)에 속하는 것을 들어서 양자가 동일 인물인 가능성이 아주 높다고 생각한다. 고 했다.[20]

그렇지만 그의 주장은 이쿠라노미야가 만약 다카사키 성 전투에서 전사했다면 이쿠라노미야의 근거지가 다카사키 성 부근이었다고 하는 주장과 비슷한 논리이다. 미야산미츄조무네하루의 동생이 실제로 존재했는지 여부도 확인할 수 없다. 게다가 와사다노미야와 이쿠라노미야가 동일 인물이었다는 근거도 찾을 수 없다.

3. 이쿠라의 지리적 특징

이상의 검토를 통해, 와사다노미야가 이쿠라노미야와 동일인물이었다고 하는 견해는 설득력이 부족하다는 것이 확인되었다. 한편으로 생각하면, '와사다노미야'가 '와사다노쇼'에서 유래한 것처럼 와사다노미야가 이쿠라노미야와 동일 인물이라면 '이쿠라'라는 지명과 그 어떤 관련이 있어야 하지 않을까? 이런 점에서 나카가와 히토시가 "이쿠라노미야가 히고노구니(肥後国) 다마나군(玉名郡) 이쿠라노쇼(伊倉荘)를 근거지로 하고 있었

---

20) 田辺哲夫, 「伊倉の歴史」 上, 玉名歴史研究会 『歴史玉名』 14号, 平成5年 夏季号.

다."[21]고 한 것은 주목할 가치가 있다.

그리고 앞의 〈사료 1〉에서, 기쿠치 다케미쓰(菊池武光: 1319?~1373)가 이쿠라노미야를 앞세우고 분고(豊後)의 다카사키 성(高崎城)에 온 것은 규슈탄다이 이마가와 료슌(今川了俊: 1326~1420?)이 현지에 부임하기도 전에 자신의 아들인 요시노리를 분고에 파견했기 때문이었다. 북조의 최고 책임자인 규슈탄다이가 아들을 보냈으므로 남조의 입장에서도 최대한 많은 무사들의 동조(同調)를 이끌어내기위해, 가네요시 왕자(1329?~1381)의 아들을 앞세우는 것이 논리적인 대응이라고 생각한다.[22]

앞의 후지타 아키라·가와조에 쇼지·스기모토 히사오 세 사람이 이쿠라노미야를 가네요시 왕자의 아들로 추정한 것도 이와 같은 이유 때문으로 생각한다. 만약 그렇다면 와사다노미야와 이쿠라노미야는 별개의 인물인 셈이다. 이상과 같이 이쿠라노미야를 와사다노미야로 비정하는 것은 설득력이 떨어진다. 그러면 이쿠라노미야가 가네요시 왕자의 아들이라는 주장은 어떨까? 이 점에 대하여 좀 더 구체적으로 생각해보자

나카가와 히토시는 이쿠라노미야가 이쿠라쵸를 근거지로 삼고 있었을 것이라는 견해를 뒷받침하기 위해 다음과 같은 언급을 하기도 했다.

"이쿠라가 항구로서 중요한 지점이었던 사실을 생각하면 이해할 수 있으며, 미나미하치만구(南八幡宮)에 있는 '니시키노미하타'의 깃대(旗竿)도 수긍할 수 있다고 생각한다."[23]

---

21) 앞의 주(20) 자료. 나카가와의 주장 역시 구체적인 근거를 제시한 것은 아니며 이쿠라노미야라는 명칭을 의식한 것으로 보인다.

22) 이때, 요시노(吉野) 조정의 고무라카미(後村上) 천황의 일곱째 아들로 고세이세이쇼군노미야(後征西將軍宮)인 요시나리 왕자(良成親王)는 1369년 12월부터 1374년까지 시코쿠(四国)의 이요노구니(伊予国)에 체재하고 있었다.

23) 앞의 주(20) 자료.

　　여기에서 이쿠라의 지리적 특징과 '이쿠라미나미하치만구'의 정치적
성격에 관한 언급을 하고 있다. 우선 이쿠라의 지리적 특징에 대하여 살
펴보자. 이쿠라 현지에는 〈역사와 사적의 이쿠라〉라는 게시판에 이쿠라의
역사에 대하여 다음과 같이 쓰고 있다.

〈이쿠라쵸 현지의 역사 및 사적 소개 게시판〉

　　「긴푸산 계통의 산맥의 줄기가 몇 개의 언덕을 이루며 바다 가까이 뻗어나간 곳, 여
기 이쿠라의 대지(臺地)에 일찍부터 사람들은 생활 거점을 마련했다. ⓐ이쿠라는 '니
베노쓰(丹倍津)'라 하여 옛날 조정에 바치는 헌상품이나 히고(肥後)의 산물을 오사카
와 교토 방면으로 수송하는 기쿠치가와(菊池川)의 하구에 발전한 중요한 항구로서 번

성했다. 그 후, ⓑ조선과 중국과의 해상교통도 열려 오사카에서 이주하는 사람들도 많았다. 따라서 이 항구에 관련된 지명(船津, 唐人町, 住吉) 유적 등이 현존하고 있다. ⓒ나라 시대에는 남북의 두 하치만구(八幡宮)가 창건되고 보은사(報恩寺)가 건립되어 지방 문화의 중심으로 이쿠라의 특색을 발휘하게끔 되었다.

ⓓ남북조시대에는 기쿠치 근왕군의 해군책원지가 되었으며, 그 무렵부터 이쿠라 니베노쓰는 더욱 번영했다. 이 시대인 쇼헤이 3년(1348)에는 이쿠라 오산(五山)제도가 확립되어 그 중 하나인 토진마치(唐人町)의 사쿠라이산(桜井山) 안주지(安住寺) 경내에는 예전의 당인(唐人)의 배를 묶어두었다고 하는 수령 700년 이상 된 거대한 은행나무가 있다. 이를 가리켜 '당인의 배를 묶어둔 은행나무'라고 하며 현의 지정 천연기념물이 되어있다.

또 더 나아가 무로마치 시대에는 멀리 남방과의 무역도 시작되어 경제 발전에 수반해 문화도 진전되어 이쿠라는 경제적, 문화적으로 가장 화려하고 풍요한 지역이 되었다. 뒷날, ⓔ가토 기요마사(加藤清正)가 기쿠치가와 하류에 간척지 조성을 위해 덴쇼(天正) 17년(1589)부터 게이쵸(慶長) 10년(1605)에 걸쳐서 하천의 흐름을 변경하고 제방을 구축하였기에 이쿠라 항은 소멸했지만 … 」 (이하 생략)

위에서 이쿠라쵸가 ⓐ기쿠치가와의 하구에 위치한 항구로 번성한 것, ⓑ조선과 중국과의 무역에도 종사한 것, ⓒ나라(奈良) 시대에 두 개의 하치만구가 창건된 것[24] ⓓ남북조시대에는 기쿠치 근왕군이 해군 채원지가 되었던 것(南北朝時代には菊池勤王軍の海軍策源地となり) ⓔ1589~1605년 사이에 실행된 가토 기요마사의 간척 결과, 항구로서의 역사가 끝나게 되었던 것 등을 보여준다.

이 중에서도 특별히 주목되는 것은 이쿠라가 기쿠치씨 수군의 중심기지였다고 하는 부분이다. 이 서술이 무엇에 근거를 두고 있는지 확언할 수는 없지만, 아마 다음과 같은 점과 관련이 있을 것이다.

첫째, 위의 ⓒ 즉 이쿠라노미야와 동명(同名)의 신사인 이쿠라 신사, 즉 이쿠라하치만구(伊倉八幡宮)의 존재와 그 위치다. 이 신사는 선승 다이치가 다카기와 아마쿠사 지역에 대한 포교 활동의 중심 근거지로 삼았던 고후쿠

---

24) 이쿠라하치만구는 가마쿠라 시대에 소위 시타치츄분(下地中分)을 거쳐서 남과 북 두 개의 하치만구로 분리되었으며 지금도 큰길을 사이에 두고 두 신사가 마주 보며 위치하고 있다.

젠지(広福禅寺)와 마찬가지로[25] 행정적으로 다마나시에 속하며, 기쿠치가와 하구(河口)에 위치하고 있다.[26] 14세기 후반 당시, 아리아케카이의 입구를 이루고 있는 하야사키세토(早崎瀬戸)의 남북 양쪽, 즉 다카기(高来, 島原半島)와 아마쿠사 제도에서 기쿠치가와(菊池川)가 아리아케카이와 만나는 하구의 다마나의 이쿠라노쇼(伊倉荘)로 이어지는 삼각지대가 정서부의 생명선과 같은 것이었다고 하는 것은 이미 앞에서 언급한 바와 같다. (〈지도1〉)

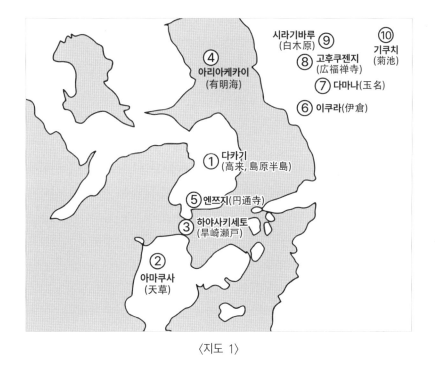

〈지도 1〉

25) 스기모토 히사오, 『人物叢書 菊池氏三代』日本歴史學會編集, 吉川弘文館, 昭和41년(1966), 181쪽. 아마쿠사의 호족들의 고후쿠젠지에 대한 토지 기진 관련 문서로 '正平二十年乙巳歳十月二十五日'「天草種国請文」『肥後広福寺文書』『南北朝遺文』九州編, 4598号가 전해지고 있다. 구체적인 내용은 앞의 주(12) 논문 참조.
26) 가토 기요마사 이래의 간척 작업의 결과, 신사 주변은 모두 육지로 변했다. 가장 가까운 역으로 JR 규슈 가고시마혼센(鹿児島本線) 히고이쿠라(肥後伊倉) 역이 있다.

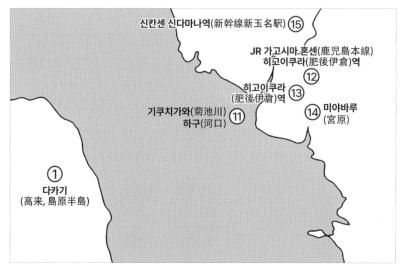

〈지도 2〉

둘째, 이쿠라미나미하치만구에 천황의 군대, 즉 관군(官軍)임을 의미하는 니시키노미하타의 깃대가 이 신사에 전해지고 있다. 이는 이 신사가 규슈 남조와 특별한 관련을 지니고 있었음을 보여준다. 앞의 〈사료 1〉에서 이쿠라노미야가 기쿠치 다케미쓰와 더불어 다카사키 성을 공격했다고 하는 것으로 보아, 이쿠라미나미하치만구에 전해지고 있는 이 깃대는 다카사키 성 공격 당시에 사용했던 것으로 생각할 수도 있다. (〈지도2〉)

이렇게 생각하면, 기쿠치가와 하구에 위치하는 이쿠라하치만구는 아리아케카이의 남조 수군의 종교적 구심점과 아울러 사령부와 같은 역할을 맡고 있었을 것으로 생각된다.[27] 즉 조동종의 선승인 다이치는 기쿠치가

---

27) 앞의 〈역사와 사적의 이쿠라〉에서도 이쿠라를 '남북조 시대에는 기쿠치 근왕군의 해군 책원지'라고 서술하고 있다. 그 정확한 근거를 제시하고 있지는 않지만, 아마도 이쿠라노미야의 존재를 기쿠치가와의 하구에 위치한 이쿠라하치만구, 특히 관군임을 상징하는 니시키노미하타(錦御旗)의 깃대(旗竿)를 전하고 있는 미나미하치만구와 관련지어 추정한 것으로 생각된다.

와 하구의 북쪽 연안에 가까운 곳에 있는 고후쿠젠지(⑧)를 거점으로 삼고
바다 건너편인 시마바라 반도의 엔쯔지(円通寺, ⑤) 등 여러 사찰에서 포
교 활동을 전개하고 있었다.[28] 또 아마쿠사(天草)의 호족이 고후쿠젠지에
땅을 기진하는 등, 다카기와 아마쿠사의 무사들에게 정신적인 구심점 역
할을 했다. 이처럼 다이치의 뒤를 이은 이쿠라노미야 역시 같은 기쿠치가
와 하구의 남쪽 연안에 위치한 이쿠라하치만구를 거점으로 삼아 다카기
와 아마쿠사 일대의 수군을 종교적으로 통제하였을 가능성이 충분하다.[29]
이 신사의 바로 인근에 '미야바루(宮原)'라는 지명이 있는데 현지에서는
이쿠라노미야가 거처하던 곳이라고 한다.[30]

　셋째, 앞의 〈사료 1〉에서 이쿠라노미야가 규슈 남조의 핵심 무장세력
의 총대장격인 기쿠치 다케미쓰와 나란히 서술되고 있다. 이는 양자가 특
별한 관련이 있음을 의미한다.

　이상의 검토를 통해 이쿠라노미야는 기쿠치가와 하구에 위치해 기쿠치
씨의 수군 기지 역할을 하였을 항구 이쿠라에 있는 이쿠라미나미하치만
구, 그리고 기쿠치 다케미쓰와 밀접한 관련을 지닌 존재였을 것으로 생각
된다.

4. 이쿠라노미야의 출생과 정서부의 자립화

　남북조 시대의 다카기·아마쿠사 두 지역은 남북으로 서로 마주보며 규
슈의 내해(內海)인 아리아케카이에서 바깥 바다(外海)로 나가기 위해 반드

---

28) 이에 관해서는 앞의 주(7) 논문 참조.
29) 『다마나 시사(玉名市史)』에서도 "이쿠라노미야 문제는 금후 연구되어져야 할 문
　제이지만 너무나도 사료가 적기 때문에 확정하기 어렵지만, … 남조 이쿠라노미
　야를 가지고 이쿠라 항구와 이쿠라를 남조의 군사적 기지로 하여 방어했던 가능
　성은 충분하다고 생각된다."고 서술하고 있다. 『玉名市史』 通史編(上卷), 平成17
　年, 349쪽.
30) 앞의 주(20) 자료.

시 거쳐야 하는 하야사키세토(早崎瀬戸)를 형성하고 있었다.(③) 즉, 이 하
야사키세토로 들어와 아리아케카이(④)와 기쿠치가와(菊池川)(⑪)를 통해
정서부의 본거지인 기쿠치 분지로 이어지는 라인은 정서부의 생명선(生命
線)이었다고 할 수 있다. 그런데 기쿠치가와 하구의 이쿠라가 기쿠치 근왕군
의 수군 책원지였다면, 아리아케카이의 입구에 위치하는 하야사키세토를 형
성하고 있는 다카기·아마쿠사 지역과 이쿠라의 관계를 배제할 수 없다.

그리고 이쿠라노미야의 거점이 이쿠라미나미하치만구였다면 이 두 지
역의 수군들은 이쿠라노미야의 휘하에 있었을 것이다.[31] 즉, 이 지역의 수
군들은 이쿠라노미야를 통해 기쿠치 다케미쓰와 연결되고 있었으며, 아지
발도 또한 다카기와 아마쿠사 지역의 수군들을 이끌고 고려에 침구하였

---

31) 「熊谷宗直代同直忍軍忠状」『熊谷家文書』『南北朝遺文』九州編. 5565호)에 의하면
永和5(1379) 2월에 이마가와 료슌의 부대가 다마나군(玉名郡)의 고로(高路)와 이
쿠라(伊倉)에서 전투를 벌여 남조군을 격파한 것이 기재되어 있다. 그리고 「橘大
崎公次軍忠状」『肥前小鹿島文書』『南北朝遺文』九州編, 5570호에 의하면 永和5
(1379) 8월 1일에 이쿠라와 기쿠치 등의 남조의 군세가 '여러 곳으로 흩어져 도
주'(散落)했다고 하는 서술이 보인다. 경신년(1380)의 전년도인 1379년 2월과 8월
두 차례나 북조군의 공격을 받은 이쿠라를 거점으로 하고 있던 이쿠라노미야가
피신한 곳은 대안(対岸) 지역인 다카기(시마바라) 또는 아마쿠사였을 것으로 생각
된다. 구체적인 것은 앞의 주(7) 논문 참조.
그리고 다음 해 6월에 다카기와 아마쿠사 일대의 배를 나포하기 위해 규슈 북조
군의 총사령관인 규슈탄다이 이마가와 료슌이 아들을 파견했을 때 이미 이 일대
의 선박은 모두 사라진 뒤였고 다음 달인 7월에 금강 하구에 500척의 선단이 나
타난다. 1372년 5월의 명 태조 주원장의 왜구 금압 요구 사절과 또 우왕 원년
(1375)의 나흥유·동왕 3년(1377)의 안길상과 정몽주와 연속적으로 접하면서 고려
와 명나라의 왜구 금압 요구의 심각성을 절감한 료슌으로서는 다카기와 아마쿠
사 일대의 남조계 수군을 방치했을 경우, 그들이 한반도와 중국을 침구하는 왜구
가 될 것임은 누구보다도 잘 알고 있었을 것임에 틀림없다. 이에 관해서는 이영,
「고려 우왕 원년(1375)의 나흥유 일본 사행의 외교적 성과」『한국 중세사 연구』
47, 2016 ; 동 「우왕 3년(1377) 정몽주 일본 사행의 시대적 배경」『일본역사연구』
46, 2017 ; 동 「우왕 원년(1375) 나흥유의 일본 사행 당시의 규슈 정세와 규슈탄
다이(九州探題) 이마가와 료슌(今川了俊)의 왜구 대응의 배경」『한국중세사연구』
60, 2020 참조.

으니, 아지발도와 이쿠라노미야는 동일 인물일 가능성이 있다. 양자의 관련성에 대하여 생각해보자. 다음 〈사료 5〉를 보자.

> 5. 나이 겨우 십오륙 세 되는 적장 하나가 있었는데 용모가 수려하고 용맹스럽기가 비할 데 없었다. 백마를 타고 창을 휘두르면서 돌진해오니 그가 향하는 곳마다 〈아군은〉 쓰러져 감당하지 못했다. 아군은 〈그를〉 아지발도라 부르며 다투어 피했다.[32]

여기서 우왕 6(1380)년 당시 아지발도의 나이가 15~16세라는 이 사료를 그대로 따르면, 아지발도는 1364~1365년 사이에 출생한 것이 된다. 다이치가 1366년에 사망하였으므로 만약 아지발도가 그의 역할을 대체했다고 하면 두 사람의 교체 시기는 타이밍에 있어서 아주 적절했다고 생각한다.

그리고 기쿠치 다케미쓰가, 기쿠치씨 일족들의 정신적 구심점과 같은 역할을 하던 다이치를 대신해 가네요시 왕자를 추대해 규슈 남조의 중심으로 삼았던 것을 생각하면[33] 다이치의 사후에 다케미쓰가 또 다시 남조의 왕족으로 그 역할을 대체하게 하였을 가능성이 크다. 이런 점에서 〈아지발도=이쿠라노미야〉라면, 1365년에 태어난 그가 사료상에서 유일하게 나타나는 앞의 〈사료 1〉의 1371년은 이쿠라노미야의 나이 6~7세 때에 해당한다.

이 1365년은 정서부의 수장(首長)인 가네요시(懷良) 왕자(1329?~1381)의 나이 36살 때로, 정서부가 가장 안정적으로 규슈를 지배하고 있던 소위 '정서부의 전성기(1361~1371)'의 한 가운데 위치한다. 혹자는 가네요시가 왕자로서는 36세라는 비교적 늦은 나이에 아들을 얻었던 것을 들어, 이것을 수긍하기 어려워할 수도 있을 것이다.[34] 그렇지만 다음과 같이 생

---

32) 『고려사』 열전39, 간신, 변안렬.
33) 이에 관해서는 앞의 주(12) 논문 참조.

각해보자.

당시, 자신의 딸을 가네요시 왕자와 결혼시킬 수 있는 위치에 있었던 사람, 또 두 사람 사이에 태어난 아들, 즉 외손자가 성장해 정서부의 쇼군 직을 계승함으로써 그 실권을 장악할 수 있었던 인물로 기쿠치 다케미쓰(菊池武光, 1319?~1373) 이외에 다른 사람을 상정할 수 있을까? 그런데 정서부의 핵심 무장 세력인 기쿠치씨 일족의 총수(總帥)인 기쿠치 다케미쓰는 가네요시 왕자보다 불과 10살 연상이다. 따라서 다케미쓰의 딸이 가네요시 왕자와 결혼해 두 사람 사이에 아들이 태어나려면 적어도 다케미쓰의 출생 시점인 1319년에서부터 40년 정도의 시간이 필요하다. 즉, 다케미쓰가 1319년생이므로 우선 그에게 딸이 있어야 한다. 그러기 위해서는 최소한 20년 이상의 시간이 필요하다. 또한 그 딸이 성장해 가네요시 왕자와 결혼해 아들을 출산하려면 또 다시 20살 전후가 되어야 할 것이다. 즉 가네요시 왕자의 출산 연도인 1319년에 최소한 40년 이상을 더한 시점이 즉 1359년 이후가 되어야 할 것이다. 이렇게 생각할 때, 가네요시 왕자가 36살에 해당하는 1365년에 이쿠라노미야를 낳았다고 하는 것은 논리적으로도 무리가 없다.

이처럼 이쿠라노미야가 가네요시 왕자의 아들이라고 상정한다면 그 모친은 기쿠치 다케미쓰의 딸이었을 가능성이 크다. 즉 이쿠라노미야는 다케미쓰의 외손자였을 것으로 생각한다. 그런데 이러한 추정을 뒷받침해주는 것은 이때가 이쿠라노미야의 출생 시점과 정서부의 자립화가 추진되는 시기가 중첩된다는 점이다. 즉 요시노(吉野) 조정의 고무라가미(後村上) 천황의 아들 요시나리 왕자(?~1395)의 다자이후 정서부로의 하향(下向)·시코쿠의 이요(伊予) 파견·정서부(기쿠치)로의 복귀 시점 등에서도 엿볼 수 있다.

---

34) 참고로 가네요시 왕자는 기쿠치 다케미쓰의 형인 기쿠치 다케시게(菊池武重)의 딸과 결혼했다고 전해지고 있지만 두 사람 사이에 자식 유무는 알 수 없다.

우선 요시나리 왕자가 당시 정서부가 확보하고 있던 다자이후로 내려온 것이 쇼헤이(正平) 21(貞治5, 1366)년이었다. 이는 1365년에 가네요시 왕자가 기쿠치 다케미쓰의 딸에게서 이쿠라노미야라는 아들을 얻었던 것을 계기로, 앞으로 정서부가 자기들의 통제에서 벗어나 자립화의 길로 나아갈 위험이 있다고 내다본 요시노 조정이 이를 미연에 저지하기 위해 요시나리 왕자를 다자이후로 내려보냈을 것으로 생각한다.

정서부의 자립화 경향에 대하여 무라이 쇼스케(村井章介)는 정서부가 남조(요시노 조정)에 대하여 객관적으로도 주관적으로도 거의 완전한 자립성을 지니고 있으며 그 자립화의 절정을 가네요시가 대명통교(対明通交)를 결단한 시기로 보고 있다.[35]

요시노 조정이 다자이후로 내려보낸 요시나리 왕자를 정서부는 쇼헤이(正平) 24년(1369) 12월에 이요(伊予)의 고노 미치나오(河野通直)에게 파견한다. 이 파견을 교토로 올라가기 위해 세토나이카이의 통로를 확보하기 위한 것이라는 견해도 있지만,[36] 무라이 쇼스케는 요시나리 왕자의 이요

---

[35] 무라이는 다음의 세 가지를 정서부 자립화의 근거로 제시하였다. 첫째, 将軍宮令旨의 양식과 기능이 武家文書와 아주 비슷해진다. 둘째, 1365년경부터 정서부의 권한이 伊予 지방까지 미치게 되어 남조의 린지(綸旨)와 경합관계를 일으킨다. 셋째, 1371~1372년에 '征夷大将軍宮'을 자칭하는 令旨가 보이는 것이다. 상세한 내용은 「征西府権力の性格」 『アジアのなかの中世日本』, 校倉書房, 1988, 291~293쪽. 특히 이 중에서 무라이가 세 번째 근거로 제시한 '세이세이쇼군노미야' 즉 가네요시 왕자 스스로 요시노 조정이 인정하지 않는 무가(武家) 조직인 막부의 최고 지위인 '세이이다이쇼군(征夷大将軍)'이면서 동시에 '왕자(宮)'라는 의식을 드러내고 있는 것은 정서부 자립화의 의지를 보여주는 결정적인 단서라고 할 수 있다.

[36] 스기모토 히사오는 『北肥戰誌』 『鎭西要略』의 기사를 인용해 쇼헤이(正平) 23년(1368) 2월에 가네요시 왕자가 사졸 7만기를 이끌고 상경 길에 올랐지만 오토모 요시히로(大友義弘)의 병선 5백척에 의해 급습을 당해 좌절되고 왕자는 다자이후로 돌아왔다고 했다. 그리고 왕자는 상경 계획을 포기하지 않고 국면타개를 위해 시코쿠의 제해권을 확보할 목적으로 요시나리 왕자를 파견했다고 서술했다. 그렇지만 요시나리 왕자가 시코쿠로 떠난 것은 상경 계획이 실패한 다음 해 12월이었다(앞의 주(12) 책, 253~255쪽). 가네요시 왕자가 다자이후로 귀환한 지 2년이 거

파견을 자립화의 근거 중 하나로 인식하고 있다.[37]

또한 명(明) 태조 주원장(朱元璋)의 사절 파견에 부응해 가네요시 왕자가 파견한 사절이 '칭신입공(稱臣入貢)'을 표명하며 명나라 수도 남경에 입경한 것이 홍무 4년(1371) 10월이었다.[38] 앞의 〈사료 1〉에서 이쿠라노미야가 다카사키 성에서 전투를 벌인 것이 같은 해인 오안(応安) 4년(1371) 8월 6일이었음을 생각하면, 정서부의 자립화 의지가 절정에 도달한 시점은 1371년 10월 이전, 8월을 전후한 어느 시점이었다고 생각된다. 즉 1365년 이쿠라노미야의 출생이 정서부 자립화의 중요한 계기가 되었으며, 그 절정이 명 태조의 일본 국왕 책봉을 받아들이기로 한 1371년 8월을 전후한 시점이었다고 생각된다. 그렇다면 1369년에 정서부가 요시노 조정의 요구에 부응해 교토로 진군 계획을 추진하기 위해 요시나리 왕자를 이요 지방에 파견했다고 하는 견해는 설득력이 떨어진다.

그러면 요시나리 왕자의 이요 파견은 어떻게 생각해야 좋을까? 이것은 정서부의 자립화 경향을 견제하기 위해 요시노 조정이 요시나리 왕자를 기쿠치로 내려보내자, 이에 대응해 가네요시 왕자와 기쿠치 다케미쓰가 요시나리 왕자를 이요로 파견한 것으로 생각된다. 이와 같은 생각은 요시나리 왕자가 기쿠치의 정서부로 돌아온 시점이 1374년 겨울이라는 사실에서도 엿볼 수 있다. 즉 1372년 8월에 다자이후를 빼앗기고 1373년 12월에 기쿠치 다케미쓰가, 이어서 다음 해인 1374년 5월에 적자(嫡子)인 다케마사(菊池武政)가 사망하는 등, 정서부 세력이 크게 약화되면서 정서부의 자립화 움직임 역시 그 추진력이 크게 약화되었다. 이러한 상황 변화가 1374년 겨울, 가네요시 왕자의 일선 후퇴와 요시나리 왕자의 고세이세이

의 다 되어가는 시점에 요시나리 왕자를 시코쿠로 파견했다는 것, 막부의 본격적인 공세가 예상되던 시점에 또 다시 상경 계획을 추진하려고 했다는 것은 설득력이 부족하다.

37) 앞의 주(35)의 두 번째 근거.

38) 앞의 주(35)의 무라이 연구서, 241쪽에 의거함.

쇼군(後征西將軍) 취임이라는 세대교체로 나타난 것으로 생각된다.

한편 1365년생인 이쿠라노미야는 요시나리 왕자가 고세이세이쇼군에 오른 1374년에는 불과 9-10살 정도밖에 되지 않았다. 그런데 2년전, 외조부 기쿠치 다케미쓰와 외삼촌 다케마사의 연이은 사망과 부친 가네요시 왕자의 은퇴 등으로 강력한 후원자를 잃어버리게 되었다. 게다가 요시나리 왕자가 후정서장군에 오르면서 이쿠라노미야는 그 거취가 묘해지게 되었을 것이다. 그런 가운데 1379년 가을부터 북조군에 의해 포위당해 기쿠치 분지의 소위 '기쿠치 18 외성(外城)'에서 농성 중인 아군을 위해 한반도로 건너가서 병량을 확보해 돌아와야 한다는 중책을 떠맡게 된 것이었을 것으로 생각된다. 그 결과, 역사의 표면에서 활약할 기회가 주어지지 않은 채 1380년 6월에 마침내 자신이 원하지 않았던 고려 출병(경신년 왜구)을 나서게 되었고 영영 돌아오지 못하게 된 것이다. 이러한 여러 가지 복잡한 사정으로 인해 이쿠라노미야가 문헌 사료상에 단 한 곳밖에 남아 있지 않게 된 것으로 생각한다.

만약 이러한 추정이 옳다면, 이쿠라노미야는 아지발도에게서 확인된 귀종성(가네요시 왕자의 아들)과 군사적 능력(무예 실력과 지휘 능력)에 더해, 지역성(肥後国 伊倉가 거점)·종교성(이쿠라하치만구)·정치적 위상(宮)을 겸비한 존재였다고 할 수 있다.

이렇게 생각하면, 아지발도가 500척의 대선단의 총사령관이 될 수 있었던 것, 왜구의 장수들이 어린 아지발도에게 말할 때 "빠른 걸음으로 나아가 무릎을 꿇었다."[39] 고 하는 것도 충분히 수긍이 된다.

이처럼 아지발도가 1365년에 가네요시 왕자의 아들이면서 기쿠치 다케미쓰의 외손자로 태어난 이쿠라노미야라고 한다면, 지금까지 베일에 가려져 있었던 정서부의 자립화 움직임과 요시나리 왕자의 정서부(다자이후 소재) 하향과 이요 파견과 정서부(기쿠치 소재)로의 복귀 시점 등 모든 의

---

39) 앞의 주(32) 사료 참조.

문이 한꺼번에 해소된다.

　그런데 이러한 이쿠라노미야와 유사한 역할을 한 존재가 선승 다이치 외, 일본사에 또 한 사람 있었다. 그는 에도시대인 1637년에 다카기와 아마쿠사 지역의 천주교 신자들을 주축으로 해서 일어난 '아마쿠사의 난(天草の乱)'을 이끌었던 아마쿠사시로도키사다(天草四郎時貞)다. 그는 경신년 당시 아지발도의 15-6세와 비슷한, 나이 십여 세의 소년이었다. 도키사다는 그 외에도 지역성·종교성·정치적 위상 등에 있어서 공통점을 지닌 다카기와 아마쿠사 지역민의 리더였다.[40]

5. 이쿠라의 전승 신화와 왜구의 고려 여아 희생 행위의 문화인류학적 해석

　지금까지 경신년 왜구의 총사령관인 아지발도를 이쿠라노미야로 추정하는 견해는 『고려사』와 『南北朝遺文』이라고 하는 양국외 문헌 사료와 연구성과에 토대를 두고 있기는 하지만, 아무래도 논리적 추정에 추정을 거듭한 결과, 도출된 결론이라는 느낌을 지울 수 없다. 따라서 지금까지의 검토만으로 〈아지발도 = 이쿠라노미야〉라고 단정하기에는 아직 이른 느낌이 있다. 그래서 이를 뒷받침할만한 근거를 제시하고자 한다. 그것은 이쿠라하치만구에 지금까지 전승되고 있는 특이한 제례 및 신화다.

　이쿠라하치만구는 매년 8월 15일에 행하는 제례 중 하나로 '네리요메(練嫁)' 행렬이라 불리는 것이 있다. 『鄕土伊倉北八幡宮祭事関係書類』에 기록되어 있는 내용을 보면 다음과 같다.

　　6. 8월 15일 중제(中祭)
　　一. 천천히 걷는다.

---

40) 앞의 주(7) 논문.

단 우지코(氏子) 중에서 셋토 마을의 소녀 등 10명 내지 20명은 어른
의 어깨에 올라타고 그 뒤에서는 3척(三尺)이 넘는 큰 부채를 가지고
수행하여 신사에 참배한다.
— 셋토(節頭)
단 다이셋토(大節頭)와 고셋토(小節頭) 두 사람이 입는 옷은 큰 옷(大口)
또는 히타타레(直垂)를 입고 신사에 참배하고 신에게 바치는 음식을 바
치고 물리는 일에 종사한다.[41]

즉 이쿠라하치만구에서 매년 8월 15일에 행하는 제사 의례 중 하나로
선발된 마을의 소녀 10-20명을 장정들이 어깨에 걸치고 행렬한다는 것이
다. 이 제례 행사는 옛날에 어린 소녀를 제사의 제물로 바치는 것에서 유
래되었다고 하며,[42] 이와 관련된 신화가 이쿠라쵸에 전해지고 있다. 그 내
용은 다음과 같다.

7. 이쿠라하치만구에는 매년 마쓰리가 거행될 때, 사람을 신에게 희생(人身供
御)으로 바치는 것으로 되어 있다. ①제사(祭事) 때, 쏘는 하얀 깃이 달린 화
살이 서 있는 집에는 반드시 딸을 바치는 것이 관례였다. 어느 해 산속의
승려가 이 이야기를 듣고 신이 무자비하게도 사람을 먹을 리가 없다. 이것
은 그 어떤 괴물일 것이다. 라고 생각해, 몰래 신사에 숨어들어 밤에 상황
을 엿보고 있었다. 그러자 초목(草木)도 잠드는 丑滿時 (새벽1시에서 3시가
丑時이므로, 축만시는 새벽 2시인가?)가 되자 "인추크, 반추크, 쿤쿤쿤" 하
고 '시코쿠(四国)의 개 스페쯔페에게는 알리지 마.' 라고 반복하며 나오는
괴물이 있었다. 이것이 사람을 해치는 괴물이라고 생각했다.
　　그래서 그 다음 해에는 하카타마치(博多町)의 소고야(総合屋)에서 시코

---

41) 『伊倉町誌』, 1950 ; 『玉名市史』 通史編(上巻), 平成17年, 358쪽.
42) 앞의 주(41), 1950년 자료.

쿠산 스페쯔페를 데려와서 희생이 될 사람 옆에다가 놓았다. 미혼의 아가
씨는 몰래 돌려보내고 개를 데려와 신전 앞의 사람을 넣는 상자 속에 넣
어두었다. 그러자 언제나 하던 대로 괴물이 '인츠크, 반츠크, 쿤쿤쿤, 시코
쿠의 개 스페쯔페에게는 알리지마.' 고 세 번 외치고 상자를 열려고 하자,
바로 그때를 기다렸다는 듯 노리고 있던 '산법사(山法師)를 해치워' 라고
하자 개는 괴물을 향해 달려들어 물었다. 갑작스런 공격을 당한 괴물은 피
투성이가 되어서 바위 굴로 도망갔다. 그다음 달 피를 흘린 흔적을 쫓아가
자, 굴 입구에 큰 狒狒(원숭이)가 쓰러져 있었다.

이쿠라하치만구의 제례(祭事) 중의 하나인 네리요메 행렬(練嫁行列)은
사람을 제사의 희생으로 삼는(人御供)의 옛 이야기를 지금까지 전하는 것
으로 미야바루(宮原)의 インニヤクサン(印鑰堂)은 이 개를 제사지낸 것이며
혼도산(本堂山)의 동쪽 언덕(東登)아래에 있는 오래 된 탑비는 이 산법사의
무덤이라고 전한다. 아, 정말 잘 되었도다.[43]

오래전부터 이쿠라초에 전승되어오는 이 신화에는 문화인류학적 관점에
서 볼 때 아주 흥미로운 내용을 포함하고 있다. 우선 위의 제례 내용을 기
록한『鄕土伊倉北八幡宮祭事関係書類』에는 '마을의 소녀'가, 전승 신화에는
'미혼의 아가씨'를 희생으로 바치고 있다. 위의 사료와 신화만 가지고 언제
쯤 이런 제사 행위가 시작되어 언제까지 지속되었는지, 또 그 목적은 무엇
인지 등에 대해서는 정확하게 알 수 없다. 그러므로 문화인류학의 해석에
따라 이 제사 의례와 신화가 의미하는 바에 대하여 생각해보기로 하자.

문화인류학에서는 여자아이, 또는 젊은 여성을 제사의 희생으로 바치
는 것을 '인신어공(人臣御供)'이라고 한다. 이 인신어공의 실재(實在) 여부
에 관해서 문화인류학은 다음과 같이 해석한다.

---

43) 앞의 주(41) 1950년 자료.

"〈이키니에(生贄)/인신어공(人身御供)/순사(殉死)/인주(人柱)[44]〉와 같은 것의 사실 여부를 어떻게 생각할 수 있을 것인가? 라고 하는 점에 대하여 언급하고자 한다. 사실 여부는 어떠하든 관계없다고 하는 의견도 있을 것이며, 전승학(傳承学)을 전문으로 하는 나도 그렇게 생각한다. ②전승은 어디까지나 이야기이며 거기서부터 사실을 탐구할 수는 없다는 것은 대(大) 전제이다. 그러나 그것을 역전시켜서 ③사람을 희생으로 삼았다고 하는 전승은 모두가 이야기일 뿐이며 실제로 살아있는 인간을 희생으로 하는 일은 있을 수 없다고 하는 논리가 성립하는가? 하면 이야기는 그렇게 단순하지 않다.

확실하게 전해지고 있는 신화나 전설을 아무리 거슬러 올라가도 '사실'에는 도달할 수 없다. 특히 〈이키니에/인신어공〉에 관한 전승은, 예전에는 행하여지고 있었지만 어떤 사건으로 인해 더 이상 행하여지지 않게 되었다고 하는 것을 말해준다. ④이들 전승에서 중요한 것은 '지금'의 질서를 설명하고 보증하는 것이다. 왜 지금은 그러한 무서운 일이 행하여지지 않는가라는 설명으로써, 옛날에 있었다고 하는 이키니에와 인신어공이 이야기되고 있는 것이다. 즉, 〈이키니에/인신어공〉에 관한 이야기 대부분이 〈이키니에/인신어공〉이 폐지된 것의 기원을 이야기하고 있는 것은 그 때문이다. 따라서 거기서부터는 어떠한 사실의 흔적도 발견할 수 없는 것은 당연하다. 그러나 ⑤그것은 살아있는 인간을 희생으로 삼는다고 하는 사실을 부정하는 것은 아니다."[45]

위의 내용을 정리하자면 다음과 같다. 인신어공의 전승을 가지고 이 이야기의 실재 여부를 판단할 수는 없지만(②), 그렇다고 해서 단순한 이야기인 것만은 아니며, 실제로 인간을 희생으로 삼았을 가능성은 충분히 있다(③, ⑤).

---

44) 축성(築城)·축제(築堤)·가교(架橋) 따위의 난공사 때 사람을 제물로 바치던 일; 또, 그 사람; 전하여, 어떤 목적으로 희생이 되는 일. 『네이버 사전』.
45) 미우라 스케유키(三浦佑之), 「人間鉄骨論」 『狩猟と供犠の文化誌』, 森話社, 229~230 쪽.

그리고 앞의 신화에서 미혼의 아가씨를 매년 괴물에게 제물로 바쳐야 하는 것에 의문을 품은 산법사(山法師)가 시코쿠(四国)의 개 스페쯔페를 몰래 숨겨놓았다가 괴물을 공격하게 했더니 그 괴물은 피투성이가 된 큰 원숭이였으며 이후 두 번 다시 인신어공을 하지 않게 되었다고 하는 내용은 바로 이 ④에 해당한다.

그런데 이러한 인신어공이라는 어휘는 일본 사회에서 중세 말부터 근세에 걸쳐서 사용되게 되었다고 한다. 다음을 보자.

"⑥인신어공이라는 어휘는 중세 말부터 근세에 걸친 셋쿄부시(說經節)이나 조루리(浄瑠璃) 등의 이야기에서 널리 사용되게끔 되었다고 한다.[46] 그런 점에서 생각하더라도 고대에는 정기적인 제사로 신에게 인간을 희생으로 바치는 것과 건축 공사가 어려움에 부딪혔을 때 인간을 희생으로 삼는 것과의 사이는 아직 분화되지 않았던 것이 아닐까, 라고 상상할 수 있다. 자연을 지배하는 압도적인 신의 존재 앞에서 인간이 단지 할 수 있는 일은 신의 마음을 부드럽게 하는 것이었다. 인간의 희생이 그 신을 향응(饗應)하고 신의 마음을 진정시키기 위해 가장 효과적인 행위라고 여기고 있었던 것은 아닐까? 그러므로 ⑦매년 행해지는 제사에서는 젊은 여자를 희생으로, 즉 신의 음식으로 바쳐서 일 년 동안 마을의 안전과 풍요를 약속받고, 또 신의 영역을 침범해 분노를 사게 되었을 때는 신에게 용서를 받기 위해 신 앞에 희생으로 바쳐진다. 그렇게 정기적 그리고 임시로 몇 번이나 희생을 바침으로써 신을 대접해 온 것이 고대의 신에 대한 제사의 형태였다고 말할 수 있는 것이 아닐까? 그 단계에서는 인신어공도 인주도 차이는 없는 것이다.

그것이 신과 인간과의 관계가 변화하고 신에 대한 제사의 형태가 변화함에 따라서 양자의 역할이 분화되어 차이가 명확해진다. 정기적인 제사에서는 더이

---

46) 요시다 히로코(吉田比呂子), 「宗教的・儀禮的正確を持つ解釋用語の問題點 – 生贄・身代わり・人身御供・人柱」 国語語彙史研究会編, 『国語語彙史の研究』 19, 和泉書院, 2000, 171쪽.

상 인신어공을 요구하는 폭력적인 '잡아먹는 신'이 아니라, 쌀과 생선, 술 등의 신에게 음식을 바치는 온화한 '먹는 신'이 제사 되게끔 된다. 따라서 ⑧인신어공이라는 어휘가 사용되게끔 된 중세 말부터 근세의 단계에서는 이미 그 말은 지금의 마쓰리에서가 아니라, 잃어버린(라고 하기보다는 극복된) 과거의 폭력적인 신에 대한 제사의 형태를 보여주는 말이었다고 말할 수 있는 것이다."[47]

여기서 중세 말에서 근세에 걸쳐서 인신어공이라는 어휘가 널리 사용되게 되었으며, 이는 이 시기가 되면 이미 인신어공이 행하여지지 않게 되었음을 의미한다(⑥ ⑧).

일본사에 있어서 중세는 남북조 시대를 경계로 하여 전기와 후기로 나누어진다. 여기서 중세 말이라고 했으므로 무로마치 시대 이전, 즉 가마쿠라 시대에서 남북조 시대에 걸쳐서는 인신어공이 어떠한 형태로든 행하여지고 있었을 것으로 문화인류학계에서는 판단하고 있음을 알 수 있다.[48]

그런데 이러한 인신어공 또는 인신공희(人身供犧)는 정주적(定住的)인 생활양식과 관련이 있는 것으로 여겨지고 있다.[49] 다음을 보자.

"정주적인 공동체는 주변의 자연을 바꾸고 관리함으로써 성립한다. 인간이 자연을 관리한다고 하는 것은 인간이 자연보다도 우위에 서는 것이다. 말하자면

47) 무구루마 유미(六車由実), 「人柱の思想·序論 – 人を守り神にする方法」 『狩猟と供犧の文化誌』, 森話社, 267~268쪽.
48) 이쿠라하치만구에서의 (네리요메) 제례의 성립 시기에 대하여 『玉名市史』 通史編(上巻)에서는 다음과 같이 서술하고 있다. "이 하치만구의 제사의식절차(神事次第)가 언제부터 이러한 형태를 취했는지는 잘 알 수 없지만 그 의식절차를 보면 무로마치 시대에 행해졌던 신사를 아주 잘 보여주며, 그래서 그 배경에 농촌에 향촌적인 결합 조직을 있음을 생각하게 한다."(359쪽)라고 하여 무로마치 시대에는 이미 이와 같은 형태가 완성되어 있었던 것으로 생각된다.
49) "인신공희는 정주적인 생활양식과 관련이 있을 가능성이 있다. 그래서 정주라고 하는 행위를 분석하면 자연을 등지고 자연을 파괴한다고 하는 개념이 확실해진다." 하타 야스유키(秦康之), 「自然破壊と人身供犧」 앞의 주(47) 책, 169쪽.

자연(神)에 대한 모독이다. 거기에는 크나큰 가치관의 전환이 있다. 자연의 은혜보다도 인간의 이성, 근면함으로 인해 보다 많이, 보다 능숙하게 비축한 사람이 힘을 얻어 살아남는다. ⑨이것이 자원의 고갈, 사회적 긴장(스트레스, 질투 등)을 낳는다. 이것을 해결하기 위해 규칙·권위·의례·신화가 발달한다. …

　　이상을 총괄하면 인간은 정주 생활을 하게 되면서 지금까지의 자연과 일체였던 세계관을 뒤엎고 자연을 약탈하기 시작해 자연보다 우위에 서게 된다. 그리고 그것이 너무 지나쳐서 때때로 초래하는 자연의 보복에 대응하기 위해 규칙이나 의례로 대처한다, 고 하는 새로운 세계관을 만들어냈다고 생각된다. 자연의 일부였던 '사람'이라는 생물종(生物種)은 자연을 지배하고 약탈하는 '사람'이 된 것이다. ⑩더 나아가 정착적인 공동체 생활은 농경, 교역이라고 하는 활동으로 이어지고 이것들은 더 많은 환경파괴와 의례의 발달을 촉진했다고 생각된다."⁵⁰⁾

　　이러한 정주적인 공농제 생활을 시작한 사람들이 죄악감을 갖게 되고 그 죄악감은 자연의 어마어마한 보복을 초래할 것이라는 공포감을 갖게 했다. 그러한 죄악감을 갖게 만든 인간의 공동체가 자행한 파괴행위를 문화인류학에서는 1. 수목의 벌채, 2. 대지의 점유 및 굴삭 3. 수역(水域)의 항행이라고 하는 세 가지를 들고 있다.⁵¹⁾

　　이러한 문화인류학의 해석을 이쿠라의 전승 신화에 대입해 생각해보자. 이쿠라도 연해 지역이기에 오래전부터 배를 이용한 어로가 주요한 생업 수단 중 하나였을 것이다. 배를 만들기 위해서는 숲의 나무를 베어야 한다. 그리고 항구 주변에는 마을이 형성되고 집 건축에 필요한 기둥을 세우기 위해 땅을 굴삭한다. 이러한 행위는 위에서 제시한, 세 가지 자연 파괴행위에 모두 저촉된다. 그런데 이러한 자연 파괴행위는 모두 다 개인

---

50) 앞의 주(49) 논문 ; 앞의 주(47) 책, 173~174쪽.
51) 앞의 주(49) 논문 ; 앞의 주(47) 책, 178~179쪽.

이나 한 가족의 이익보다도 공동체의 이익을 위해 이루어진다.[52] 그리고
이러한 자연 파괴의 결과, 자연(신)에 대하여 그 어떤 보상을 해야 하며,
그 보상은 '동물의 공희(供犧)'가 아닌 '사람의 죽음'으로 해야 한다고 하
는 관념이 공동체 내부에 싹트게 된다.[53]

　이쿠라쵸의 신화에서 제물을 바쳐야 하는 대상은 원숭이었다. 이 원숭
이가 사는 숲의 나무를 잘라서 배를 만들었기 때문에 당연히 숲의 신인
원숭이에게 사람을 제물로 바쳐야 한다는 것이 옛날에 이쿠라에 살았던
사람들이 처음에 품었던 생각이었을 것이다. 그러다가 한 승려에 의해 이
괴물을 처치함으로써 더 이상 소녀를 제물로 바치지 않아도 되게끔 되었
다는 것이다.

　문화인류학은 수역(水域)의 항행(航行)에 대해서는 다음과 같이 강조하
고 있다.

　　　"수역에 접근하는 것은 인간의 본분을 초월한 행위이며 신의 영역에 대한
　　침입이다. 어로 활동이나 교역을 위해 수역을 항행하거나 다리를 가설하는
　　것은 '자연을 유린하고 있다.'고 하는 의식을 불러일으켰다고 상상된다. …
　　수역은 인간의 생명을 요구하는 위험한 영역이며 본래 침입해서는 안 되는
　　장소였던 것이다."[54]

　이쿠라는 기쿠치가와의 하구에 발전한 항구로서 교토로 향하는 물자를
수송함은 물론 조선, 중국과의 교역에도 관여했다.(앞의 「이쿠라쵸의 역
사」 참조) 이는 위의 '수역의 항행'에 해당한다. 그 결과, 자기들이 자연을
파괴하는 행위를 자행하고 있다고 하는 죄악감이 자연의 보복이라는 공

52) 앞의 주(49) 논문 ; 앞의 주(47) 책, 179쪽.
53) 앞의 주(49) 논문 ; 앞의 주(47) 책, 179쪽.
54) 앞의 주(49) 논문 ; 앞의 주(47) 책, 177~178쪽.

포를 초래하였으며 이에 대응하기 위해 인신공희로 속죄한다는 관념이 형성되었다.[55] 따라서 결과적으로 인신공희는 자연 파괴를 억제하는 효과를 낳았다고 할 수 있다. 즉 "아무리 공동체의 삶을 향상시키기 위한 것이라고는 하지만 아무도 죽고 싶지는 않다."[56] "개발할 것인가, 하지 않을 것인가, 개발한다면 누가 희생이 될 것인가? 라고 하는 점이 공동체의 문제가 된다."[57]

그리고 결국, 인간을 희생으로 삼는 것을 피할 수 없다 할지라도 가능한 한 그 숫자를 줄이고 싶었던 인간은 합리적인 방법을 고안해냈다. 그것은 '수목의 영과 대지의 영에 동시에 속죄한다고 하는 방법'이었고 '그 장소는 거목과 대지가 만나는 기둥의 구멍'이었을 것이며 이러한 합리화의 결과, 인주(人柱)가 탄생한 것으로 판단하고 있다.[58]

그런데 인간 희생의 합리화에 대한 발상은 "사람 숫자를 합리화하는 것만이 아니라, 희생자를 어떻게 조달할 것인가?"라는 쪽으로도 이어진다. 그리고 그 결과 희생의 합리화는 다음의 세 단계로 나아갔다고 생각되고 있다.[59]

ⓐ 원초의 공희
ⓑ 할당 – 일정한 규칙(윤번, 추첨 등)에 의해 희생자가 자동적으로 결정되는 구조를 만든다.
ⓒ 희생자의 외부화 – 희생자를 공동체의 내부가 아닌, 외부에서 구한다. 완전하게 공동체의 외부에서 구하는 경우도 있다면, 공동체 내부에 특정 신분을 만들어 거기서부터 희생자를 내도록 강제하는 경우도 있다.

---

55) 앞의 주(49) 논문 ; 앞의 주(47) 책, 179쪽.
56) 앞의 주(49) 논문 ; 앞의 주(47) 책, 179쪽.
57) 앞의 주(49) 논문 ; 앞의 주(47) 책, 179쪽.
58) 앞의 주(49) 논문 ; 앞의 주(47) 책, 180쪽.
59) 앞의 주(49) 논문 ; 앞의 주(47) 책, 182~183쪽.

ⓓ 인신 공희를 필요로 하지 않는 종교 체계의 구축 – 자연의 신과 별도의 존
재를 상정해 그 신은 인신 공희를 필요로 하지 않는다고 정리해버린다. 또
는 자연의 신이라 해도 '인간의 희생이 아니라도 만족한다'고 정리해버린
다. 그 결과, 공희의 대상을 인간에서부터 가축이나 인형으로 전환하거나
공희 그 자체를 필요로 하지 않는 종교 체계가 완성된다.[60]

앞의 전승 신화(〈사료 7〉)의 ①제사(祭事) 때, 쏘는 하얀 깃이 달린 화살
이 서있는 집에는 반드시 딸을 바치는 것이 관례였다고 하는 서술은 〈ⓐ
원초의 공희〉 단계에서 한 단계 발전한 〈ⓑ할당〉의 단계에 있음을 알 수
있다. 즉 공동체의 이익을 위해 자연 파괴를 하게 되고 그에 대한 자연의
보복이 두려워 인신공희를 행하되 그 합리화를 도모한 결과, 윤번제 또는
추첨 등을 통해 희생자가 자동적으로 결정되는 할당의 단계로 진화한 것
으로 생각할 수 있다.

이쿠라쵸의 전승 신화와 이쿠라하치만구의 제례 내용의 검토를 통해
이쿠라에서 그 옛날, 적어도 남북조 시대 무렵까지는 어떠한 형태로든 인
신공희가 이루어지고 있었음을 확인할 수 있었다. 그런데 지금까지 이쿠라
의 전승 신화와 이쿠라하치만구의 제례 내용을 검토한 이유는, 다카기와
아마쿠사의 남조계 수군을 총괄하는 수군 기지가 이쿠라에 있었으며, 이쿠
라를 거점으로 이들 수군을 지휘하고 있던 것이 이쿠라노미야였고, 이쿠라
노미야는 곧 아지발도였다는 지금까지의 추정을 뒷받침하기 위한 것이다.
그런데 이러한 추정을 뒷받침해주는 것이 바로 다음의 〈사료 8〉이다.

---

60) 이를 다음과 같이 표기하기도 한다.
　①원초의 공희 – ②지명·윤번제 – ③이인(里人) – ④니에마쓰리(짐승류·희생물·주문).
　아카사카 노리오(赤坂憲雄),『デヴィニタス叢書1. 境界の発生』, 砂小屋書房, 1989,
　208쪽.
　앞의 주(49)의 하타 야스유키의 논문 내용을 전재함.

8. "왜적이 2, 3세 된 여아를 잡아서 머리를 깎고 배를 갈라 깨끗이 씻은 다음 쌀과 술을 같이 차려놓고 하늘에 제사를 지냈다. 좌우로 벌여 풍악을 울리며 큰 절을 올렸다. 제사가 끝나자 쌀을 나누어 먹고 술 석 잔을 마신 다음 아이를 불태웠는데 창(槍) 자루가 갑자기 부러졌다."[61]

이 〈사료 8〉은 아지발도가 이끄는 경신년 왜구들이 타고 왔던 배가 다 불타버리게 되자, 내륙을 전전하다가 경상도 상주에 들어가서 제사를 지냈는데, 당시 청년 장수 배검이 자진해서 적정을 탐지하기 위해 아지발도의 진영으로 갔다가 왜구들이 고려의 여자아이를 희생으로 삼는 광경을 보고 전한 것이다.

사람을 제물로 쓰는 인신공희는 비단 일본만이 아니라, 원시 사회의 제사에서는 보편적으로 볼 수 있는 현상이었지만 경신년 왜구와 이쿠라 하치만구에서는 '그냥 사람'이 아니라 '소녀'를 희생으로 삼았다는 점에서 더욱더 양자의 관련성이 강하다.[62] 앞의 전승 신화에서는 산법사의 기지로 괴물에게 더 이상 인신공희를 하지 않게 되었으므로, ⓑ〈할당〉이 단계에서 ⓒ〈희생자의 외부화〉의 단계를 거치지 않은 채 막 바로 ⓓ〈더 이상 인신 공희를 필요로 하지 않는 종교 체계의 구축〉의 단계로 나아간 것처럼 보인다.

그런데 위의 〈사료 8〉에서 경신년 왜구가 고려의 어린 여자아이를 제물로 바친 것은 〈3. 이인(里人) 즉 '희생자의 외부화' 단계에 해당한다. 다시 말해서, 인신공희는 무로마치 시대 이후 점차 ⓓ〈더이상 인신공희를 필요로 하지 않는 종교 체계의 구축〉의 단계로 이행하였는데, 〈사료 8〉은 경신년(1380)의 사건을 기록한 것으로, 남북조 시대에 해당하며, 따라서 이쿠라에서는 아직도 인신공희의 잔재가 남아있을 시기다.

---

61) 앞의 주(32) 사료.
62) 전승 신화에서는 '미혼의 아가씨' 하지만구의 제례에서는 '마을의 소녀' 고려사에서는 '2~3살 정도의 여자아이' 등, 구체적인 점에서는 차이가 있지만 어린(젊은) 여성이라는 점에서는 일치한다.

근대 이전의 이성이 발달하지 못한 사회에서 인간을 제사의 희생으로 바치는 경우는 비단 일본만이 아니라 고대 한반도에서도 있었으며 전 세계적으로 볼 수 있는 현상이다. 그러나 제사의 희생이 어린 소녀인 경우는 제한적이다. 현재 구마모토 현 다마나시(玉名市)의 관광을 소개하는 웹사이트에서는 네리요메 행렬에는 '미혼의 아름다운 여성' 또는 '젊은 여성'이 참가하는 것이라고 되어있지만 『鄕土伊倉北八幡宮祭事關係書類』에는 '소녀'라고 되어있다. 또 현재 네리요메 행렬은 매년 4월과 10월 중순에 두 차례 열린다. 그러나 역시 『鄕土伊倉北八幡宮祭事關係書類』에는 8월 15일에 열렸다고 되어있다. 그런데 경신년 왜구들이 상주에서 여자아이를 죽여서 제물로 바친 것 역시 8월이었다.[63] 이쿠라쵸의 인신공희에 관한 전승 신화의 내용 중 소녀를 8월에 희생으로 삼았다고 하는 것과 경신년 왜구의 그것이 일치한다. 참고로 규슈 지역의 여타 신사의 제례에서는 이쿠라하치만구처럼 어린(젊은) 여성을 제물을 바치는 사례를 찾아볼 수 없다.

6. 결론

본고에서는 경신년 왜구의 소년 대장 아지발도가 일본의 문헌 사료에서 단 한 곳에서만 확인되는 이쿠라노미야와 동일인물이라고 추정하고 그 실체를 밝히고자 하였다. 그 결과, 이쿠라노미야는 가네요시 왕자와 기쿠치 다케미쓰의 딸과의 사이에 1365년에 출생하였으며 그의 출생과 성장은 정서부의 자립화 움직임과 밀접한 관련이 있었던 것으로 생각된다. 즉, 1365년에 출생한 이쿠라노미야는 다음 해인 1366년에 사망하는 선승 다이치의 뒤를 계승해 아리아케카이의 다카기와 아마쿠사 지역의 남조계 수군을 이끄는 존재로 성장한다. 그의 거점은 기쿠치가와의 하구에 위치하는 이쿠라쵸(伊倉町)의 이쿠라하치만구이며 그 인근에 위치한 '미야바

---

63) 『고려사절요』 권31, 우왕 6년 8월.

루(宮原)'(〈지도 2의 ⑭〉)라는 지명은 이쿠라노미야가 거처하던 곳이었다고 전해진다.

1380년에 15~16세의 나이에 다카기와 아마쿠사 일대의 남조계 수군을 이끌고 고려에 침구한 아지발도가 이쿠라노미야라고 비정하더라도 특별히 모순이 발견되지 않을뿐 아니라, 오히려 이렇게 생각할 때, 지금까지 밝혀지지 않았던 이쿠라노미야의 출생 시기와 정서부의 자립화 움직임 등 기존의 선행 연구의 성과와도 상호 보완적이며 합리적인 해석이 가능해진다.

이러한 이쿠라노미야가 아지발도였음을 입증해주는 사료 및 자료로 이쿠라에 전승되고 있는 신화와 이쿠라하치만구의 제례 내용, 그리고 경신년 왜구들이 상주에서 행하였던 제사 중에 고려의 2-3살 정도의 여자아이를 희생으로 삼은 『고려사』의 사료 등을 들었다. 그리고 신화와 제례, 그리고 『고려사』의 사료를 문화인류학적인 관점에서 검토해 아지발도가 이쿠라노미야와 동일 인물이라는 결론에 도달하였다.

〈표 2〉 다이치·아지발도·아마쿠사시로(天草四郎) 리더십의 연원 비교

		다이치	이쿠라노미야(아지발도)	아마쿠사시로
시기		1358~1365	1365?~1380	1638~39
지역성	출생	熊本県 宇土市	熊本県?	熊本県 大矢野島
	거점	熊本県 玉名·島原	熊本県 玉名 伊倉荘	熊本県 宇土
귀종성		×	○	△
종교성		조동종·항해 안전	하치만 신앙 (伊倉南八幡宮)	가톨릭
정치성		기쿠치씨 정신적 구심점	가네요시 왕자의 아들 菊池武光의 외손자?	小西幸長 遺臣의 子
무예·지휘		×	○	×
연령		68세	15~16세	10여 살

이처럼 선승 다이치와 이쿠라노미야, 그리고 아마쿠사시로 도키사다의 세 사람에게서는 지역성·카리스마·종교성 등이 확인되는데, 이하, 남북조기에서 에도시대 초기에 이르기까지 다카기와 아마쿠사의 지역민들을 이끌었던 리더들인 다이치와 이쿠라노미야(아지발도), 아마쿠사시로도키사다의 지도자로서의 리더십의 연원을 비교해보면 〈표 2〉와 같다.

이렇게 보면 위의 세 사람은 모두 다 다카기·아마쿠사와 아리아케카이를 사이에 둔 구마모토 현 일대를 세력의 거점으로 삼고 있다는 공통점을 지니고 있으며 각각의 리더들이 히고 출신이라는 지역성, 그리고 종교성과 정치성이라는 요건을 공통적으로 구비하고 있다.

그렇지만 이쿠라노미야(아지발도)는 다이치와 아마쿠사시로에게는 볼 수 없는 무예 실력과 부대 지휘 능력을 지니고 있었으며 특히 귀종성에 있어서도 양자와는 비교할 수 없을 정도로 격이 높았다. 그리고 연령에 한정하면, 이쿠라노미야는 아마쿠사시로와 함께 10대의 소년이라는 유사성을 지니고 있다.

일본에서의 왜구 연구는 '왜구'라는 문헌 사료를 발견할 수 없다고 하는, 소위 실증적 연구의 관점에서 한계를 지니고 있다. 따라서 이러한 왜구 연구의 한계를 극복하기 위해 새롭고도 다양한 방법론에 의해 연구가 이루어져야 한다. 예를 들면, 왜구 연구자에게는 한·중·일 세 나라의 지리 및 지형, 그리고 역사에 대한 상당한 수준의 이해를 요구한다. 그리고 연구 방법으로 문헌 사학만이 아닌, 역사지리학·군사학·신화학·문화인류학·종교학 등 여타 인문학적인 지식까지 동원될 수도 있다. 본고는 그중에서도 양국의 문헌사료 및 역사 연구의 성과에 대한 이해를 바탕으로 역사 지리학 및 문화인류학적인 관점에서 아지발도의 정체를 밝히고자 시도했다.

본 고에서 최초로 제기한 〈아지발도=이쿠라노미야〉설은 앞으로도 더 다양한 관점에서 추구되어져야 한다고 생각한다. 예를 들면, 경신년 왜구와 이쿠라노미야, 즉 기쿠치씨와의 관련 속에서 역사지리학적·군사학적 관점

에서의 고찰이다. 이에 관해서는 조만간 별고에서 밝히고자 한다. 본 고의
고찰에서 미진한 부분이나 오류 등에 관해서는 질정(叱正)을 기대한다.

아지발도(阿只拔都)=이쿠라노미야(伊倉宮)설 재검토
-군사학 및 역사지리학적 고찰을 중심으로-

1. 서론

고려 우왕 6(1380, 경신)년 7월, 금강 하구인 진포구(鎭浦口)에 왜구의 500척 대선단이 정박했다가 고려 수군의 화포(火砲) 공격을 받고 배가 불타버리자, 수개월 동안 내륙을 전전한다. 그들은 이후 약탈·방화·살상·전투를 반복해 고려 사회에 큰 충격을 주었다. 이는 한국 역사상 최대 규모의 왜구 침구로 '경신년 왜구'라고 일컬어진다.

당시 왜구의 총사령관은 불과 15~16세의 소년이었는데 뛰어난 무예와 용맹함으로 고려 장병들에 의해 '아지발도'라고 불리며 경원(敬遠)의 대상이 되었다는 것은 잘 알려진 사실이다.

이 경신년 왜구에 관한 연구는 다음과 같은 점에서 중요한 의미를 지닌다.

첫째, 일반적으로 고려 말 왜구 관련 사료의 서술이 아주 짧고 단편적인 서술에 그치고 있어서 왜구의 실상(實像)을 파악하기 어렵다. 이에 반해 경신년 왜구 관련 사료는 그 양과 질 모두 아주 구체적이고 다양하다.[1]

---

1) 우선 양적인 측면에서 보면, 왜구들이 타고 왔던 500척에 달하는 대규모 선단의 배가 전부 불타버려, 다수의 왜구 병력이 수개월에 걸쳐서 내륙을 전전하게 되었고 그 결과 그들이 이동한 경로에는 많은 흔적을 남기게 되었다. 그래서 고려 말

예를 들어 일반적으로 왜구 관련 사료는 대개 단문(短文)으로 되어있으며, 그 내용은 대부분 왜구의 규모와 침구 지역·피해 현황·대책 등을 간단히 서술하는 것이 대부분이라고 할 수 있다. 그런데 경신년 왜구 관련 사료는 다른 사료와 달리, 왜구의 실상을 구체적으로 보여주는 상세한 묘사와 서술이 많다. 즉, 다른 왜구 관련 사료에서는 발견할 수 없는 해당 시기 일본의 국내 정세, 즉 남북조 동란기의 일본 무사들의 모습을 생생하게 전하는 내용이 많다.[2]

그런데 고려 말 왜구의 실상을 파악하는 데 아주 중요한 이 경신년 왜구 관련 사료를, 일본의 연구자들은 구체적으로 검토한 적이 없다.[3] 어쩌면 의도적으로 회피해왔다고도 할 수 있다.[4]

왜구의 다양한 측면을 노출시켰다.

그리고 이 사료의 질적인 측면에 대해서는 다음과 같은 점이 특기할만하다.

첫째, 당시 왜구의 진영을 자원해서 찾아간 고려의 청년 장수 배검(裵儉)이 적진에서 관찰한 내용을 생생하게 전하고 있다.(『고려사』 열전39, 간신, 변안렬 전) 둘째, 경신년 왜구를 무찌른 황산(荒山) 전투 당시 총사령관인 이성계를 종군하여 전투 양상을 기록한 것이 포은 정몽주라는 사실이다.(『고려사』 열전30, 제신 정몽주) 그는 황산 전투가 있기 약 3년 전인 우왕 3(1377)년에 '금왜 요구 사절(禁倭要求使節)로 일본의 하카타(博多)에 파견되어 규슈탄다이(九州探題) 이마가와 료슌(今川了俊)과 만나 회담하는 등 약 10개월간 체재하였다. 이는 정몽주가 일본의 국내 상황과 더불어 왜인들의 행색(行色)에 대하여 잘 이해하고 있었음을 의미한다.

2) 이영, 「손자병법을 통해 살펴본 왜구사 최대의 격전(황산 전투)」『잊혀진 전쟁, 왜구』, 에피스테메, 2007, 96~309쪽 참조.

3) 오히려 경신년 관련 왜구 사료를 자의적(恣意的)으로 해석하기도 했다. 예를 들면 경신년 왜구 집단이 1,600여 필의 말을 지니고 있었다는 것만을 근거로 삼아서, 그 정체가 당시 제주도에 있었던 몽골계 목호(牧胡) 및 그를 추종하는 제주도인이라는 주장을 제기하기도 했다. 즉, 다나카 다케오(田中健夫), 「倭寇と東アジア通交圏」『日本の社会史(1) - 列島內外の交通と国家』, 岩波書店, 1987과 다카하시 기미아키(高橋公明), 「中世東アジア海域における海民と交流」『名古屋大学文学部研究論集』 33, 1987을 들 수 있다. 이에 대한 반론으로 이영, 「고려 말기 왜구 구성원에 관한 고찰 - '고려, 일본인 연합론' 또는 '고려, 조선인 주체론의 비판적 검토 -」『한일 관계사 연구』 5, 1996과 하마나카 노보루(浜中昇), 「高麗末期倭寇集團の民族構成 - 近年の倭寇研究に寄せて」『歷史学研究』 685, 1996이 있다.

한편 국내 연구자들은 이 경신년 관련 사료를 주목하기는 했으나, 단지 그 번역에 그쳤을 뿐이었다. 이를 활용해 아지발도와 경신년 왜구의 실체를 밝히고자 한 것은 아니었다. 이런 가운데, 필자는 최초로 한일 양국의 문헌 사료를 활용해 경신년 왜구와 아지발도의 실체에 관해 검토를 최초로 시도한 바 있다.[5] 그 결과, 다음과 같은 사실을 밝힌 바 있다.

첫째, 경신년 왜구의 실체는 규슈 남조(이하, 征西府)의 핵심적 무장 세력인 기쿠치씨 휘하의, 아리아케카이(有明海) 일대의 다카기(高来)[6]·아마쿠사(天草)를 중심으로 하는 수군 세력이었다.[7]

둘째, 총사령관 아지발도는 정서부의 총수인 가네요시(懷良) 왕자와 기쿠치씨의 가독(家督)인 기쿠치 다케미쓰(菊池武光, 1319?~1373)의 딸과의 사이에 태어난 이쿠라노미야(伊倉宮)라는 남조계(南朝係) 왕족이었다.[8]

이러한 〈아지발도=이쿠라노미야〉설의 근거로 필자는 이쿠라노미야의

---

4) 이에 관해서는 이영, 「조선사 편수관(朝鮮史編修官) 나카무라 히데다카(中村栄孝)의 왜구 패러다임과 일본의 왜구 연구」『일본학』38, 2014 ; 이영, 「일본의 왜구 연구와 14-15세기 동 아시아 국제관계 인식」『동양사학연구』127, 2014 ; 이영, 「황국사관과 왜구 왜곡 – 조선사 편수관 나카무라 히데타카(中村栄孝)의 왜구 왜곡의 배경에 관한 한 고찰」『한국 중세사연구』40, 2014 참조.

5) 이영, 「진포구 전투의 역사지리학적 고찰」;「경신년 왜구의 이동과 전투」;「손자병법을 통해 살펴본 왜구사 최대의 격전(황산 전투)」(이상의 논문은 이영, 『잊혀진 전쟁, 왜구-그 역사의 현장을 찾아서』, 에피스테메, 2007에 수록) ; 이영, 「고려 말의 왜구와 남조 – 경신년(1380) 왜구를 중심으로 -」『한일 관계사 연구』31 ; 이영, 「〈경신년(1380) 왜구=기쿠치씨(菊池氏)〉설에 관한 한 고찰 – 무력의 특징을 중심으로 -」『일본 역사 연구』35, 2012 ; 이영, 「남북조 내란기 일본 무사와 왜구의 전술」-기쿠치씨와 왜구의 전술 비교를 중심으로 -」『일본문화연구』47, 2013 ; 이영, 「남북조 내란기 다카기(高来)·아마쿠사(天草) 지역의 수군에 대한 선승(禪僧) 다이치(大智)와 아지발도 리더십의 비교」『일본 연구』56, 2022 ; 이영, 「아지발도의 정체와 이쿠라노미야 – 신화·제례·사료의 문화인류학적 해석을 통한 고찰 -」『한국 중세사 연구』64, 2022.

6) 현재의 나가사키(長崎) 현 시마바라(島原) 반도 일대.

7) 이에 관해서는 앞의 주(5)의 2008 논문, 58~61쪽 참조.

8) 이에 관해서는 앞의 주(5)의 2022 두 논문 참조.

거점인 구마모토 현(熊本県) 다마나시(玉名市) 이쿠라쵸(伊倉町)의 전승 신화 및 이쿠라하치만구(伊倉八幡宮)의 제례(祭礼)의 내용이, 당시의 경신년 왜구들이 경상북도 상주에 침입하여 제사를 지내면서 2~3살 여자아이를 제사의 희생을 삼은 것과 혹사(酷似)하다는 것 등을 제시하였다.[9]

그리고 위 논문의 결론에서, 이러한 주장이 역사적 사실로서 확립되기 위해서는 더 다양한 관점에서 구체적인 연구가 추가되어져야 한다고 하였다. 예를 들어, 만약 아지발도가 가네요시 왕자의 아들이며, 규슈 남조의 핵심 무장 세력인 기쿠치씨의 총수인 기쿠치 다케미쓰의 외손자라면 그에 어울리는 무력적 특징을 경신년 왜구에서 발견할 수 있어야 할 것이다.

이하, 본고에서는 이와 같은 문제의식을 토대로 하여 경신년 왜구와 기쿠치씨의 전술적 특징을 『육도삼략(六韜三略)』(이하 『육도』)[10]과 같은 중국 고대 병서(兵書) 내용에 근거한 군사학적인 분석을 통하여 고찰한다. 그리고 그러한 군사학적 분석이 실제로 경신년 왜구와 이성계가 싸운 황산 전투 현장에서 어떻게 적용되어 나타났으며 또 그것이 기쿠치씨의 전술과 어떠한 관련이 있는지를 검토한다. 이와 같은 고찰을 통해 〈아지발도=이쿠라노미야〉설을 뒷받침할 새로운 근거로 제시하고자 한다.

본 연구는 필자의 다른 선행연구에서 일관되게 주장해온 바, 지금까지 일본의 연구가 설정해왔던 왜구 패러다임이 오류 및 의도적인 왜곡에 바탕을 두고 있었음을 선명하게 보여줄 것이다. 더불어 고려 말 왜구 문제의 근본적인 원인을 고려 사회 내부의 피폐나 지배층의 무능함 등 고려 사회 내부에서가 아니라, 당시 일본 규슈의 군사 정세와의 인과관계 속에서 파악해야 함을 명확하게 해줄 것이다.

---

9) 이에 관해서는 앞의 주(5)의 2022 두 번째 논문 참조.
10) 『육도』는 후한(後漢: 25~220년)에서 위진남북조(魏晉南北朝: 220~316) 시대 경에 성립한 것으로 추정되고 있다.

2. 아지발도의 전술적 행동과 『육도삼략(六韜三略)』

일본의 왜구 연구자들은 고려 말 특히 우왕 대(1375~1388)의 왜구의 실체를 일본의 변경지역 어민 또는 몰락한 무사들, 화척(禾尺)·재인(才人), 또는 제주도인으로 규정했다.[11] 그러나 사료에서 확인되는 경신년 왜구의 제반 특징은 전문적인 무장 집단, 즉 남북조 내란기 당시의 일본의 무사단에서 볼 수 있는 것이었다.[12]

여기서 그 내용 중 일부를 발췌 인용하면 다음과 같다.[13] 왜구 집단의 중장갑 기병인 '철기(鐵騎)'의 존재, 아지발도가 착용했던 동면구(銅面具), 왜구들의 전술적 이동 능력, 아지발도의 『손자병법』에 입각한 전술 운용, 고려의 정규군으로 이루어진 토벌대를 역으로 기습공격해 고려군 장병 500여 명을 전사하게 한 것, 당시 고려 최고 정예부대를 이끈 명장(名將) 이성계를 포위한 가운데에 그의 다리를 화살로 명중시켜 죽음의 위험으로 몰아넣은 것, 왜적들 역시 마치 땅에 심은 듯이 물러나지 않았다고 하는 등이다. 이와 같은 사례는 일본 측이 왜구의 사회적 실체로서 제시해 온 왜구상(倭寇像) – '쓰시마, 이키, 마쓰우라 지방과 같은 일본 변경의 도서연해지역의 어민이나 몰락한 무사, 화척과 재인, 제주도인과 같은 비(非) 전문적인 무장 집단'과는 확연하게 다르다.

그리고 경신년 왜구의 무력적 특성은 정서부의 핵심 기쿠치씨의 그것과 많은 점에서 공통점을 지니거나 아주 유사한 것이었다. 즉 기쿠치씨는 강한 공격 지향성을 지닌 무장 집단으로, 소수의 병력으로 다수의 적과 싸우는 것을 꺼리지 않았다.[14] 그들의 전술은 적보다 현저하게 적은 병력으로, 예상되는 큰 피해도 개의치 않고 적의 대장이 있는 본진(本陣)을 공

---

11) 앞의 주(3) 다나카 논문, 149~154쪽 참조.
12) 앞의 주(5)의 2012와 2013 논문 참조.
13) 앞의 주(5)의 2012 논문 참조.
14) 앞의 주(5)의 2012 논문 참조.

격하는 것이 그 주요한 특징 중 하나였다.[15] 경신년 왜구들 역시 그런 모습을 보이고 있었다.[16] 즉, 경신년 왜구와 기쿠치씨의 무력의 특징에는 적지 않은 공통점이 확인된다.[17]

물론 양자의 무력적 특성에 이와 같은 많은 공통점이 존재한다는 것을 인정한다고 해서 곧바로 경신년 왜구가 기쿠치씨 휘하의 병력이었고 총사령관인 아지발도가 이쿠라노미야였다고 단정할 수는 없다. 그러나 이러한 적지 않은 공통점 내지 유사성은 아지발도가 정서부의 수장인 가네요시 왕자와 기쿠치 다케미쓰의 딸과의 사이에 1365년에 출생하였으며 그가 성장해 아리아케카이의 다카기와 아마쿠사 지역의 남조계 수군을 이끄는 존재가 되었다고 하는 필자의 주장과 상호 모순되지 않을 뿐 아니라, 더욱 보완하는 내용이라 할 수 있다. 이로써 〈아지발도=이쿠라노미야〉설의 개연성(蓋然性)은 더욱 커졌다고 할 수 있다. 그러나 개연성의 차원을 넘어 〈아지발도=이쿠라노미야〉설이 성립되기 위해서는 또 다른 관점에서의 논증이 요구된다

필자는 이성계와 아지발도가 황산 전투에서 취했던 전술을 『손자병법』에 입각해 분석 검토한 바 있다.[18] 그렇지만 선행연구에서는 주로 이성계

---

15) 예를 들어 오호바루(大保原) 전투 당시 『태평기』의 기록을 보면 "기쿠치 다케노부(菊池武信)와 아카보시 다케요(赤星武世)는 2천 여기를 이끌고 적 쇼니씨(少弐氏)의 2만 여기와 정면으로 충돌하고 있다. 長谷川 端, 「권33. 菊池と少弐と合戦の事」 『太平記 4』(新編日本古典文学全集 57), 小学館, 1998, 119쪽 참조. 관련 논문으로 이영, 「오호바루 전투(1359년)와 왜구 – 공민왕 6-8년(1357-59)년의 왜구를 중심으로」 『일본 역사 연구』 31, 2010 참조.

16) 경신년 왜구는 정지 등이 이끄는 고려의 토벌대를 혈계(血溪: 지금의 경남 함양군 수동면 일대)역습해 두 명의 원수와 500명의 장병들을 전사하게 한다. 이영, 「경신년 왜구의 이동과 전투」 앞의 주(5) 책 수록 논문, 242~243쪽 참조.

17) ① 엄정한 부대 기강. ② 총대장의 귀족적 성격. ③ 강력한 무장(武裝). ④ 뛰어난 전투 수행 능력. ⑤ 신속한 전술 이동 능력. ⑥ 강한 공격 지향성. ⑦ 장병들의 용맹함. ⑧ 뛰어난 생존 능력. 앞의 주(1) 2013 논문, 17~24쪽.

18) 앞의 주(5)의 「손자병법을 통해 살펴본 왜구사 최대의 격전(황산 전투)」을 참조.

의 전술을 중심으로 고찰한 반면, 아지발도가 취한 전술적 행동에 대해서
는 부족한 점이 없지 않았다. 본고에서는 아지발도가 취한 전술적 행동을
『육도』와 관련지어 고찰한다.

선행 연구에서 이미 언급한 것처럼, 경신년 왜구의 부대 이동 경로를
통해 아지발도가 얼마나 병법을 숙지하고 있었으며 전술 이동 능력을 지
니고 있었는지를 짐작할 수 있는데,[19] 이러한 부대 이동은 『육도』의 기술
과 관련이 깊은 것으로 생각한다. 즉 선행연구에서 이미 지적한 것처럼[20],
아지발도의 부대는 〈사근내역-함양-남원산성-운봉현-인월역〉으로 이동
했는데, 인월역과 운봉현은 함양에서부터 남원산성으로 가는 도중에 위치
하고 있다.

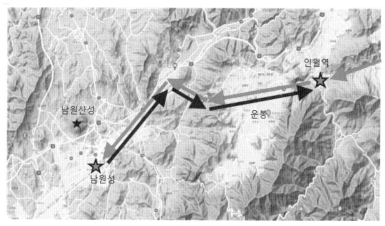

〈지도 1〉 아지발도 부대의 이동 경로

다시 말하자면 왜구들은 남원산성까지 공격했으나 이를 함락하지 못하
자 왔던 길을 되돌아가 인월역 부근에 진을 치고 고려군이 와서 응전할

---

19) 앞의 주(5)의 「경신년(1380) 왜구의 이동과 전투」, 313쪽.
20) 앞의 주(5)의 「경신년(1380) 왜구의 이동과 전투」, 313쪽.

것을 기다렸다.[21] 아지발도가 이렇게 한 차례 지나갔던 길을 되돌아가서 인월역에 진을 친 이유는 무엇일까? 『육도』에 다음과 같은 기술이 있다.

> 1. 무왕(武王)이 물었다. "Ⓐ군사를 이끌고 적지 내로 깊숙이 들어가 서로 대치했을 때 적이 아군의 양도(糧道)를 끊고 앞뒤로 기동성 있게 오가며 아군을 진퇴양난에 빠뜨릴 수 있을 것이오. 아군은 싸우려 해도 승산이 없고, 굳게 지키고자 해도 식량 부족으로 오래 버틸 수가 없을 경우 이를 어찌 대처해야만 하오?" 태공(太公)이 대답했다.
> "ⓐ무릇 적지 내로 깊숙이 들어갔을 때는 반드시 지형을 자세히 살펴 작전하기에 편리한 땅을 찾아야 합니다. ⓑ산림의 험조한 곳이나 수택(水澤) 및 숲 등에 의지해 견고한 진지를 구축해야 합니다. 관문이나 교량 등을 엄히 파수하고, 성읍이나 구릉 및 분묘 등의 ⓒ지형이 편리한 곳도 미리 알아두어야 합니다. 그리하면 아군의 진지는 더욱 견고해지고 적은 감히 아군의 양도를 끊을 수 없고, 앞뒤로 오가며 아군을 포위하지도 못할 것입니다."[22]

여기서 ⓐ의 "무릇 적지 내로 깊숙이 들어갔을 때" 는 아지발도가 처해 있던 당시 상황, 즉 진포구에서 타고 왔던 배가 전부 불타서 한반도 내륙 깊숙이까지 들어와 전전하던 당시 상황과 일치한다. 『육도』는 이 상황에서 "반드시 지형을 살펴서 작전하기에 편리한 땅을 찾아야 한다."(ⓐ), "산림의 험조한 곳이나 수택 및 숲 등에 의지해 견고한 진지를 구축해야 한다."(ⓑ) "지형이 편리한 곳을 미리 알아두어야 한다."(ⓒ)고 서술하고 있다. 위의 ⓐ·ⓑ·ⓒ의 내용을 생각하면 아지발도가 남원산성에 있던 고려 토벌대에 대한 포위를 풀고 왔던 길을 되돌아가 인월역에 진을 친 것은

21) 앞의 주(5)의 「경신년(1380) 왜구의 이동과 전투」, 313쪽.
22) 이상옥 편역, 「제39장 절도(絕道) - 땅의 형세를 살펴보라.」 『육도삼략(六韜三略)』, 明文堂, 2000, 372~375쪽.

특별한 의미가 있다고 생각된다.

즉 아지발도는 인월에서 남원으로 이동하면서 인월역 일대(ⓒ지점)를 싸우기에 지형이 편리한 곳으로 미리 파악하고 있었던 것이었다.[23] 이 또한 아지발도가 단순한 해적 무리의 두목이 아니라 『육도』의 가르침에 충실한, 병법에 밝은 무사였음을 알 수 있다.

그런데 아지발도가 남원산성(교룡산성?)을 포위하고 있다가 갑자기 포위를 풀고 이미 지나쳐왔던 길을 일부러 되돌아가서 인월역 일대에 진을 친 것은 무엇 때문일까? 그것은 아마도 아지발도가 미리 척후를 파견해 이성계가 이끄는 원군이 남원을 향해 내려오고 있다는 정보를 입수했기 때문이라고 추정했다.[24] 그런데 이 역시 『육도』에 다음과 같이 기술되어 있다.

> 2. 태공(太公)이 대답했다. "무릇 군사를 지휘할 때는 반드시 먼저 정찰병을 멀리까지 파견해 적정을 살펴야 합니다."[25]

남원산성의 고려군을 포위하고 있는 상황에 아지발도가 주변 일대에 미리 배치해둔 첩보원이 이성계의 원군이 남원을 향하고 있다고 하는 사실을 보고해왔을 것이다. 아지발도는 고려의 또 다른 토벌대가 도달하려고 하는 데 그대로 남원산성을 포위하고 있다가는 오히려 퇴로를 차단당한 채 협공을 당할 위험이 크다고 생각했을 것이다. 그래서 아지발도는 자기들이 남원산성으로 향하던 도중에 보아두었던 인월역 일대의 지리적 지형적 조건을 활용해 진지를 구축하는 것이 유리하다고 판단했을 것으

---

23) 앞의 주(1) 책, 316쪽. 고려의 여러 장수들도 처음에 "적들이 험한 지형에 의존하고 있으니 그들이 나와서 싸울 때까지 기다리는 것이 좋겠습니다."라고 이성계를 만류할 정도였다.
24) 앞의 주(1) 「손자병법을 통해 살펴본 왜구사 최대의 격전(황산 전투)」, 310쪽.
25) 앞의 주(22)의 책 참조.

로 생각된다.

그러면 다음의 아지발도의 언행은 어떻게 이해해야 할까?

> 3. "또한 남원산성을 공격하였는데, 이기지 못하고 퇴각하면서 운봉현(雲峯
> 縣)을 불태운 후 인월역(印月驛)에 주둔하여 떠벌리기를, '장차 광주(光州)
> 의 금성(金城)에서 말을 먹인 후 북쪽으로 진격할 것이다.'라고 하니 온 나
> 라가 크게 떨었다."[26]

이는 〈사료 1〉의 Ⓐ에서 보이는 아지발도의 상황 인식과 관련이 깊다
고 생각한다. 즉 아지발도는 장기전에 돌입할수록 자신들이 불리하리라고
여겼기에 자신들의 계획을 일부러 흘려서 이성계의 고려군을 자극해 자
신들이 상정한 전장(戰場)인 인월역 일대로 고려군을 유인하기 위한 의도
에서 한 언행으로 생각된다.

필자는 이미 황산서부에서 아지발도가 취한 포진(布陣)이 중국 고대의
병서(兵書)인 『육도』에 기재되어 있는 조운(鳥雲)의 진(陣)이라는 것을 밝
힌 바 있다.[27] 단, 이때는 다음의 〈사료4〉에서와 같이 『육도』의 내용에 입
각해 구체적으로 분석하지는 않았다.

그런데 〈사료1〉에서와 같이, 적지(敵地) 깊숙이 들어가 물을 사이에 두
고 대치하고 있는 상황에서 『육도』가 권장한 작전이 '조운의 진'이었다.
그 내용을 구체적으로 살펴보면 다음과 같다.

> 4. 무왕이 물었다. "ⓐ적이 아군의 매복을 눈치 채고 주력군을 그대로 둔 채
> 별장(別將)으로 하여금 별군을 이끌고 강을 건너 아군을 공격하면 아군이
> 크게 두려워할 것이오. 이때는 어찌 대처해야 하오?" 태공이 대답했다. "그

---

26) 『고려사』 열전39, 간신, 변안렬.
27) 앞의 주(5) 「손자병법을 통해 살펴본 왜구사 최대의 격전(황산 전투)」, 326~327
쪽.

때는 군사를 나누어 사면으로 무충진을 편성하고, 각기 작전에 편리한 지점에 위치하며 굳게 지켜야 합니다. ⓑ이어 적의 별군이 모두 도강(渡江)하는 것을 기다렸다가 복병을 시켜 그 배후를 급속히 치게 합니다. 강한 쇠뇌로 양쪽에서 적의 좌우 측면을 사격하고, 전차대와 기병대는 작전 단위별로 나뉘어 조운진을 형성한 뒤 아군의 앞뒤를 견고히 지킵니다. ⓒ이런식으로 전군이 합세해 신속히 싸우면 도강하지 않은 채 관망하던 적의 주력군이 이를 보고는 반드시 도강해 전투에 가세할 것입니다.
ⓓ이때 아군은 따로 매복해둔 복병을 출동시켜 신속히 그 주력군의 배후를 칩니다. 아군의 전차대와 기병대도 이에 합세해 좌우를 공격합니다. 이 작전에 말려들면 적군이 아무리 많을지라도 적장은 이내 패주하게 됩니다. 무릇 용병의 요령은 적과 대진해 싸울 때 반드시 무충진으로 포진하고, 부대를 작전이 편리한 지형에 배치하고, 전차대와 기병대를 작전 단위별로 나누어 조운진을 치도록 하는 데 있습니다. 이것이 기병(奇兵)으로 승리하는 전술입니다. ⓔ이른바 조운진은 새와 구름이 홀연히 흩어졌다 모이는 것처럼 포진하는 것을 말합니다. 그 변화가 무궁무진합니다."
무왕이 말했다. "참으로 옳은 말이오!"[28]

이상의 내용을 정리하자면 다음과 같다.
㉠ 적이 아군의 매복을 눈치채고 주력부대는 움직이지 않고 별동대가 도강해 아군을 공격.
㉡ 적의 별동대가 모두 도강할 때까지 기다렸다가 복병을 시켜서 배후

---

28) 武王曰, "敵人知我伏兵, 大軍不肯濟, 別將分隊, 以踰於水. 吾三軍大恐. 爲之奈何?" 太公曰, "如此者, 分爲衝陳, 便兵所處. 須其畢出, 發我伏兵, 疾擊其後, 强弩兩旁, 射其左右. 車騎分爲鳥雲之陳, 備其前後. 三軍疾戰. 敵人見我戰合, 其大軍必濟水而來. 發我伏兵, 疾擊其後. 車騎衝其左右. 敵人雖衆, 其將可走. 凡用兵之大要, 當敵臨戰, 必置衝陳, 便兵所處. 然後以車騎分爲鳥雲之陳, 此用兵之奇也. **所謂鳥雲者, 鳥散而雲合, 變化無窮者也.**" 武王曰, "善哉!" 「제48장 조운택병(鳥雲擇兵) - 신속히 철수하라.」 앞의 주(22) 책.

를 신속하게 치게 함.

ⓒ 강한 쇠뇌로 양쪽에서 적의 좌우 측면을 사격함.

ⓔ 아군의 전차대와 기병대는 조운진(鳥雲陣)을 형성해 아군 진영의 전후를 방어함.

ⓜ 이 상황을 관망하던 적의 주력부대가 도강해 전투에 가세함.

ⓗ 이때 아군은 복병을 출동시켜 신속하게 그 주력부대의 배후를 공격함.

ⓢ 아군의 전차대와 기병대도 합세해 좌우를 공격함.

ⓞ 적장은 패주함.

이상이 『육도』의 저자인 태공이 생각한 '조운의 진'의 구체적인 내용이다. ⓔ에서는 조운의 진을 '새들은 흩어지고 구름은 몰려든다.'라는 변화무쌍한 전법을 의미한다고 서술하고 있는데,[29] 이는 조운의 진을 은유적으로 表현한 것[30]으로 그 구체적인 내용은 〈사료 4〉의 내용을 정리한 ⓐ-ⓞ과 같다.

3. 기쿠치씨의 '도호(陶壺)의 진'과 와이후죠(隈府城)

앞의 〈사료 1〉의 Ⓐ 상황, 즉 아지발도가 경신년 당시에 처한 상황에서

---

29) 앞의 주(22)책, 326쪽.

30) 흥미로운 것은 고려 말의 고관이자 문인이었던 목은 이색이 쓴 다음의 시에도 왜구들이 조운의 진을 활용하고 있었음을 볼 수 있다. 『목은시고』 제32권 「유감(有感)」.

"뒤숭숭한 세상일 예측하기 어렵나니 해적들이 산골까지 쏜살같이 치달리네.

황량한 늦가을처럼 참담한 인적이요. 산등성이에 종횡으로 펼쳐진 조진(鳥陣)이라.

질풍 같은 일만 기병 있은들 무슨 소용일까. 남쪽 하늘 바라보며 노옹은 눈물만 적시노라."

아지발도가 전개한 것이 조운의 진 전술이었다고 했다. 즉, 아지발도에게 조운의 진이란 생사의 갈림길에서 벗어나기 위한 '필살기(必殺技)'와 같은 것이었다. 따라서 아지발도가 이쿠라노미야 였다면 기쿠치씨 역시 궁지에 몰린 상황에서 아지발도와 유사한 전술을 채택했을 것으로 생각할 수 있다. 즉 기쿠치씨 일족들에게서 이 조운의 진과 유사한 전술을 발견할 수 있지 않을까, 하는 것이다. 그런데 18세기 말에 쓰여진 『기쿠치 풍토기(菊池風土記)』³¹⁾에 다음과 같은 내용이 보인다. 다음 〈사료 5〉를 보자.

5. 기쿠치씨 후손들 중에서도 ㉠다케미쓰 공은 특별하게 지혜와 용맹이 뛰어난 인물이었다. 적과 마주하는 성을 구축했을 때, 적의 야습을 받을 것을 상정하여 '도호(陶壺)의 진(陣)'을 펼쳐서 만일의 사태에 대비했다고 한다. 매일 밤 횃불을 지펴서 요소를 견고하게 경비하고 있는 것을 겐쵸(玄長)는 꿈에도 생각하지 못한 채 해가 지기를 기다려 20일의 야음을 틈타서 이백 여명을 거느리고 기쿠치의 진에 몰래 들어가 이 백 명의 기습부대가 해자(垓字)에 걸쳐있는 다리를 넘어서 진지로 난입해 여기저기에 불을 지르고 함성을 올리며 쳐들어갔다. 이때, ㉡기쿠치군의 경비병들은 앞뒤의 다리를 들어 올리고 앞뒤로 사수를 나열해 화살을 일제히 발사했기 때문에 적의 기습 부대원들은 당황해 해자로 뛰어들어 화살을 맞고 전원 전사했다고 한다.
이러한 전투에 관해서는 『太平記』에 기록되어 있지 않지만 ㉢고안(康安) 2(1343)년 정월 25일의 일이라고 한다. 기쿠치군이 야습에 대비해 준비한 도호의 진으로 대비한 것은 ㉣죠 에치젠노가미(城越前守)의 지략으로 반드시 전과를 올렸다. ㉤다른 곳에서는 진법으로 사용한 적이 없는 아주 드문 방어전술이므로 전법으로 ㉥아카마쓰 미쓰스케(赤松満祐)³²⁾가 사용한 작

31) 시부에 기미마사(渋江公正)가 칸세이(寛政) 6(1794)년에 쓴 책. 이마사카 마사야(今坂正哉)가 교정해 1996년에 간행함.
32) 1381(1376?)~1441년. 무로마치 시대 중기의 무장. 슈고다이묘(守護大名).

<u>전을 그림으로 간단히 기록한다</u>. 전하는 바에 의하는 것이 많아서 상세한 것은 알 수 없지만 농성이나 적의 성을 함락하고자 할 때는 많이 활용해야 한다.[33]

ⓐ<u>도호의 진을 크게 펼칠 경우는 60간(약 120미터) 정도이며 장소에 따라서 크고 작은 차이는 있다.</u> ⓞ<u>이는 적의 기습병력을 아군 복병으로 죽이는 장소이므로 잘 구전(口傳)해야 한다.</u>

○ - △ 시비의 분별이다.

ⓩ<u>이 방어진은 사방이 모두 해자로 둘러싸여 있어서 낮에는 호(壺)에 있으면서 경비한다.</u> 이것은 아군 병사들에게도 상세하게 알려서는 안 된다. 만약 적이 몰래 침투하려고 할 때는 사방의 경비병들에게 알려서 밤에는 반드시 횃불을 피우고 적병이 들어와 소동을 부릴 때에는 곧바로 사방의 다리를 들어 올리기로 하고 적이 침투해 들어 왔을 경우는 한 명도 남기지 않고 죽이기 위한 진영이다.

신을 칠 때는 상항 이런 내비를 해야지만 ⓩ<u>시간이 없어서 해자 공사를 힐 시간이 없을 때에는 사카모기(逆茂木)[34]를 가지고 대용한다고 전한다.</u>[35] ...

우선 이 〈사료 5〉의 성격에 대하여 살펴보자. 이 『기쿠치 풍토기』는 에도(江戶) 시대인 18세기 말(1794년)에 작성된 사료이다. 따라서 여기에 수록된 내용을 있는 100% 그대로 신뢰하기에는 신중함이 요구된다. 그렇지만 ⓗ의 아카마쓰 미쓰스케는 1381(또는 1376)년에 출생해 1441년까지 생존한 인물이므로 이 진도(陣圖)가 작성된 시기가 남북조 내란(1335~1392)과 일부 겹치거나 시간적으로 근접하다.

또 그 내용을 보면 ㉠의 다케미쓰(1319?~1373)가 ㉢고안(康安) 2(1343)

---

33) 「卷5. 성허(城墟)」의 '上林の古城', 앞의 주(31) 책.
34) 나무를 통째로 잘라 눕혀서 가지(枝)를 바리케이트로 활용하는 것.
35) 「上林の古城」, 220~232쪽 원문 사료 인용.

년 정월 25일에 활용한 전술이며 또 ㉣의 죠 에치젠노가미 역시 기쿠치씨 일족 출신의 무장으로 다케미쓰의 휘하에서 활약한 동시대 인물이다.

무엇보다도 서술하고 있는 내용이 상당히 구체적이다. 따라서 이 사료의 편찬자인 시부에 기미마사가 온전히 자기 머릿속에서 지어낸 이야기가 아니라 당시에 있었던 어떤 자료를 근거로 이와 같은 것을 작성한 것으로 생각할 수 있다. 이하, '도호의 진'의 내용을 검토해보자.

〈그림 1〉 도호의 진

이 전술은 적의 야습에 대비(㉠), 적들을 함정으로 유인해(㉡) 섬멸하는 것이 그 내용인데, 고안(康安) 2(1343)년 정월 25일(㉢)에 실제로 이 전술에 입각해 전투를 벌였다고 한다. 또한 이는 기쿠치씨의 일족인 죠 에치젠노가미(城越前守)[36]의 지략(㉣)이며 다른 곳에서는 진법으로 사용한 적이 없는 기쿠치씨 특유의 아주 드문 방어 전술(㉤)이었다.

---

36) 죠씨(城氏)는 기쿠치씨의 일족. 남북조시대의 문헌에 최초로 '죠씨'가 확인된다. 『태평기』에 기쿠치씨의 유력한 일족으로 여기서 말하는 죠에치젠노가미란 다케아키(武顕)를 가리킨다. 그는 기쿠치씨의 가독인 다케미쓰의 휘하에서 1353년의 하리스리바루(針摺原) 전투, 1359년의 지쿠고가와(筑後川) 전투, 1361년의 죠자바루(長者原) 전투 등에서 활약해 무공을 세웠다.

이 방어진은 사방이 모두 해자로 둘러싸여 있어서 낮에는 호(壺), 즉 '움푹 파여 깊은 곳'에 있으면서 경비(◎)하다가, 밤이 되면 '도(陶)' 즉 '언덕 위에 더 높은 언덕이 있는 곳'으로 옮겨와 적이 사방의 해자나 또는 사카모기로 구획된 아군 진영으로 야습해오면 들어오게 한 다음, 다리를 들어 올려 높은 곳에서 화살 공격을 퍼부어 적을 섬멸한다고 하는 것이다.

또한 ⋏에 아군의 복병(忍ひ)라는 자구(字句)가 있는 곳으로 보아 복병을 활용한 것을 알 수 있다. 이상의 도호의 진에 관한 내용이다.

그런데 이와 관련해 흥미로운 것은 기쿠치씨의 본성 와이후죠(隈府城)[37] 일대의 지리지형적 조건이 이 도호의 진과 상당부분 일치한다는 점이다. 다음의 〈기쿠치씨 18 외성도〉를 보자.

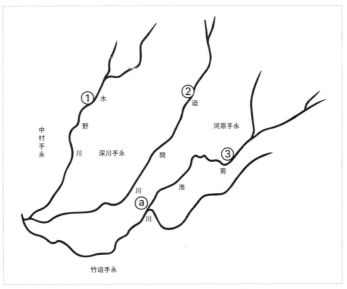

〈지도 2〉 기쿠치씨 18 외성도[38]

---

37) '와이후 모리야마 성' 또는 '기쿠치 성'이라고도 불린다.
38) 앞의 주(31)의 책, 207쪽.

〈기쿠치 18 외성〉은 "공격할 때는 천 자루의 창(千本槍), 수비할 때는 18 외성 (攻めの千本槍, 守りの十八外城)."라는 말처럼 기쿠치씨 일족들의 대표적인 수비 전술이다.[39] 이 〈지도 3〉 즉 〈기쿠치 18 외성도〉를 살펴보자. 기쿠치 분지 일대에는 좌측(서쪽)의 기노가와(木野川 ①)와 가운데의 하자마가와(迫間川 ②), 우측(동쪽)의 기쿠치가와(菊池川 ③)의 세 하천이 흐르고 그 하천 주변에 소위 18 외성이 배치되어 있다. 이러한 기쿠치 18 외성의 가장 중심이 되는 성이 하자마가와(迫間川)와 기쿠치가와(菊池川) 사이에 위치하는 와이후 모리야마(森山, ⓐ) 성이다.

이 와이후 성을 중심으로 한 일대 지역을 확대한 것이 〈지도 3〉이다. 이성을 중심으로 여러 성들이 동서남북에 에워싸듯이 늘어서 있는 것을 알 수 있다. 그러면 시선을 이 와이후 성으로 돌려보자.

우선 등고선이 그려져 있는 부분에 운조 성(雲上城 Ⓐ)[40]와 다이리노오 (内裏尾 Ⓑ)라는 지명이 눈에 뛴다. 이 '다이리노오'의 '다이리(内裏)'는 황제가 거주하는 궁궐의 의미이다. 즉 이 운조 성에 세이세이쇼군노미야(征西將軍宮) 가네요시(懷良) 왕자의 거처가 있었다. 이 운조성 남서쪽에 길 하나를 사이에 두고 '니노마루(二の丸 Ⓒ)와 쓰키미도노(月見殿 Ⓓ)'라는 지명이 보인다.[41] 이 운조 성이 '혼마루(本丸)' 즉 성의 가장 중요한 지점

---

39) "기쿠치 18 외성은 우에다 히토시(植田均)가 『肥後の菊池氏』에서 서술하고 있는 것처럼 기쿠치 군(郡) 전체를 하나의 성으로 상정하고 소규모의 성채를 밀집해 사방의 요지에 축성해 수비를 강화한 것이다. 명칭으로 최초로 보이는 것은 『菊池(守山)城이 후카가와(深川)에서 와이후(隈府)로 옮겨온 것이다.』라고 언급하고 있으며 간세이(寬政) 6년 전후 이후의 호칭으로 여겨지고 있다. 단 구마모토 현이 쇼와(昭和) 53(1978)년에 발간한 『熊本県の中世城跡』에서 유구(遺構)가 확실하지 않다고 지적한 성도 있다. 시대의 변천과 더불어 성의 대상 및 숫자에도 변화가 보이지만 호칭으로서는 18 외성으로 거의 통일되어있다. 이것은 「공격할 때는 천 자루의 창(千本槍), 수비할 때는 18 외성(攻めの千本槍, 守りの十八外城)」이라고 하는 남북조 시대의 기쿠치씨의 활약을 알기 쉽게 이미지화하기 위한 것으로 지금까지 전해지고 있다." 『위키피디아』 일본어판.

40) 모리야마성(森山城) 또는 히고 기쿠치성(肥後菊池城) 이라고도 불린다.

이고 니노마루는 다음으로 중요한 곳이다.

여기서 주목하고 싶은 것은 운죠 성과 니노마루의 지리 및 지형적인 조건이다. 우선 지형적 조건을 보면, 죠카마치(城下町)의 평지와 이 두 지역의 고도상의 큰 차이가 눈에 띈다. 센고쿠(戦国) 시대(1467~1573)의 석축성(石築城)이 아닌, 자연적인 지형을 활용한 중세 전기의 성인데도 평지에서 바라보면 한눈에도 쉽게 공격하기 어려운 높은 곳에 위치하고 있음을 알수 있다. 운죠 성, 즉 현재의 기쿠치 신사(菊池神社)로 이어지는 약 300 가까운 계단을 따라 올라가 운죠 성과 니노마루 위에서 아래를 내려다 보면그 높이를 실감할 수 있다.

이러한 운죠 성과 니노마루의 좌우에 하자마가와와 기쿠치가와를 끼고있는 것은 『태평기』의 조운의 진에 대한 서술, "산을 배경으로 하고 좌우에 하천을 끼고 아래쪽 평야에 있는 적을 내려다보면서"[42] 에 합치한다. 즉 『태평기』에 기술된 '조운의 진'과 일치하는 지리 및 지형적 조건을 구비하고 있음을 알 수 있다.

1379년 료슌이 기쿠치까지 쳐들어왔지만 섣불리 공격을 하지 못하고 2년 넘게 효로제메(兵糧攻め) 전술을 쓸 수밖에 없었던 것[43]도 이와 같은 18 외성의 지리 지형적인 조건이 중요한 원인 중 하나라고 생각한다.

'물이 채워져 있지 않은 해자'인 '가라보리(空堀)'라고 표시되어있는 외호(外濠 ⓘ), 그리고 '내호(內濠 ⓙ)'도 보인다. '외호'는 하자마가와와 기쿠

---

41) '쯔키미도노' 즉 '달구경을 하던 건물'이 있는 곳이라는 지명에 어울리게 여기서 사람들이 와카(和歌)를 지으며 풍류를 즐겼던 공간이다. 쯔키미도노 주변에 도후쿠지(東福寺, ⓔ)와 세이칸지(正觀寺, ⓕ)라는 사찰명이 보인다. 도후쿠지는 기쿠치 다케미쓰가 자신의 원찰로 세이칸지를 지정하기 이전까지 기쿠치 일족의 원찰(願刹, 菩提寺)이었다. 세이칸지에는 기쿠치 다케미쓰의 묘가 있다. 기타노미야(北宮, ⓖ)는 기쿠치 일족의 신사이며 쇼군기(将軍木, ⓗ)는 가네요시 왕자가 기쿠치에 와서 심었다고 하는 나무이다.

42) 「笛吹将軍の事」『태평기』 권31.

43) 이에 관해서는 앞의 주(5)의 2008 논문, 62~71쪽.

치가와를 연결하고 이어서 두 하천의 안쪽을 따라 이어져 운조 성과 니노마루의 북쪽 외곽까지 연결되어 있다. 그리고 '내호'의 윤곽은 뚜렷하지 않지만 지형적인 조건을 고려할 때, 아마 운조 성과 니노마루의 주변에서 두 하천을 연결하는 형태로 조성되었을 것으로 생각된다.

　'외호'라는 글자 바로 옆에는 '오우테몬(追手門 ⓚ)'이 보인다. 이는 달리 '大手門'이라고 하며 성의 정문을 의미한다. 즉 다시 말하자면 하자마가와와 기쿠치가와 그리고 외호와 내호는 도호의 진의, '사방이 해자로 둘러싸여있다.'고 하는 지형적 조건과 일치한다.

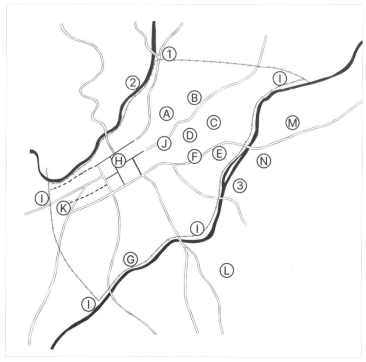

〈지도 3〉 와이후 성[44]

---

44) 앞의 주(31)의 책, 212~213쪽.

18 외성 중에서 도사키(戸崎 ⓛ) 성과 함께 기쿠치가와를 사이에 두고 본성인 와이후 성의 동쪽을 근접 거리에서 방어하고 있는, 고바(木庭)의 죠바야시(上林 ⓜ) 성에 대하여 살펴보자.

이 성은 기쿠치가와 동쪽의 높이 약 70~127 미터의 구릉 위에 위치하는 산성으로, 와이후 성에서 거리 약 1.4 킬로미터 정도 떨어져 있는 곳에 위치한다. 정확한 축성 시기는 알 수 없지만 현지에서는 성주가 죠 에치젠노가미 다케아키라고 전한다.[45]

도호의 진 전술을 고안하고 최초로 실전에 적용했다고 하는 그가 죠바야시 성의 성주라는 것을 볼 때, 와이후 성을 중심으로 하는 기쿠치씨의 조가마치 및 18 외성의 배치가 도호의 진 전술에 입각한 것이었음을 말해준다.

자연적인 해자 기능을 하는 기쿠치가와에 걸쳐져 있는 '미다레바시(乱れ橋 ⓝ)'는 적군이 도호의 진에 들어오면 들어 올려 고립시킬 목적인 '해자(垓字)의 다리'의 기능을 하는 것일까? 또 이 다리를 통해 죠바야시 성에서 복병이 기쿠치가와를 건너 기습을 가할 수 있다. ㄱ 외에도 유쇼 성 좌우에 있는 두 갈래의 길과 하자마가와와 기쿠치가와 너머에서 연결되는 여러 길들은 도호의 진에 갇힌 적군을 공격하기 위한 통로로 생각할 수 있다.

이처럼 운죠성 일대의 지리지형적 조건이 적어도 조운의 진, 더 나아가 기쿠치씨의 독특한 전술인 도호의 진과 상응하는 것임을 확인할 수 있다.

4. 황산 전투 현장에서의 아지발도의 전술과 도호의 진

본 장에서는 이상과 같은 도호의 진에 대한 이해를 토대로 하여 아지발도가 이성계의 부대를 맞이해 조운의 진을 쳤던 황산 전투 현장의 지리지형적 조건과 이곳에서의 실제 전투 상황에 대하여 살펴보기로 한다.

당시 아지발도가 상정하고 있던 전장이었던 인월역(②) 주변의 지리 및

45) 기쿠치시 교육위원회.

지형적 조건은 어떠했을까? 인월역 주변은 광천(廣川)과 풍천(楓川)이 합류하여 만수천(萬水川)이 되는 지점(①)으로 주변보다 저지(低地)이며 따라서 전투가 벌어진 9월[46] 당시의 상황으로 볼 때 땅이 질퍽한 상태였을 것으로 생각된다.

　『육도』에서 상정한 조운의 진을 펼치기에 적합한 조건, 즉 적지(敵地) 깊숙이 들어가 물을 사이에 두고 대치하고 있는 상황은 당시 아지발도의 본진(①)의 위치와 이성계의 본진(⑥)의 위치를 생각하면 일치한다. 즉 아지발도는 풍천과 광천을 경계로 이성계의 고려군과 대치하고 있었던 것이다. 아지발도가 타고 돌아갈 배가 불타버려 적지인 고려의 내륙 깊숙이 들어와 전전하는 상황이었음을 생각하면 병력과 병량 등 전투 수행에 필요한 물자도 고려군에 비해 열세인 것은 부정할 수 없다. 이러한 곳을 전장으로 선택한 아지발도는 어떠한 작전을 구상하고 있었을까? 선행연구의 내용을 일부 발췌해 옮기면 다음과 같다.[47]

　고려의 별동대가, 아지발도가 전장으로 계획하고 함정을 파두었던 지점인 ②로 진입하면 1차 복병인 ③이 ⓒ라인을 따라 왜구들이 지키고 있는 능선(⑤) 앞의 길을 따라 별동대의 배후를 차단해 포위망을 형성해 사방에서 협공을 벌인다. 이 별동대의 위기 상황을 지켜보던 이성계의 주력부대가 드디어 전투에 가세하면 또 다른 복병(④)이 그 배후를 공격해 일망타진한다는 작전이었을 것으로 생각한다.

　이 작전을 가능하게 하는 것이 광천과 풍천의 흐름과 왜구가 지키는 능선(⑤), 그리고 왜구의 1, 2차 복병들이 적의 배후를 차단하는 것으로 형성되는 포위망이다. 즉, ② 지역에 이끌려 들어온 이성계의 부대는 완전히 사방에서 포위당해 섬멸당하게 되는 것이다.

---

46) 『고려사절요』 권30, 우왕 6년 9월.
47) 앞의 주(5)의 「손자병법을 통해 살펴본 왜구사 최대의 격전(황산 전투)」, 335~345쪽.

〈지도 4〉 아지발도의 전술과 이성계의 대응

　이상이 필자가 선행연구에서 제시한 바, 황산전투에서 아지발도가 구상한 조운의 진의 내용이다. 이러한 아지발도의 작전에 이성계는 다음과 같이 대응했다. 즉, 그는 아지발도의 작전 계획을 알아채고 남원에서 인월로 이동할 때, 왜구의 복병(③)이 매복하고 있는 광천을 따라서 난 길이 아니라 ⓐ루트(현재의 승전로)로 이동해 정산봉(⑥)에 본진을 두었다. 그리고 별동대를 먼저 평탄한 길(ⓑ)을 따라 전진하게 했다.[48] 그러자 ③지점에 있던 적의 복병이 고려 별동대의 배후를 치기 위해 ⓒ라인을 따라 이동하기 시작했다. 이에 이성계의 주력부대(본진인 ⑥의 정산봉과 ⑧에 있던 병력)이 왜구의 복병의 이동 경로(ⓒ)를 따라 이동해 ⑦지점에서 적병을 맞

---

48) 태조가 길 오른쪽에 험한 길을 보며 말하기를, "적이 필시 이리로 나와 우리 후방을 습격할 것이니 내가 마땅히 이리로 가야겠다."라고 하였다. 여러 장수들은 모두 평탄한 길을 따라 전진하다가 멀리서 적의 등등한 기세를 보고 싸우지도 않고 퇴각하였다. 날이 이미 기울었는데 태조가 험한 길에 접어들자 적의 정예 기병이 과연 튀어나왔다. 앞의 주(26) 사료 참조.

이하여 1차로 전투를 벌인다. 한편 고려의 별동대는 ⓑ를 따라 이동하다가 더 이상 전진하지 않고 되돌아온다.[49]

그러나 이성계는 속지 않았고 이 작전을 읽고 오히려 역이용했다. 이 별동대의 배후를 노렸던 적의 1차 복병은 이성계의 주력부대와 ⑦ 지점에서 전투를 벌이고 패한다. 아지발도가 최초에 전장으로 상정했던 곳(②)에서 전투가 일어나지 않고 오히려 왜구들의 복병이 있던 곳에서 전투가 전개되자 아지발도는 주력부대를 이끌고 이성계가 있는 본진(⑧)까지 이동해오지 않을 수 없었다.[50] 이에 이성계도 ⑦에서 ⑧지점으로 이동해 싸운다. 그 결과 아지발도는 결국 이성계와 이두란이 쏜 화살에 맞고 죽는다. 이에 사기가 떨어진 왜구는 마침내 대패한다.

이상이 황산 전투에서 아지발도가 펼쳤던 『육도』의 기술에 의한 조운의 진이었고 이에 대한 이성계의 대응 작전의 내용이다. 이하 도호의 진과 아지발도가 황산 전투에서 전개한 조운의 진을 비교하면 다음과 같다.

〈표〉 기쿠치씨의 도호의 진(A)과 아지발도가 황산 전투 현장에서 조운의 진(B)의 비교

	지형 조건	작전 내용	복병	작전 개시	무기
A	사방이 해자로 둘러싸임. (시간이 없을 시, 사카모기 대체 활용 가능).	낮에는 움푹 파여 깊은 곳에 있다가 밤에는 언덕 위에 더 높은 언덕이 있는 곳으로 옮겨가서 …	기병	야간	화살
B	세 방향이 물(광천과 풍천의 유역) 한 곳은 능선과 복병의 배후 차단 공격.	어두워지기 시작할 무렵, 고려군을 광천과 풍천으로 둘러싸인 저지대인 인월역으로 유인해 포위 섬멸하는 작전.	철기	야간	화살

---

49) 앞의 주(26) 사료 참조.

50) 위의 ③의 1차 복병, 그리고 ④에 있었을 것으로 생각되는 2차 복병은 신속히 이동해야 했을 것이다. 따라서 당시 경신년 왜구 무리 내에 보이는 '철기'가 이에 상응하는 역할을 한 것으로 생각한다. "배검에게 술을 대접하고 드디어 철기(鐵騎)로 호송하여 주었다." 앞의 주(26) 사료.

도호의 진을 전개하기 위한 지형적 조건은 사방이 해자로 둘러싸인 곳이며 해자를 구축할 시간적 여유가 없을 때에는 사카모기를 대신 활용할 수 있다고 했다. 〈사료 5〉의 ㉩ 그런데 아지발도가 조운의 진을 펼친 인월역 일대의 광천과 풍천의 흐름이 만나 형성하는 전장(②)의 모습을 보면, 한쪽 변만 제외하고 거의 직각 사각형에 가까운 형태를 이루고 있음을 알 수 있다.(지도 4) 그 한 변은 능선(⑤)과 복병(③)이 이동해 고려군의 배후를 차단함으로써 완성되는 것으로 생각한다.

작전 내용을 비교해보면, 도호의 진과 아지발도의 전술 둘 다 적군을 아군이 진을 치고 있는 곳 보다 낮은 곳으로 유인해 복병과 화살 공격을 가해 섬멸한다고 되어있다. 전장의 지도를 보면 아지발도의 본진(①)은 확실히 전장(②)보다 높은 곳에 위치한다. 그렇지만 이성계의 본진(⑥)이 더 높은 곳에 있었기에 아지발도의 작전 구상을 간파하고 함정에 빠지지 않았을 것으로 생각한다.

도호의 진은 확실하게 적군의 야습을 역이용하는 전술이며 따라서 이 전술을 전개하는 시간대를 야간으로 제한하고 있다. 그런데 아지발도 역시 저녁에 전투를 개시한다.[51]

도호의 진에서는 복병을 운용하였음이 확인되지만 구체적으로 기술하고 있지는 않다. 그런데 같은 「卷5. 성허(城墟)」의 죠바야시의 고성(上林の 古城) 조에 다음과 같은 서술이 보인다.

6. 죠에치젠노가미는 지모(智謀)가 출중한 인물로 다케미쓰 공의 대에 군공을 많이 쌓았다고 전해진다. … 이 쵸자바루(長者原) 전투에서는 기쿠치 히코

---

51) 태조가 길 오른쪽에 험한 길을 보며 말하기를, "적이 필시 이리로 나와 우리 후방을 습격할 것이니 내가 마땅히 이리로 가야겠다."라고 하였다. 여러 장수들은 모두 평탄한 길을 따라 전진하다가 멀리서 적의 등등한 기세를 보고 싸우지도 않고 퇴각하였다. 날이 이미 기울었는데 태조가 험한 길에 접어들자 적의 정예 기병이 과연 튀어나왔다. 앞의 주(26) 사료 참조.

지로(菊池彦次郞)의 군병은 5천 여기였던 것에 대하여 탄다이 측의 병력은
7천 여기로, 병력에 2천의 차이가 있었다. (양군이) 정면으로 충돌할 때는
100 기라도 많은 쪽이 유리한 법인데 에치젠노가미는 작전회의에서 자기
병력 500 여 기(騎)를 복병으로 삼아 기도(奇道)를 돌아서 요스야마(揚子山)
쪽을 대비하게끔 했다. …

처음의 작전 계획에 의하면 죠에치젠노가미가 기도를 통해 전투 기회를
보고 시간을 정한 뒤 소라 고동 나팔을 불면 전투를 개시하고 그렇지 않을
때는 설사 적이 공격해오더라도 방패를 늘어세우고 야리부스마(槍衾)⁵²⁾
상태로 대기하면서 소라고동나팔 소리가 들리면 그때서야 비로소 일제히
달려가서 싸우는 것으로 하여 한창 전투가 진행되고 있을 때 적의 배후를
치고 들어가 승리를 얻고자 계획하고 있었다. 그러나 기쿠치 히코지로는
신호를 기다리지 않고 전투를 시작했기 때문에 적에게 작은 이익을 얻게
하고 그 전투가 한창 진행되고 있을 때 요스야마 쪽에서 달려나와 중군을
반격했지만, 대장을 죽이지도 못하고 싸움은 완승을 거두지 못했다.

여기서 죠 에치젠노가미의 부대가 복병의 역할을 하고 있으며, 그것이
기병(騎兵)으로 이루어져 있는 점, 그리고 한창 전투가 진행되고 있을 때
기도(奇道)⁵³⁾를 돌아서 적의 배후를 치고 들어가 승리를 얻고자 계획하고
있었다, 고 기술하고 있다.

그런데 앞의 〈지도 3〉에서 죠 에치젠노가미가 성주인 고바의 죠바야시
성과 본성인 와이후 성과의 위치 및 그 역할을 생각하면 그의 병력이 전
투의 승패를 결정짓는 병력, 즉 '기병(奇兵)'이었음을 알 수 있다. 그런데

---

52) 여러 사람이 창을 겨누어 빈틈없는 태세를 취하는 것.
53) 여기서 '기도'란 '남이 생각도 못 할 색다른 방법' 또는 '보통과 다른 방법'의 의미
다. 여기서는 '적군이 생각지 못한 길'이라는 의미로 생각할 수 있다.
『네이버 일본어 사전』. https://ja.dict.naver.com/#/entry/jako/9b49d07ca5aa469d
b84379df33587843

앞에서 본 것처럼, 황산 전투에서의 아지발도의 전술 역시 복병으로 기도를 돌아서 고려군의 배후를 치는 것이었다.

이처럼 아지발도가 황산 전투 현장에서 전개하고자 한 전술과 기쿠치 씨의 '도호의 진'은 전장의 지형적 조건·작전 내용·복병의 운용(방법)·작전 개시 시간·적에 대한 공격 무기 등에서 완벽하게 일치함을 알 수 있다. 즉 황산 전투 현장에서 아지발도가 펼치고자 한 전술은 『육도』와 『태평기』에 보이는 조운의 진을 더욱 강화한 기쿠치씨의 도호의 진이었다.

5. 결론

본 고에서는 필자가 최근에 제시한 〈아지발도=이쿠라노미야〉설을 군사학 및 역사 지리학적으로 고찰하고자 했다. 아지발도가 이끌고 있던 경신년 왜구와 이쿠라노미야가 이끄는 기쿠치씨의 병력은 아주 유사한 무력적 특성을 지니고 있었다. 예를 들면, 자신들이 타고왔던 배가 불타버려서 어쩔 수 없이 고려의 내륙을 전전하던 아지발도가 부대를 이끌고 이동하던 경로에서 보여준 전술적인 행동들은 모두 다 중국의 병서 『육도』에 기록되어 있는 내용이었다.

이처럼 아지발도는 병법에 밝은 뛰어난 지휘관이었으며 그 휘하 장병들 역시 죽음을 불사하는 용맹한 병사들이었다. 그리고 그가 이성계가 이끄는 토벌대와 최후의 일전을 벌인 황산 전투 현장에서 전개한 조운의 진 전술 역시 『육도』에 있는 내용과 크게 다르지 않았다.

아지발도가 이성계 부대와의 일전을 앞두고 황산 전투 현장에서 펼친 전술은 생사의 기로에서 전개하는 필살기와 같은 것이었다. 그런데 이와 같은 상황에서 기쿠치씨 역시 유사한 수비 전술을 지니고 있었다. 그것은 남북조 시대의 다른 무장 세력에서는 볼 수 없는 특유의 것으로 '도호의 진'이라고 불리는 것이었다.

도호의 진과 아지발도가 인월역 일대에서 전개한 전술은 피아 진영의 위치, 작전을 전개하는 장소의 지형 조건, 전투 개시 시간, 적군에 대한 공격 방법(화살), 복병을 활용한 공격 등에 있어서 완전히 일치하는 것임은 물론 『육도』에 기술된 조운의 진을 더욱 강화한 내용이었다. 그뿐 아니라 기쿠치씨의 본거지인 와이후 성 주변 일대 역시 이 도호의 진에서 규정한 지리지형적 입지 조건에 따라 조성되어 있었다.

신화·제례·문헌 사료의 문화인류학적 해석을 통해서 필자가 제시한 〈아지발도=이쿠라노미야〉 설은 군사학 및 역사지리학적인 고찰을 통해서도 입증이 가능함이 확인되었다.

초출일람

■『영문판(英文版) 일본 역사서 속의 한국사 및 한일관계사 관련 서술 조사 연구 - 왜구 문제를 중심으로 - 』『한림 일본학』(제27집, 2015년)

■「국사편찬위원회 간행『한국사』및『신편 한국사』의 고려 말 왜구 서술 고찰」『한일 군사 문화』(제23집, 2017년)

■「무라이 쇼스케의 경계인설에 관한 비판적 고찰 - 「倭寇とはだれか」를 중심으로 - 」『한국 중세사 연구』(제58호, 2019년)

■「무라이 쇼스케의 〈왜구=비영주·주민〉설 고찰」『역사교육논집』(제72호, 2019년)

■「고려 말 왜구와 남조(南朝) - 경신년(1380)의 왜구를 중심으로 - 」『한일관계사연구』(제30집, 2008년)

■「경신년(1380) 왜구=기쿠치씨(菊池氏)설 고찰 - 무력의 특징을 중심으로 - 」『일본역사연구』(제35집, 2012년)

■「남북조 내란기 일본 무사와 왜구의 전술 - 기쿠치씨와 왜구의 전술 비교를 중심으로 - 」『일본문화연구』(제47집, 2013년)

■「남북조 내란기 다카기(高来)·아마쿠사(天草) 지역 수군에 대한 선승(禪僧) 다이치(大智)와 아지발도(阿只拔都)의 리더십 비교」『일본연구』(제56호, 2022년)

■「아지발도의 정체와 이쿠라노미야 - 신화·제례·사료의 문화인류학적 해석을 통한 고찰 - 」『한국중세사연구』(제64호, 2022년)

■「아지발도=이쿠라노미야〉설 재검토 - 군사학 및 역사지리학적 고찰을 중심으로 - 」『일본 연구』(제58집, 2023년)

*이영 교수님의 정년퇴임을 기념하여 기획한 저서와 논문집 발간에 정성을 표해주신 분들입니다. 후의에 감사드립니다.
(가나다 순, 경칭 생략)

강또라 김경옥 김윤정 김지영 김정임 김은주 나선우 문길주 박경희 박영철 박현희 배은희 서경순 송종호 성지연 이준수 이현섭 윤기원 임지연 정인봉 정은순 조혜란

■ 저자소개

고려대학교 중국어문학과를 졸업하고 일본 동경대학 총합문화연구과 대학원 지역문화 전공과정에서 석사와 박사학위를 취득하였다. 방송통신대학교를 2024년 8월에 정년퇴직하였으며 주로 일본 중세사 그중에서도 남북조 내란과 고려말 왜구에 관하여 연구해왔다.

주요 연구 성과로는 『倭寇と日麗関係史』(東京大學出版會, 1999년 11월, 2011년 11월, 혜안에서 『왜구와 고려 - 일본 관계사』로 번역 출판), 『잊혀진 전쟁, 왜구 - 그 역사의 현장을 찾아서』(에피스테메, 2007년), 『팍스 몽골리카의 동요와 고려 말 왜구』(혜안, 2014년) 『황국사관과 고려말 왜구』(에피스테메, 2015년) 등이 있다.

이성계와 싸운 왜구의 소년 대장 아지발도의 정체

초판 인쇄   2024년 10월 15일
초판 발행   2024년 10월 25일

편 자 이영
펴낸이 신학태
펴낸곳 도서출판 온샘

등 록 제2018-000042호
주 소 서울시 용산구 한강대로62다길 30, 204호
전 화 (02) 6338-1608   팩 스 (02) 6455-1601
이메일 book1608@naver.com

ISBN 979-11-92062-44-0 93910
값 30,000원